江戸語資料としての後期咄本の研究

ひつじ研究叢書〈言語編〉

第134巻　法生活空間におけるスペイン語の用法研究　　　　　　　　堀田英夫 編

第135巻　ソシュール言語学の意味論的再検討　　　　　　　　　　　松中完二 著

第136巻　インタラクションと学習　　　　　　　　　　柳町智治・岡田みさを 編

第137巻　日韓対照研究によるハとガと無助詞　　　　　　　　　　　　金智賢 著

第138巻　判断のモダリティに関する日中対照研究　　　　　　　　　　王其莉 著

第139巻　語構成の文法的側面についての研究　　　　　　　　　　　斎藤倫明 著

第140巻　現代日本語の使役文　　　　　　　　　　　　　　　　　早津恵美子 著

第141巻　韓国語 cita と北海道方言ラサルと日本語ラレルの研究　　　円山拓子 著

第142巻　日本語史叙述の方法　　　　　　　　　　　　　大木一夫・多門靖容 編

第143巻　相互行為における指示表現　　　　　　　　　　　　　　須賀あゆみ 著

第144巻　文論序説　　　　　　　　　　　　　　　　　　　　　　　大木一夫 著

第145巻　日本語歴史統語論序説　　　　　　　　　　　　　　　　　青木博史 著

第146巻　明治期における日本語文法研究史　　　　　　　　　　　　　服部隆 著

第147巻　所有表現と文法化　　　　　　　　　　　　　　　　　　　今村泰也 著

第148巻　場面と主体性・主観性　　　　　　澤田治美・仁田義雄・山梨正明 編

第149巻　現代日本語の視点の研究　　　　　　　　　　　　　　　古賀悠太郎 著

第150巻　現代日本語と韓国語における条件表現の対照研究　　　　　　金智賢 著

第151巻　多人数会話におけるジェスチャーの同期　　　　　　　　　　城綾実 著

第152巻　日本語語彙的複合動詞の意味と体系　　　　　　　陳奕廷・松本曜 著

第153巻　現代日本語における分析的な構造をもつ派生動詞　　　　　迫田幸栄 著

第154巻　「主題−解説」構造から見た韓国語 -n kes-ita と日本語ノダ　李英蘭 著

第155巻　接続表現の多義性に関する日韓対照研究　　　　　　　　　　池玟京 著

第156巻　語彙論と文法論と　　　　　　　　　　　　　　　　　村木新次郎 著

第157巻　日本語指示表現の文脈指示用法の研究　　　　　　　　　　　庵功雄 著

第158巻　広東語文末助詞の言語横断的研究　　　　　　　　　　　　飯田真紀 著

第159巻　江戸語資料としての後期咄本の研究　　　　　　　　　　　三原裕子 著

ひつじ研究叢書
〈言語編〉
第159巻

江戸語資料としての
後期咄本の研究

三原裕子 著

ひつじ書房

目　次

凡　例　　　　　　　　　　　　　　　　　　　　　xiii

はじめに　　　　　　　　　　　　　　　　　　　　I

序章　　　　　　　　　　　　　　　　　　　　　　II

1. はじめに　　　　　　　　　　　　　　　　　　II

2. 用語と時期区分　　　　　　　　　　　　　　　I3

　　2.1 「咄本」の定義　　　　　　　　　　　　　　I3

　　2.2 江戸語の時期区分　　　　　　　　　　　　I4

　　2.3 咄本の時期区分　　　　　　　　　　　　　I6

3. 本江戸と江戸語　　　　　　　　　　　　　　　I8

　　3.1 式亭三馬の「本江戸」・「江戸訛」　　　　　I9

　　3.2 先行研究の「本江戸」・「江戸語」　　　　　I9

4. 咄本の資料価値の検証と本書で対象資料としたことの意義　24

　　4.1 先行研究における咄本の資料的価値　　　　24

　　4.2 本書における対象資料としての意義　　　　27

I　表記変化を促したもの　　　　　　　　　　　　33

第1章 仮名の用法

　　　　装飾性から効率性へ　　　　　　　　　　　37

1. はじめに　　　　　　　　　　　　　　　　　　37

2. 調査の概要　　　　　　　　　　　　　　　　　38

　　2.1 資料の選定　　　　　　　　　　　　　　　38

　　2.2 調査の対象と方法　　　　　　　　　　　　38

3. 字体　　　　　　　　　　　　　　　　　　　　39

4. 考察　　　　　　　　　　　　　　　　　　　　40

　　4.1 促音、拗音における位置に用字の規則性が見られるもの　40

　　4.2 /ha/ /wa/ /ba/ /pa/ を表すハ行の仮名の傾向

　　　　（資料1表3）～（資料1表6）　　　　　　44

v

4.3 /hi/ /i/ を表すハ行の仮名の傾向（表は省略）　　45

4.4 /he/ /e/ を表すハ行の仮名の傾向（資料1表7）　　46

5. まとめ　　47

第2章　漢字の用法

読み易さの工夫　　53

1. はじめに　調査の目的　　53

2. 調査方法と対象　　54

　2.1　方法　　54

　2.2　調査対象とした作品について　　54

3. 概況　　56

　3.1　調査に出現した語数　　56

　3.2　作品別の使用数　　56

4. 漢字使用からの分析　　58

　4.1　Ⅰ期からⅢ期の漢字使用の推移　　58

　4.2　作品内容と漢字使用　　60

　4.3　スペース上の制約と漢字使用　　62

　4.4　作品と一字当りの漢字使用回数　　63

5. 漢字表記語からの分析　　64

　5.1　用の類の表記　　64

　5.2　体の類と固有名の表記　　66

　5.3　形式語の表記　　70

6. おわりに　　71

第3章　振り仮名の用法

読解補助の域を超えて　　77

1. はじめに　　77

2. 調査の方法と対象　　77

　2.1　先行研究と調査の方法について　　77

　2.2　対象とした作品について　　78

3. 振り仮名使用の量的な傾向　　79

　3.1　語彙量と振り仮名付記語数　　79

　3.2　作品別の振り仮名付記語数　　81

　3.3　作品別の振り仮名付記字数　　81

4. 振り仮名の用法　　84

　4.1　漢字の読みを助けるために用いられたもの　　84

　4.2　漢字の読みを決定するために用いられたもの　　84

	4.3 漢字の読みを示すとともに、語を注釈するために用いられたもの	86
	4.4 熟字を訓読みするために用いられたもの	87
	4.5 話しことばを写すために用いられたもの	89
5.	おわりに	93

Ⅱ　表記からわかること　　　　　　　　　　　　　　　95

第4章 『鹿の巻筆』写本の資料性

個人を想定する写本・大衆を想定する板本　　　99

1.	はじめに	99
2.	対象とした資料について	100
	2.1 資料の概況	100
	2.2 調査の概況	101
3.	観察と分析	103
	3.1 本文の異同	103
	3.2 内容の異同	109
4.	両写本の頭注について	115
5.	おわりに	117

第5章 語義意識の薄れと付加による表記の変化

「侍」「禿」「灯」　　　　　　　　　　119

1.	はじめに	119
	1.1 目的	119
	1.2 「ま」「は」「ば」行の表記と語形との関係について	119
	1.3 先行研究について	120
	1.4 対象テキスト　後期咄本	121
	1.5 調査対象語	121
	1.6 「ま」行表記・「は」行表記・「ば」行表記の出現の状況	122
2.	各語の表記と考察	123
	2.1 「ま」行表記が「は」行・「ば」行表記を上回るもの	123
	2.2 「む」「ぶ」両表記がほぼ同数であるもの	
	本義に対する記憶の薄れと変化	131
	2.3 「ば」行表記専用であるもの	
	機能効率の低さと移行の速度	132
	2.4 「は」行表記が多かったもの	
	類型的使用と使用範囲の狭まり	135
3.	おわりに	137

vii

4. 表 B【侍】. 表 D【灯】. 表 E【禿】. 表 G【煙】　　　　138

5.【テキスト資料　咄本略解題】　　　　142

第6章 /i/ を表す仮名遣いと作家の位相の違い

　　　早稲田大学中央図書館蔵本『笑話本集』をもとに　　　　149

1. はじめに　　　　149

　1.1　目的　　　　149

　1.2　方法と対象　　　　149

2. 概要　早大本笑話本集の /i/ を表すことのある仮名の調査結果　　　　151

　2.1　考察　　　　151

　2.2　仮名遣いの傾向性と作者の属性との関わり　　　　156

3. おわりに　　　　157

　　　Ⅲ　語彙からわかること　　　　169

第7章［相の類］の役割を担った［体の類］

　　　「醜い」から「夏芝居の累といふもので」へ　　　　173

1. はじめに　　　　173

2. 調査の概要　　　　174

　2.1　時期の分けかた　　　　174

　2.2　作者の選択　　　　176

　2.3　対象とした作品　　　　177

3. 分析　　　　178

　3.1　調査に現れた語数　　　　178

　3.2　語彙量と概観　　　　178

4. 考察　　　　181

　4.1　各期における品詞分布の検討　　　　181

　4.2　個別の作品からの検討　　　　184

　4.3　作品全体に共通して使われる語からの考察　　　　189

5. まとめ　　　　194

6. おわりに　　　　196

第8章 時間の表現を越える「日にち」の語彙

　　　「明後日　御出」　　　　199

1. はじめに　　　　199

　1.1　江戸時代の資料から　『かたこと』『浪花聞書』『御國通辞』　　　　200

　1.2　現代の資料から　『日本言語地図』　　　　201

viii

2. 調査概要	201
3. 全体の概況と考察	203
3.1 全体の概況	203
3.2 考察	204
4. おわりに	216

    Ⅳ　上方語的要素を脱却していく語法　　221

第9章 ハ行四段動詞と形容詞のウ音便形

共通語へつながる江戸語のウ音便形	225
1. はじめに	225
2. 先行文献と調査方法	226
2.1 『日本大文典』『日葡辞書』の記載	226
2.2 先行研究	227
2.3 調査方法	228
3. 『浮世風呂』に現れたウ音便形の概況と考察	
形容詞とハ行四段活用動詞	229
3.1 形容詞連用形のウ音便形	229
3.2 ハ行四段活用動詞のウ音便形	238
3.3 『浮世風呂』における形容詞ウ音便形とハ行四段動詞の使用意識	239
4. 後期咄本に現れたウ音便形の概況と考察	
形容詞とハ行四段活用動詞	239
4.1 後期咄本に現れたウ音便形の概要	239
4.2 形容詞のウ音便形	240
4.3 ハ行四段活用動詞のウ音便形	245
5. まとめ	253
6. おわりに	254

第10章 格助詞「へ」と「に」の使用

座敷芸人の「に」・寄席芸人の「へ」	257
1. はじめに	257
1.1 日本語教科書の「へ」と「に」	257
1.2 先行研究の「へ」と「に」	259
2. 調査の方法と概況	262
2.1 対象	262
2.2 方法	263
3. 接続する動詞と格助詞「へ」と「に」の使用傾向について	263
3.1 「へ行く」と「に行く」	263

3.2 「へ来る」と「に来る」	269
3.3 「〜へ入る」と「〜に入る」	269
3.4 「〜へ参る」と「〜に参る」	271
4. おわりに	272

第11章 原因・理由を表す条件節

「によって」「ほどに」から「から」の使用へ 　275

1. はじめに	275
1.1 先行研究と調査対象語について	276
1.2 調査方法	278
2. 概況と考察	279
2.1 全体的な考察	279
2.2 後期咄本以前の3作品に現れた原因・理由を表す条件節	282
2.3 後期咄本の原因・理由を表す条件節	284
3. まとめ	293

V　類型化と使用層の変化　299

第12章 助動詞「やす」の衰退

丁寧語から限られた男性の語へ　303

1. はじめに	303
2. 調査の方法と概況	304
3. 各時期における「やす」使用	306
3.1 江戸時代前期の作品に見られる「やす」	306
3.2 Ⅰ期の作品に見られる「やす」	307
3.3 Ⅱ期の作品に見られる「やす」	312
3.4 Ⅲ期の作品に見られる「やす」	314
4. おわりに	316

第13章 「ませ」と「まし」の交替現象

「まし」の流行と「ませ」への回帰　317

1. はじめに	317
2. 調査の概要	319
3. 考察	319
3.1 全体の使用傾向	319
3.2 出現例から見た分析	322
4. 作者からの分析	328

| | 5. まとめ | 331 |
| | 6. おわりに | 333 |

第14章 三笑亭可楽作品の「ござる」
古臭さ・尊大さを表すために 337

1. はじめに 337
2. 対象とした作品と方法 339
   2.1 作者 三笑亭可楽について 340
   2.2 作品の概要について 341
3. 調査結果 341
4. 作品ごとの検討 344
   4.1 『山しよ味噌』の出現例 344
   4.2 『東都真衛』の出現例 345
   4.3 『新作おとしはなし』の出現例 348
   4.4 『種がしま』の出現例 350
   4.5 『身振姿』の出現例 352
   4.6 『百の種』の出現例 355
   4.7 『十二支紫』の出現例 356
   4.8 『新作可楽即考』の出現例 357
5. 考察 358

第15章 前期噺本の「ござる」
文意を決定する本動詞から代替可能な補助動詞へ 361

1. はじめに 361
2. 先行研究 362
3. 調査資料の概要 365
4. 全体的な傾向と考察 368
5. 作品ごとの検討と考察 370
   5.1 『寒川入道筆記』の「ござる」 370
   5.2 『戯言養気集』の「ござる」 371
   5.3 『昨日は今日の物語』の「ござる」 372
   5.4 『醒睡笑』の「ござる」 373
   5.5 『宇喜蔵主古今咄揃』の「ござる」 374
   5.6 『武左衛門口伝はなし』の「ござる」 375
   5.7 『鹿の巻筆』の「ござる」 376
   5.8 『正直噺大鑑』の「ござる」 377
   5.9 『軽口星鉄炮』の「ござる」 378

5.10『軽口瓢軽苗』の「ござる」	378
5.11『軽口腹太鼓』の「ござる」	379
5.12『軽口福徳利』の「ござる」	380
5.13『鹿の子餅』の「ござる」	380
5.14『口拍子』の「ござる」	382
6. まとめ	383
7. おわりに	384

終章	387
1. はじめに	387
2. 衰退・消失のパタン	388
3. 変化に読み手側の要素が介在したもの	393
4. 板元や書き手側の意向が反映したもの	400

付章	405
三笑亭可楽作「新作おとしはなし」における江戸語	409
1. はじめに	409
2. 後期咄本の体裁の変化	410
3. 概況	416
3.1 テキスト	416
3.2 考察	417
4. おわりに	433

付録 早稲田大学中央図書館蔵	
「新作おとしはなし」翻刻ならびに注釈	478

謝辞	479
参考文献	481
本研究と既発表論文との関係	487
事項索引	491
人名索引	496

凡　例

一 . 本書では江戸時代の滑稽な短いはなしを笑話とし、これを集め
たものを笑話集または笑話本と括る。江戸時代に出板された笑
話集は噺本に代表させ、江戸で出板されたもののうち、安永期
以降幕末までのものを後期咄本と呼ぶ。さらに細かい時期と呼
称については必要に応じて、各章で注記した。

一 . 資料名の角書はおおよそこれを省略した。例えば『落咄　熟志
柿』『新作　笑話之林』はそれぞれ『熟志柿』『笑話之林』のよ
うに記した。

一 . 作者に別名がある場合は、便宜上一つに代表させた。例えば
「談洲楼焉馬」「立川焉馬」と別名がある場合は「立川焉馬」に
統一した。

一 . 本書に現れる年号は和暦を用いたが、西暦を付け加えたものも
ある。

一 . 咄本の本文の引用は原則として原本によったが、振り仮名は必
要と考えた場合を除き、これを省略した。

一 . 翻刻にあたっては、私に句読点を施し、スペースをあけて読解
の便宜をはかった。

一 . 調査は多く武藤禎夫編『噺本大系』および国文学研究資料館
データベース検索システムを利用し、できる限り板本と校合し
た。

はじめに

　本書の目的は後期咄本に現れる言語の実態を明らかにし、それを江戸語の変遷の上に位置づけて江戸語資料としての価値を論じることにある。ここでいう江戸語とは江戸時代（幕府が開かれた1603年から大政が奉還された1867年まで）に江戸という都市で行われたことばのことである。この江戸のことばは、限られた時期と地域において用いられたものであって、共通語といわれるものに直接つながるものではない。あるものは消失・衰退し、あるものは後の東京で使われることばに取り入れられたものである。このような江戸のことばの移り変わりをここでは「江戸語の変遷」とよぶことにする。本書の主意は、従来、資料的価値の認められることが少なかった噺本、特に後期咄本（以降特に断らない限りは咄本とよぶ）について、その言語資料としての有効性を論じることにある。

　「噺本」と「咄本」の用語については序章で詳細を述べるが、「古い時代のものを軽口本、江戸で出板されたものを落咄本、咄本と呼び、両者を含めて噺本と」する（武藤禎夫1965 p.4）という定義に従う。武藤1965の区分を略記すると次のようになる。

古い時代のもの　　　　軽口本
江戸で出板されたもの　落咄本　咄本　}　噺本

前期噺本	初期噺本	［元和（1615）―延宝（1681）］
	軽口本	［天和（1681）―正徳（1716）］
	後期軽口本	［享保（1716）―明和（1772）］
後期咄本	江戸小咄本	［安永・天明（1772 –1789）］
	中期小咄本	［寛政（1789）―文化（1818）］
	後期小咄本	［文政（1818）―慶応（1868）］

　また本書で扱う後期咄本とは「明和9年を境として、前期・後期に大別」（同上）されたうちの後期（明和〜慶応）に江戸で出板さ

れたものを指す。ただし、本書の後期咄本の時期区分は二つの幕政
改革（寛政の改革 1787–1793 天保の改革 1841–1843）を境にした
ため、先行論文の区切りとは若干のずれがある。後期咄本の時期区
分を必要とする際は、おおよそ次のように I 期から III 期に区分す
る*1。

後期咄本
I 期　　安永（1772）―寛政（1801）
II 期　　享和（1801）―文政（1830）
III 期　　天保（1830）―幕末頃（1868）

　咄本がこれまで研究対象として取り上げられなかった理由につい
て、佐藤亨 1988 は次のように指摘する。

　「江戸時代語研究に前期・後期の咄本を用いたものが少ない。特
に前期のそれに著しい。後期の咄本については、その口語性の点で
洒落本他に比して劣るとされるため、資料とされることは稀であ
る。」（p.32）

　佐藤は後期の咄本を研究対象とすることのむずかしさに、他の戯
作に比して口語性が劣ることを挙げる。しかしそれ以外にも、咄本
は成立事情の不確かさ*2 や地の文と会話部分が不分明であること
など、様々な問題を抱えていることが知られている*3。これらが
咄本の研究を、個別の内容理解のためのものに留まらせたと言えよ
う。

　しかし上方的要素が漸減し、江戸のことばが独自の姿を取り始め
る明和以降には、咄本であっても成立事情の明らかなものが増加す
る。年齢や階層、職業他によって、ことばの違いが見られる人物が
登場し、会話部分も地の文とは区別しやすくなる。洒落本や滑稽本
など他の戯作との比較も可能になるのである。

〈江戸語の形成期〉

　まず初めに江戸時代の後半に生まれた咄本について、その実態が
いかなるものであるかを述べ、洒落本や滑稽本のような他の戯作と
比較して特徴があるかを明らかにする。

　小松寿雄 1985 では江戸語の形成を 3 時期に分け（p.6）特徴を
挙げる。各期の詳細は序章で述べる。

第一次形成期　江戸語形成のイニシアチブを握る人々が武家で
　　　　　　　　あった時期
　　　　　　　　〔寛永期頃武家言葉が形成される〕
　第二次形成期　武家と町人に形成の担い手が移行した時期
　　　　　　　　〔江戸共通語に関するもの　明和期に拡大する〕
　第三次形成期　下層町人に江戸語形成の担い手が移った時期
　　　　　　　　〔江戸訛に関するもの　化政期に頂点に達する〕

　この第三次形成期は後期咄本が広く享受された時期とおおよそ重なる。この江戸語が形成される上に中心的役割を果たした人々の変化は、咄本に現れることばの変化にも反映されたであろう。江戸語形成の主体の変化すなわちこの江戸語を形成する中心的役割を果たす人々の変化から、咄本に現れることばの変化を論じる。

〈本書の構成〉

　本書文の構成は「序章」と「終章」「付章」を含む全8篇から成る。

　序章は本研究の前提となるもので、ここで用いる語の定義と、対象とする後期咄本の定義を行い、研究の立場を明らかにする。咄本の言語的基盤となる江戸語について、その時期的区分を規定したのち、『狂言田舎操』中の「本江戸と江戸訛」に見られる式亭三馬の江戸語観と、それをもとにする先行研究の江戸語観を述べる。この流れを踏まえて、江戸語資料としての咄本の資料的価値を考察し、第Ⅰ部からの論の展開の前提とする。

　第Ⅰ部では咄本の輪郭を知るために「表記」を論点に据えた。「読んで笑う」ことを第一義とする咄本にあって、「表記」は基本的な要件であろう。

　ここでは咄本に現れる「仮名」（第1章）、「漢字」（第2章）について量的なアプローチで全体を分析し、その機能について論じる。使用量や機能が同時期の戯作と比べて、どのような特徴を持つかを検討する。このようにして表記の変化は印刷技術の向上による読者層の拡大に促されたことによると論じていく。

はじめに　　3

これと密接に関わるものが「振り仮名」である。これを第3章として、振り仮名の使用量とその振られる割合（付記語率）の変遷に注目する。変遷の要因の一つとして各期における享受者の違いを挙げる。すなわちⅠ期（安永―寛政 1772–1801）は座敷噺を聞くために幇間や噺家を座敷に招く力を有する上層の人々や、サロン的な同好の士である教養層であり、Ⅱ期（享和―文政 1801–1830）以降は、階層・年齢・男女の点で様々な違いのある人々が相手になる。Ⅰ期は読者の漢字読解能力の推測が可能であるのに対し、Ⅱ期とⅢ期（天保〜幕末頃 1830–1868）は不特定多数であるために漢字読解能力を推測することができない。そのために、作者は振り仮名を多用せざるを得なかったことを述べる。

　また、振り仮名が単なる読解の補助機能から、表現手段としての機能〈内容のおかしみだけではなく、表記を媒体とした視覚的な楽しみ〉をも担うものになったことを論じる。さらに咄本に現れる語彙に付された振り仮名の有無が、当時の「基本的な語彙」を知る手がかりとして有効であることを提案したい。

　＊以降、時期的区分はⅠ期Ⅱ期Ⅲ期とのみ示す。また本文の年号は和暦を用い、必要な場合のみ西暦を記す。

　第Ⅱ部は第Ⅰ部で取り上げた基本的な表記の全体像から、表記の周辺的な問題を考察していく。第4章では、写本と板本を併せ持つ『鹿の巻筆』＊4を取り上げ、対象とする相手（読み手）が異なると、表記も異なることを述べる。具体的には、はなしの内容と振り仮名や振り漢字、および仮名遣いなどについて、刊本と写本の異同を考察する。

　対象とした『鹿の巻筆』には、作者鹿野武左衛門が筆禍に遭った後もなお好評を博して再板された板本と、限定された読み手を対象とした写本がある。本章で取り上げた写本は二世柳亭種彦が友人「無物子」の所蔵する写本を臨模し、さらに然る貴人の求めに応じて、自己の写本を写したといわれるものである。このような成立事情を持つ写本について、刊本との相違を明らかにし、写本の特徴を考察する。その結果、写本には刊本では見られない頭注の付加や音

訛の過剰修正など、意図的な改変のあることが明らかになった。特に地名などの固有名について、刊本では実体験はないが、人の噂話などで聞いたことのある固有名の表記に平仮名が多用され、写本では馴染みのある地名や固有名を漢字表記で写す傾向があることを論じる。写本が単に板本の筋を写すことを目的としたのではなく、特定の対象を意識して改変されたものと位置づけられることを述べる。

次に第5章ではま行、は行、ば行によって表記される語について論じる。江戸のことばには前代から踏襲されたものと、新たに使用の広まったものとがある。例えば、「侍」の表記には「さむらい」と「さふらい」「さぶらい」のように、ま行によって表記されるものと、は行・ば行によって表記されるものとがある。これらは音韻変化が表記に反映した結果だが、音韻変化の記憶はすでに薄れ、当時は単に語形の違い、習慣化した「読み癖」として理解されていたと考える。ここではこれらの語形について「禿」のように本義の記憶が薄れた[5]ことによる変化と、「灯す」のように語義に新たな意味が加えられたことによる変化があったことを指摘する。

第6章では咄本作家の仮名遣いを取り上げる。当時の仮名遣いがすでに混乱状態にあったことは周知のことである。湯澤幸吉郎は江戸の作者の仮名遣いについて、「一つの方針によったのではない」とし「かれらは仮名遣いについては、全く無関心であって、行きあたりばったり、どんな方法であっても、その音が現れさえすればよいのである。」（湯澤幸吉郎 1954 p.4）と観察が述べられている。では咄本作者における仮名遣いはまったく恣意的であったのか。これを音韻/i/を表す仮名のうち、特にハ行四段動詞活用語尾と、ハ行四段動詞を複合成素に持つ複合名詞、ならびに形容詞活用語尾に問題点を絞って考察する。現れた傾向から、当該期の咄本作者の仮名遣いには、作者の属性（武家・上流の町人・寄席の噺家など）からくる個人差が反映していると言うことができる。

第Ⅲ部は「語彙」について考察する。第7章では咄本の読者が作品に持つ興味や関心が他の戯作と異なれば、使用語彙もまた異なると考え、品詞性から見た語彙の量的実態を洒落本・滑稽本と比べて

考察する。比較の便宜のために、洒落本の語彙について論じた彦坂佳宣1982＊6が「比較する近世の作品を対象にした同種の分析例が見当たらない」（p.192）とした方法と同種の分析方法を用いる＊7。その結果、咄本に現れる語彙には、①遊里の世界を詳細に説明する洒落本等とは異なる傾向があること②事物の説明に［相の類］の代りに［体の類］を用いて具体的に説明するという表現手段があることなどを指摘して、咄本の語彙の特徴を明らかにする。例えば、「醜い」「田舎くさい」と表現するところを「夏芝居の累といふもので、とふなすやかぼちやにめはながついてるやふだ」「いつれを見ても山家そだち　菅秀才のお身かわりに立よふといふ首ハ　一ッとつもねへ」（『身振噺寿賀多八景』＊8）と、［体の類］が［相の類］の役割を一部肩代わりする様子を見ることができる。

　第8章では前章の計量的分析を踏まえ、具体的な語彙について論じる。第1章の結果から、高い頻度で現れた「日にち」に関わる語彙を選択した。時間の推移を表す語——ここでは特に「日にち」を表す語——はストーリー展開に極めて重要な役割を果たす。このような考えから咄本に現れる「日にち」を表す語彙を分析し、どのように機能しているかを考察する。

　第Ⅳ部と第Ⅴ部は、語の運用面としての語法の諸相からの分析（第Ⅳ部）と文末の表現に注目して、待遇表現の観点から論じる（第Ⅴ部）。

　第Ⅳ部ではウ音便形（第9章）と移動性動詞に接続して方向や目的を示す格助詞「へ」と「に」（第10章）に、および原因・理由を表す条件節（第11章）に着目して、論を進める。

　まず江戸語では「極めて丁寧な言い方」としてのみ命脈を保ったウ音便形を、式亭三馬の『浮世風呂』と比較して検討する。そこから「極めて丁寧な言い方」として"お寒うございます""お久しうございます"のような表現が、現代に至るまで使われ続けている状況を明らかにし、丁寧語としての機能を分担するようになった江戸語のウ音便形を論じる。

　ロドリゲスの『日本大文典』慶長9〜13年（1604–1608）に

「京へ筑紫に坂東さ」と記載される格助詞の「へ」と「に」は、現在でも使用にユレが見られ、日本語学習者用の教科書でも定まった記述はない。そこで第10章では、この格助詞の「へ」と「に」について、咄本での実態と時期的な使用の変遷を考察する。さらにその選択には使用者の「へ」と「に」に対する新旧の意識が働くことを明らかにして、咄本に見られる保守的性格を指摘する。

第11章では原因・理由を表す条件節の変遷について論じる。上方語的要素が薄まり、次第に江戸語が江戸語として独自の発展を遂げる時期に、原因・理由を表す条件節がどのような変化を、なぜ起こしていったか、または変化せずに残っていったかを考察する。

第Ⅴ部は「やす」や「まし」のような文末表現について、そこに現れた待遇表現の変化が江戸語の変遷の上にどのように位置づけられるか、またどのように取捨選択されて、今日我々が使うことばに繋がって行ったかを論じる。

第12章の「やす」と第13章の「まし」は、ともに一時期隆盛を極めたにもかかわらず、次第に劣勢となって衰退または消失の道をたどる文末表現である。このような変遷をもたらした要因を使用者意識から明らかにする。すなわち、新しく生まれた語が、表現効果を増したいという欲求に合致して隆盛を極める。しかし次第にその盛行が却ってアピール力を失わせ、劣勢であった語に新たな価値が付加された結果、使用の逆転が起きる。このような使用の消長を跡付けて記述する。

第14章、第15章の「ござる」は、現代では類型化された表現としてのみ使用されるようになった表現である。ここでは時期の先後を逆順に論じる。まず第14章で江戸市民が文化の担い手となった化政期の作品について述べ、溯った前期噺本の論述を第15章に据える。

第14章では、江戸時代後期にはすでに「尊大なことば」や「古めかしい年寄りのことば」として「ござる」が類型化されていた実態を考察し、この類型化が日常語としての使用を衰退させた要因であることを明らかにする。また「ござる」が前章に取り上げた「や

はじめに　7

す」と結びつくことで、さらにイメージを低下させたことを指摘し、語相互の結びつきが相乗的に働き、使用の選択を決定していったことを述べる。

第15章は、この第14章の時期以前の前期噺本における「ござる」を問題として取り上げる。すなわち「ござる」とその前身である「ござある」「ござ候」との出現数の比較から、「ござる」がたどった道筋を明らかにし、噺本全体における類型化された語としての位置づけをこれら二つの章から確定する。

終章では以上で見てきた変化の要因を、咄本の書き手と読み手の要求や必要、意図などの事情という観点から再構成し、総括とする。

付章として、ここまで論じてきた言語事象の具体的な現れを、職業噺家として化政期に活躍した三笑亭可楽の作品から述べる。巻末に「しんさく落はなし」の翻刻を載せ、それらについての注釈を施して本章の論拠となる資料とする。なお早稲田大学蔵書検索システムでは単に「おとしはなし」と記載。早稲田大学所蔵本（ヘ13-1984-12）では題箋がないため、本書では内題「新作（しんさく）おとしはなし」を題とした。

以上のような考察を通して、咄本に現れる言語事象を、その成立事情や咄本の特有の性質から解き明かしていく。江戸後期に生まれた笑話集——ここでいうところの後期咄本——は流行の先端を行くものでも、先鋭的なものでもない。流行語を生み出し新しいことばを牽引する洒落本や滑稽本とは異なる、いうなれば保守的性格を有するものである。

他の戯作が古くからある上方系の語を捨て、新たな表現効果を持った語を選択した時期にも、咄本では以前からのことばを踏襲することが多かった。これは洒落本が当時の先端を行く流行語や遊里のことばの資料となるのとは対照的である。しかし、そのような傾向を持つ咄本のことばは、一部の流行の先端を行く人々だけではなく、一般の人々にすでに定着し、浸透したものと捉えることができよう。本書では、このような保守的性格を持つ咄本のことばの変化と、その変化の要因を論じることをもくろみとする。

＊1　時期をⅠ～Ⅲ期に区分した理由についての詳細は序章で述べる。

＊2　嗣足改題本は改作や再出が多く成立年代が特定しにくい。

＊3　小田切良知1943、池上秋彦1958など。詳細は序章に送る。

＊4　貞享3年1686刊　写本（国立国会図書館蔵本）は後書きに「文久三　二世柳亭種彦」とある。

＊5　例えば当初は髪型を意味した「禿」は、次第にそのような髪型をした少女を指すようになる。

＊6　「近世の語彙」5　明治書院

＊7　彦坂1982では［相の類］［用の類］［体の類］に分類し、使用の割合を記述する。

＊8　本書では早稲田大学中央図書館蔵本の『身振姿』を資料名とする。詳細は序章の脚注に記す。

序章

1. はじめに

16世紀末朝鮮出兵とキリスト教伝来によって、日本に2種類の活字がもたらされる。

これにより木や銅の活字を一字ずつ組み合わせる活字印刷が、朝廷や徳川幕府・寺院において用いられるようになるが、これにしても従来の写本と同様、限られた人々の専有物に過ぎなかった。活字印刷は膨大な数の活字を必要とすることや、キリシタン禁止令などにより、木板印刷に取って代わられる。写本や活字印刷とは異なり、木板印刷（整板）は1頁分の板木にまとめて彫り、そして刷ることができる。生産性は活字本に比べて格段に高く、寛永期半ばには増刷可能な木板印刷が主流になる。商業ベースにのった木板印刷は、出版量の増大と低価格により読者層を拡大させていく。このようにして特権階級に独占されていた読書の楽しみは、江戸時代後期になると一般にも拡大し、享受されるようになるのである。

下は文化11年正月に出版された三笑亭可楽の咄本『滑稽噺 身振姿』*1の序である。書名は、前年に成田屋が大当たりをとった芝居に因んだと言われており、序には江戸の人々が咄本の発売を楽しみにしているさまが記されている。

可楽丈か作意ハ。あるか中の市川と誉て。噺家の座頭とよばれ。三笑亭の家号は。三升の清濁より発りて。団十良とゝもに其名高し。今著す身振姿八景は。世に成田屋か大当りをかねたり。これを本屋の本舞台として、かさりつけのさくら木にえるに。見物しきりにあくかれて。戯場の初日を待かことしと。書肆かはなしをそのまゝ狂言綺語の　序幕にしるす　　　　　臥龍園

この序からは団十郎の芝居と同様に、咄本が娯楽を求める江戸の

人々によって、待望され、歓迎されていたことがわかる。また、木板技術と歩調を合わせて貸本屋も発達し、他の戯作と同様に咄本も安価かつ手軽に入手できるものになる。そのありさまは次のような林屋正蔵の咄本の序などからも窺うことができよう。

　　御ひゐきあつく　ヤレ売るは　流行はとござりまして　板元の誂に　今年は一番工夫いたして　怪談に可笑咄　またはおぼえにくい　むずかしい咄を　かず〲取集めまして　丁数はわずかなれど　御読被成て徳用向　なんぼ咄家でも　是斗はうそはござりません
　　　　　　　　　　　　　　　　　　　　　　　『笑話の林』天保2

　江戸時代後期の咄本はその値と手軽さによって、丁稚や飯炊き女が仕事の合間に手にとって読める程度のものであったと言われる。また上記林屋正蔵が『笑富林』（天保4）の口上で「御みやげ物等に沢山御求メの程　奉願上候」と述べるように、年玉や土産にされるものであったことが知られる。本書は江戸語の変化を、市民生活に密着し広く読まれた咄本を対象として、そこに現れる言語事象の変化から論じるものである。

　さて、このように江戸で受け入れられていた咄本だが、そこで用いられる江戸語は扱うのに困難なものである。

　「江戸言葉は、江戸の土地に江戸の町と共に発達したことばである」（p.1）と言う湯澤幸吉郎『江戸言葉の研究』の冒頭の言は、江戸語研究者のおおよそが首肯する事実である。この冒頭の言葉が生まれるおよそ20年前、吉田澄夫1935もまた「一般に江戸語と云ふのは、江戸に発達した言語を意味する」（p.29）と江戸語を定義している。

　ところが、江戸語には江戸語と単に一括りにはできない、複雑に絡み合った問題がある。例えば江戸語を、江戸期の、江戸と言う都市の住民のことばと定義すると、そこには都市建設のために近郷から集められた土着の人々のことば、都市経営のために呼び集められた上方を中心とした商人のことば、衣食住に関わる物資を供給する職人のことば、そして徳川家が旧領地から伴ってきた家臣団のことばなど、階層は幾重にも重なる。さらに商人と言っても内部の階層は細分化されており、地主、家持から地借、店借ではことばが異な

る。これは大店の隠居・大家・店子が登場する滑稽本や咄本のこと
ばを見ればすぐに察せられよう。使用者のこのような位相の問題は、
都市形成の初期から完成期、そして幕末まで引き継がれていく。

　また地域的にも江戸語の範囲をどう限るか、拡張し続ける江戸都
市のどこまでが「江戸のうち」なのか、その境界線は時期により、
管轄の奉行所により様々であったと言われる*2。

　実際の江戸は朱引き内か墨引き内か、さらに山の手ことばと下町
ことばの範囲や、準江戸語と言われる近郊をどう扱うかなど、問題
とすべき点は多い。江戸語の成立時期をいつと規定するかも諸説が
ある。これら様々な観点から、江戸語は今もなお探求され続けてい
るのが現状である。

　そこでまず、以下の3点について述べ、本書における研究の立場
を定める。

　すなわち第2節では本書の前提として、「咄本」の語を定義し、
そののち対象資料の時期区分を規定する。第3節では咄本の背景と
なる江戸語について、先行研究の「江戸語観」から江戸語を捉え、
続いて第4節では先行研究によって指摘される咄本の資料的価値を
挙げ、有効性を論じる。

2.　用語と時期区分

2.1　「咄本」の定義

　笑話集と笑話の名称については、研究者の立場によって諸説ある。
『国語学研究事典』では笑話集について、「咄本」の名称で立項され
る。本文では「別名　笑話本・噺本・小咄本」を挙げ、「江戸時代
の文芸の一ジャンルで、一般に小咄と呼ぶ短い笑話をあつめたも
の」（p.733）としている。また日本古典文学大系『江戸笑話集』
は、タイトルにあるように江戸時代に集められた短い滑稽譚を「笑
話」の語に代表させ、それらが集められたものを「笑話集」「笑話
本」と括っている。書名に「小咄」を冠した『日本小咄集成』*3は
刊行の目的を「噺本（江戸時代の短い笑い話を収録した本）の紹
介」とし、短い笑話が「小咄」であり、「小咄」を集めたものが

「噺本」であるとする。

　現在刊行される書籍の多くが、このように笑話を「小咄」と称し、集められた書物を「噺本」あるいは「小咄本」としているようである*4。研究書の中で名称について言及し、それぞれを定義したものに武藤禎夫 1965 がある。

　本書では、江戸時代の後期という範囲に限って考察する。したがって、江戸時代の後期に時期を限ったのであれば、対象についてもその限られた期間での用語の使用が妥当であろう。そのためには江戸時代全体を概観し、時期ごとに対象の名称を細分化した武藤 1965 の用語の定義と呼称がここで用いるに適当と考える。

　武藤はまず、笑話の意味の「小咄」という語は江戸期にはほとんど見られず、古くは「咄の類」と称し、その笑話本の角書をもって、元禄期は「軽口」「軽口咄」が、明和期は「おとしばなし」が普通であったと指摘している。角書に「小咄」を冠するものは見られず、古くは角書を「軽口」とするのが一般的な形式であったこと、中期以降は「稿話」「俗談」など様々な角書が生まれ、次第に「おとしはなし」が一般的になることを報告する。

　以上から、武藤 1965 は笑話集の用語と表記を「古い時代のものを軽口本、江戸で出版されたものを落咄本、咄本と呼び、両者を含めて噺本」(p.4) と規定する。

　本書でもこれに倣い、江戸時代に出版された笑話集を「噺本」に代表させ、江戸で出版されたものは「咄本」と呼ぶことにする。

2.2　江戸語の時期区分

　はじめに先行研究に現れる江戸語の時期区分について挙げ、次に武藤禎夫による噺本の時期区分と、それとは若干の違いを持つ本書の時期区分について述べる。

　江戸語の時期区分としてまず引かれるものに、吉田澄夫 1935 の見取り図 (p.30) がある。吉田は江戸語を前期江戸語（未完成時代）と後期江戸語（完成時代）に大別し、前者をさらに天正開府から明暦までの第一期と、寛文頃から享保頃までの第二期に、後者を宝暦頃から寛政頃までの第三期と、文化期から幕末までの第四期に

小分類する。簡易に図示すれば次のようになる。

江戸語
├─ 前期江戸語（未完成時代）
│   ├─ 第一期　天正開府から明暦　　1603–1658
│   └─ 第二期　寛文頃から享保頃　　1661–1735
└─ 後期江戸語（完成時代）
    ├─ 第三期　宝暦頃から寛政頃　　1751–1801
    └─ 第四期　文化期から幕末　　　1804–1867

　吉田はまた、江戸語の成立には幕府が開かれてから長い年月が必要であり、上方的要素が漸減して江戸語を使用した文学が生まれるのは宝暦頃とする。「萌芽は古くより　ほのみえてゐる」が「江戸語の発達を実証的にみようとする時、宝暦前後を以てその成立期とすべきものと思ふ」（p.30）とし、この宝暦以前を前期江戸語、以後を後期江戸語と規定する。

　これを承けて、江戸語の成立時期を資料面から考察したものが小田切良知1943である。小田切は江戸語の成立を宝暦よりも10年ほどのちの明和期とするが、いずれにせよ、江戸のことばが江戸独自の姿を持ち始めたのは、吉田のいう後期江戸語の第三期ということになる。

　小松寿雄1985では、さらに宝暦以降の後期江戸語では、武家のことば、上層町人のことば、下層町人のことばを区別すべきであるとし、江戸語の形成をこれらに配慮した三つの過程に分ける＊5（本書「はじめに」参照）。最初に形成されるのが武家ことばであり、これを江戸語の第一次形成期とする。続いて「方言雑居の状態であった」（p.5）時期を脱して、「江戸の共通語とでもいうべきものが形成されていった」（p.6）時期を江戸語の第二次形成期とする。第一次形成期の担い手は武家であったが、第二次形成期の担い手は、江戸に居住する武家も町人も含む江戸の住人全体である。この時期を「江戸共通語に仕立て上げる過程」（p.83）と説明する。次第に町人が主体となった町人文化は細分化し、それに伴い言葉も明瞭に分かれていく。第三次形成期は、下層の人々のことばの特徴が広まり、これが非下層の人々に及んだ時期である。小松2006ではこれを江戸訛が「次第に増加し、下層の特徴にとどまらなくなり、化政期に頂点に達した」（p.29）時期とする。

2.3　咄本の時期区分

　ではこの江戸語成立の過程にあって、咄本とその中に現れること
ばはどのように移り変わっていったか。本書ではその変遷をたどる
ために、時期をいくつかに区切って考察していくこととする。

　咄本の時期を区分したものには、前出の武藤1965がある。これ
より10年ほどのちの『国語学研究事典』「咄本」項目（pp.733–
734）には、蜂谷清人による時期区分と解説がある。ここでは上記
二つについて見る。

　事典項目としての蜂谷1977では、武藤1965よりも大まかに江
戸期全体を4期に区切り、内容的側面から咄本の変遷を解説する。
これによれば第一期と第二期を合わせて「噺本」の表記を用いるこ
とがあること、第三期には咄本が黄金時代を迎え、質的な面でもそ
の頂点を極めるが、第四期になるとその盛行が却って咄本の大衆
化・一般化を招き、これによって質的劣化を招いたことが指摘され
ている。

　　　第一期　元和・寛永年間～万治・寛文年間（1615–1673）
　　　第二期　天和・貞享年間ごろ～宝永・正徳年間（1681–1716）
　　　第三期　宝暦・明和年間ごろ～天明年間ごろ（1751–1789）
　　　第四期　寛政・享和年間ごろ～幕末ごろ（1789–1868）

　本書が対象とする後期咄本の登場する時期は、吉田1935が区分
した宝暦以降の後期江戸語の年代である。後期咄本を取り上げるた
めには、明和・安永期から幕末を三期に分けた武藤1965の区切り
が適当と考える。

　武藤1965では江戸期に生まれた噺本について、本書「はじめ
に」で示したように区切り、安永期以降幕末までを後期咄本とする。
前期噺本と後期咄本の境は、吉田1935、小田切1943の江戸語成
立の時期区分とほぼ重なる。本書で扱う後期咄本の名称は、明和期
をもって前後に区切ったこの武藤1965の区分による。ただし、本
書の後期咄本の時期区分は、二つの幕政改革を境とするため、先行
論文の区切りとは若干のずれがある。後期咄本の時期区分を必要と
する際は、調査内容と方法にもよるが次のように区切る。期間はⅠ
期とⅡ期が各29年間、Ⅲ期が38年間である。なお章によっては、

時期に幅をもたせたものもある。例えばⅢ期を明治期半ばまで下らせたところもあるが、これは明治期半ばまでの作品の作者が*6幕末に言語形成期を過ごしたことによる。

　Ⅰ期　安永期〜寛政期（1772–1801）

　Ⅱ期　享和期〜文政期（1801–1830）

　Ⅲ期　天保期以降幕末頃（1830–1868）

　安永・天明期は咄本にとってそれまでの上方的要素が薄れ、「江戸前」の簡潔できびきびとした文体の小咄が多く生まれた時期である。一方で社会的には天明大飢饉や以前からの幕政のゆるみによって社会不安が生じ、これをただすために寛政の改革（1787–1793）が断行された時期でもある。

　緊縮財政と風紀粛清は文芸の世界にも波及し、恋川春町、山東京伝、蔦谷重三郎らは処罰を受け、武家出身の咄本作家らは筆を折る。例えば秋田藩留守居役の朋誠堂喜三二は公儀を憚った藩命により止筆となる。大田南畝を支援していた旗本土山宗次郎は死刑、板元の蔦谷重三郎は財産半分を没収されている。

　また「咄の会」も、料亭を借り切るほどに規模が拡大すると弾圧が始まり、寛政9年には禁止令が出される。当時活躍した立川焉馬*7は、この「咄の会」は古典（『宇治拾遺物語』など）を披講するものとして幕府の目を逃れ、咄本『喜美談語』（寛政8）、『詞葉の花』（寛政9）、『無事志有意』（寛政10）を残している。

　暉峻康隆1965aで「焉馬に始まり焉馬に終わる」と言われる「咄の会」は、会の性格そのものを、趣味の会から独演会的性質を持つものへと変えていくのである。

　このような外的圧力は咄本の笑いを、武家や高僧の失敗談、性的なはなしに対する笑いから、穏当で卑近な笑いへと転換させていったと考える。

　寛政の改革によって弾圧された洒落本と黄表紙は、それぞれ人情本や、御家騒動・仇討物に転向し、江戸市民への笑いの供給源としての役割を果たさなくなった。その結果、笑いを欲する江戸市民の要求が落語を公開せしめ、彼らの志向が変化したと暉峻1965bは指摘している。

序章　17

この市民の欲求が、改革終息後の享和期から文化年間にかけて新しいジャンルを生み出すが、咄本も転機を迎えた。天明調のおおらかな狂歌が俳諧歌に、前期滑稽本が十返舎一九や式亭三馬が活躍する後期滑稽本に変容したように、咄本も笑いの対象を変化させ、短い行数の簡潔な文体は、「表現の冗長さと内容の空疎さ」*8 と評されるようなものへと変わっていく。

また咄本の作り手たちも、幕府の弾圧によって筆を折った武家出身者（朋誠堂喜三二、大田南畝*9 など）から、次第に町人層（金工であった桜川慈悲成、櫛職人であった三笑亭可楽など）へと移行していった。

咄本に再度の転機を与えたのが天保の改革（1841–1843）である。化政期はいわゆる「文運東遷」によって江戸は独自の文化を開花させ、咄本からも上方文化の影響が消失していった時期であるが、同時に木戸銭をとってはなしを聞かせる寄席がうまれた時期でもある。文化12年江戸市中に75軒、文政末には125軒*10 と隆盛を極めた寄席だが、天保の改革により、古い15軒のみを残して取り潰される。その後、天保の改革を推進した水野忠邦の失脚によって、寄席は勢いを復活させる*11 が、咄本の体裁は前期よりもさらに、寄席興行に堪え得る長話へと姿を変えていく。本書では上記のような経緯から、この二つの幕政改革を咄本の転換期と捉え、後期咄本の時期を区切る際にはこれを目安にして論じる*12。

3. 本江戸と江戸語

前項では、本書の前提となる用語と時期の確定をおこなった。

ではそもそも、本書で研究の対象とする江戸語とはどのようなものか。とりわけ、吉田1935で「完成期」とされる後期江戸語の姿はどのようなものであったか。江戸語が複雑な位相の違いを内包するように、これを承けた「東京で話されることば」も一括しては扱い難い。いわゆる東京語の前身を江戸語に求めるのは当然としても、そのためには江戸語の諸相を詳細に検討する必要がある。またこれら江戸語の諸相を継承した「東京で話されることば」も同様な検討

が必要になろう。本書では問題点を明確にするために、江戸で享受された後期咄本の言語を取り扱うことに留め、標準語・共通語については各章において必要な範囲の言及とした。

3.1　式亭三馬の「本江戸」・「江戸訛」

しばしば江戸語研究で引かれるのが、式亭三馬の『狂言田舎操』*13 に登場する「本江戸」・「江戸訛」ということばである。

> ハテ江戸訛といふけれど。おいらが詞は下司下郎で。ぐつと鄙しいのだ。正銘の江戸言といふは。江戸でうまれたお歴〳〵のつかふのが本江戸さ。これは又ほんの事だが。何の國でも及ばねへことだ。然様然者。如何いたして此様仕りましてござる。などゝいふ所は。しやんとして立派で。(中略) 諸國の言が江戸者に移らうぢやアあるめへか。そこでソレ。正眞の江戸言は。孰が夫だやら混雑に爲たといふものさ。それでもお歴〳〵にはないことだ。皆江戸訛といふけれど。訛るのは下司下郎ばかりよ
>
> (巻之上 12 オ–12 ウ)

上からは「江戸訛は自分たちが使う下司下郎のことばであって、正真正銘の江戸詞とは江戸根生いの、上層の人々が使うもの」であること、「江戸へ地域のことばが種々混入したために江戸の人間にそれが"うつって"しまい、混じり合ったことばになっている」こと、「上層の人間にはそのような傾向は見られず、訛るのは下司下郎である」という三馬の観察が読み取れる。この「本江戸」については多くの言及と解釈があり、「本江戸」の位置づけや現代に及ぶ東京語との関連が論じられる。

3.2　先行研究の「本江戸」・「江戸語」

中村通夫 1948 では「本江戸」は一般的な江戸の市民が使うことばの上位に位置づけられるものではなく、漢語の教養を有する人々が、これを一種の公用語としたのではないかと考察する。中村にとっての江戸語は、この公用語としての「本江戸」ではなく、三馬が指す下司下郎が使う「江戸訛」の側であったと考えられる。

同様に「本江戸」を公用語として位置づけるものに田中章夫

序章　19

1983がある。そこでは「本江戸」を「江戸の武士階級の公的な社交用語・公用語をさすもの」（p.198）としつつ、改まった場面では上層町人も使いこなせる、いわゆる「折り目正しい公用語」であったと論じ、そのような上層町人が使いこなした「本江戸」が、山の手言葉の原型になったと次のように述べている。

> このように、特に武士などとの改まった会話では、上層の町人たちは、武士のことばに、きわめて近い、折り目正しい公用語を、すでに身につけて使いこなしていた。さきの女性たちの「お屋敷ことば」とは、その趣をことにし、むしろ『狂言田舎操』にいう「本江戸」の系統をひくことばといえよう。（中略）このようにして、天保期の上層町人社会には、それまでの町人ことばとは、異質な言語が形成されるにいたった。それは、のちの山の手言葉の原型とみなしうるものであり、敬語が整い、男性語の格調と女性語の気品を特色とするものであった

（同 p.198）

中村や田中が「本江戸」を公用語と見做したのに対して、これを共通語的なものと捉えるものに松村明1957がある。

松村は「ヘボンが述べているような Yedo dialect つまり全国どこにでも教養ある人々には通じ得るような江戸語とは右の本江戸に相当するものであろう」（p.61）と「本江戸」は教養層にとって、いわゆる共通語的性格を有していたと指摘している。

つづいて松村は、東京語が京都語に代わって優位性を持つようになったのは東京遷都以後のことであり、標準語的地位が確立するのは、義務教育などで広く通用されるようになったためであると、東京語の標準語化の過程を示す。そして、「この場合の東京語は、江戸訛に相当するような江戸語からそのまま受け継がれたものではなく、本江戸に相当する江戸語からのものであることは申すまでもない。」（同 p.61）と、共通語の原型を「本江戸」に求めている。

上記3.1からは、三馬が下司下郎の使う「江戸訛」と対立させた「本江戸」こそが、共通語の源であり、武士に限らず上層の町人も改まった場面では容易に使いこなせる語であると了解されたことがわかる。同時に、「本江戸」と並行して下層社会では、「江戸訛」と

いわれる言葉が広範な使用を見せていたことも知られる。このように位相的にも場面的にも様々な要素が絡み合って成り立つ江戸語、すなわち、三馬の言う「本江戸」と「江戸訛」は大きな断絶があるのではなく、相互に混じり合ったものと考えられる。これが中村通夫や田中章夫、松村明の捉える江戸語の大きな括りと言えよう。

この「折り目正しい」江戸のことばは、屋敷に招かれて座敷噺を披露する噺家や、木戸銭をとって、不特定多数を相手に高座をつとめる噺家にも「正銘の江戸語」の流れとして継承されたと考える。

ここまでは江戸語の発生よりもむしろ江戸語が成熟した結果、東京語に連なる公用語・共通語もしくは標準語へと道筋をたどっていったことに視点が置かれた見解である。これとは視点を異にするのが、小田切 1943 や湯澤 1954、小松 1985 ほかである。これらはともに江戸語の発生の経緯から考察し、江戸語の特徴を捉えようとしたものである。小田切 1943 では江戸語を、東国語と上方語の混合された「混血児」であると指摘する。

江戸語は上方語が基盤になってその上に東国語がのったのでも、上方語と東国語が兄弟関係にあったのでもなく、新開の都市（江戸）に様々な地域の言語が流入し、いわゆる「文運東遷」によって次第に江戸語としての色彩が強まったものであるとする。小田切の江戸語観は以下に尽きる。

> 江戸語は混血児である。それは、種々雑多の方言の影響をうけたであらうが、最も多く且つ濃く東国語と上方語からその血を引いてゐる。江戸語を以て東國語の嫡流であると見たり、上方詞からの影響が甚しい等といつたりするのは、未だ到らざるの見解であると考へる。江戸語は決して東國語の嫡流でもなければ、又上方詞からの影響などといふやうな皮相的なものを受けとつたものなのでもない。上方詞は江戸語の骨髄を形成し、その皮肉の間に入り込んでゐる。上方詞は江戸語の祖先の一つなのである。東國語と上方語を父とし母として、生れた混合語が江戸語なのだと考へる。──そしてこれは常識である。(p.697)

湯澤 1954 はその冒頭で「江戸言葉は江戸の土地に江戸の町と共に発達した言葉である」(p.1) と江戸語を定義づける。徳川家康が

おこなった都市形成の施策によって江戸は諸国からの移住者が急増した。その結果、土着の言葉に諸国のことばが入り込む混沌とした状態が続く。そのような江戸のことばの状態から、次第にまとまりを見せていくさまを「これら諸種の言語が混和しはじめて、互いに取捨選択を行い、また自然発生のものも加わって、全体として一つのまとまった形を形成するようになった。それがいわゆる江戸語である」(p.2) とし、多様な職種・階層の人々が居住する江戸では、武家言葉と町人言葉に大別できる言葉が共存していたが、次第に優勢な立場に立つに至った町人とその言葉とが江戸の主軸になったと述べている。

小松 1985 では、階層による分化の激しい江戸語は、武家のことば、上層町人のことば、下層町人のことばを区別して扱うべきであると主張する。この見地から各階層の江戸語の諸相を調査し、外地で生まれても江戸に定住し、準江戸語グループを形成する人々、市街地の拡大により江戸に取り込まれた市街地の言葉も無視できない存在とする。そうしてこれら様々な階層のことばが融和と分離を繰り返しながら、次第にまとまりを持つ江戸語というものを形成していったと唱える。

東京語の基盤となる、ここにいう江戸語とはいかなるものかを論じたもう一つの立場として、講義物のことばを挙げるのが森岡健二 1980 である。森岡の論に先立って「正統たる東京語の地位を獲得しえなかった江戸語」と「現代共通語と深いかかわりをもつ講談や講義のことば」を記述したのが中村通夫 1948 である。

中村は『東京語の性格』(1948) の中で、江戸語が「正統たる東京語の地位を獲得」(p.11) しえなかったのは「文化語としての欲求が強く加わってきたため」であり、この文化語、もしくは教養語への希求に応えるものとして、洒落本や滑稽本の一方の側に位置する講談用語があるとする。

「現代共通語との関連の上からみれば、むしろこうした一類こそ現代共通語とのかかわり深いものであって、洒落本、滑稽本、人情本等の会話の部分からうかがわれる庶民層の日常会話こそ特殊なものと考えられる」(同上) とし「いわゆる講義のことばが東京語の

骨格を成す」と結論づける。森岡はこれを踏まえ、最も中立的（ニュートラル）なものとして講義物の資料を挙げている。森岡は先述論文の中で、標準語はできる限り個人的な性格を排除したニュートラルなもの、すなわち時代・身分・地域などの位相を越えたものであるべきとし、ニュートラルな口語、いわゆる標準語の元になり得たものはこれら一連の講義物のことばであると主張する。これを主軸に抄物・漢学の講義筆記・雅俗対訳の資料の語法調査をおこない、「心学道話の普及状態をみると、心学道話が、汎地域、汎階層の性格をもつ」時代や地域差を超越して存在する「汎共通語」であると指摘している。

　金田弘1980では江戸崎門学派の講義筆記を資料にもとめ、筆録ではあっても「当時の日常語をよく伝えている」（p.36）として、その「筆記」に見られることばが武士・儒者を主体とした江戸の教養層の実態に近似していることを指摘する。

　金田は上総に住居した黙斎の講義筆記からダとジャの出現状況を分析し、「身分的には農民である上総の門人たちは、ダの使用者たちではあったが、広く知識・教養層の人々と関わるようになった場合は、その社会に行われていた共通語的性格を有するジャを使用していたであろう」（p.43）と推測する。

　このようにして江戸周辺の中・上層階級（郷士・医者・地主層）の人々も江戸の知識層に加わり、「庶民層とは異なる新たな共通語としてのダが次第に定着していった」（同上）と論じる。ここでは戯作に現れる庶民でもなく、本江戸を操ると考えられる「江戸でうまれたお歴〳〵」でもない、新興勢力による共通語の普及が指摘される。

　田中1983はこの講義のことばを次のように解説する。「道話・講義・談義・チョボクレ・講釈・落語といった、一対多の場面のことばを観察してみると、一八世紀の終わりから一九世紀の初めごろ、大衆を相手にしてしゃべる時の語り口、すなわち公用語的な表現が、一応成立していたとみることができる」（p.234）と述べ、講義ものの内容とかたり口調が「大家のご隠居さんあたり」に照準をあわせたものと位置づける。道話や講釈の聞き手は「ともかくも一家を

構え、家作の一つももって、生活が一応安定している、江戸の中流の人々が、その主たる対象であり、話の中味もことばづかいも、そうした階層の人々に合わせたもの」（p.235）ではないかとし、このような中流階層の人々のことばが談義物の中に反映していると述べている。

4. 咄本の資料価値の検証と本書で対象資料としたことの意義

上記第3節の江戸語観からも、江戸語が多層性を有する、複雑な経緯の絡み合った言語であることが察せられよう。このような性格を持つ江戸語の資料として、咄本が適当であるか否かについては諸説がある。まずは江戸語資料として洒落本や滑稽本と同様に評価できるとするのが、吉田1935や湯澤1954である。これらを踏まえ、なお研究対象として咄本の利用が少ないと指摘するのが佐藤亨1988, 1990である。

これよりもさらに踏み込んだ見地から、咄本は資料として極めて扱いにくい（価値が低い）と考えるのが小田切1943、池上秋彦1958である。

これらの見解とは別に、文学的にも価値が低いという従来の説を覆し、学問的に取り上げられて当然であるとしたのが武藤1965および小高敏郎1966である。

以下に順を追って咄本の価値を考察した論文を挙げ、結論として本書において資料としたことの意義を述べる。

4.1　先行研究における咄本の資料的価値

吉田1935では江戸語の第二期の資料として「狂言本よりも更に多く口語的要素のみられるものは咄本である」（p.34）と『武左衛門口伝咄』（天和頃）や『鹿の巻筆』（貞享3年版）、『枝珊瑚珠』（元禄3年版）などを挙げる。続けて「第三期の江戸語の資料としては、洒落本の外に咄本、川柳がある。武左衛門口伝咄や鹿の巻筆等は京阪語風のものであつたが、鹿の子餅（明和9年版）、聞上手

（同年版）等になると江戸語であって、遊子方言、辰巳之園（明和7年版）等と相呼応してゐる譯である」（p.38）とし、その後の咄本の用語は江戸語のものが殆どである点、江戸語が現れる資料として評価できるとする。

　湯澤幸吉郎もまた江戸語の研究資料として「落語の本」を挙げる。「研究資料としては、前に述べた宝暦頃からの作物を挙げることができるが、中にもっとも価値あるものは洒落本であり人情本であり、また滑稽本であり落語の本である」（湯澤1954 p.3）と述べる。ここでいう「落語の本」とは『近世文芸叢書　笑話』*14の『鹿の子餅』（明和9）や『高笑い』（安永5）、『詞葉の花』（寛政9）のことであるから、明和から寛政期の咄本を指すと考えてよかろう。

　上二つは「評価できる」としつつも、咄本を中心資料に据えた研究ではない。これが佐藤1990のいう「端的にいえば、咄本に注目しての研究が少ない」（p.22）状況であろう。佐藤は専門著書・論文を多岐にわたって調べたが、結果は上のようであったと研究の手薄さを指摘している。

　研究対象として咄本の分野が手薄であるということは、資料として扱いにくい理由が存在するからであろう。それでは研究対象として扱いにくい（資料として価値が低い）とされる理由は何か。小田切1943と池上1958はその難点を次のように挙げる。

　小田切1943では洒落本と咄本について「咄本の資料としての信憑性は、端的にいって、洒落本に劣るやうである」（p.695）とし、次のように述べている*15。すなわち咄本の記述体裁が読むためのものであるため多分に文字に引かれる危険性を持っていること、伝統的な滑稽文学の形態に立つため地の文が中心を占めて口語的要素が少ないこと、それゆえ間接話法と直接話法の区別がつかない場合が多いことなどを挙げ、資料性の瑕疵を挙げて「咄本の資料としての価値を低く見る所以である」（p.696）と結論づける。

　もちろんこの評価は明和期の咄本に限定してのこととし、時代が下れば口語資料としての価値は増大するが、その頃には、他の資料も多く現れ、「片々たる小咄本の、口語資料としての相対的価値は依然として高く評価出来ないだらう」（同上頁）と結んでいる。

序章　25

これを承けた池上1958では、「気の毒」の語義と助詞「が」「を」の使用を咄本・洒落本・人情本他とともに考察した結果、「最後に、人情本・滑稽本であるが、結局これがいちばん正確な後期江戸語の資料と言えそうである。これからの後期江戸語の研究は、人情本・滑稽本・洒落本を主な資料とし、それに咄本を補助的資料として適当に併用しつつ行われていくべきである」（p.83）と結論づけている。

　池上が、今後の後期江戸語の研究にあたっては、咄本は補助的資料として利用するのが適当であるとしてからすでに60余年が経過している。それにもかかわらず咄本の扱い、特に後期江戸語の研究においてのそれは、池上の説を大きく超えてはいないように思われる。

　上の語法的観点からの評価と同様に、文学史的観点からの評価も決して高くはない。

　小高1966＊16では「江戸時代はもちろん、明治以降も正式に文学の一ジャンルとして認められることが無かった」（p.5）理由として、悲劇を扱う文学よりも笑話のような喜劇は数等劣等視されること、読書人よりも無学な大衆に喜ばれたため、文学として認められず記載もされなかったことを挙げている。小高はこのように現在の評価の低さを指摘した上で、笑話は時代の雰囲気を如実に語るものであり、殆どが口語ないしは準口語体で書かれている点、江戸時代の口語の変遷や実態を知る上に好個の資料と捉える。特に天明期以降は、表音的な用字の工夫が見られること、盛行の時期が長いことなどから、利用価値の高い資料と指摘している。このように「学問的に取り上げて然るべき」（p.8）とする小高の説を承けて、咄本を主軸に、学問的考察を試みたのが武藤禎夫1965である。

　武藤も、佐藤や小高と同様に、咄本の価値の低さを「端的に言って、噺本は近世文学において極めて低い存在としてしか認められて」おらず、江戸の庶民文学、滑稽文学が問題にされる場合でも「噺本はいま一歩というところで無視されてしまう」（武藤1965 p.55）としてその低評価の原因を述べている。一つは笑話が刹那的な笑いを基にしたため、噺本も読者を意識しての苦心の作品では

なく、作者も辻話の話芸の名人、「咄の会」の趣味人、寄席の噺家
などで、作品も口演の覚え程度のものであったこと、また改題嗣足
再板が容易にできるため、半数近くがデッチ上げ本であり、新板と
見なされるものも改作、再出が多く、「高く評価されるはずがない」
（p.55）と述べている。

　上のような事情によって、趣味人の分野と目された噺本は、学問
的に取り上げられることが少なく、小咄の紹介や鑑賞が主になって、
学問的考証の面では非常に立ち遅れたと指摘している。ただし噺本
が大量に出板され、愛好され続けた事実をうけて、江戸を知り、親
しむことのできるものとして、その文学的価値は低くはないと主張
する。

　武藤は噺本の学術価値向上のために、夥しい数の噺本を取り上げ
て杜撰といわれる校訂をただし、書目解題を整理して、噺本研究の
基礎を築いた。彼がいう通り、「未開に近い状態」であった噺本の
研究はスタート地点に立ったばかりである。しかしこれらの資料を
もとにして、学術的に論究していくことは可能と考える。

　以下に本書で咄本を取り上げた意義を、いくつかポイントをし
ぼって述べたい。

4.2　本書における対象資料としての意義

　江戸期260年間に出板された噺本の全体量は写本類も合わせて
1200から1300種、紹介された笑話数は5万から6万に及ぶ*17
と言われている。後期咄本に範囲を限っても、なお語学資料として
看過できない量と考えられる。また、ひととき盛行を極めた洒落本、
滑稽本などに比較して、刊行され続けた時期の長さがある。刊行期
間が長期にわたるということは、時期ごとの観察が可能ということ
である。

　後期咄本の刊行は明和末年から明治初期までと考えると、おおよ
そ100年ほどである。この時期はちょうど、江戸語は江戸語独自
の姿をとり、大きく変化した時期でもある。

　このような時期に生まれた後期咄本を、時期ごとに区切って変遷
を考察することは、江戸語の変遷を研究する上で有益である。また

江戸時代前期の作品との比較も可能である。量的な側面と刊行期間の長さという時間的な側面を併せて考察することで、研究の精度は増す。

また、後期咄本の作者の素性は比較的はっきりしている。「連衆」などによる合作があったとしても、知的レベルや製作時の志向性に大きな違いは無いと考えられる。明和期などには私家板、作者未詳のものもあるが、化政期以降は板元や作者（編者）が明らかなものが増加する。作者の素性や成立年などに注意して慎重に選別すれば、テキストとして問題はなかろう。

また、地の文と会話部分の境界が判然としない点は確かにある。しかしこれも多くはごく初期の作品についてであって、安永期のものでも、庵点「〽」を初め、「モシ」「コレ」等の呼びかけや応答、会話主の表示など、会話の初めを示す工夫が施されるようになり、会話の抜き取りは十分可能である。

洒落本が遊里という限られた場における、一定層の男女の会話であることに比べて、咄本の会話主の位相や会話場面は多岐にわたる。人情本も同様に遊女と通人の会話によって花柳界を描き、その会話も自ずと花柳界で遊ぶことのできる階層以上のことばが主流になる。一方、咄本では、洒落本や人情本など、遊里社会における会話では現れることの少ない「女房」「亭主」「小僧」等の会話や、僧侶や侍の登場による待遇差の現れる語法など、資料として幅広く採取できる。咄本は事実を写すものではないが、当代の言語を類型化し、それを反映する資料として用いることはできる。

咄本に現れた会話部分は明確な出所があるわけではなく、人々の娯楽として供されるデフォルメされた部分が少なくない。五所美子1968*18は三馬作品に見られる上方語が、当時の上方語と異なることを指して、「三馬は言語の写実を事としたことは事実ながら一面では、言語を自由に我流の用法で使うことによって、人物や事件を写実らしく、もっともらしく、鮮明に、効果的に描こうとしたのである」（p.230）とその写実性を疑っている。

洒落本や滑稽本と同様、近代的な写実を咄本の描写に求めることが、不適当であることは当然である。この江戸期の写実というもの

について中村幸彦 1971 は次のように論じる。

　　戯作文学の写実なるものは、出来るだけ真実を写す近代的な写
　　実とは相違して、言語を初め、万事に本当らしくさえあれば、
　　能事了る種類のものなのである。この戯作の性格を十分理解の
　　上でなければ、その使用の言語が学的資料としての効を奏さな
　　いであろう　　　　　　　　　　　　　　　　　　　　（p.74）

「出来るだけ真実を写す近代的な写実」と同様の意識で咄本他の
戯作を扱えば、多くの過誤が生じる。しかしこれを当時のステレオ
タイプとして扱うことは可能であろう。

　咄本に現れたことばは、当時の人々が自分たちのことばとして首
肯する、言わば「類型的なことば」であり、時代の反映である。咄
本に登場する大工のことばであれば、「確かに町内にはそのような
話し方をする大工が居る」と思い当たることばが使われる。このよ
うな類型化されたことばや人物を、人々は自分たちに投影して笑い、
はなしを享受していったと言える。「類型化されたことば」は落語
や咄本に特徴的なものと考える。

　なお、この類型化された語については金水敏が「役割語」と命名
し*19、「ある特定の言葉遣いを聞くと特定の人物像を思い浮かべ
ることができるとき、あるいはある特定の人物像を提示されると、
その人物がいかにも使用しそうな言葉遣いを思い浮かべることがで
きるとき、その言葉遣いを「役割語」と呼ぶ」（p.205）と定義づ
けているが、本書では「類型化されたことば」または「ステレオタ
イプのことば」として括った。

　江戸期における笑話の口演は、元をたどれば貴人や上層階級の無
聊を慰めるものであった。時代を下っても座敷芸として、上層の大
商人、家格の高い旗本の前で座興に語られたものが殆どである。こ
のような聞き手や場所に対しては、過度に野卑なはなしや、先鋭的
な流行語は使われなかったと推測できる。辻ばなしであっても、公
を憚った、穏やかな内容が多かったことは想像に難くない。これは
今日の出版事情と相通じるところである。

　このような、言わば「行儀のよい」笑話が、咄本として出板され
ても大きく変容しなかったことは、『笑富林』天保 4 において林屋

序章　　29

正蔵が次のような口上を述べることからも察せられる。

口上

当年も相かはらず新作を高覧に入まする。わたくし愚作のはな
しハ　下掛り　いやらしい事ハ少しもなく　御親子御兄弟の中
にて御覧あそばしても　ヲヤいやだよなどと被仰候事ハ無御座
候　御みやげ物等ニ沢山御求メの程　奉願上候　当年ハとりわ
け出精仕　高座にて咄す通りに作仕候　日本国中の御客様方
先〻御評判〳〵

西両国の定席ニおゐて　　　　　　　　　　　　　林屋正蔵作

　洒落本が当時の先端をいく流行語や遊里の言葉の資料となるのと
は対照的に、咄本が保守的で前代を踏襲する傾向にあったことは否
めない。しかし、そのような保守的傾向を持つ咄本のことばの変化
は、流行の先端をいく人々にだけではなく、一般の人々にすでに浸
透・定着していたものと捉えることができる。

　本書では、以上見てきたような江戸語の緩やかな変化、または変
化の兆しを見せる咄本のことばについて論じたい。江戸語が江戸語
独自の姿を持つようになった明和・安永以降も、ことばは変容して
いく。このような時期にあって、言語資料としての後期咄本には十
分期待できるものと考え、論を展開していくことにする。

---

*1　中本　本文24丁半8話。村田屋治郎兵衛等板。早稲田大学中央図書館所
蔵　函架番号ヘ13-1984-26。題箋には『滑稽噺　身振姿』、尾題には『人心見
振八景』とある。新群書類従『中本書目』では『身振寿賀多八景』と記される
が、本書では早稲田大学中央図書館蔵本の『身振姿』をテキスト名とした。
*2　幕府が公式に「ご府内」を定めたのは、文政元年、老中阿部正精が「書面
伺之趣、別紙絵図朱引ノ内ヲ御府内ト相心得候様」と地図の線引きをもって示
したのが始めとされる。『江戸学事典』1994
*3　浜田義一郎　武藤禎夫編1971目的は凡例に記載される。
*4　例えば尾崎久弥1929、宮尾しげを1950、武藤禎夫編1976-79、中村幸
彦1994などのようである。
*5　この形成期については小松1985のpp.5-6、および2006のp.29に説明が
ある。

＊6 明治18年刊の『落語の吹寄』は三遊亭円朝（天保10年生）以下、その門人たちの作である。

＊7 烏亭焉馬、談洲楼焉馬とも。（寛保3年〜文政5年）大工の棟梁の息子として生まれたが後に小普請方となる。咄の会を主宰し、江戸落語の中興の祖といわれる。

＊8 武藤1965 p.46

＊9 狂歌三大家とされ洒落本、咄本などにも筆を染めたが、寛政の改革を批判したなどの言説により、次第に創作活動を離れ、幕臣としての職務に励んだといわれる。

＊10 暉峻1965b p.70

＊11 暉峻1965bによれば改革が下火となった弘化元年には再び数百軒と息を吹きかえし、安政年間には「落語の席百七十二軒、各席百人ならし」という規模に増加した（p.70）といわれる。

＊12 ただし、後期咄本よりも少し前からの流れを見ることが必要な場合は、第9章のように明和期以前も加えたものや、III期に幅をもたせ明治期に及ぶもの（第11章 第12章）もある。

＊13 式亭三馬作『狂言田舎操』文化8年刊早稲田大学中央図書館所蔵 函架番号ヘ13-01749 1-4

＊14 明治40年（1907）国書刊行会刊。文政6年の『江戸自慢』を除けば、『鹿の子餅』明和9から『詞葉の花』寛政8までの8作品が収められる。

＊15 以下、理由内容は小田切1943 pp.695-696による。

＊16 小高敏郎1966解説

＊17 武藤禎夫1996 p.1

＊18 五所美子1968初出。引用は鈴木丹士郎1985による。

＊19 金水敏2003

I

表記変化を促したもの

目的とあらまし

　読んで笑うことが第一義である咄本を研究するために、表記は大きな要件である。そこで表記の考察を第Ⅰ部と第Ⅱ部に据え、第Ⅰ部は仮名表記（第1章）、漢字表記（第2章）、振り仮名表記（第3章）を分けて取り上げる。

　江戸語形成のイニシアチブを握る人々が、武士階級から、次第に一般市民階級へと変化したことにより、読み物の質と量は変容する。咄本も同様に教養層から一般市民に享受者が変わったことで、内容のおかしみと同時に、表記の平易さが求められるようになる。このような表記の変容とその要因を考察するのが本部である。

　近世に入ると整板技術は飛躍的に向上し、特権階級によって占有されていた読書は、大衆に開かれていく。これはちょうど、咄本が教養層の独占物だった時代から、市民が安価に手に入れて楽しむ時代へ移行するのと符合する。

　第1章では新しい読者層になった非知識層が、仕事の合間に読めるようになった咄本について、読者層の変化が仮名表記に与えた影響を論じる。

　咄本の仮名表記における字体の選択には、視覚的な装飾美よりも誤読の防止や機能分担など、読み易さや効率性が重要視されたことを明らかにする。例えば促音に後接する /cu/ には〈徒〉が専用され、例外は見られない。また拗音の「しゃ」「しゅ」「しょ」の1字目には〈志〉が使用される。促音表記の「つ」や /ha/ /wa/ /ba/ /pa/ /hi/ /he/ などにも、用字の規則性が指摘できる。

　第2章では咄本に現れる漢字表記について、印刷技術の進歩と享受者の変化が漢字表記に影響を及ぼしたことを論じる。漢字の使用率は時期全体を通して大差はなく、使用量は時期よりも、題材や登場人物の位相、紙面上の経済効率によったことがわかる。

　固有名の交ぜ書きが文章技巧の役割を分担して機能を拡大したことと、漢字の表記が、埋もれや誤読を回避するために、多様な役割を果たしていたことを明らかにする。漢字の表記が読解のためにのみに用いられた時代から、作り手が意図する内容を表現する手段へ

と変容し、その役割を多様化させていったことを論じる。

第3章は前章の漢字表記と共に現れる振り仮名の使用について述べる。

品詞性からの調査では、［体の類］の65％が漢字表記語であり、そのうちの6割が振り仮名付記語である。［用の類］も漢字表記語の半数に振り仮名が付く。固有名は9割が漢字で表記され、そのうちの6割に振り仮名が付けられている。

時期別使用量では時期が下るに伴い、振り仮名付記字率は増加する。この時期的変化は読者の漢字読解能力への配慮に関わると考える。同好会的集まりでは読み手の識字能力は想定できるが、読者層が拡大するとその識字能力の推察は困難になる。作り手が表現に必要な漢字に、できる限りの振り仮名を付けたことが振り仮名付記率を増加させた要因と思われる。振り仮名には読解補助の他、表現意図を伝えるためによみを限定する機能、よみと共に新情報を提供する機能、連母音他の音変化を振り仮名で示し、口語性を高める機能などがあることを明らかにする。整板技術の進歩や読者層の下降と拡大は、振り仮名に読解補助にとどまらない表現手段としての機能を分担させていたといえる。

第1章
仮名の用法
装飾性から効率性へ

1. はじめに

　咄本数種についてその仮名字体を調べ、収斂方向にあるとされる*1仮名字体の使用状況を考察することが、本章の目的である。（以後、字体という場合は仮名字体を指す）

　江戸時代後期、読書は一部の限られた上層階級の専有物から、一般大衆の娯楽へと変容する。咄本も知識層が仲間内で作り、読み興じる同人誌的なものから、商家の丁稚や下働きの女中も買い求めて楽しむものに変わっていったことが知られている。内容が大衆を対象としたものに変化していったとすれば、表記も同様に、教養層に限定されない「読み易さ」や複数の字体の選択を排除したものが求められたことは当然であろう。

　浜田啓介1979によれば、近世、板行されたものの字体は「平易平板な字体」へと「収斂・合理化」の道をたどったことが報告されている。しかし、この過程は装飾性の排除のみを目的とした単純な経緯ではない。そこには機能による使い分けによって、なおも複数の字体が存在したと推測される。後期咄本の作者と支援者は当初は武家であったが、次第に富裕な町人層に主導権が移り、最終的には下層市民が買い求めて「笑う」ものへと変化していく。では、字体の収斂・合理化の過程において、どのような収斂があったのか、そしてその要因はなんであるのか。ここでは庶民の卑近な笑いを内容とする後期咄本を対象に、その中に見られる仮名の用字法を考察し、収斂の状況とその要因について具体的に述べる。なお、「江戸後期咄本」とは安永以降江戸で出板されたものという武藤1965の分類*2に拠った。

37

2. 調査の概要

2.1 資料の選定

　資料とした咄本は、前掲浜田1979によって使用字体数が最多とされる仮名草紙や西鶴本、馬琴本と、「最も合理化され、進化したところに位置している」といわれる草双紙との中間に位置するものである。ここでは日常的で自然な表記がうかがえると考えられるものを資料とした。

　具体的な選定にあたっては先に拙稿「早稲田大学中央図書館蔵本『笑話本集』の /i/ を表す仮名遣いについて」*3 で分類を試みた中から、作品全体の丁数に極端な差がなく、比較調査（同一作家、同一板元等）の容易なものを選んだ。

　同一作家（大田南畝）であっても使用語彙や表現に違いが想定できそうな洒落本（『深川新話』*4）を加え、字体使用に差があるかどうかをあわせて観察した。また、長話である三笑亭可楽の作品との比較を考慮して、滑稽本（『花暦八笑人』巻二*5）を対象に加えた。

2.2 調査の対象と方法

　調査対象のテキストは、すべて平仮名漢字交じりのものである。

　調査は抜き取りで10丁前後、1500字内外を目安におこない、さらにここで検討する項目については全本を調べた。以下で挙げる用例数は『花暦八笑人』巻二以外は全本を調査した結果である。調査には前項で述べたように、同一作家（大田南畝）であっても使用語彙や表現に違いが想定できそうな洒落本（『深川新話』）と、長話である三笑亭可楽の作品との比較を考慮して滑稽本（『花暦八笑人』）とを加えた。また資料の均質性を保つために本調査では割書き、角書きは対象からはずした。調査作品は早稲田大学中央図書館の所蔵本である*6。

　テキストの『福来すゞめ』については新刻部分『福来すゞめa』と安永5刊多甫先生作の『高笑ひ』の嗣足部分『福来すゞめb』とに分けて調査した。書誌については武藤禎夫『噺本大系』所載の解

題に多くを拠った*7。

テキスト一覧

	作品名	作者	板元	成立年
イ）	『年乃市』	夛甫先生	堀野屋仁兵衛	安永 5（1776）
ロ）	『鯛の味噌津』	大田南畝	遠州屋弥七	安永 8（1779）
ハ）	『深川新話』*	大田南畝	上総屋利兵衛	安永 8（1779）
ニ）	『福来すゞめ』	夛甫先生	堀野屋仁兵衛	不明
ホ）	『新作おとしはなし』	三笑亭可楽	山城屋藤右衛門	文化 6（1809）
ヘ）	『一雅話三笑』	曼亭鬼武	蔦谷重三郎	文化年間
ト）	『身振姿』*8	三笑亭可楽	村田屋治郎兵衛	文化 11（1814）
チ）	『屠蘇喜言』	桜川慈悲成	丸屋文右衛門	文政 7（1824）
リ）	『花暦八笑人』*	瀧亭鯉丈	大嶋屋傳右衛門	文政 4（1821）

テキストは次のように略記した。
イ）年　ロ）鯛　ハ）深川　ニ）福 a、福 b　ホ）新
ヘ）一雅話　ト）身振姿　チ）屠蘇　リ）八笑

3. 字体

　字体数の最も多いものは、ホ）の『新作おとしはなし』の92字体、最も少ないものはリ）『花暦八笑人』の71字体である。これは浜田1979の10級～6級範囲*9で古浄瑠璃本～近松浄瑠璃本の間に位置する。

　字体が複数現れたもののうちの一部について使い分けを位置、音韻等から観察し分類した。以下、問題となる字体を便宜のために〈飛〉、〈ひ〉のように〈　〉で括って表した。用例の出典作品は略記を用いた。用例数は本行仮名を「本」、振り仮名を「振」として（　）で括った。例えば（本 117. 振 26）とは本行仮名が117例、振り仮名が26例であったことを示している。

第 1 章　仮名の用法　　39

4. 考察

4.1 促音、拗音における位置に用字の規則性が見られるもの

4.1.1 促音に後接する /cu/

> 調査資料内では促音に後接する /cu/ には例外なく〈徒〉が使われる。

● 促音に /cu/ が後接する例は5作品に12例現れたが全例〈徒〉が使われて、例外はなかった。(ハ：1例、ホ：3例、ト：4例、チ：2例、リ：2例)

　説明に先立ち、促音表記に使用される仮名に触れる。詳細は4.1.2に譲るが促音表記には〈川1〉、〈川2〉もしくは〈つ〉(字体の記号表記例は4.1.2参照)が使われ、それ以外の字体使用例は見られなかった。

　促音表記に使用の見られない〈徒〉を促音表記に連接する部分に用いることで、促音の位置を明示し、誤読防止を図った用字法と考えられる。

［例］
「ぶ〈つ〉〈徒〉けて」「へ〈つ〉〈徒〉い」(ト：身振姿)
「おッ〈徒〉け」(ホ：新)「の〈川2〉〈徒〉、そ〈川2〉〈徒〉となさる」(チ：屠蘇)。

　なお、使われた〈徒〉のうち、促音に後接するものの他は先行研究*10において指摘されていると同様、語頭及びそれに準じるものに使われることが殆どだった*11。

『身振姿』

40　Ⅰ　表記変化を促したもの

4.1.2　拗音を表す仮名の一字目に使われる〈志〉
　　　（後出　資料1表1）

> 拗音「しや」「しゆ」「しよ」を表す仮名の一字目には概ね〈志〉が使われる。

● /sja/、/sju/、/sjo/を表す「しや」「しゆ」「しよ」の例は全本で87（18）例現れ、一字目に〈志〉が使われるものが約8割あった。

［例］
「〈志〉やくどう」「云わつ〈志〉やるな」（イ：年）
「を〈志〉やうさん」「〈志〉やきばり」（ニ：福b）
「ざい〈志〉ゆくかね」（ホ：新）、「ちく〈志〉やうめ」（チ：屠蘇）
「せじ〈志〉゛やア」「一ッ〈志〉よに」（ト：身振姿）

『身振姿』

また「久〈志〉う」（イ：年）、「よろ〈志〉う」（チ：屠蘇）、「おさむ〈志〉う」（ホ：新）、「お〈志〉うござります《＝惜》」（リ：八笑）等の本行のほぼ全例、「心中（しん〈志〉゛う）」（ヘ：一雅話）等の振り仮名が数例見られ、拗長音の初字にも〈志〉が用いられる傾向がうかがえる。これらは、後接部分とのつながりを際だたせ、前項の〈徒〉と同様、読み易さ、誤読防止を考えた工夫の結果と考えられる。

　この傾向は当該期の他の作品にも観察されるもののようで『浮世風呂前上』を調査した久保田篤1997では語頭に使われる〈志〉の例外としての拗音表記例が目立つことが報告されている＊12。

　なお、拗音以外に使われた〈志〉が概ね語頭に位置することは、木越治1989.1992、久保田篤1994.1995b、矢野準1980.1990他の先行研究に一致する。

● 「じや」「じゆ」「じよ」では（表1）の出現総数からは〈し〉゛

第1章　仮名の用法　　41

が一見多用されているかに見える。

　ただし〈し〉゛が優勢な（ロ：鯛）（ハ：深川）（ホ：新）は共に断定の助動詞「〈し〉゛や」が多く用いられており、異なり語の多いものは（ロ：鯛）1語12例、（ハ：深川）1語10例、（ホ：新）2語12例である。

　〈志〉゛にも、ほぼ同様な傾向が見られた。異なり語の多い（チ：屠蘇）で4語13例、以下（イ：年）2語8例、（リ：八笑）1語6例という状況だった。

　断定の助動詞である「ジヤ」の使用が予想される人物設定の有無、作品が会話体であるかどうか等、作品の性格やその出現回数が、表中の〈し〉゛〈志〉゛の使用状況を決める主な要因になっている。

　「ジヤ」を除くと用例数はわずかで、傾向を見るには例数に不足があるが〈し〉゛は（ホ：新）の「ほう〈し〉゛やうさん」他2語、〈志〉゛は下の用例だけでも7語と、〈志〉゛のほうが、やや多様性を見せていると考えられる。参考として〈し〉゛と〈志〉゛の例を挙げる。

［例］
〈し〉゛使用の例「ほう〈し〉゛やうさん」（ホ：新）、「くん〈し〉゛ゆ」（ヘ：一雅話）、「お〈し〉゛やうさん」（ト：身振姿）
〈志〉゛使用の例「〈志〉゛やうだん」（イ：年）、「みけん〈志〉゛やく」（ニ：福a）、「四〈志〉゛やうはん」（ホ：新）、「〈志〉゛やうなし」（ト：身振姿）、「むだ〈志〉゛やれ」「くん〈志〉゛ゆ」（チ：屠蘇）、「お〈志〉゛やま」（リ：八笑）

　また、（チ：屠蘇）では格助詞〈を〉の連続を避けて〈越〉をまじえたものや、「おちをつ〈天〉」の〈天〉の左隣には〈て〉（「おり〈て〉」）を配する＊13という変化をつけるための工夫が見られるものもある。ただし、そのような変化をつける工夫があるにもかかわらず、同16丁表の2行目、3行目、5行目のほぼ平行な位置には「天気〈志〉゛や」「むだ〈志〉゛やれ」「ほれられる気〈志〉゛や」が配されている。変化よりも、拗音の音節を際だたせることが優先された例といえる。

［例］

「みけん〈志〉゛やく」（ニ：福a）「四〈志〉゛やうはん」（ホ：新）「〈志〉゛やうなし」（ト：身振姿）「むだ〈志〉゛やれ」「くん〈志〉゛ゆ」（チ：屠蘇）

4.1.3　促音表記の傾向（資料1表2）

> 促音を表すために〈川1〉もしくは〈川2〉が使用される

これは当該期の他の先行研究で指摘されることと同様の傾向であった＊14。

● 各字体における促音表記使用率は〈川2〉〈川1〉が高く、この2字体は促音の表記によく使われていることがうかがえる。特に（ニ：福a）（リ：八笑）の2作品ではこれらが促音表記に専用されるようすが見られた。

また、促音表記に使用された〈川1〉〈川2〉〈つ〉のうち〈川1〉〈川2〉が主に用いられるものは、調査対象9本10作品のうちの5本（ロ：鯛、ニ：福ab、ホ：新、ヘ：一雅話、チ：屠蘇）で、〈つ〉が主に用いられたものは1作品（ハ：深川）のみだった。

字体選択を上接字体との運筆による差や、上接漢字の画数等の関係から観察したが、明確な差は現れなかった。近隣に接する字体との違いを表すための、手法と考えられる。なお、（ホ：新）や（ト：身振姿）、（チ：屠蘇）のように促音表記の一部を片仮名が担っているものもあった。

4.2 /ha/ /wa/ /ba/ /pa/ を表すハ行の仮名の傾向
（資料1表3）〜（資料1表6）

> /ha/を表す仮名には〈者〉が、同様に/wa/を表すハ行の仮名には〈八〉が使われる傾向があった。/ba/を表す仮名には〈者〉゛と〈八〉゛が自立語と助詞に使い分けられているものがあった。また、/pa/には〈者〉゜が例外なく用いられていた。

　これらの傾向は久保田篤1995a、1995b、1997、今野真二1995、玉村禎郎1994、矢野準1980、1990他で指摘されるものと同様である。

● 〈者〉は調査した作品のすべてに現れ、ほぼ全例が/ha/を表していた。
　当該調査内の/ha/の出現総数のうち（本117、振26）ち、9割が〈者〉を用い、うち6作品が〈者〉を専用している。

　〈は〉が4作品に11例見られたが、その多くは〈者〉が隣接行に存在しており、変化をつけて、目移りを防ぐ変字法からの例と解せる。
● 〈八〉は上記同様、調査した作品のすべてに現れ、全例（本334．振7）が/wa/を表す。助詞303例とハ行転呼によって生じた/wa/を含む単語（本31．振7）内には〈八〉が使用されていて他には使われていない。

［例］
「く〈八〉〈者〉゛ら」「に〈八〉かの客」（ロ：鯛）、「つ〈八〉もの」（ホ：新）「う〈八〉きな」（ト：身振姿）、「ふ〈八〉りと」「う〈八〉さ」（ヘ：一雅話〉「さへ〈八〉へ《＝幸》」（リ：八笑）

44　Ⅰ　表記変化を促したもの

また、助詞にはわずかだが〈者〉（2作品2例）、〈盤〉（8作品28例）が使われていた。/ba/は「申シケレバ」「イヘバ」などの助詞とそれ以外の「シヤキバリ」「タバコ」などの出現例があったが、〈八〉〝は専ら助詞に使われ、〈者〉〝は自立語と助詞の併用が4作品（イ：年、ロ：鯛、ハ：深川、ト：身振姿）、自立語専用が4作品（ニ：福ab、チ：屠蘇、リ：八笑）であった。

　〈は〉〝は〈は〉と同様、「〈者〉〝くち」に近接する行に「〈は〉〝くち」を、「けれ〈八〉〝」に隣接する行に「けれ〈は〉〝」を用いるなど、隣接、近接の字体との関係から生じたと思われる用字法がとられていた。

　調査範囲内では/pa/は〈者〉゜によって表され、現れた6本（本27、振3）のすべてが〈者〉゜を用いている。これは字高や画数が本行よりも一層考慮されると考えられる振り仮名においても同様の傾向が見られ、「合羽」（ハ：深川）、「一ッ盃」（チ：屠蘇）等の振り仮名には〈者〉゜が使用されていて、他字体の使用例は見られなかった。

4.3　/hi/　/i/を表すハ行の仮名の傾向（表は省略）

> /hi/には〈飛〉が、/i/を表すハ行の仮名には〈ひ〉が用いられる傾向があった。

● 〈ひ〉は、〈飛〉と共存する5作品（イ：年、ホ：新、ヘ：一雅話、ト：身振姿、リ：八笑）の出現総数88例中65例が、/i/やイ音便の表記を含む形を表すために使われ、〈飛〉は本行仮名33例で/hi/を表すために使われている。

　また、イ音便形でハ行の仮名をとるものの出現は3本（本4、振1）例とわずかだが、すべて〈ひ〉を用いていた。

・/i/を表す仮名に使われた例（イ音便形以外）
　「こ〈ひ〉はいなかの」（ニ：福a）、「おぬ〈ひ〉さんに」（ハ：

〈飛〉
〈ひ〉

深川)
「思〈ひ〉出し」(イ：年)、「悪〈ひ〉」(ハ：深川)
「来〈ひ〉」(ニ：福a)、「く〈ひ〉〈徒〉き」(チ：屠蘇)

・/hi/ を表す仮名に使われた例
「手の〈飛〉らへ」「〈飛〉とへ物」「〈飛〉ろ〈ひ〉」(イ：年)
「何〈飛〉とつ」(ヘ：一雅話)

・イ音便形に〈ひ〉が使われた例
「さハ〈ひ〉で」(ハ：深川)、「くど〈ひ〉て」「ある〈ひ〉て」(ホ：新)
「ふさ〈ひ〉で」、「泣(振り仮名：な〈ひ〉)て」(リ：八笑)

・イ音便形に〈い〉が使われた例
「つ〈い〉てる」「くど〈い〉たら」(ホ：新)、「ひつこぬ〈い〉て」「き〈い〉ては」(リ：八笑)

4.4 /he/ /e/ を表すハ行の仮名の傾向 (資料１表7)

> /he/ には概ね〈遍〉が用いられ、/e/ を表すハ行の仮名には〈へ〉が専用される。

● 〈遍〉は〈へ〉と共に現れる6作品 (ハ：深川、ニ：福a、ホ：新、ヘ：一雅話、ト：身振姿、リ：八笑) の中で本行仮名22、振り仮名2例に /he/ を表す仮名として使用され、/e/ の表記に使われることはなかった。

［例］
「あふ〈遍〉いな《＝横柄》」(ニ：福b)「〈遍〉たゞ」(ト：身振姿)
「それはたい〈遍〉んだ」(ホ：新)「口の〈遍〉らねへ」(リ：八笑)

同様に〈へ〉は調査対象6作品の中では殆どが /e/ に使われ、「ユ

へ《＝故》、マへ《＝前》、ウへ《＝上》」等や方向を示す助詞「所
へ、廓へ」、動詞　活用語尾「見へ、イへ《＝云》」に使われ、その
他、連母音の融合から生じた引き音の「〜ネへ、〜メへ」にその用
例が見られた。

5．まとめ

以上、当該資料においては次のような仮名の用法があったと指摘
できる。

1) 促音そのものには〈川1〉〈川2〉が、また促音に連続する/
   cu/には〈徒〉が用いられ、例外はない。

2) 拗音「しや」「しゆ」「しよ」の初字には概ね〈志〉が用いら
   れる。

3) ハ行における/ha/、/wa/、/ba/、/pa/、/hi/、/i/、/he/、/e/等を
   表す仮名の用法にはそれぞれ音韻による文字の使い分けがあ
   る。

これら複数字体の選択は、視覚的美意識よりも、誤読防止・機能
分担に重きを置く合理化の影響が指摘できる。咄本の大衆化がすす
み、「読み易さ」が重要になったことが要因といえよう。調査資料
の範囲では促音、引き音等の表記を片仮名で表記するものもあった。

なお使用された片仮名の出現文字数は、『花暦八笑人』（略記
リ：八笑）の39文字、『屠蘇喜言』（略記チ：屠蘇）の29文字が
多く、『年乃市』（略記イ：年）18文字や、『福来すゞめa』（略記
ニ：福a）16文字の2倍前後である。

「気取った文字遣い」（前掲浜田1979 p.7）や美意識による多様
な字体が、平易なものへと収斂・合理化する過程には、機能分担に
重きをおいた複数字体の使い分けの過程があったと考えられる。そ
の使い分けが緩やかになっていくことで、さらに収斂が進むという
プロセスが生まれたと指摘できる。読み手の変化が、仮名字体の合
理化に影響を及ぼしたといえる。

資料1

（表1）サ行拗音の初字の〈し〉〈志〉

		イ 年	ロ 鯛	ハ 深川	ニ 福a	ニ 福b	ホ 新	ヘ 一雅話	ト 身振姿	チ 屠蘇	リ 八笑
シ	し	0	2	1（5）	0	0	6	2（5）	1	1	1
	志	5	2（2）	10（5）	4	12	11	5	7	12	5（1）
	合計	5	4（2）	11（10）	4	12	17	7（5）	8	13	6（1）
ジ	じ	0	12	10	2	0	12	2	2	2	0
	志゛	8	0	2（2）	1	4	1	0	4（2）	13	6
	合計	8	12	11（2）	3	4	13	2	6（2）	15	6

＊左側数字は本行仮名、右側（　）内数字は振り仮名の例数である。

（表2）促音表記　（本行の仮名と振り仮名との合計）

		イ 年	ロ 鯛	ハ 深川	ニ 福a	ニ 福b	ホ 新	ヘ 一雅話	ト 身振姿	チ 屠蘇	リ 八笑
ツ	川1	5/8	6/8	0/2	7/7	4/7	17/23	2/2	2/4	1/1	4/4
	川2	0	13/14	0	8/8	0	28/36	30/42	10/13	17/25	21/21
	つ	7/9	0/11	25/36	0/2	3/3	2/6	4/11	17/33	2/2	18/24
	徒	0/3	0/2	0/5	0/4	0/2	0/11	0/9	0/6	0/6	0
	津	0/2	0	0	0	0	0	0/3	0	0	0
合計		12/22	19/35	25/43	15/21	7/12	47/76	36/67	29/56	20/34	43/49

斜線左側数字は促音数、右側は出現総数（/cu/ を表すものと促音を表すものとの和）

a）各字体の促音表記率

	イ 年	ロ 鯛	ハ 深川	ニ 福a	ニ 福b	ホ 新	ヘ 一雅話	ト 身振姿	チ 屠蘇	リ 八笑
川1	63	75	×	100	57	74	×	×	×	×
川2	×	93	×	100	×	78	71	77	68	100
つ	78	×	69	×	×	33	36	52	×	75

b）〈川1〉〈川2〉と〈つ〉の促音表記例数

	イ 年	ロ 鯛	ハ 深川	ニ 福a	ニ 福b	ホ 新	ヘ 一雅話	ト 身振姿	チ 屠蘇	リ 八笑
川1.2	5	19	0	15	4	45	32	12	18	25
つ	7	0	25	0	3	2	4	17	2	18
合計	12	19	25	15	7	47	36	29	20	43
川1.2（％）	42	100	0	100	57	96	89	41	90	58

（表3）/ha//pa/ を表す仮名

		イ 年	ロ 鯛	ハ 深川	ニ 福a	ニ 福b	ホ 新	ヘ 一雅話	ト 身振姿	チ 屠蘇	リ 八笑
ha	者	4（5）	6（2）	13（2）	5（1）	6（2）	18（1）	11（3）	14（3）	19（2）	10（5）
	八	1	0	0	2	0	4	4	0	0	0
pa	者	0	0	2（1）	0	0	8	1	7	4（1）	8

（表4）/wa/ を表す仮名 ［助詞］

		イ 年	ロ 鯛	ハ 深川	ニ 福a	ニ 福b	ホ 新	ヘ 一雅話	ト 身振姿	チ 屠蘇	リ 八笑
wa	者	0	1	0	0	0	1	0	0	0	0
	八	27	22	21	24	19	31	44	26	26	32
	盤	1	1	0	1	2	14	4	0	1	4
	は	0	0	0	0	1	0	0	0	0	0
合計		28	24	21	25	22	46	48	26	27	36

（表5）/ba/ を表す仮名 ［助詞］（イヘバ、ナラバ、ミレバ他）

		イ 年	ロ 鯛	ハ 深川	ニ 福a	ニ 福b	ホ 新	ヘ 一雅話	ト 身振姿	チ 屠蘇	リ 八笑
バ	者	4	27	0	0	0	5	18	1	0	0
	八	5	13	3	3	1	2	20	6	14	6
	盤	0	0	0	0	0	0	0	0	0	0
	は	16	0	2	2	6	0	6	0	1	0
合計		25	40	5	5	7	7	44	7	15	6

（表6）助詞以外の /ba/ を表す仮名（シャキバリ、タバコ、コトバ他）

		イ 年	ロ 鯛	ハ 深川	ニ 福a	ニ 福b	ホ 新	ヘ 一雅話	ト 身振姿	チ 屠蘇	リ 八笑
バ	者	9 (5)	11 (1)	4	8	2 (2)	13	7	12 (6)	7	8
	八	0	0	0	0	0	0	2	0	0	0
	盤	0	0	0	0	0	0	1	0	0	0
	は	0	0	0	0	1	1	1 (1)	0	1	0
合計		9 (5)	11 (1)	4	8	3 (2)	14	11 (1)	12 (6)	8	8

（表7）/e/ を表す仮名 〈ヘ〉 が専用される語の内訳＊15

	イ 年	ロ 鯛	ハ 深川	ニ 福a	ニ 福b	ホ 新	ヘ 一雅話	ト 身振姿	チ 屠蘇	リ 八笑
助詞	13	2	5	19	3	6	16	4	18（ 3）	8
動詞活用形	11	3	0	7	4	0	13	0	11	6
引音	0	1	29 (7)	0	0	42	5	15	2	33
呼掛	0	0	3	0	0	1	3	2	1	0
他	4	7	5	10	7 (1)	2	14	0	9 (10)	5
合計	28	13	42 (7)	36	14 (1)	51	51	21	41 (13)	52

資料2

『屠蘇喜言』に見られる〈を〉と〈越〉、〈天〉と〈て〉の例は次のような例である。(振り仮名は省略)

しても。　天気〈志〉やねェ
野と云。むだ〈志〉やれ〈越〉
と云。狂言〈を〉かきけへ
ほ〈連〉ら〈れ〉る気〈志〉やァ

一番おち〈越〉とつ〈天〉
からはしら〈を〉おり〈て〉。

50　Ⅰ　表記変化を促したもの

＊**1**　浜田啓介 1979　p.10

＊**2**　後期咄本の時期区分については序章 p.7

＊**3**　第Ⅱ部第 6 章に収録

＊**4**　早稲田大学中央図書館蔵本　函架番号ヘ 13–03633–0016

＊**5**　早稲田大学中央図書館蔵本　函架番号ヘ 13–3209–01

＊**6**　函架番号は作品の順にイ）ヘ 13–1984–23　ロ）ヘ 13–1984–03　ハ）注 4　ニ）ヘ 13–1984–07　ホ）ヘ 13–1984–12　ヘ）ヘ 13–1984–24　ト）ヘ 13–1984–26　チ）ヘ 13–1984–19　リ）注 5

＊**7**　『噺本大系』10.11.15.19 巻

＊**8**　『身振姿』については 1 に記した。

＊**9**　「50 未満の仮名字体使用を仮定して、これを 1 級とし、5 字ずつ級を加えたもの」で「現行の文字生活は 48 字体であるから 1 級」とする浜田 1979 の段階表によった。

＊**10**　木越治 1989 1992、久保田篤 1994 1997 他

＊**11**　複合の緩い複合語の後部成素一字目。「きつねつき」の「つき」等がこれにあたる。

＊**12**　久保田篤 1997 では「シについては〔志〕語頭、〔し〕非語頭という使い分けが多くの文献に見られ」「『浮世風呂』でも同じである」として挙例した後、「〔志〕の例外として「う志やアがる」（9 ウ）「足志や大丈夫」（12 オ）「み志め」（惨。17 オ）「這入ま志よ」（17 オ）「だか志よ」（抱。19 ウ）「おつ志やれば」（22 オ）がある。拗音のものが目立つ」（p.82）という報告がされている。

＊**13**　本章末尾の資料 2 を参照。

＊**14**　久保田篤 1994.1997、矢野準 1990 他

＊**15**　内訳とは、調査テキストから 10 丁前後（約 1500 字）を抜き取ったものの内訳をあらわす。

第2章
漢字の用法
読み易さの工夫

1. はじめに　調査の目的

　「近世になって新しくはじまった出版はそれまで手書きに頼って
いた書物を大量に、しかも安価に普及することに成功した」といわ
れる（諏訪春雄 1987 p.31）。出板技術の向上は出板量の増大と低
価格の実現とによって読者層を拡大し、作り手たちの多様な工夫を
可能にしていったと考えられるが、このような出板文化の隆盛期に
生まれた後期咄本はどのような表記であったか。書き手としての咄
本作者やその著作を出板し、商業ベースに乗せて供給していった側
の要因にとどまらず、これを享受する読み手の側の要因を考察する
ことがねらいである。

　咄本の作り手と読み手の要求が反映されたと考えられる作品の表
記の実情を知ることは、咄本の江戸語資料としての価値を考察する
上で重要である。

　近世後期の洒落本、滑稽本、人情本などの漢字使用についてはす
でに彦坂佳宣 1987、小松寿雄 1987　矢野準 1987 ほかに漢字の使
用に関する報告があり、明治期落語速記の漢字使用についても清水
康行 1988、野村雅昭 2001a、2001b で詳細が明らかにされている。
短い笑話の集積である咄本と、長話の洒落本や滑稽本などでは、使
用される語彙の量やその性格、使用の頻度などにも相違がある。し
たがってこれらの資料と咄本を同じレベルで扱うことはむずかしい。
しかしそのような異質な資料に現れた類似の傾向性というものは、
当時の口語資料に共通した現象と捉えることができる。

53

2. 調査方法と対象

2.1 方法

「江戸時代全体を通して一千余種も出板され」た（武藤禎夫1965 p.55）噺本の全体量から見れば、本書で調査対象とする作品はわずかである。量の蓄積については今後も充実に努めることとし、対象とする作品については、できるだけ当時の状況が反映されるものを選ぶよう心がけた。例えば、咄本の中には、以前にあった板本を利用して序文のみを新しくした改題再板や、序文と巻頭の数話だけを新刻して後は古い板木を継ぎ足し、書名を新たにした改題嗣足本などがさかんに出板された。そこで、このような成立の背後関係が不明なものをできるだけ避けて、刊行年や板元、作者の経歴などがはっきりしているものを選んだ。また、量的にもある程度の丁数を備えているものを選択し、偏りがないように努めた。

作者はこの時期の咄本盛行の一端を担ったと推測される文人（大田南畝、曼亭鬼武）、幇間（桜川慈悲成）、職業噺家（三笑亭可楽、林屋正蔵）などがいる。具体的には各作品に現れた語表記を漢字と仮名の使用量から観察し、全体像を捉えたのち、漢字または仮名で表記された語の特徴を考えていくことにする。

本章では、漢字で表記される語を漢字表記語とよぶ。すなわち、漢字表記語とは、調査単位（ほぼ文節相当）として採集された語の表記要素として漢字を含むものを指す。

後期咄本の表記には漢字、平仮名、片仮名が使用されるが、ここでは漢字と平仮名の表記の実態を明らかにすることに主眼をおき、片仮名の表記については別に検討する。

したがって、本章では「漢字表記」に対応して「仮名表記」という場合は、特別に断らないかぎり平仮名表記を指すことにする。

2.2 調査対象とした作品について

調査資料は安永年間から幕末までの作品とし、この100年間を3期にわけた。区分は武藤1965におおよそしたがったが、ここでは少し長めに期間をとり明和・安永から寛政期までをI期（1764–

1801)、享和から文化・文政期をⅡ期（1801–1830)、天保期から明治初年までをⅢ期（1830–1887）とした。寛政の改革（1787–1793）と天保の改革（1841–1843）前後を一つの節目とし、便宜上年号によって区分けし、期間もなるべく長短がないようにした。

Ⅰ期は、隆盛を極めた安永小咄が天明・寛政期にかけてその斬新さを失い衰微していったのに対し、座敷咄の盛行と職業噺家が誕生する土壌が作られた時期である。この時期、同好の士たちが集まって落噺を披露する咄の会は、その盛況さのゆえに寛政の改革と引き続く取締によって縮小を余儀なくされる。しかし咄の会はその会の名目や書名を変えて復権を果たし、Ⅱ期に引き継がれていった。Ⅱ期は、これらの職業的な噺家や幇間が台頭・活躍した時期であり、十返舎一九や式亭三馬ら滑稽本作者が活躍した時期である。誰でも木戸銭さえ払えば咄を聞くことができる寄席の繁栄と、滑稽本の流行は咄本の作り手・受け手の変質を促したと考えられる。Ⅲ期は、「すべてに創案を要求された初代三笑亭可楽らと異なり、すでに芸には伝承が生じており、しかし一方では、怪談咄の「祖」という肩

表1　調査対象作品一覧

作品名	作者	板元	成立年	半丁あたりの行数・字数	本文丁数
出頬題	不詳	不詳	安永2	7行13–16字／行	45
口拍子	軽口耳祓	聞好舎	安永2	6–7行15–18字／行	57
鯛の味噌津	大田南畝	遠州屋	安永8	6行11–13字／行	52
馬鹿大林	桜川慈悲成	大和屋久兵衛	寛政13	8行10–18字／行	38
東都真衛	三笑亭可楽	岩戸屋喜三郎	享和4	8行18–22字／行	19
一雅話三笑	曼亭鬼武	蔦屋重三郎	文化頃	7行16–19字／行	33
百生瓢	瓢亭百成	柏屋半蔵	文化10	8行21–22字／行	18丁半
身振姿	三笑亭可楽	村田屋治郎兵衛	文化11	8行16–18字／行	24丁半
屠蘇喜言	桜川慈悲成	丸屋文右衛門	文政7	8行23–27字／行	26丁半
ますおとし	林屋正蔵	西村屋与八	文政9	9–10行　行当不定	13丁半
笑話之林	林屋正蔵	西村屋与八	天保2	9行28–30字／行	14丁半
百歌撰	林屋正蔵	西村屋与八	天保5	15行　行当不定	上下17
春色三題噺	春廼屋幾久	不明	元治元	8行20–25字／行	15丁半

書が示すように新しい分野を開拓しなければならなかった」(延廣真治 1986 p.158) 世代が活躍する時期である。この時期は初代林屋正蔵の活躍と、寄席の数を制限し音曲入り芝居咄を禁止した天保の改革を中心にその時期的特徴を捉えた。

　対象としたテキストは【表1】のようである。多くが半面6〜8行、一行当りの字数が10〜30字のもので、本文丁数は10〜60丁、小本から中本の板本である。会話を主体としたものを取り上げた。絵入りの丁が多くはさまれている作品(ますおとし、笑話之林、百歌撰)を加えて、文字のみの作品と比較した。序、割書き、会話主を示す部分を除いた全丁が調査対象となる。

3.　概況

3.1　調査に出現した語数

　調査資料に現れた自立語の総数は延べ語数28616語、異なり語数は8872語である。ここで報告する語彙量については【表2】に、各作品に現れた個別の異なり語数と延べ語数は【表3】に示した。【表2】中の①＋③、または②＋③が上に示した自立語の総数になる。[語種] は、和語、漢語、および和語と漢語の混種語を項目としてたてた。洋語は『馬鹿大林』の‘エレキテル’1語であったため、これを調査対象からはずし、洋語の項目は省いた。[品詞性] は国立国語研究所1964「分類語彙表」で示された分類法で、[体の類]は名詞に、[用の類] は動詞にあたる。[相の類] には形容詞・形容動詞語幹と副詞のうち様態・程度を表すもの、および連体詞が収められる。[その他] はいわゆる接続詞、感動詞、陳述副詞の類が分類される。

3.2　作品別の使用数

　対象としたテキストは漢字仮名まじり文で、仮名が主に使われる。【表3】からは、調査した作品の漢字使用率(漢字使用率＝使用漢字数／使用文字総数)がおおよそ10％から20％台であることと、各作品における使用率が、調査時期全体を通して大差はなく、天保

表2　全体の延べ語数と異なり語数

		延べ語数		異なり語数	
語種	和語	22870	(81.9)	6311	(74.6)
	漢語	4329	(15.5)	1721	(20.4)
	混種語	730	(2.6)	420	(5.0)
	小計①	27929	(100.0)	8452	(100.0)
品詞性	体の類	15611	(55.9)	6016	(71.2)
	用の類	8124	(29.1)	1378	(16.3)
	相の類	3114	(11.1)	852	(10.1)
	その他	1080	(3.9)	206	(2.4)
	小計②	27929	(100.0)	8452	(100.0)
固有名	地名	164	(23.9)	111	(26.4)
	人名	431	(62.7)	251	(59.8)
	その他	92	(13.4)	58	(13.8)
	小計③	687	(100.0)	420	(100.0)

（　）内の数字は語種・品詞性・固有名それぞれに各項の
語数の占める割合を百分比で示したもの。

以降に微増していることがわかる。

　いわゆる草紙系の作品については諏訪1987で「漢字の量は（中略）多くて33％を超えず、平均17％のひくい数値を示している」（p.48）ことが報告されている。今回の調査結果の全体平均が18.8％であるから、『金々先生栄花夢』の17％や『春色梅児誉美』の16％と同程度の使用量といえる*1。これは『日本永代蔵』や『雨月物語』などの書物系作品の平均34.8％には、はるかに及ばない値であって、文化年間に刊行された『浮世風呂』の28.9％*2（矢野1987 p.183）に肩を並べるものも元治元年刊『春色三題噺』の26.7％のみであった。

　抽出法の違いによってもその漢字使用率には差異が出てこようが、本資料における漢字使用率の位置はこれらとの比較によって、おおよそは知られる。なお、一般語のうち、漢字表記語の使用比率を算出するために抽出した語には、「女ぼ」や「てい主」などの交ぜ書き*3が145語（異なり語数112語）あった。これら一般語におけ

第2章　漢字の用法　　57

表3　作品別使用漢字数・表記別語数

作品名	I 期					
	出類題	口拍子	鯛の味噌津	馬鹿大林	東都真衛	
板型	小本	小本	小本	小本	小本
使用漢字数（延べ字数）	1629 (19.6)	2468 (18.1)	1187 (15.3)	1829 (17.9)	835 (13.4)
使用漢字数（異なり字数）	718	715	511	427	336
総延べ使用文字数	8320	13598	7774	10244	6214
一字当たりの使用回数	2.3	3.5	2.3	4.3	2.5
漢字表記語数（延べ語数）	1121 (52.1)	1791 (52.7)	784 (40.8)	1254 (50.6)	518 (33.8)
平仮名表記語数（延べ語数）	977 (45.4)	1400 (41.2)	1079 (56.2)	1196 (48.3)	991 (64.6)
片仮名表記語数（延べ語数）	53 (2.5)	205 (6.1)	58 (3.0)	26 (1.1)	25 (1.6)
総延べ語数	2151	3396	1921	2478	1534
和語（延べ語数）	1746 (82.5)	2703 (80.1)	1597 (84.5)	1946 (80.7)	1220 (83.8)
漢語（延べ語数）	327 (15.4)	579 (17.1)	257 (13.6)	397 (16.5)	213 (14.6)
混種語（延べ語数）	45 (2.1)	95 (2.8)	36 (1.9)	67 (2.8)	23 (1.6)

る交ぜ書きされた語の割合は漢字表記語全体の0.99％と少数で
あったため、漢字表記語に含めて扱った。

4. 漢字使用からの分析

4.1　I 期からⅢ期の漢字使用の推移
各作品における漢字使用を量的な側面より観察すると、使用の多

	II期					III期		
	一雅話三笑	百生瓢	身振姿	屠蘇喜言	ますおとし	笑話之林	百歌撰	春色三題噺
	小本	小本	中本	中本	中本	中本	中本	中本
	2003 (25.7)	715 (15.9)	875 (10.5)	1910 (18.7)	955 (17.3)	1074 (21.3)	1665 (15.3)	4409 (26.7)
	901	402	534	612	557	560	594	1724
	7800	4498	8320	10218	5512	5044	10868	16484
	2.2	1.8	1.6	3.1	1.7	1.9	2.8	2.6
	1247 (62.6)	508 (36.6)	571 (36.6)	1306 (55.6)	585 (46.3)	753 (56.6)	1113 (40.0)	3034 (67.8)
	681 (34.2)	817 (59.0)	931 (59.6)	1002 (42.7)	647 (51.2)	546 (41.1)	1602 (57.5)	1250 (28.0)
	63 (3.2)	61 (4.4)	59 (3.8)	41 (1.7)	31 (2.5)	31 (2.3)	70 (2.5)	187 (4.2)
	1991	1386	1561	2349	1263	1330	2785	4471
	1535 (78.4)	1143 (83.2)	1256 (82.2)	1827 (80.1)	997 (82.5)	1106 (85.6)	2202 (82.3)	3592 (82.4)
	358 (18.3)	200 (14.6)	213 (13.9)	385 (16.9)	157 (13.0)	155 (12.0)	416 (15.5)	672 (15.4)
	64 (3.3)	30 (2.2)	60 (3.9)	68 (3.0)	54 (4.5)	31 (2.4)	59 (2.2)	98 (2.2)

（　）内数字は漢字数（表記語数）の総文字（語）数に対する割合を、また
語種項目（　）内数字は和語、漢語、混種語、それぞれの語数の一般語総
数（総語数−固有名数）に対する割合を示す。

寡はおおよそ3グループに分類できる。漢字を使用する割合が
10％から13％と低い値を示したのは『東都真衛』II期（13.4％）、
『身振姿』II期（10.5％）の2作品で、ともに三笑亭可楽の作品で
ある。それに対して21％から27％と高率だったのは『一雅話三
笑』II期（25.7％）、『笑話之林』III期（21.3％）、『春色三題噺』
III期（26.7％）の3作品だった。曼亭鬼武作『一雅話三笑』は可楽
の活躍期と同じ文化年間に出版されており、『笑話之林』、『春色三

題噺』はそれよりも20年から50年のちのⅢ期の作品である。

　大まかに言えばⅠ期（安永から寛政）の小本よりは、Ⅲ期（天保から幕末）における中本のほうが漢字の使用は多いといえる。ただし、判型、出板時期がほぼ同様である可楽と鬼武とが漢字使用率において両極端であることから見れば、製板技術の向上にともなう時期的変化と、漢字使用率の間には直接の関係は江戸期にはなさそうである。

4.2　作品内容と漢字使用

　前節で指摘したように漢字の使用率と時期的な変化には直接的な関係が見受けられない。

　同様に板元や書き手の年齢や出身階層といった位相差に注目して予備的検討を加えたが、目立った傾向は見られなかった。例えば漢字使用が少ない可楽の『東都真衛』『身振姿』では板元が異なり、特定の板元と漢字使用の低率は結び付かない。また漢字使用率が可楽の倍以上だった『一雅話三笑』の作者曼亭鬼武と可楽の差を、前者が武士階級出身の文人、後者を職人階級出身の職業噺家という出身階層の差に求めようとしたが、鬼武と同様武士出身である大田南畝の『鯛の味噌津』も漢字使用率は低く、使用率の違いを位相差には求めにくい。

　そこで、本節では漢字使用率の高かった『一雅話三笑』と低かった『身振姿』を取上げ、その内容から漢字使用の量的な違いを分析する。

　漢字使用が多かった『一雅話三笑』が僧侶、侍の失敗やことばの言い違い、聞き違いを笑い話に仕立ているのに比べ、『身振姿』は読み手と同階層の庶民の日常を会話仕立で写すことに主眼がおかれている。登場人物も、前者は武士やその家の使用人、僧侶などであるのに対し、後者は「きおい」や噺家、年寄りや夜鷹などである。登場人物の名を見ても『一雅話三笑』では「権田原大納言」「喜撰法師」などの6字、4字の多くは漢字で書かれるものが多く現れ、『身振姿』では「仙公」「久（さん）」などの短い名前しか使われていない。

60　　Ⅰ　表記変化を促したもの

両話の一部分を以下に掲げ、その違いを観察する。なお、引用文では本文の振り仮名を略した。

・権田原大納言殿、急に御召の勅使立ければ、にはかにあはてゝ（中略）コレ、今参りの三平よ。其方ハ鮫ケ橋中納言様の御屋形へいて申さうにハ、大納言殿、只今急に御召ゆへ、束帯をしにかゝつて居られますが、御無心ながら沓持を御かし下されますやうに、御頼申入られますといふてこいと云付る。三平（中略）中納言殿へ参り、ちと御頼申ます。こちの大納言殿、只今急に御飯をくはれ、食滞をいたし、死かゝつて居られます。中なごん殿それハ笑止や。御膳が過たであらふ。三平何さ。それにまだ葛餅がくひたいとさ　　　　　『一雅話三笑』〈口上〉

・ヲヤ、さかなやのおばさん。よくきなすつたの。おめへハいつもおたつしやでうらやましい。おらアもう苦労するせへか、二三ねんこつちへよわくなつて、らちやアあかねヘヨ。（中略）はなしよを聞なすつたでもあらうが、地主様へ遊びに来イ〰️した。ソレ、おめへ、白茄子といふ三味せんひきと。聞なせへ、がらゝつん逃たハ　　　　　『身振姿』〈とほけた婆アさん小桶の一ツ曲〉

『一雅話三笑〈口上〉』では「御召」を「御飯」、「束帯をしにかゝつて居られます」を「食滞をいたし、死かゝつて居られます」と新参者が間違えることを笑う話だが、ここでは意義を即座に理解できる漢字表記が有効に働いている。

　ほかにも葛西の渡し舟を場面にして「六祖をとびこへた」名僧を求める僧侶と「武門にハ、義経公八艘とびこへ給ひし事、かくれなし」と応じる侍、「わしらハ江戸へ乗て出ると、いつでも糞を飛こへ申す」と話に割り込む船頭の一話〈乗合〉がある。「六祖」（六）―「八艘」（八）―「糞」（九）の語を話の要とするためには、同様な響を持つ語を漢字表記で書き分けることで、読みと意義とを同時に理解ができ、ストーリーを明確にして、誤読を防止する工夫がされたと指摘できる。

　上のような事情から〈口上〉〈乗合〉をはじめとした『一雅話三笑』の各話では、必然的に漢字表記が選択されるケースが増加したといえる。これとは対照的に『身振姿』は噺家仲間が髪結床で会話

する場面や、八百屋の年寄りが湯屋で愚痴をこぼす場面を描き、日常を活写する方法の一つとして音訛を多用している。

『一雅話三笑』が漢字表記を有効に使ったように、『身振姿』では話しことばを、特に漢字では表し得ない音訛を写す手段として、仮名表記が有効に働いていると指摘できる。このように取り扱った題材や、それに応じた登場人物の位相の違いが、漢字使用の量的な差異に影響を及ぼしていたことがわかる。

4.3　スペース上の制約と漢字使用

漢字の使用量には可楽のように同一作者によるユレの見られないケースと、同一作者であっても作品ごとに違いが見られるケースとがあった。

ユレが見られないのは桜川慈悲成（『馬鹿大林』17.9％、『屠蘇喜言』18.7％）のような場合であり、ユレの見られたのは林屋正蔵（『ますおとし』17.3％、『笑話之林』21.3％、『百歌撰』15.3％）のような場合である。

正蔵の3作品はともに絵入りの咄本だが『百歌撰』は『ますおとし』『笑話之林』に比べて字数が多く、その分小さな文字を使わなくてはならない。仮名よりも複雑な形を持つ漢字が小さい文字であれば、印刷の際につぶれて見づらくなってしまう。このようなスペース上の制約が画数の多い漢字表記を忌避し、漢字使用の量的な多寡に影響を与えたということができる。『ますおとし』『笑話之林』の振り仮名付記字率が80％以上であるのに対して、『百歌撰』の比率が47％と低率である*4こともスペース上の制約によったものと考えられる。

上のような制約には、挿絵と話の内容は削減したくないが丁数も増やしたくないという、経済効率を根底に置いた板元側の要請があったことをうかがわせる。

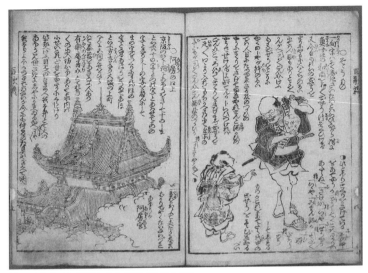

林屋正蔵作『百歌撰』*5(西村屋与八板)

4.4 作品と一字当りの漢字使用回数

　ここまでは漢字使用の量的側面から表記傾向を見てきた。この漢字使用の量的な面は、使われた漢字の延べ数によって知られるが、漢字の種類はどうだったのだろう。一つの作品内における漢字の多様性を観察するためには字種の調査や漢字の使用頻度調査などが考えられるが、ここでは、調査範囲の中での一字あたりの使用回数について考える。

　一字当りの使用回数が多かったのは、【表3】によれば慈悲成の『馬鹿大林』4.3回と『屠蘇喜言』3.1回および軽口耳祓の『口拍子』3.5回で、低かったのは可楽作『身振姿』1.6回と正蔵の『ますおとし』1.7回である。『馬鹿大林』ほかの高頻度作品2種と『ますおとし』の漢字使用率は、17%から18%とほぼ同様の値であるから、後者にくらべ前者の高頻度作品は一つの漢字が繰り返し使われていたことになる。

　安永期から幕末までを3期に分けた概況ではⅠ期が平均使用回数3.0回、Ⅱ期が2.2回、Ⅲ期が2.5回となり、Ⅰ期における漢字一字の多使用が観察できる。

　一話が短く、筋の展開が、〔前置きとしての人物の提示→はなし

第2章　漢字の用法　　63

の展開→結末としてのオチ〕といった定型にちかい形を持っていること、登場人物が各話ほぼ似通った人物群で、内容も類似することなどが、同様な漢字を繰り返す一因になったと考えられる。これとは逆に、7つの長話で構成されている『屠蘇喜言』は、少数の登場人物が繰り返し発話することが、「姫様」「御座る」「仙沢（人名）」といった漢字の使用回数を増加させ、同一漢字を多用する一因になったのであろう。『身振姿』は漢字の使用率が低いため、当然使用回数の実数値は低い。

5. 漢字表記語からの分析

ここでは漢字の使用傾向を品詞性から考える。まず、〔用の類〕から検討し、〔体の類〕・〔固有名〕・〔相の類〕を順に見ていく。

なお、固有名の【表4-3】【表4-4】を除き、以降の表中の数字は延べ語数を、〔割合％〕は各語の出現総数に対する漢字（仮名）表記語の割合を示している。【表4-2】から【表4-8】はスペースの関係上、本章の最後にまとめて載せた。

5.1 用の類の表記

【表4-1】を見ると多用される動詞のうち、仮名表記の使用が優勢であったのは「いふ」と「しる」で、漢字表記が優勢だったのは「見る」「申す」「出る」だったことがわかる。

中でも使用が最も多い「いふ」は625例中520例（83.2％）が仮名表記されていた。その一方で、出現数が「いふ」に次ぐ「見る」は全作品において漢字表記が主用され、仮名表記は出現総数284例中わずかに37例（13％）だった。

「出る」と「しる」に関しては、「出る」では、13作品中その出現例が漢字表記のみの作品が7作品、「しる」では仮名表記だけのものが7作品という顕著な偏りが見られた。

「いふ」に関しては出現例の多くが引用の「と」に続く形で現れている。上接の助詞と一括りに仮名表記されても、頻繁に使われて読み手の目に馴染んでいたため、誤読のおそれが少なかったためと

いえる。また書き手の伝えたい内容のうちで「といふ」が大きなウエイトを占めておらず、「といふ」の読み飛ばしや誤読があっても文意に大きな影響を与えなかったことも要因の一つと考えられる。

表4-1　一般語　用の類

	出類題	口拍子	鯛の味噌津	馬鹿大林	東都真衛	一雅話三笑	百生瓢	身振姿	尾蘇喜言	ますおとし	笑話之林	百歌撰	春色三題噺	計	割合%
言ふ	4	10	0	33	0	2	1	2	24	1	2	0	27	105	16.8
いふ	45	45	72	35	25	39	20	26	17	30	34	58	74	520	83.2
見る	22	33	19	19	6	16	16	12	10	11	11	25	47	247	87.0
みる	8	5	8	0	5	6	0	2	0	0	1	1	1	37	13.0
行く	1	17	5	12	2	5	0	1	8	4	12	3	17	87	53.4
い（ゆ）く	11	6	2	7	6	2	8	5	6	4	1	16	2	76	46.6
申す	1	20	4	5	11	9	3	11	28	3	3	13	25	136	91.3
もふす	2	0	0	0	2	0	0	0	9	0	0	0	0	13	8.7
来る	0	24	10	3	1	5	1	10	1	1	3	2	16	77	58.3
くる	0	0	1	11	11	2	3	4	10	0	0	13	0	55	41.7
聞く	12	8	1	0	1	7	0	3	1	1	0	0	19	53	41.4
きく	3	2	19	5	7	3	0	5	3	4	0	3	21	75	58.6
出る	5	23	9	12	4	19	1	6	17	1	6	9	0	112	87.5
でる	4	0	0	1	0	0	0	2	0	2	0	4	3	16	12.5
思ふ	5	13	7	1	2	3	5	5	5	1	6	5	17	75	66.4
おもふ	7	2	1	1	1	4	2	5	5	2	1	4	3	38	33.6
参る	1	2	3	2	1	5	0	1	3	0	0	0	17	35	46.7
まい（ゐ）る	0	1	3	6	3	2	1	1	5	1	0	7	10	40	53.3
知る	1	0	0	0	1	3	0	0	1	0	1	0	0	7	9.5
しる	18	3	7	8	4	8	2	2	1	2	5	7	0	67	90.5

　顕著な偏りを見せた「しる」はほぼ全例が「志」を字母に持つ仮名表記で現れている。語頭に主用されることの多い仮名の「志」が用いられるために、誤読のおそれは少なく、漢字表記で語頭を明示する必要性は低かったと判断できる。一方そのような語頭主用の仮名を持たない「見る」や「申す」は各々が格助詞の「を」、「と」に続いて現れ、仮名表記では上接の助詞と紛れやすいために漢字が選択されたのであろう。「出る」は濁点の付いた仮名よりも紙面が節

約できる上に、上接の仮名と続けて読まれることが回避できる二重の効用から、漢字表記が採用されたといえよう。

以上のように動詞では上下に接する仮名との関わり、伝えたい情報量の大きさや使用頻度からくる馴染みの度合いなど、複数の要因によって表記が選択されたことが指摘できる。

5.2 体の類と固有名の表記

上で見たように多用される動詞では仮名表記が多かったことや、上接の仮名と続けて読まれることを避ける表記が選択されたことを踏まえ、ここでは、［体の類］の内から「人、女」などの普通名詞と「江戸、団十郎」といった固有名を取り上げる。

5.2.1 普通名詞の表記

結果は【表4–2】でわかるように、使用の多い普通名詞は殆どが漢字表記を主体としている。仮名表記が優勢だったのは、表中では出現回数が最も少ない「医者」（6例）「いしや」（14例）の語である。漢字使用回数と仮名表記回数（交ぜ書きを含む）が、おおよそ拮抗している「ていしゅ」「けふ」のような中程度以下の使用回数を持つ語だった。使用がそれほど多くはない「おやぢ」「いしや」では、一作品内で1例の場合は漢字表記、複数現れる場合は仮名表記が採られる傾向が見られた。例えば1作品で合計14例「おやぢ」の現れる『口拍子』では14例中仮名表記が11例現れた。「いしや」も同様で、出現合計が7例、8例と多出する『出頼題』『口拍子』では仮名が選択されるが、1作品で1例、2例のケースではおおよそ漢字表記される。

5.2.2 固有名の表記

次に固有名の場合を見る。固有名は3.2で見たように13作品から延べ語数687例、異なり語数420例を得た。内訳は【表4–3】に掲げたが、漢字表記が586例（82.8％）、仮名表記が30例（4.2％）、仮名と漢字の交ぜ書きが92例（13.0％）となった。固有名のうち複数回現れた例を挙げる。

66　　I　表記変化を促したもの

・仮名表記語が単独で現れたもの。（数字は出現回数）
「めぐろ」「ゑんま」各2（『口拍子』）、「いせや」「みめぐり」
各2（『馬鹿大林』）、「いせや」1「はかた」3（『百生瓢』）、「せ
いたか」3（『鯛の味噌津』）、「ゑんま」2「くわんこう」4
（『百歌撰』）他

・近接した行に同語が漢字表記・仮名表記・交ぜ書きで現れたも
の。（〔　〕内数字は順に「漢字表記語数／仮名表記語数／交ぜ
書き語数」を指す）
「敦盛」〔1/1/1〕（『鯛の味噌津』）、「吉原」〔2/1/2〕（『馬鹿大
林』）、「兼輔」〔1/1/2〕、「道信」〔1/0/3〕（『百歌撰』）、「累」
〔2/1/0〕（『身振姿』）他

　店名、神社名などは仮名表記のみで、人名は漢字表記・交ぜ書き
で現れる傾向が見られた。山の名や神社名は名所として読み手の一
般人にも馴染み深いものが多く、これらの語は生活の中で口頭語と
して接するものであったと思われる。したがって漢字で表記された
ものとして接する機会は少なく、仮名表記が採られたと考えられる。
　当時、信仰の対象として民間に親しまれた「ゑんま」や「せいた
か（童子）」も、生活の中で口頭語として接することが多く、これ
が仮名表記を採らせたと解せる。「こんがらどうじ」（『鯛の味噌
津』）、「つのだいし」（『身振姿』）、「ゑびすさま」（『馬鹿大林』）な
どの仮名表記も同様の理由によろう。
　2作品に現れた「いせや」は「伊勢屋、稲荷に、犬の糞」とある
ように江戸では最も多い店の名の一つである。「大伝馬町一丁目に
集中する木綿問屋は大部分が伊勢店であった」*6といわれるほど伊
勢からの出店である江戸店「いせや」は江戸市中に存在し、その名
は広く知られていた。馴染んで知っている「いせや」を漢字で表記
して、語を同定する必要性は低かったと考えられる。
　固有名の交ぜ書きについて使用傾向を見ていく。現れた例の殆ど
が「道てつ」（『口拍子』）、「柳ばし」（『春色三題噺』）のように〈漢
字＋仮名〉の配列で、〈仮名＋漢字〉のものは「おか村（さま）」
（『東都真衛』）、「あつ盛」「くわん家」（『百歌撰』）など6語にとど
まった。交ぜ書きが漢字表記・仮名表記と併存する例には下のよう

第2章　漢字の用法　　67

に、いくつかのケースが見られる。

（1）仮名でよみを先行させた後に漢字で語を同定したもの（下線：三原）

「亭主、毎日〜〜船にてよしハらへ通ふ」（17オ–7行）

「よし原とやらいふおもしろい所へ」（17ウ–2行）

「何、おれか貴さまにあきて、よし原へ行ものだ」（17ウ–8行）

「ぬしがあんまり吉原や深川へ通ひ」（26ウ–4行）

『馬鹿大林』

（2）振り仮名付きの漢字表記を先行させて、語の同定を優先させたもの

「熊谷と敦盛と」（19オ–2行）

「なぜあつもりハとつてかへした」（19オ–4行）

「あつ盛も熊谷とハ思ハなんだ」（19ウ–4行）　『鯛の味噌津』

一方、次の例のように何度も繰り返された口上が、最後は言い違えられて変化するおかしさを様々な表記スタイルで描いたものもある。

「いんげん禅師の二字の横もの、沢庵おせうのおしまづき」（6ウ–7行）

「いんげんぜんじの二字のよこもの、沢庵おせうのおしまづき」（7オ–9行）

「隠元ぜんじの二字横もの、たくあん和尚のおしまづき」（7ウ–6行）

「いんげんさゝげが横たばで沢あんのおしまずかして」（8オ–15行）

『百歌撰』〈阿呆の口上〉

同じ表記スタイルの反復による字面の単調さや目移りを避けるために、漢字表記・仮名表記・交ぜ書きと表記法を変化させる工夫が採られたのであろう。またそれと同時に繰り返される口上の口調の変化を、表記の変化をもって表そうとしたとも見える。読解補助のために表記を工夫する時代から、表現技巧の一手法として表記を用いようとする時流の変化を表す例と捉えた。

【図1】は交ぜ書きの量的な変化を時期別に見たもので、横軸は

時期の経過を、縦軸は各期の固有名総出現数を母数にとった交ぜ書き例の割合である。図からは交ぜ書きの用例が次期を下るにしたがって増加していることがわかる。このように交ぜ書きが増えた背景には、上で推測したような文章技巧上の役割など、従来とは異なる機能を担ったことが要因と考える。

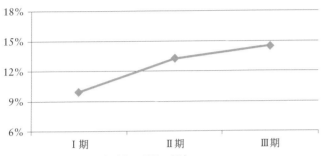

図1　固有名の時期別交ぜ書き語数の割合

5.2.3　同音異義語の表記

［用の類］の表記を選択する際には、上接の仮名表記と続けて、誤って読まれることを回避して漢字表記が採られるケースを見た。それでは最も誤読されやすいと思われる1拍語の表記はどうだろうか。また誤読を防ぐという観点から、同音異義の1拍名詞ではどのような表記が選択されたのかを見ていく。

1拍語として抽出できた語は「火」「木」など13作品で延べ323例あり、「湯」「義」「手」などの例を除けば、殆どが「木」と「気」、「火」と「日」のような同音異義の関係にあるものだった。

これらの1拍語以外に、参考として「神」・「紙」・「髪」や「皮」・「川」など45例を加え、総計368例（異なり語数32語）を調べた。結果は出現した368例のうち仮名表記は以下の9例のみで、他はすべて漢字で表記されていた。

　「め（目）」5作品7例（11作品44例の出現中）

　「ひ（火）」1作品1例（4作品7例中）

　「な（名）」1作品1例（2作品12例中）

誤読のおそれがもっとも多いと思われる1拍語や同音異義語にお

いて、表記の選択に顕著な違いが現れたことになる。これらの結果
からは漢字の表記が誤読防止に大きな役割を果たしていたことが指
摘できる。

5.3　形式語の表記

［体の類］ではいわゆる形式語としての「こと」「もの」「これ」
「それ」などの使用頻度が高かった。ここでは、使用の多かった上
記の語と［相の類］の「この」「その」などの連体詞、［その他］の
類の接続詞をあわせて８語を見ていく。下線をひいた語は中でも出
現頻度が 200 語程度で、多くの使用がみとめられる語である。（表
【4–5】から【4–8】を参照）

　　　漢字表記が優勢だったもの　「こと（事）」「この（此）」「また
（又）」
　　　仮名表記が優勢だったもの　「もの（物）」「それ（夫）」
　　　両表記が拮抗していたもの　「これ（是）」「その（其）」「さて
（扨）」

　上からは、これらの語はおおむね仮名よりも漢字で表記されるこ
とが多かったといえる。その中で漢字使用が少なかった『身振姿』
で、出現数の多い「こと」「この」「また」が漢字表記専用の傾向を
見せていることが目をひく。同じく漢字使用が少ない『東都真衛』
も類似の傾向を示した。特に『身振姿』では使用の拮抗が見られた
ものが「これ」「その」の２語、仮名表記の使用が優勢だったもの
が「もの」の１語であるから、これらの語における漢字表記の傾向
は高いといえる。対照的に漢字表記語が全体の６割以上だった『春
色三題噺』では他とは逆に「こと」に仮名表記が多く使われていた。
　この結果からは仮名表記が主体となる作品では、頻用される「こ
と」や「この」などは漢字で書かれることが多く、接続詞「また」
などでも、文の区切れを明確にするために漢字表記が有効に使われ
ていると言うことができる。一方、漢字表記が多く現れる作品では
漢字の連続を避け、［用の類］や［体の類］を卓立させるために、
仮名表記が有効であったといえよう。

6. おわりに

　後期咄本における漢字の使用傾向とその要因を検討することにより、語表記と表現意図とのかかわりを明らかにした。その中で、漢字や仮名の表記が読解補助に用いられた時代から表記自体が表現技巧の一手法へと変容し、表記の機能が多様化していく一面も観察できた。漢字表記・仮名表記・振り仮名表記の相補関係をさらに観察し、表記が後期咄本に与えた影響をさらに検討していくことを今後の課題とする。

参考資料

1.　先行研究によって、各作品の漢字使用の実態（一部）を挙げると次のようである。
　　［諏訪1987 pp.47–48　200字中の漢字数と比率］
　　　金々先生栄花夢34字17％、東海道中膝栗毛22字11％、春色梅児誉美32字16％、雨月物語60字30％、日本永代蔵87字43.5％
　　［矢野1987 p.183)］　　『浮世風呂　前之上』会話部分
　　（延べ）漢字数2446字　仮名数6030字
2.　［付記字率］（振り仮名付記字／出現漢字総数）
　　　出類題20.5、口拍子48.6、鯛の味噌津44.2、馬鹿大林0.4、東都真衛38.7、一雅話三笑72.9、百生瓢46.2、身振姿72.6、屠蘇喜言67.1、ますおとし85.3、笑話之林79.2、百歌撰47.1、春色三題噺89.1（数字＝％）

表4-2　一般語　体の類（普通名詞）

	出類題	口拍子	鯛の味噌津	馬鹿大林	東都真衛	一雅話三笑	百生瓢	身振姿	屠蘇喜言	ますおとし	笑話之林	百歌撰	春色三題噺	計	割合%
人	11	10	7	0	6	8	3	2	4	6	8	16	18	99	97.1
ひと	0	0	0	0	3	0	0	0	0	0	0	0	0	3	2.9
女房	11	13	4	30	0	4	0	1	1	4	7	3	12	90	94.7
にようばう	0	0	0	0	0	0	0	0	0	0	0	1	0	1	1.1
女ぼ（う）	0	3	0	1	0	0	0	0	0	0	0	0	0	4	4.2
今	3	7	4	5	6	5	0	3	15	7	5	15	0	75	90.4
いま	0	0	1	0	1	0	3	0	2	0	1	0	0	8	9.6
女	3	4	1	15	1	4	2	6	14	4	4	1	11	70	100.0
おんな	0	0	0	0	0	0	0	0	0	0	0	0	0	0	0.0
亭主	4	9	1	15	0	2	3	0	3	9	0	0	0	46	57.4
ていしゆ	0	8	4	10	1	0	0	0	0	0	0	0	0	23	28.8
てい主	0	7	4	0	0	0	0	0	0	0	0	0	0	11	13.8
旦那	3	3	1	16	1	2	4	5	5	4	2	0	9	55	84.6
だんな	0	0	0	0	2	0	0	1	0	0	0	7	0	10	15.4
今日	0	2	0	8	0	2	0	0	7	0	2	1	6	28	44.4
けふ	6	5	2	3	0	2	6	3	0	4	0	2	4	0	35	55.6
男	3	6	4	9	2	7	3	3	2	1	4	6	0	50	96.2
おとこ	0	0	0	0	0	1	0	0	0	0	0	1	0	2	3.8
女郎	6	16	0	4	0	7	8	0	0	0	1	0	0	42	100.0
じよろう（らふ）	0	0	0	0	0	0	0	0	0	0	0	0	0	0	0.0
客	0	11	8	2	0	2	5	0	6	0	0	4	3	41	100.0
きやく	0	0	0	0	0	0	0	0	0	0	0	0	0	0	0.0
親父	1	3	0	1	0	5	3	0	5	0	2	0	1	21	61.8
おやぢ	0	11	0	0	0	0	0	0	0	0	0	0	2	13	38.2
医者	1	1	0	0	0	1	0	0	1	0	1	1	0	6	30.0
いしや	7	6	0	0	0	0	0	0	1	0	0	0	0	14	70.0

表4-3　固有名（延べ語数）

	出類題	口拍子	鯛の味噌津	馬鹿大林	東都真衛	一雅話三笑	百生瓢	身振姿	屠蘇喜言	ますおとし	笑話之林	百歌撰	春色三題噺	計
漢字表記語数	32	16	23	54	66	34	8	25	68	53	32	77	98	586 (82.8)
仮名表記語数	0	0	5	6	1	0	4	3	0	0	0	11	0	30 (4.2)
交ぜ書き語数	1	3	3	8	11	21	1	4	1	2	6	20	11	92 (13.0)
計	33	19	31	68	78	55	13	32	69	55	38	108	109	708 (100.0)

（　）内の数字は固有名の総数に対する各表記語数の割合（％）を示す

表4-4　固有名　—地名・人名別—

	出類題	口拍子	鯛の味噌津	馬鹿大林	東都真衛	一雅話三笑	百生瓢	身振姿	屠蘇喜言	ますおとし	笑話之林	百歌撰	春色三題噺	計
地名　延べ語数	22	4	7	20	13	13	7	3	11	8	2	32	22	164
異なり語数	15	4	5	9	9	10	5	3	8	6	2	10	13	–
漢字表記語数	22	4	7	14	13	13	3	1	11	6	2	25	18	139
仮名表記語数	0	0	0	4	0	0	3	0	0	0	0	0	0	7
交ぜ書き語数	0	0	0	2	0	0	1	2	0	2	0	7	4	18
人名　延べ語数	4	14	14	37	58	10	6	20	58	42	31	59	78	431
異なり語数	4	10	9	15	12	8	6	8	15	15	15	24	14	–
漢字表記語数	4	11	12	36	48	10	5	19	57	42	26	42	71	383
仮名表記語数	0	0	1	0	0	0	1	0	0	0	0	6	0	9
交ぜ書き語数	0	3	1	1	10	0	0	0	1	0	5	11	7	39
他　　延べ語数	7	1	10	11	7	11	0	9	0	5	5	17	9	92
異なり語数	6	1	7	4	7	11	0	8	0	5	5	17	9	–
漢字表記語数	6	1	4	4	5	11	0	5	0	5	4	10	9	64
仮名表記語数	0	0	4	2	1	0	0	2	0	0	0	5	0	14
交ぜ書き語数	1	0	2	5	1	0	0	2	0	0	1	2	0	14

第2章　漢字の用法

表4-5　一般語　体の類（形式名詞）

	出類題	口拍子	鯛の味噌津	馬鹿大林	東都真衛	一雅話三笑	百生瓢	身振姿	屠蘇喜言	ますおとし	笑話之林	百歌撰	春色三題噺	計	割合%
事	10	9	8	23	13	11	7	6	14	6	6	32	13	158	73.5
こと	6	2	1	7	0	0	3	0	6	3	0	1	28	57	26.5
物（者）	8	2	6	3	1	4	2	0	0	1	0	3	9	39	24.8
もの	6	16	12	8	5	4	11	8	8	3	0	13	24	118	75.2

表4-6　一般語　体の類（指示代名詞）

	出類題	口拍子	鯛の味噌津	馬鹿大林	東都真衛	一雅話三笑	百生瓢	身振姿	屠蘇喜言	ますおとし	笑話之林	百歌撰	春色三題噺	計	割合%
是	14	10	2	19	1	7	5	5	12	1	7	11	11	105	49.1
これ	4	5	11	6	12	2	19	5	2	6	2	19	16	109	50.9
夫	0	0	0	0	3	0	0	0	0	0	2	0	50	55	20.2
それ	13	23	12	35	5	10	12	21	22	26	12	19	7	217	79.8

表4-7　一般語　相の類（連体詞）

	出類題	口拍子	鯛の味噌津	馬鹿大林	東都真衛	一雅話三笑	百生瓢	身振姿	屠蘇喜言	ますおとし	笑話之林	百歌撰	春色三題噺	計	割合%
此	8	20	7	18	11	11	0	12	20	7	0	38	46	198	87.6
この	0	0	11	0	7	0	4	0	0	3	0	3	0	28	12.4
其	6	8	1	15	10	9	1	5	16	2	0	0	14	87	46.0
その	3	7	9	8	3	1	4	5	24	8	9	21	0	102	54.0

表4-8　一般語　その他（接続詞）

	出類題	口拍子	鯛の味噌津	馬鹿大林	東都真衛	一雅話三笑	百生瓢	身振姿	屠蘇喜言	ますおとし	笑話之林	百歌撰	春色三題噺	計	割合%
又	2	9	5	3	3	5	3	2	1	11	9	25	9	87	76.3
また	4	1	1	3	1	2	0	6	0	5	0	2	0	27	23.7
扨	6	10	0	0	0	0	1	1	0	0	0	0	2	19	54.3
さて	1	0	0	3	1	4	1	1	0	4	1	0	0	16	45.7

＊1　先行研究による漢字の使用実態は参考資料1参照

＊2　調査の対象は大意と冒頭をのぞいた『浮世風呂』前之上の会話部分である。

＊3　ここでいう交ぜ書きとは前後のいずれかが漢字表記され、他方が仮名表記されたものを指す。

＊4　付記字率（振り仮名付漢字数／出現漢字総数）は参考資料2参照。

＊5　早稲田大学中央図書館蔵へ13-02378-0277

＊6　『江戸学事典』（縮刷版 p.230）

第3章

振り仮名の用法
読解補助の域を超えて

1. はじめに

　後期咄本とは、江戸時代後半の安永期から幕末期までに出板され
た「短い笑い話を集録した本」（武藤禎夫 1965 p.3）を指す＊1。
この約1世紀間は製板技術の向上によって安価かつ大量な出版物が
出回り、それを求めて楽しむ人々の裾野が急速に拡大した時期であ
る。一部の富裕な教養層に限られていた読者は大衆層へと移行し、
その読み手の変質は作り手側の質的変化を促したと考えられる。前
章では安永期から幕末期に至る後期咄本の漢字使用を検討し、表記
と表現との関わりを考察した。今回の調査では前章で調査対象とし
た作品に現れた振り仮名に着目し、振り仮名の使用傾向と用法につ
いて述べる。

　漢字表記が読み手の読解補助の手段から、作り手の意図する内容
を表現する手段へと変容し、その役割を多様化させていったことは
すでに報告した。振り仮名も作り手の意識と読み手の読書における
興味の変化が反映され、その使われ方に変化があったと予測される。

　振り仮名の使用実態を明らかにすることは、後期咄本の読者層を
知るために有効であり、読者層の位置づけは江戸語資料としての後
期咄本の価値を検討する上で、意味あることと考える。

2. 調査の方法と対象

2.1 先行研究と調査の方法について

　江戸後期の戯作における作品と振り仮名の関係については、山田
俊雄 1983、小松寿雄 1985・1987、彦坂佳宣 1987、矢野準 1987
ほかの論及があるが、小松 1985 には、江戸の作品と振り仮名につ

いて次のような指摘がある。

　　江戸小説の表記で目立つのは、ルビ付き漢字の多さである。こ
　　の中には芝居の外題や秋成の読本のように、漢字とルビとの合
　　成で新しい表現を創造する、一種の造語とみなすべきものもあ
　　るが、洒落本、咄本、滑稽本、人情本の振り仮名はもっと単純
　　なもので、読み手の学力に考慮して付けられたものが多い。調
　　査した上での事ではないが、洒落本や咄本の振り仮名は滑稽本
　　や人情本より概して少なく、後者の場合は、漢数字など特殊な
　　ものを除くと、総ルビに近い　　　　　　　　　　　　（p.42）

　また、個別の観察として「人情本の漢字表記について全体的印象
をいえば、まず漢字量・振り仮名量の多さがあげられよう」（矢野
1987 p.199）や『春色梅児誉美』の振り仮名使用について「披い
て見てすぐ直視できることは、漢字に振った仮名がやたらに多いこ
とである」（山田 1983 p.35）という観察がある。洒落本において
は、振り仮名の付くべき漢字量そのものが非常に少ないことが報告
され、「近世には黄表紙のようにきわめて漢字率の低いジャンルが
ある。洒落本はこれほどではないにしても、かなり低い。ともに近
世という時代にあって、一般庶民に親しまれたものということが関
係するのであろう」（彦坂 1987 p.164）ことと、「少妓」「妄作書」
「己恍惚」のように「戯訓読文体的なものに関係する字やわざと難
語めかしたものが散在」し、「『奥の細道』や『柳樽』とくらべて、
多くよみ仮名付きの難字が低頻度字の一画をしめる割合が大きい」
（同 p.171）ことの指摘がある。

　そこで、ここでは上の観察をてがかりに、後期咄本における振り
仮名の使用量と用法の二つの側面を見ていく。前章では、漢字の使
用量について安永期から幕末期にかけて漸増傾向が認められるもの
の、時期的変化による使用量の変動はそれほどでもないこと、ただ
し作者の文章スタイルやはなしの内容が個々の作品の漢字使用量を
変化させる要因となったことを指摘した。

2.2　対象とした作品について

調査した作品は、【表1】で示した13作品である。対象は恣意的

に選択したが、多くは『噺本大系』所収書目解題*2 の解説を参考
にした。中には『出頬題』のように作者や板元の不詳なものもある
が、内容について「新作が多く、安永小咄の水準にある」（武藤
1979 p.327）ことや、教養層の出身で笑話を愛好する会の連衆に
よる作と推測されていることなどから、Ⅰ期を代表する作品の一つ
に数えた。作者不詳、自板の『口拍子』もほぼ同様である。両者と
もに、まとまった量を備えた「後代の噺本や落語に与えた影響も大
きい優秀作」（同上 p.3）と評されており、安永初年の資料として
適当と判断した。またⅡ期からⅢ期には「噺家の噺本として資料的
にも興味をひく」（武藤 1979 p.346）といわれる林屋正蔵の作品
を選んだが、前章の調査から漢字使用量に絵入りではない作品と極
端な差がないことを確認してこれを加えた。

表1　調査対象作品

	作品名	成立年	作者	板元	板型	半丁当りの行数・字数	本文丁数
Ⅰ期	出頬題	安永2	不詳	不詳	小本	7行　13-16字／行	45丁
	口拍子	安永2	軽口耳祕	聞好舎	小本	6-7行　15-18字／行	57丁
	鯛の味噌津	安永8	大田南畝	遠州屋	小本	6行　11-13字／行	52丁
	馬鹿大林	寛政13	桜川慈悲成	大和屋久兵衛	小本	8行　10-18字／行	38丁
Ⅱ期	東都真衛	享和4	三笑亭可楽	岩戸屋喜三郎	小本	8行　18-22字／行	19丁
	一雅話三笑	文化頃	曼亭鬼武	蔦屋重三郎	小本	7行　16-19字／行	33丁
	百生瓢	文化10	瓢亭百成	柏屋半蔵	小本	8行　21-22字／行	18丁半
	身振姿	文化11	三笑亭可楽	村田屋次郎兵衛	中本	8行　16-18字／行	24丁半
	屠蘇喜言	文政7	桜川慈悲成	丸屋文右衛門	中本	8行　23-27字／行	26丁半
	ますおとし	文政9	林屋正蔵	西村屋与八	中本	9-10行　行当不定	13丁半
Ⅲ期	笑話之林	天保4	林屋正蔵	西村屋与八	中本	9行　28-30字／行	14丁半
	百歌撰	天保5	林屋正蔵	西村屋与八	中本	15行　行当不定	上下17丁
	春色三題噺	元治元	春栖家幾久	不明	中本	8行　20-25字／行	15丁半

3. 振り仮名使用の量的な傾向

3.1　語彙量と振り仮名付記語数

調査の範囲は序文や割書きを除いた本文とし、品詞性は国立国語

研究所『分類語彙表　改訂増補版』（大日本図書2004）の分類法に
おおよそ拠った。13作品から得た自立語の総数は延べ語数28616
語、異なり語数8872語で前章と変わりはない。調査資料の語彙量
の全体を知るために、語種別と品詞性別の語彙量を【表2】に、漢
字表記語と振り仮名付記語の内訳を【表3】に示した。なお、デー
タの作成には噺本大系本文データベース（国文学研究資料館　安永
尚志氏作成）を影印本と校合の上利用した。

　振り仮名が付された語には語の全体に振り仮名が付されるものと、
その一部分に振り仮名が付されるものとがあるが、これをあわせて
「振り仮名付記語」とした。このようにして得た振り仮名付記語数
は8369語で、これは総延べ語数28616語の約29.2％、漢字表記
語総数14555語の57.5％にあたる。また仮名が付けられた漢字に
ついては、これを付記字として扱った。「廻男（まわし）」（『口拍子』安永2）、
「波女郎（ばくれん）」（『東都真衛』享和4）のように造語要素の語基とそれを

表2　語種別・品詞性別の語彙量（付. 固有名）　　　　（％）

		延べ語数		異なり語数	
語種	和語	22870	（81.9）	6311	（74.6）
	漢語	4329	（15.5）	1721	（20.4）
	混種語	730	（2.6）	420	（5.0）
	小計　①	27929	（100.0）	8452	（100.0）
固有名	地名	164	（23.9）	111	（26.4）
	人名	431	（62.7）	251	（59.8）
	その他	92	（13.4）	58	（13.8）
	小計　③	687	（100.0）	420	（100.0）
品詞性	体の類	15611	（55.9）	6016	（71.2）
	用の類	8124	（29.1）	1378	（16.3）
	相の類	3114	（11.1）	852	（10.1）
	その他	1080	（3.9）	206	（2.4）
	小計　②	27929	（100.0）	8452	（100.0）

（　）内の数字は語種、品詞性、固有名ごとに、各項目の占
める割合を百分比で示したもの。①＋③、②＋③が自立語の
総数になる。

表3 漢字表記語数・振り仮名付記語数（延べ語数）　　　　　　　（%）

	体の類	用の類	相の類	その他	固有名	計
漢字表記語数	10062 (64.5)	2885 (35.6)	791 (25.4)	160 (14.8)	657 (95.6)	14555 (50.9)
振り仮名付記 語数	6004 (59.7)	1515 (52.5)	375 (47.4)	45 (28.1)	430 (62.6)	8369 (57.5)

上段の（　）内数字は【表2】に示した延べ語数を母数とする漢字表記語数の
割合を示す。同様に下段の（　）内数字もそれぞれ漢字表記語数を母数とする
振り仮名付記語数の割合を示す。

表記する漢字が対応しないもの*3では、付記字数は漢字表記語1
語の構成漢字数とした。「波女郎」でいうなら、付記語数は1、付
記字数は3である。振り仮名付記字についての調査結果は3.2での
べる。一般語の6割近くを占める［体の類］では15611語中、
64.5%が漢字表記語であって、そのうちの59.7%が振り仮名付記
語だった。［用の類］は［体の類］ほど漢字表記語の割合は大きく
ないが、［体の類］と同様、その52.5%に振り仮名が付けられてい
た。固有名は9割以上が漢字で表記され、そのうち振り仮名付記語
が6割を占める。

3.2　作品別の振り仮名付記語数

　作品別の振り仮名付記語数とその使用字数を【表4】に示した。
振り仮名が付けられた割合を、便宜的に「振り仮名付記率」と呼ぶ。
付記率は、付記字率と付記語率とを区別する。前者は使用された漢
字の総数、後者は漢字で表記された総語数を母数にとった割合であ
る。【表4】からは、調査全体の振り仮名付記字率は、57.9%（振
り仮名付記字総数12477字／使用漢字総数21554字）となる。同
時期に出版された戯作の振り仮名付記字率を、矢野1987の抽出調
査*4をもとに比較すると、本調査の値は、洒落本よりは多く、人
情本よりは少なく、滑稽本の平均値に近いことが知られる。

3.3　作品別の振り仮名付記字数

　時期別の漢字使用率と振り仮名付記字率（【図1】）からは、時期

表4　作品別漢字表記語数および使用漢字数・振り仮名付記語数・付記字数（延べ語数）

作品名	出頻題	口拍子	鯛の味噌津	馬鹿大林	東都真衛	一雅話三笑	百生瓢
使用語総数	2151	3396	1921	2478	1534	1991	1386
使用文字総数	8320	13598	7774	10244	6214	7800	4498
漢字表記語数	1121 (52.1)	1781 (52.4)	784 (40.8)	1254 (50.6)	518 (33.8)	1247 (62.6)	508 (36.7)
使用漢字数	1629 (19.6)	2468 (18.1)	1187 (15.3)	1829 (17.9)	835 (13.4)	2003 (25.7)	715 (15.9)
振り仮名付記語数	226 (20.2)	871 (48.9)	361 (46.0)	7 (0.6)	225 (43.4)	922 (73.9)	217 (42.7)
振り仮名付記字数	334 (20.5)	1200 (48.6)	525 (44.2)	8 (0.4)	323 (38.7)	1460 (72.9)	330 (46.2)

作品名	身振姿	屠蘇喜言	ますおとし	笑話之林	百歌撰	春色三題噺	計（全体）
使用語総数	1561	2349	1263	1330	2785	4471	28616
使用文字総数	8320	10218	5512	5044	10868	16484	114894
漢字表記語数	571 (36.6)	1296 (55.3)	585 (46.3)	753 (56.6)	1113 (40.0)	3024 (67.6)	14555
使用漢字数	875 (10.5)	1910 (18.7)	955 (17.3)	1074 (21.3)	1665 (15.3)	4409 (26.7)	21554
振り仮名付記語数	438 (76.7)	839 (64.7)	492 (84.1)	592 (78.6)	500 (44.9)	2679 (88.6)	8369
振り仮名付記字数	635 (72.6)	1282 (67.1)	815 (85.3)	851 (79.2)	784 (47.1)	3930 (89.1)	12477

＊漢字表記語数と使用漢字数の各々の（　）内数字は、使用語（文字）総数を母数にとった割合（％）を示す。また振り仮名付記語数とその付記字数の（　）内数字は、振り仮名付記語数、使用字数を母数にとった割合（％）を示す。

が下るにつれてその量が増加していることがわかる。振り仮名の付記字率はⅠ期で29.1％だったものが、Ⅱ期には66.4％、Ⅲ期には77.9％と、時間の経過にともなって増加している＊5。これは漢字使用率では見られなかった顕著な傾向である。

　漢字使用の割合が横ばいであるのに対して、振り仮名の使用率が激増しているということは、Ⅰ期に使用された漢字には振り仮名が付けられることが少なかったことを表している。Ⅰ期では平均10字のうち、3字程度、Ⅲ期は10字のうち8字近くが振り仮名付きの漢字ということになる。Ⅰ期に振り仮名が少ない要因の一つには、振り仮名が付けにくかったという出板技術の未熟さも考えられるが、主な要因としては、読者の漢字読解能力の想定が可能だったことが指摘できる。

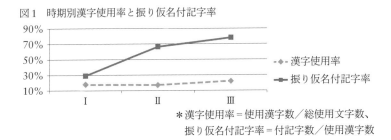

図1　時期別漢字使用率と振り仮名付記字率

＊漢字使用率＝使用漢字数／総使用文字数、
　振り仮名付記字率＝付記字数／使用漢字数

　作り手が富裕層出身の文人で読み手も内輪の知識人という環境では、作り手は読み手の識字能力のおおよそを察することができ、読解のための振り仮名が不要だったためと考えられる。巻頭に旗本「麻布亭気知兼公」の名をかざる『鶴の毛衣』（寛政10）、『滑稽好』（寛政13）は、ともに桜川慈悲成主催の咄の会の本であるが、両書とも振り仮名が殆ど見られない。これは作り手である咄の会の同人が、仲間である読者の識字能力を知っていたことによろう。

　【表4】に示されるように慈悲成作『馬鹿大林』の振り仮名が極端に少ないことも、想定される読者の識字能力を予測できたことによると判断した。

　一方出板量が増大すると、読者層は拡大してその読解能力を予測することが困難になる。そこで作り手は安全策として、表現に必要

な漢字にできる限りの振り仮名を付けたと察せられる。このような
作り手側の工夫が振り仮名を増加させ、増加した振り仮名は、漢字
読解能力の低いさらなる読者層の取り込みを可能にしたといえる。
以下ではこの使用量を増加させていった振り仮名について、その用
法を出現例から見ていく。

4. 振り仮名の用法

　今回の調査で見ることのできた振り仮名の用法にはいくつかの特
徴的なものがあった。ここでは、主にその振り仮名の用法に注目し、
用例を整理して検討していく。

4.1　漢字の読みを助けるために用いられたもの

　調査した範囲の中で、用例数が最も多かったのは漢字の読解補助
のためのものである。
　例えば「酒匂川」(『口拍子』) や「実方朝臣」(『ますおとし』)
「御法」(『春色三題噺』) のように読みが難解であったと思われるも
のから、「口」「男」「犬」のような、小松1985が指摘する「洒落
本、咄本、滑稽本、人情本の振り仮名はもっと単純なもので、読み
手の学力に考慮して付けられた」(p.42) と思われるものまで様々
な例が見られた。

4.2　漢字の読みを決定するために用いられたもの

　複数の読みがある場合、読みを決定するのに最も容易で確実な方
法は振り仮名を用いることである。読みの決定手段には他にも文脈
から判断する場合や送り仮名によって判別することもできるが、作
者の意図を誤りなく読者に伝えるには、漢字の傍らに作者の意図す
る読みを付すのが最も近道である。
　下のA、Bの例では、文を読めばいずれの読みかは察することが
できるが、C、Dではその判断が難しい。『屠蘇喜言』では14例の
「居」が出現し、出現例のすべてに振り仮名が付されている。『屠蘇
喜言』では3通りの読みが得られたが、これは複数の読みを持つ漢

84　　I 表記変化を促したもの

字の振り仮名が読みの決定に有効と考えられたことの具体的な例と捉えることができる。Dは、「オンナ」と読んでも「コ」と読んでも文脈上大きな違いはないが、「オンナ」と読んでは表現上の効果が薄れるために、作者が意図している読みを振り仮名で決定したものと考えた。

A 「床〈トコ・ユカ〉 ＊例文下線は三原。読みやすさを考えて、句読点を加えた。

A-1 柳原の床ミせ、いろ〳〵かざり立ても、朝の内ハ物買もすくなし 〈昼がんとう〉『口拍子』53オ

A-2 是ハならぬ誰そかわつてかたれといふに　おれが出よふと、床へ飛こんた所が　此人　大あく音のどふまんごへ（中略）かたりて　爰で鼻を高くして　おれが声でハと、みそ上ながら、床から出て見たれバ　聞人ハひとりもなくなつた〈上るり〉 『同上』67オ

B 「直」〈スグ・ナオル〉

B-1 ト申て今わたしが死だらバ、直にお光さんが跡へ直らうかと夫がくやしくつて死ぬにも死なれず 『春色三題噺』下7ウ

C 「居る」〈イル・オル・スハル〉

C-1 わしもまだ十四五年も、足下の所に居ル気で御座ッたが中〳〵つかの間も居ルハ、いやな事〳〵〈福神〉『屠蘇喜言』13オ

C-2 私がおりました所、しごく能所なれども、亭主が疾をかいて居ます。 『同上』14ウ

C-3 青ばなをたらし、やつとまかせドツコイなと、やう〳〵居り、先生只今の御秀作、貧乏神、ま事にかんしんいたして罷　有 『同上』13オ

D 「女」〈コ・オンナ〉

D-1 一盃あがれと云所へ、あの女か客人と帰テきたハ。〈糸瓜の述懐〉 『屠蘇喜言』7ウ

D-2 お姫様のうつくしい事、大和屋の太夫がさくら姫に其侭。こんなうつくしい女があれバあるものと〈姫かたり〉 『同上』23オ

第3章　振り仮名の用法　85

4.3　漢字の読みを示すとともに、語を注釈するために用いられたもの

［通言を注釈する］

　読みを示すと同時にその語の注釈を付け加えた例*6があった。E–1の例では、読者に対して新しい情報を提供するために振り仮名が利用されている。当時の通人のことばをはなしの中に盛り込むため、その語の読みは右側の振り仮名で示し、その注釈は左側の振り仮名をもって示したものである。この方法で作者は読者に対して「南州」の読みを示すと同時に、「南州」が「品川宿」を指しているという情報（知識）を伝えることができた。この例からは通人仲間が使う語について、その情報（知識）の提供を歓迎する者が、読者層に想定されていたことも知ることができる。

　［　］内は［右傍振り仮名／左傍振り仮名］以下同様

　E–1　ナント道てつおしやう。一別已来。相かハらず南州［なんしう／しながわ］おい出てあらふ。　　　〈坊様〉『口拍子』4オ

［地口を注釈する］

　二つの振り仮名を利用して漢字の読みを示すとともに地口を注釈するものも見られた。例えばF–1の「福神」では「ふくのかみ」と似た音の「ふくかみ（拭く紙）」がかけられ、振り仮名によって地口が解説されている。F–2の「家珍」も同様に、「家珍」と同音の女房詞「餅（かちん）」をかけて、「餅」を導き出し、「餅」の読みを示しながら、家の宝にする意味のカチン（家珍）とゾウニの餅（かちん）の地口が了解できるように工夫されている。

　F–1　娘、おとこの所へ起請を書てやるとて、ゆびを切た所が、紙がなし。サアしまつた。血をふくかみハなし。南無ゑびすの神、金三百両あたへ給へと念じたれば、ふしぎや夷の神、現じたまひ、金三百両、紙に書てあたへ給ふ。コレハ申、紙でございます。ヲヽサ、福神［ふくかみ／ふくのかみ］じや

　　　　　　　　　　　　　　　　　　（夷福神）『同上』19オ

　F–2　日本で象煮とて象を煮てくふが、どふして象をたくハへて置たの。イエサ家珍餅［かちん／もち］にして置たとさ

86　Ⅰ　表記変化を促したもの

〈象煮たくわへ〉『口拍子』15 ウ

F-3　所〳〵の本屋に、聞上手といふ看板か掛て有。聞上手とは
何でござるととへば、本屋、聞上手でござるといふ。イエ
サ、聞上手とハ何の事でござる　ハテ、聞上手［ミゝをあ
けて／きゝじやうづ］聞ツしやい。　〈聞上手〉『同上』18 ウ

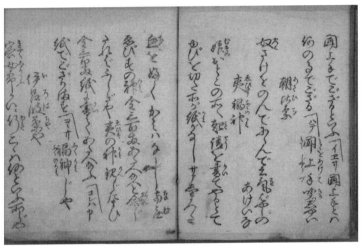

図 2　『口拍子』18 ウ「聞上手」―19 オ「福神」＊7

　F-3 の〈聞上手〉は一種の字謎と考えられるが、本行を読み下す
のには謎解きと思われる右の振り仮名が用いられている。(【図 2】)
読者は漢字の読みとその語の注釈という、二つの振り仮名によって
はなしを楽しむことができたと思われる。

4.4　熟字を訓読みするために用いられたもの

　2 字以上の熟字を訓読みするために振り仮名が用いられた、いわ
ゆる熟字訓の用例について検討していく。このようなケースに該当
するものはきわめて少なく、幕末の『春色三題噺』に 34 例が集中
して現れた以外には「廻男（まハし）」(『口拍子』)、「媒介（なかう
ど）」(『身振姿』)、「全快（よく）ハ」(『笑話之林』)など 9 作品に
11 例が現れたに過ぎない。『出類題』、『馬鹿大林』、『ますおとし』、
『百歌撰』ではこれに類似するものは見つけることができなかった。

第 3 章　振り仮名の用法　　87

G-1　それハうれしいおまへのしんせつ。わたしも今度は全快ハ
　　　あるまいトなみだぐめば　　　〈怪談因果物語〉『笑話之林』12 オ

G-2　私やア慈母さんにすまないから、いつそ死なうとおもひま
　　　すハ（中略）ト申して旦那のいろだから、此方等風情がむ
　　　やみに引さかふと言訳にやアめいりやせん

『春色三題噺』下 8 オ

　熟字訓が多用されていた『春色三題噺』では、この熟字訓をさら
に発展させて利用したと思われる、自称詞の書き分けがあった。
H-3 と H-5 の「己」の例は熟字訓ではないが、［おれ］や［おい
ら］の表記例として、あわせてここに示した。

［おれ］自己 1、此身 1、己 6（数字は使用回数）
H-1　金持になること、自己が請合だ　　　　　　　　中 5 ウ
H-2　此身もはなして貰ふのか家業だ　　　　　　　　下 19 ウ
H-3　なんと、己を仲間へ入ちやア呉めへか　　　　　中 4 ウ
［おいら］自己 1、己 1
H-4　そんなら自己も参詣仕やうと、二人連だち件の稲荷へ参り
　　　しが　　　　　　　　　　　　　　　　　　　　上 5 ウ
H-5　己達ハ赤生れたお陰にやア　　　　　　　　　　中 4 ウ

　上の H-1 から H-5 の用例からは、「自己」は「おれ」とも「お
いら」とも読むが、同時に「おれ」は「自己」とも「此身」とも
「己」とも表記し、「おいら」は「自己」以外に、「己」とも書くと
いう熟字訓を用いた書き分けを見ることができる。これらの人称の
書き分け以外にも、「腹立」に「おこり」の熟字訓と「はらたち」
の読みをつけたものなど、一つの表記に複数の読みを持ったものも
見受けられた。

　この熟字訓に訛音を用いたものもある。I-1 の振り仮名「てへ
いらく」は明和以降、通人ことばとして使用された「たいへいら
く」の音訛形である。語の意味である「言いたい放題」を表現する
ために、表記では「放言」を用い、読みには訛音を用いたものであ
ろう。

I-1　たとへ橋番でも誤まれバ了簡もしますが。アノ通り放言を
　　　言ますから　　　　　　　　　　　　『春色三題噺』下 19 ウ

幕末期にはそれまで一部の富裕な教養層に限られていた読書の楽しみを、より広範な庶民が享受するようになった。読書の様々な楽しみを知った大衆は、筋のおかしみとともに、上で見てきたような、表記を媒体とした視覚的な楽しみをも要求し、歓迎していったと考えられる。同時に裾野を広げた読者の中には、描かれた世界の中に自分たちの日常生活の中にわき起こる笑いを見い出して、これを読書の楽しみとするものもあったであろう。そこで以下では、日常生活の中にある話しことばを活写して、読者の卑近な世界を描くために振り仮名が用いられた例をみていく。

4.5　話しことばを写すために用いられたもの

　漢字では表現することができない音訛の表示を、振り仮名を用いて表したものについて検討していく。これらは漢字の傍らに訛音を付すことで、漢字表記には意味を示させ、振り仮名には登場人物の位相や場面に応じた言語表現の実態を描かせる方法である。誤読の可能性がある訛音の仮名書きを避けて漢字表記を選択し、これに連母音が融合した形を振り仮名で表すことで、口語性を高めたものといえる。

［連母音の融合形を示す］

J–1　よつてたかつてぶつのたゝくらんちきさわぎになつたハ。そういふ所へ下駄やの政ゑむさんも草履やの権蔵さんも来てマア、ともかくもおいらにあづけなせへとつれていつた所がまた、あまツてうハあまツてうで白なすめが所へ行にやア成らねへといふ。ほんに内ぢう乱さわぎよ。

〈とぼけた婆ァさん小桶の一ッ曲〉『身振姿』22オ

J–2　去年ハふんどんいせ屋で、べらぼうにぞうにを喰ツたもんだから、帰りにせつちんへ行きてヘツて大きにこまるやつさ。　　　　　　　　　〈きをいの年礼〉『身振姿』3ウ

　場面としては、J–1は八百屋の年寄りが家庭内の騒動について愚痴をこぼす場面、J–2は出入りのきおいが年礼に来て、奉公人に軽口をたたいている場面である。

J-1では「所へ」と「所」が使用され、引用以外の部分には「所」も4例の使用が見られた。同様にJ-2の「帰り」にも「帰り、かゑり」があり、登場人物の性格や社会的な地位、話し相手との関係が、訛音をまじえた会話から知られるような工夫が施されている。例えば、稽古所に通う程度の余裕がある半可通同士の会話では、2例とも「所」が使われ、湯屋で八百屋の年寄りが愚痴をこぼす場面では「所」や「所へ」が用いられている。また女郎あがりの内儀が小僧に悪態をつく箇所でも「所」の使用が見られる。J-2で奉公人に軽口をたたくのに「帰り」を用いたきおいは、年礼先の子供に物語の筋を話して聞かせる場面においては、「かゑり」を用いている。用例数が少ないために断定はできないが、これらの振り仮名は、可楽が意図的に描こうとした高座の口調を写すのに効果的に働いていると考えられる。おそらく訛音の振られた振り仮名を読むことで、読者の多くは高座で語られる彼の仕方噺を思い起こすことができたのであろう。

　下のJ-3　J-4も同様に「長い（ながい）」を「なげヱ」と書き、「お前（まへ）」を「おめへ」、「手前（てまへ）」を「てめへ」、「無い（ない）」を「ねへ」と示すことで、軽口をたたく遊侠や伝法な口をきく作中人物の性格を、読者が思い描くことができるようにしたと考えられる。

J-3　弁こうがあたまも、べらぼうにおく行の長ヱあたまだ。揚弓場にすれバいゝ。　〈談笑家に成始め〉『身振姿』14ウ

J-4　世を安楽に送つて居らア。お前の仲間ハ、その紫の色があれバこそ、（中略）言れて見りやア、手前の言のがいかにも理屈だ。（中略）随分無こともあるめへ。『春色三題噺』中4ウ

[短呼形を示す]

　訛音を写す工夫が見られたものとして連母音融合の形以外にも、「大根」「貧乏」などの短呼形の例がある。これらは振り仮名を用いて、音変化した語を写そうとしたもので、話し口調は振り仮名に、意味は本行の漢字に各々の役割を分担させた用法といえる。当時使われていたと推測される音変化後の形を、話しことばとして忠実に

写そうとした結果であり、後期咄本が書かれた時期の口調を反映する実例と位置づけることができる。

K–1　これあきんど。水菜大根（みずなだいこ）といわずして、すゞなすゞしろとハ高慢（こうまん）なよびやうじや。　　　　　　　　『ますおとし』2ウ

K–2　よふ〲数佐部（かづさべ）やの親方（おやかた）や猪（い）の熊治郎（くまじろ）さんの廿八日のばんから、たつよふになつたと思（おも）ふと、大根小屋（だいここや）のあかりが邪魔（じや）になつて、からツキしいけねへだろう。
　　　　　　　　　　　　　　　　〈辻君の身ぶり〉『身振姿』24オ

K–3　疾（しつ）ハ貧（ひん）ばうやまひなれバ、我家に貧（ひん）ばう神（かみ）の住居（すまひ）たりけるよ。此神（このかみ）をおひ出したきものよとおもひ（中略）貧乏神（びんぼがみ）ぬしもこわくハ出て行れ。（中略）只今（ただいま）の御秀作（ごしうさく）、貧乏神（びんぼがみ）、ま事（まかりある）にかんしんいたして罷有。　　〈福神〉『屠蘇喜言』12オ

K–4　わしも若気（わかげ）の恋ざかり、引手あまたの徳利（とくり）どの、忍び〲に口と口、水の出ばなのしのびあひ、錦手（にしき）どのや白鳥（はくてう）どのへ、思ひの水をもらすうれしさ。貧乏（びんぼ）徳利やふらそこの、ちぎりハ辻（つじ）ぎみ長崎（ながさき）の、けいせいにあう心もち。
　　　　　　　　　　　　　　　　〈糸瓜の述懐〉『屠蘇喜言』4オ

　ここまで見てきたものは作者の表現しようと考えた内容を、漢字と振り仮名が密接に補い合って示してきたものと捉えることができる。ところがこのような漢字と振り仮名の関係とは別に、先に振り仮名で示されたことばに対して、そのことばの意味とは直接的には関係のない漢字があてられている場合もあった。

[本行の漢字に先行して語形を示したもの]

L–1　お百さんのめへだが、おいらも七八ねん跡まじやア、賀家寺（かや）、栄鯛（ゑいたい）、三能下（さんのうした）、待居町（まついてう）、此四ケ所（このし）より外（ほか）に、たつた事アなかつた。　　　　　　　〈辻君の身ぶり〉『身振姿』25オ

L–2　解蔵（とげぞう）が浜村屋（はまむらや）の墓（はか）もりになつたよふなもんだの。
　　　　　　　　　　　　　　　　〈談笑家の成始め〉『同上』14ウ

　ここではまず「カヤデラ」「エイタイ」「サンノウシタ」などのことばが存在し、これに「賀」、「家」、「栄」、「鯛」他があてられる。熟字訓の場合は漢字が語義を表示するのに対し、これらの例では類

第3章　振り仮名の用法　　91

音であれば表記自体は限定されないという自由さを持っている。現実の地名である蔵前の榧寺や永代、山王下、本所松井町の音はそのままにし、実際は存在しない地名を、正月のめでたさが感じられるような字で書き表している。この方法で読者に第一段階として「賀家寺→榧寺」「栄鯛→永代」を連想させ、次の段階では登場人物がかつては榧寺や永代といった一等地に立つ娼婦であったことを連想させる工夫がされている。

　上からは、彦坂1987が報告する「妄作書(むだがき)」「己恍惚(うぬぼれ)」の「妄りに作りたる書」や「己に恍惚となる」といった漢文訓読のような直接的な言い換えよりも、

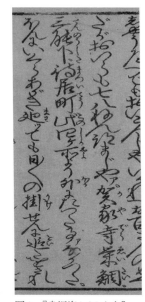

図3　『身振姿』25 オ＊8

より一層複雑な表現法がとられたことが指摘できる。

　L-2 では「時蔵」の訛音と思われる「トケゾウ」に「解」の字があてられている。「時蔵」が音変化によって「トケゾウ」と変化し、「トケ」の部分に「解」の漢字が用いられたものであろう。この変化の筋道が「とけぞう」という振り仮名を媒介にすることで、読者にも理解ができたと考えられる。この例からは、当時「トケゾウ」という訛音が一般の人々に馴染んでいた語であって、不自然さは感じられない語だったことも知ることができる。上のような表現は、音を示す振り仮名が存在することによって、はじめて可能となる表現であろう。

　このように見てくると、振り仮名の用法には様々なバリエーションがあったことがわかる。読者層の拡大によって使用量を増した振り仮名は、用法をも多様化させ、単に漢字の読みを助けるための手段としてばかりではなく、作者が描こうとしたことがらの表現手段としても用いられたことを論じた。

5. おわりに

　以上、後期咄本における振り仮名使用の状況について、量的な側面と用法の側面の双方から考察した。本調査の目的の一つには、後期咄本の振り仮名の特色が他の戯作作品とどこまで共通し、また違うかを明らかにすることがあった。しかし、咄本の特色として取り上げた用法の面では多くが他の戯作にも共通し、明確な違いを提示することはきわめてむずかしい。これは咄本というジャンルが他の戯作から完全に独立したものではなく、境界が曖昧であったことに因るといえる。訛音を振り仮名で示す点では共通する咄本の作品群と、例えば『浮世風呂』のような滑稽本とでは、どこまでが共通し、どのような点から違いを見せていくのかなど、明らかにすべきことは多く残されている。

　また、漢字表記語の中には同丁であっても「大黒・大こく・大黒」のような一部分を漢字で表記するものや、一部分のみに振り仮名を付けるものなど、様々な漢字の表記法が観察される。これらの部分的な漢字表記や振り仮名についての傾向とその使用の要因の考察も課題の一つと考えている。

参考

矢野 1987 で報告された振り仮名付記字率を以下に掲げる。数値は、総丁数 1/3 を抽出調査して得た振り仮名付漢字総数を、使用漢字総数で割ったものである。
　・人情本『契情肝粒志　三の中』、『軒並娘八丈　一の下』、『春色梅児誉美　一の五』　　　　　　　　　　　　計 2422/2816（86.0％）
　・洒落本『遊子方言』、『契情買虎之巻』、『吉原やうじ』
　　　　　　　　　　　　　　　　　　　　　計 304/1985（15.3％）
　・滑稽本『膝栗毛』、『浮世風呂』、『栗毛駿足　二下』計 1238/1948（63.6％）
小松 1987（p.186）『浮世風呂　前ノ上』
　・ルビつき漢字数 3416 字、延べ漢字数 3875 字（88％）

＊1　後期咄本の名称や時期的分類、使用語については序章参照。

＊2　『噺本大系』9巻から19巻

＊3　竹浪聡1987では熟字訓について「常用漢字表」（1981）の「付表」を引き「一字一字の音訓として挙げにくいもの」が法令における熟字訓であると指摘しつつ、「熟字訓は単字の定訓に拘束されない、あるいは単字の定訓に沿わないもの」（p.307）と性格付けている。ここでは「まわし」の造語要素の語基を「まわし」ととらえた。また「ばくれん」は熟字訓とはいえないが、「一字一字の音訓としてあげにくいもの」としてこのグループに加えた。

＊4　矢野1987、小松1987で報告された振り仮名付記字率を章の最後に掲げる。

＊5　「馬鹿大林」の振り仮名付記率は【表4】からわかるように極めて低い。この値がⅠ期の平均値を下げているかとも考えられるが、除外せずにこれを加えた。

＊6　田島優1998ではこのようなケースを「漢字表記と振り仮名とによる重層的表現効果」（p.8）とする。

＊7　早稲田大学中央図書館所蔵　へ13-1984-1

＊8　早稲田大学中央図書館所蔵　へ13-1984-26

II

表記からわかること

目的とあらまし

　第Ⅱ部では、第Ⅰ部で述べた表記の考察に引き続き、その周辺的な問題について述べる。

　第4章は元禄期に刊行された『鹿の巻筆』の写本2冊を対象に、刊本と写本の異同には、読み手の違いや書写者の製作意図が反映していたことを明らかにする。

　対象は幕末に二世柳亭種彦が友人所蔵の写本を臨模した1冊（早稲田本）と、貴人の求めに応じてさらにそれを浄書した1冊（国会本）である。これに刊本を加えて調査したところ多くの異同が見られた。漢字表記を見ると刊本は平仮名表記、写本は漢字表記であることが多い。また写本間でも早稲田本の方が国会本の2倍にのぼる。振り仮名表記語は圧倒的に刊本が多い。これらは不特定な読者を対象とする刊本と、読者の識字能力が察せられる写本との明瞭な違いである。また異同の中には、脱字や誤写以外にも新旧の語の選択や、音訛の過剰修正と捉えられる例があった。音訛を記した「むしつ・無筆」のような例からは、早稲田本が国会本よりも口語的特徴を持つ資料と捉えることができる。刊本にはない頭注について、早稲田本には語の解説が、国会本には表記の誤脱が注記されている。前者は参考のための注記であり、後者は自分以外の読者が想定されるため、解釈の違いや自己の推測を付け足す必要性があったためと考えられる。

　第5章ではマ行音とバ行音の交替現象が、咄本の表記に及ぼした影響を述べる。後期咄本の中では、意味分担によって表記に使い分けが生じたものや、語の本義に対する記憶の薄れが表記の変化を加速させたものがある。また「禿」のように当該期が表記の変化の過渡期と指摘できるものもある。「舐る」と「眠る」では、江戸では「ナメル」がすでにあったため「舐る」と「眠る」は紛れなかった。そのため表記を「む」に限定する必要が生まれず「ま」行表記への移行は緩慢になったと論じる。

　第Ⅰ部と第Ⅱ部からは咄本の作者が、表現に工夫を施してきたことがわかった。では「全く無関心であって、行き当たりばったり」

（湯澤 1954p.4）だったといわれる江戸言葉の仮名遣いについて、咄本作者は無頓着で、その仮名遣いに傾向性はなかったのか。

　第6章では作者の属性と仮名遣いの傾向性を知るために、26種類の笑話が集められた早稲田大学中央図書館所蔵の『笑話本集』をテキストとして、/i/ を表す仮名に範囲を限って考察する。

　その結果、『笑話本集』に現れる、ハ行四段動詞活用語尾・複合名詞・形容詞活用語尾には、/i/ を表す仮名遣いには、ハ行四段動詞については、既存の仮名遣いの規範に従う傾向を見せるもの（A）、類推によって形容詞語尾をも「ひ」で表した伝統的誤謬を踏襲する傾向を見せるもの（B）、発音に即した表記傾向を見せるもの（C）におおよそ分類できることを述べる。

　また、これらの傾向を示す作者は、属性に次のような特徴がある。（A）（B）の傾向を示す作者たちは狂歌等に馴染んだものが多く、戯作の師匠を持って先達からの戯作技術を習得し、継承しえた人々である。彼らは教養層に属し、伝統を踏襲する作者といえる。（C）の傾向を示す作者は職業噺家であって、時代の要請を察知し易い環境下にあったと考えられる。このように作者の背景や意図が仮名遣いにも影響を及ぼしたことを述べる。

第4章
『鹿の巻筆』写本の資料性
個人を想定する写本・大衆を想定する板本

1. はじめに

　『鹿の巻筆』は貞享3年（1686）、鹿野武左衛門によって書かれた噺本であるが、内容にもまして元禄7年（1694）の筆禍事件を招来した作品として世に知られている。

　元禄6年春、江戸市中ではコレラが流行し、一万数千人の犠牲者が出たといわれる。この時、浪人筑紫園右衛門と八百屋惣右衛門の両名によって、「馬が南天と梅干しを煎じて飲めば治ると話した」という噂が流布され、南天の実と梅干しが暴騰する事件がひき起こされた。『鹿の巻筆』3巻3話の「堺町馬の顔見世」からの思いつきと首謀者が自白したため、板木は焼却の上、作者鹿野武左衛門も遠島に処せられて、6年の刑期を終えたその年江戸で病死する。

　本書はこのような経緯を持つにもかかわらず、座敷咄の名人といわれた鹿野武左衛門の落し咄として好評を博し、板木が焼却された後に再板された*1諸本が現在に伝わっている。また江戸期には刊本にかぎらず、写本をもって作品が享受されたことは中島隆1997に詳しいが、『鹿の巻筆』も同様に、書写・所蔵されたことは、ここで扱う写本の存在やその後記からも知られる。二世柳亭種彦が写したといわれる写本の中では「右　鹿巻筆は刊本といへとも世にいと稀」な書物であり、友人の「無物子」が所蔵する書写者不明の写本を臨模したが、「一部ほしとのたまふ」貴人のために、自己の蔵する写本を「また写して奉」ったことが記されている。このことから、大量かつ安価に出回った刊本以外にも、対象を限定して特化した写本が作られ、作品を享受する一手段として行われていた様子が見て取れる。

　そこで、本章では江戸前期の刊本が時間を経て写された時、そこ

99

にどのような特徴を見い出すことができるのか、伝存する2本の写本について検討する。

2. 対象とした資料について

2.1 資料の概況

調査の対象として扱った写本は以下の2本である。

○早稲田大学中央図書館蔵本（ヘ13–890）早稲田本と略記。1冊

序1丁、惣目録2丁、本文丁数66丁、話数39、挿絵20、跋1丁、刊記「元禄五年巳六月　作者　鹿野武左衛門　鹿野巻筆五終」の写しと「専二堂　柳亭種彦書蔵」の書き入れ、および振り漢字16箇所と、2箇所の頭注がある。また国会本で脱落している「火のみやくらみたて」1話が第2巻に載る。

○国立国会図書館蔵本（わ56）国会本と略記。1冊

序1丁、惣目録2丁、本文丁数50丁、話数38、挿絵5、跋1丁、「元禄五年　巳六月　開板」とした刊記の写しがある。また「文久三年亥のとし　やよひのする　二世柳亭種彦」と記された後書きが1丁付されている。そこでは種彦が友人の写本（ここでは一次写本とよぶ）を「もとのままに臨模し」たものを所望されてさらに写したことや、字配りはもとのままとしたが、字行は11行に改めたことなどが記される。

本文には書写者によると思われる頭注や振り漢字があり、1巻3話「三人ろんぎ」の一部ほかには読点が施されている。また他者の手と思われる「高橋廣道先生筆（二世種彦　仙果）」が初丁に書き入れられている。

なお、二つの写本は後記から「元禄五年」板の写しと知られるが、元禄五年板は未見である。初板から30年後に再板された正徳六年板が「匡郭の寸法も右にあげた版（三原注　霞亭文庫本）と一致するから、恐らく覆せ版ではないか」[2]と指摘されることとを考え合わせると、初板からわずか6年後の元禄五年板に、大きな改変が

100　II　表記からわかること

あったとは考えにくい。そこでおおよそは同様な形態であったと考えられる次の東京大学総合図書館所蔵霞亭文庫本を、一次写本が写した本文とほぼ同様のものと仮定して検討した。

　○東京大学総合図書館所蔵霞亭文庫本（項番493）霞亭文庫本と
　　略記。
　解題は小高敏郎校注『日本古典文学大系100 江戸笑話集』および武藤禎夫 岡雅彦編『噺本大系』第5巻に詳しい。5巻5冊、序1丁、惣目録2丁、本文丁数66丁、話数39、挿絵20、跋1丁。刊記に「貞享三年丙寅　二月吉日　作者鹿野武左衛門　絵師古山太郎兵衛　江戸道油町　南青物町　開板」とある。

2.2　調査の概況

　序は早稲田本、国会本ともに、霞亭文庫本と一致する。目録、跋もともに同様である。話数は早稲田本が霞亭文庫本と同じ39話、国会本は1話欠落しているため38話である。したがって本文の自立語の延べ語数も霞亭文庫本5406語、早稲田本5401語であるのに比べ国会本は5356語とわずかに少ない。この違いは話数と語の脱落による。本文の異なり語数は早稲田本が2576語、国会本が2548語、跋文の語数は3本ともに76語である。

表1　資料体裁

	序	目録	跋	欠話	脱	話数*	本文語数（異なり語数）
霞亭文庫本	1丁58語	2丁45語	1丁76語	なし	なし	39	5406（2582）
早稲田本	同上	同上	同上	なし	6語	39	5401（2576）
国会本	同上	同上	同上	1話42語	9語	38	5356（2548）

　　　　＊各巻の話数は1巻から順に4、7（国会本6）、12、7、9話

【表1】で見たように、写本の体裁はおおよそ霞亭文庫本と近似

するが、詳細に見ると、漢字や仮名遣いの改変、振り仮名の除去と付加、欄外注や振り漢字など様々な点で違いがある。これらの違いが何によるかを整理し、その結果から刊本と写本、および一次写本との関係を明らかにしていく。

〈国会本　奥書〉

右鹿巻筆は刊本といへとも　世にいと稀なりこは余が
友無物子か蔵書にて　何人の筆なるか本のまゝの膳
写とおほしさし絵二十頁あり　序文によりて考れ
ば古山師重のかけるなるべし　画心なき人のうつ
したれは面影はかりはとゝめつれとも　分明ならぬ
ところ多きは實にをしむへし　また一　三　五の巻は
二　四の巻とは字行の数　同じからぬは　別本にや　二　四
の巻は脱字少からす　とにもかくにも　いと〰〰めつらかなれ
はもとのまゝに臨模し侍も　一巻にひとひらつゝ　写し
とゝめつるを　松花園の君も一部ほしとのたまへは
さあらはとて　わか本よりまた写して奉る　／巻ゝにて字行の／
かはれるも見苦し／けれは　こはすへて半張十一行にあらため／つ　されど　もじくばりは　もとのまゝにておき／つ／文久三年亥のとしやよひの
すゑ　　　二世柳亭種彦

　奥書からは無物子の所蔵する作者不明の写本は挿絵が20頁あり、一　三　五の巻と二　四の巻とでは異なった字行のものだったことが知られる。おそらく「字行の数　同じからぬは　別品にや」とあるように、無物子所蔵の写本は寄せ本だったのであろう。また、種彦はこれを写したが、写本としては「もとのまゝ」臨模したものと、挿絵を巻に「ひとひら」のみとしたもの、さらに求めに応じて「わか本より」写した浄書本とがあったことが読み取れる。奥書が記載されていた国会本がこの浄書本にあたると思われるが、挿絵が20頁、字行が全巻11行の早稲田本は言及されておらず、種彦の元にあったこと以外は不明である。このような整理と仮定のもとに刊本および二つの写本における実際の異同を検討する。

3. 観察と分析

3.1 本文の異同

3.1.1 本文の漢字

板本および写本の本文中に漢字が含まれる語（以下漢字表記語）の数は【表2】のようである。これからは漢字表記語の出現率は3本ともに30％内外で、写本の方がやや多いことがみてとれる。文人作者が主流であった安永期の『口拍子』（安永2）や『鯛の味噌津』（安永8）における漢字表記語の出現が40％から50％、化政期の職業噺家、三笑亭可楽や林屋正蔵の作品が各々30％から40％である*3ことから見て、本作品は座敷咄の名人鹿野武左衛門と似た職業・出身層*4を背景に持つ可楽や正蔵に近い漢字使用といえる。読者と作者の階層という要因が漢字の使用に反映した結果と捉えられる。

表2　漢字表記語数

	漢字表記語数			振り仮名語数	振り漢字語数
	序文（％）	本文（％）	跋文（％）		
霞亭文庫本	15 (25.9)	1594 (29.5)	29 (38.2)	27	0
早稲田本	同上	1804 (33.4)	同上	1	14
国会本	同上	1773 (33.1)	同上	9	6

＊（　）内は表1の序文・本文・跋文語数を母数にとった割合

　現われた漢字表記語は、3本ともに漢字表記であったもの（Aパターン）、刊本が漢字表記で、いずれかの写本、または両方の写本が平仮名表記であったもの（C.D.Eパターン）、刊本が平仮名表記であるのに対し、写本の一方または両方が漢字表記であるもの（F.G.Hパターン）に整理される。なお、漢字表記語の使用量調査では、3本を比較するために国会本で欠けている1話は除いた。除外した1話「火のみやくらみたて」（2-5）*5では、霞亭文庫本と早

稲田本が共通して平仮名表記であったものは17語、前者が平仮名表記、後者が漢字表記であったものは10語、共に漢字表記であったものは15語である。

表3　表記パターン　　　漢字＝漢字表記　平仮名＝平仮名表記

	霞亭文庫本	早稲田本	国会本	語数
A	漢字	漢字	漢字	1549
B	平仮名	平仮名	平仮名	3652
C	漢字	漢字	平仮名	14
D	漢字	平仮名	漢字	6
E	漢字	平仮名	平仮名	30
F	平仮名	漢字	平仮名	21
G	平仮名	平仮名	漢字	10
H	平仮名	漢字	漢字	156

＊本表の漢字表記には「のとの守」のように一部分のみ漢字表記である語も含まれる。

　ここでは3本とも同様の表記（漢字表記または平仮名表記）であるAパターン（1549語）とBパターン（3652語）を除いて、CからHのパターンに着目していく。A・Bの両パターンに属す語は、序文・目録・本文・跋文を合わせたものの95.6％を占め、違いが見られたものは4.4％だった。

　漢字表記が早稲田本にのみ現れた（Fパターン）のは21例、国会本のみ（Gパターン）は10例で、量的面からは早稲田本のほうが2倍の使用である。浄書本のほうが、漢字への改変が少ないという結果になった。早稲田本のみの漢字表記語には「也」「迄」「所」のような文末または文中の区切れを示すものが多く見られたが、これは語の卓立や誤読防止のためではなく、煩わしい仮名使用を避けた、当時としては普通におこなわれていたものであろう。（以降、挙例の所蔵先はさらに略して早大とする）

・よく〳〵見れは貞享三年の大小のかけ物也（早大・国会4-5）
・此みやけをみよ　みな念仏也（早大4-1）

・にあわしき所もあらんには　きをも入べし（早大2-4）

・是迄きたりて　なせにととへは（早大4-3）

　2つのパターンにおける改変の傾向性は見られない。当時にあっては一般的であったと思われる文字使用へ移行したということであろうか。

　そのような中で、明らかな傾向性が見られたものにHパターンにおける地名、固有名があった。このパターンでは刊本で平仮名表記されていた語が、写本ではともに漢字表記に改変されている。

　1回しか出現しない語でも「あをやま・青山」「ゑどはし・江戸橋」「かめいど・亀戸」「したや・下谷」「よつや・四谷」「ほりとめ・堀とめ」などが漢字表記に改変されており、出現回数が2回の語で写本が両方とも漢字表記であったものに「ほんじやう・本所」などがある。使用頻度の高い「浅草」は6例現れ、うち、4例はこのHパターンである。

　同様に、歌舞伎役者名の「尾上」や犬の名「小黒」も、現れた各々3例が3例とも漢字表記に変えられている。「念仏」は7例が現れたが、同じ丁の中で「念仏」の6行後に「ねんぶつ」と平仮名表記が1例現れた他は、すべてが漢字表記である。

　また本調査では、語の一部分が漢字表記されているものも漢字表記語に含めたため、表中では現れにくい傾向に〈刊本では漢字と平仮名の混成、写本では語の構成要素がすべて漢字〉というものがあった。これも多くが地名と人名で、次のようなものである。

　（左側：刊本の表記＊右側：写本の表記）

　［地名］　こあみ町＊小網町　こびき町＊木挽町

　　　　　　さかい町＊堺町　はこ崎町＊箱崎町

　　　　　　のり物町＊乗物町

　［固有名］　かん三郎しばい＊勘三郎芝居　ぜん七＊善七

　［一般名］　ろう人＊浪人　酒や＊酒屋

　これらの異同は例外なく刊本対写本に整理される。江戸時代前期には耳で聞いて知っていただけの地名も、江戸の末には固有の地名として馴染みが増し、音と表記が一体に認識されるようになったか、あるいは地名や固有名を卓立して読みの便宜を図ったかであろう。

いずれにせよ、写本における地名、固有名の漢字表記傾向は一つの特徴といえる。

3.1.2　振り仮名と振り漢字

　仮名が振られた語数は霞亭文庫本26語、早稲田本1語、国会本10語と刊本が圧倒的に多い。3本がともに仮名を振った「吉弓（きつきう）」は日常的には殆ど使用されず、読まれることもないことばである。また「吉弓」を除いた国会本9語のうち、7語は刊本では平仮名表記、早稲田本では振り仮名の振られない漢字表記語だった。【表4】では国会本に振り仮名が振られていたものを挙げた。不特定な読者を相手にする刊本と、読み手が限定され、その識字能力のおおよそがわかっている写本との違いが明らかである。

表4　各本の振り仮名比較

霞亭文庫本	早稲田本	国会本
よく	よく	よく能（よく）＊6
ころ	頃	頃（ごろ）
あたろふと	当ろふと	当（あた）ろふと
つとめけるに	勤けるに	勤（つとめ）けるに
ほそくびを	細首	細首（ほそくび）
ほとに	程に	程（ほど）に
まことに	実に	実（まこと）に
閏（うるふ）	閏	閏（うるふ）
隙（ひま）ぞと	隙そと	隙（ひま）ぞと
吉弓（きつきう）	吉弓（キツキウ）	吉弓（きつきう）

　次に振り漢字を見ていく。平仮名表記語の傍らに漢字が振られた、いわゆる振り漢字が付されたものは以下の早稲田本16例、国会本5例である。また両写本に共通して付された例は見あたらなかった。

106　　Ⅱ　表記からわかること

表5　各本の振り漢字比較

霞亭文庫本	早稲田本	振り漢字	国会本	振り漢字
からこくの	からこくの		からこくの	唐国
どうなど	どうなど		どうなど	筒
ふくしけるに	ふくしけるに		ふくしけるに	復
きやう	きやう		きやう	経
ゑけてら	ほつけ寺		ゑげ寺	会下
もゝ	もゝ	桃	もゝ	
みた王	みた王	弥陀	みだ王	
ういかむり	ういかむり	初冠	ういかむり	
せいおふぼ	せいおうほ	西王母	せいおうぼ	
かうみやう	かうみやう	高名	かうみやう	
ぎけい	きけい	義○	ぎけい	
こめかしや	こめかしや	米貸家	こめがしや	
とうくわ	とうくわ	踏○	とうくは	
みめい	みめい	未明	みめひ	
きやう	きやう	経	きやう	
しやか	しやか	釈迦	しやか	
こめかしや	こめかしや	米貸家	こめかしや	
その	その	園	その	
みのなる	みのなる	実	みのなる	
けつきに	けつきに	血気に	けつきに	
てきぢん	てきぢん	敵ぢん	てきぢん	

　馴染みが薄く、どのような語であるかが判然としないとき、語を決定するために振られたと思われるケース（「釈迦」「弥陀」「西王母」「筒」など）と、上下の区切り方を間違えて誤読するという可能性が考慮され、それを防ぐために振られたケース（「その」「もゝ」「かうみやうきはめてきぢんまで」「さいと。どう。など」「ふくしける」など）が見られた。

第4章　『鹿の巻筆』写本の資料性　107

復

（こゝろのうちに）ふくしけるに（国会1ー3）

さいと。どう。など

筒

（国会1ー1）

かうみやうきはめてきぢんまで

高　名　敵

（早大1ー2）

西王母　園　桃

せいおうほの　そのゝもゝ　（早大1ー2）

釈迦　弥陀

しやか　みた王の

（早大1ー2）

108　Ⅱ　表記からわかること

3.2 内容の異同

　語の異同については77項目が観察された。異同のパターンには
（ア）刊本と早稲田本が合致し、国会本が異なるもの、19項目。
（イ）刊本と国会本が合致し、早稲田本が異なるもの、27項目。
（ウ）刊本と写本とが異なるもの、21項目。（エ）3本それぞれに
異なっているもの、11項目があった。刊本とここで扱う写本の間
には180年近い隔たりがあり、その間にも書写が繰り返されてき
たと考えられる。また刊本自体も板を重ねているため、写本の異同
がどの段階で起きたかを断定することはむずかしい。つまりここで
扱う異同には、書写者である種彦自身に起因すると考えられる異同
と、種彦の書写以前の写本に問題があると思われるものに大別でき
る。以下、具体的な例を挙げる。

　まず字形の誤読から生じたと思われる異同を見ると、下のような
ものがある。

3.2.1　字形からの誤読と思われるもの

a　「あかつきまでは　かけてやろふそ」（霞亭．国会2–5）／
　　「あかつきまでは　うけてやろふそ」（早大）

b　「ねんぶつをににつくりうまにつけてゆく」（霞亭．国会
　　4–1）／「ねんぶつをたにつくりうまにつけてゆく」（早大）

c　「三郎兵衛　弟に申けるは」（霞亭．国会2–2）／「三郎兵
　　衛　弟子申けるは」（早大）

　上のa.bは「か」と「う」、「に」と「た」という類似した字形か
らくる誤読であろう。b例が現れた話は、生前功徳をつんで念仏を
唱え、これをかますに詰めて馬にひかせ、六道の道を行くというも
のである。「念仏を荷に作り」が「念仏をたに作り」では話の筋が
通らない。「たに」を荷物を数える単位の「駄」と宛てても不自然
であり、副助詞「だに」と解しても、呼応すべきものが見あたらな
い。「荷駄に」の誤りとも考えられるが、不明である。cでは
「かゝるおりから　三人もろともに　おなじわざばかりも　せんな
し　なんぢ　弟子新五郎と　すいぶんかせぐへし」という文が続き、
早稲田本では文意が通じず、おそらく「子」と「尓」の誤読による

異同と考えられる。ただし、これらの異同は、先にも書いたように誤読が種彦によるか、それ以前の書写によるかは不明である。読み誤りという観点からは次のようなものもあった。

3.2.2　漢字の介在が推測されるもの

d　「われはかさかき　玉をばおしこみ」（霞亭 5–2）／「あたりはかさかき　玉をばおしこみ」（早大・国会）

e　「三駄ながらしいななり」（霞亭 4–1）／「三だんながらしいななり」（早大・国会）

「われは」から「あたりは」、「三駄ながら」から「三だんながら」に直接誤認されたとするには無理がある。介在する要因としては、漢字草書体についての読み誤りが推測できる。「我」の草体を「邊」と、「駄」の草体を「段」と誤読した、または誤読した本を写したと考えると説明がつく。少なくとも種彦は国会本の頭注に「あたりはあやまりなるべし。われはか」としるしており、これからは、種彦は一次写本または他の写本を忠実には写したが、この親本が間違っているのではないかと疑問を抱いて注したこと、彼が貞享なり元禄なりに出版された刊本自体は未見であったこととが指摘できる。

3.2.3　仮名の介在が推測されるもの

さらに仮名の介在が推測されるものに f、g、h がある。

f　「まろきものなれは　いかゝしてか（霞亭 5–2）／「まろきものなれはどふしてか」（早大・国会）

g　「むかいの上下やどにまつば屋有介が事であろふ」（霞亭 1–4）／「むかいの上下やどにまつば屋有助が事であろふ」（早大・国会）

h　「弥左衛門町に、明石屋又介とて　そゝうなるものあり」（霞亭 4–7）／「明石屋又助とて　そゝうなるものあり」（早大・国会）

f では、湯つぼの中に「どうしたわけか取り落としてしまった」という内容を、刊本では「いかゝしてか」とし、写本では「どふしてか」と変えている。g と h では「介」を「すけ」と読み、この

「すけ」を「助」と書き換えたことに因ろうか。

3.2.4　不注意な脱字か意図された脱字か不明なもの

　脱字による異同は28例あったが、国会本のみの脱字7例、写本双方に見られたもの6例、残りの15例は早稲田本のみに集中して現れた。これらのうちには意味が通じないために明らかに脱字ととれるものと、字がぬけていても意味が通じるために、単なる不注意によるか、それとも意図されたものかがわからない異同とがある。iは前者であり、jからmは後者の例である。また二つの写本に偶然同じ不注意による脱字が現れたと考えるのは不自然である。これは種彦によって意図的にかえられたか、すでに写本の親本に脱字があったかのいずれかであろう。nをこの例として挙げた。

i　「小の字は先　たてにほうをひくなれば　よこのほうはみな大、たてはみな小、十二月の大小なるべし」（霞亭．国会4–5）／「よこのほうはみ大、たてはみな小、十二月の大小なるべし」（早大）

j　「もんもうなるもの　申しけるは　さても平家の一門おほき中に清つねはそさうな人」（霞亭．国会3–12）／「もんもうなるもの　申しけるは　さて平家の一門おほき中に清つねはそさうな人」（早大）

k　「ていしゆ　気にかけてばかめがといふて」（霞亭．国会3–5）／「ていしゆ　気にかけてばかめといふて」（早大）

l　「長兵衛大きによろこひ　殊の外にいわゝれけれは」（霞亭．国会3–7）「長兵衛大きによろこひ　殊の外いわゝれけれは」（早大）

m　「此いぬわれがひさうなり。名をは　こぐろとなつけたり」（霞亭．早大2–3）「名を小黒となつけたり」（国会）

n　「もはや両国橋のあたりは一めんまつくろにして」（霞亭2–2）／「もはや両国橋あたりは一めんまつくろにして」（早大．国会）

3.2.5　違った書写系統が推測されるもの

o　「ほどなく　<u>正月朔日</u>になりしかば」（霞亭. 早大 4–6）／
　　「ほどなく　<u>正月元日</u>になりしかば」（国会）

p　「あいたなにものぞむ<u>人</u>おほけれは」（霞亭. 早大 2–3）／
　　「あいだなにものぞむ<u>者</u>　多ければ」（国会）

q　「まくらもとは名主さま　わきにおはすは<u>大屋殿</u>　その次
　　は」（霞亭. 2–3）／「まくらもとは名主様　わきにをはす
　　は<u>大屋さま</u>　その次は」（早大. 国会）

いずれも「朔日」と「元日」、「人」と「者」、「殿」と「様（さ
ま）」について、これを読み誤る可能性は低い。また、置き換えと
しても、レトリックとしての効果が増したとは思えず、意図的に換
えることへの必然性は感じられない。系統の違う親本を書写したこ
とによって生じた異同と思われる。

3.2.6　新旧の語の選択が推測されるもの

次のような異同には語の新旧の取捨選択という書写における意図
性が推測されるものもあった。

r　「火事のところに　ふか入りして　<u>けふり</u>にむせてしにたま
　　ふか」（霞亭 2–2）／「<u>けむ</u>にむせて」（早大）／「<u>けむり</u>
　　にむせて」（国会）

s　「あさくさ　したや　かんだへんを<u>うりありくほとに</u>」（霞
　　亭・国会 2–2）／「<u>うりあるくほとに</u>」（早大）

t　「男きたりて　わかきものにむかひ　ちと　もの<u>たつねまし
　　たい</u>　といふ」（霞亭・国会 2–2）／「ちと　もの<u>たつねま
　　したといふ</u>」（早大）

u　「<u>目</u>出たくなりたとばかりいへ」（霞亭・早大 3–5）／「<u>め
　　で</u>度なつたとばかりいへと」（国会）

rは「けふり」「けむ」「けむり」と 3 通りの表記が現れたもので、
江戸後期、すでに「けふり」は「けむり」と書かれる場合が多く
なっていたことの反映といえる。国会本で「けむり」と書かれたも
のが、早稲田本ではさらにくだけた表現として江戸市中で使用され
ていた「けむ」がそのまま用いられている。

同様に、刊本と国会本が「うりありく」であるところが、早稲田本では「うりありく」がとられる。tも早稲田本では「ましたい」の「い」が落ちた形になっているが、これは単なる脱字ともまたは当代的なものを選んだ結果とも解することができる。

　上のような新旧の語の選択と思われる異同では、早稲田本に、より多く当代的表現が現れていることを見ることができる。異同が生じた要因は不明だが、早稲田本が国会本に比べ、当代の口頭語を反映した特徴を備えた資料であるということはできる。このような口頭語的特徴のうかがえる異同例として、他にも下のような音訛の例がある。

3.2.7　音訛の修正が推測される異同と音訛の表記

v　「此わかしゆをと　ねらひとも　をりがなければ　ちからなし」（霞亭4-6）／「ねらへとも　をりがなければ　ちからなし」（早大・国会）

w　「あかたれたるくろはぶたひのうへに．」（霞亭2-4）／「くろはぶたへのうへに」（早大）「くろはふたえのうへに」（国会）

x　「さりとては　おぼへなし　人たがいにてあろうと云」（霞亭1-3）／「人たがへにてあろうと云」（早大・国会）

　上記3例はともに刊本の「い・ひ」が写本では「え・へ」とされた例である。江戸期、「イ」と「エ」が紛れることは周知のことであって「コエ（声）」が「コイ」と音変化するようなことは多くあったと思われる。vはハ行四段動詞「ねらふ」について、「ねらひとも」を音訛と捉え、「ねらへとも」に直した可能性は高い。wでは「黒羽二重」を刊本では「ハブタイ」とよばれていたことを反映した「はぶたひ」が用いられたが、種彦または親本の書写者はこれをしりぞけて「ハブタエ」をとり、「はぶたへ」「はふたえ」と表記したのであろう。xの「人たがい」「人たがへ」は双方ともに古くからの用例もあり、どちらが「正しい」ということではない。種彦またはその親本の書写者が一連の音訛と考えて「人たがい」を「人たがへ」に修正したと解釈した。

y 「されともいかなる事にか　むひつにて　をわしけり」（霞亭3–6）／「むしつにてをわしけり」（早大）／「むひつにておわしけり」（国会）

z 「だんなも無筆　我もむひつなれば　ゑにかきて」（霞亭3–6）／「だんなも無筆　我も無しつなれば」（早大）／「だんなも無筆　われも無筆なれば」（国会）

　上に示したy、zの題名は「無筆のげんくわ帳（霞亭3–6）」「無筆のげんくわ帳（早大）」「無筆のげんくわ帳（国会）」で、yとzはその本文である。題名では3本ともに「むひつ」であるのに対し、本文では刊本が「むひつ・無筆・むひつ」早稲田本では「むしつ・無筆・無しつ」、国会本では「むひつ・無筆・無筆」とされている。「ヒ」と「シ」については「江戸語において、この現象が見られることはよく知られているが、『浮世風呂』『浮世床』などについて、かなづかいの上に実際に混同している例を求めると、案外少ないのである。」（松村明1957 p.68）とあるように、強く意識されていたために、却って現れにくい音訛だったことが知られている。また「直しすぎの例」（小松寿雄1985 p.28）が挙げられているように、過剰修正されやすい現象であったことや、湯澤幸吉郎1954には「しかし実際の談話では、「ヒ」を「シ」というのが普通であって「シ」を「ヒ」といったのではないと思う」（p.19）との指摘もある。これらからはy、zの例が、当時の「ヒ」・「シ」の音訛現象を反映する例と捉えることができる。これは上の3.2.6の例とともに、早稲田本が口頭語的特徴を多く持った資料であることの一つの根拠となる。

　以上本文についての異同を観察しその要因について見てきたが、異同の多くは誤写や種彦の改変というよりも、種彦が写した親本が複数あったことを疑わせるものである。本文内容の異同以外にも、種彦の書写のようすを知ることができるものに頭注がある。次節では2写本に現れた頭注から刊本・早稲田本・国会本の関わりを見ていく。

4. 両写本の頭注について

　2つの写本には、書写の際に書き入れたと考えられる頭注の記載がある。

　国会本では注が施された語の右傍に「〇」が付され、欄外にその語についての注が記される。早稲田本に2箇所、国会本では9箇所の頭注が見られたが、その注の内容については明らかな性質の違いが見られた。すなわち国会本における注記の殆どが表記の誤脱に関わるものであるのに対し、早稲田本は国会本の①と同様に、語の解説が注記されている。前者は自分以外の読者が想定され、解釈の違いや自己の推測を付け足す必要があったための頭注であり、後者は参考の注記と捉えられる。

　① 「よつばり　よつばりは溺の訛にて田舎語なり」（国会5-6）

　また、下のように、国会本の注記では、種彦自身の疑問が呈されているものが最も多く、この推測が合致していたものとそうでないものとがある。頭注での推測が合致していたものに②や③がある。またその反対に④から⑥のように推測がはずれたものも見られた。

　種彦が書写時に元になる刊本を見ていれば、このような推測はされず、疑問の提示はなかったはずである。下の例からは種彦が原本となる『鹿の巻筆』を見ていなかったこと、また少なくとも⑤からは国会本は早稲田本を写してはおらず、異なる親本によったことが知られる。

　② 「とき隙ぞと　ときひまはよきひまのあやまりか」（国会1-3）「ときひまぞ」（早大）／「よきひまぞ」（霞亭）

　③ 「あたりはかさかき　あたりはあやまりなるべし　われはか」（国会5-2）「あたりはかさかき」（早大）／「われはかさかき」（霞亭）

　④ 「おりから〇をおくり　おりから物をおくりか」（国会3-10）／「おりから人をおくり」（早大．霞亭）

　⑤ 「たれに　たゝかれとて　いかつかましく　たゝかれの下にた ノ字脱字か」（国会5-7）／「たゝかれたとて」（早大）「たゝかれとて」（霞亭）

⑥　「はろふといふ　わがかゝへの野郎　いふの下てノ字脱字か」（国会 5-8）／「はろふといふ　わがかゝへの」（早大）
「はらふといふ　わかかゝへの」（霞亭）

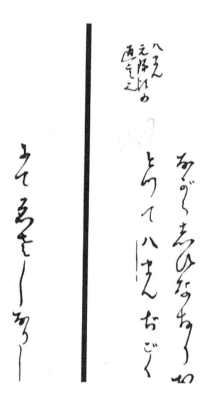

　次に早稲田本の頭注には下の2項があった。⑧では上の見開き頁の一部のように本文の「八まん」の左に線が引かれている。
　⑦、⑧ともにその語に関わる参考事項を記したもので、国会本の頭注とは性格が明らかに異なっている。
　2つの頭注からは、刊記によって『鹿の巻筆』の成立を元禄と考えており当時のことを参考として付したということが見てとれる。
⑦　箱崎町　れいがん嶋　大わたしをこゑてふか川　頭注「元禄12年永代橋かゝる」*7　　　　　　　　　　　　　　　　（早大2-3ウ）
⑧　かのものをとつて八まんぢごくへおとす　頭注「八まん元禄頃の通言也」　　　　　　　　　　　　　　　　　　　（早大4-2ウ）

116　Ⅱ　表記からわかること

5. おわりに

　刊本と写本には様々な面で違いが見られる。また写本間において
も、漢字量・振り仮名や振り漢字、内容などからその異同が指摘で
きる。このような異同が生じた要因として、一次写本自体の誤写以
外にも、書写の系統の違い、新旧の語の選択や口頭語の反映、その
音訛の過剰修正などの意図的な改変を指摘することができる。また
刊本には見られなかった頭注が国会本に9箇所、早稲田本に2箇所
あるが、国会本の頭注からは種彦が刊本を見ていなかったこと、国
会本が早稲田本を写してはいないことなどが指摘できた。これら写
本の親本を探って系統を精査し、種彦の写したものがどのようなも
のであったかを明らかにすることも課題と考えている。

　刊本と2写本を見比べたとき、目をひくのはその仮名遣いの異同
である。例えば「ワ」を表す仮名534例中、344例全例が「は」
で表記された助詞を除くと、語中の120例について、以下のよう
な結果が得られた。

1) 刊本と2写本が異なるもの3例「おほへたまわぬか」・「お
 ぼへたまはぬか」他
2) 刊本・早稲田本と国会本が異なるもの10例「うちまわす」・
 「うちまはす」他
3) 刊本・国会本と早稲田本が異なるもの5例「あらそわせぬ
 ぞ」・「あらそはせぬぞ」他

異同のうち、写本間で違いがあったのは2)と3)で、これは異
同が見られた18例中の殆ど（8割）を占める。つまり早稲田本で
「わ」が使われたなら、国会本では「は」を使うというような、「仮
名を変えればよい」かのごとき仮名使用の状況であったということ
である。

　全体的に見れば、「ワ」を表す仮名の異同は3.4％とわずかでは
あるが、仮名遣いについては厳密な書写態度（同様の仮名を用いる
という態度）はとられず、湯澤1954が指摘するように「その音が
現われさえすればよい」（p.4）という使用意識がここでもうかがえ
る。

＊1 『江戸笑話集』（日本古典文学大系）や『鹿の巻筆』（噺本大系）の底本となった貞享3年刊の東大霞亭文庫本以外にも、出板元の削られた後刷本に斯道文庫本がある。さらに『落語滑稽本集』の底本となった刊記を「元禄五年六月に改めた本もあるらしい」ことや「正徳六年の同題ながら改修後刷本もある」ことが小高敏郎により報告されている。

＊2 『江戸笑話集』p.32

＊3 拙稿2005「後期咄本における漢字の使用傾向とその要因」語文121（第2章）

＊4 鹿野武左衛門は塗師、三笑亭可楽はかざり職人の出身であり、初代林屋正蔵は早くから蔵前の札差しに奉公に出ていたといわれる。

＊5 以降巻数と話数は（2–5）のように示す。（2–5）は第2巻5話を意味する。また各本の略称は挙例の出典に限り、さらに短縮して霞亭・早大・国会と表した。

＊6 霞亭文庫本と早稲田本は「よくはんじられた」。国会本は「よく能（よく）はんじられた」。

＊7 永代橋の架橋は元禄11年であるが、頭注には12年の記載がある。

第5章

語義意識の薄れと付加による表記の変化
「侍」「禿」「灯」

1. はじめに

1.1 目的

日本語では語によってマ行音とバ行音が交替する現象が知られるが、この音韻現象は表記をとおしてもうかがうことができる。

後期咄本に現れる「ま」「は」「ば」行表記について、その使用状況を明らかにし、推移の要因を探ることを目的とする。対象とした後期咄本については1.4及び本章末尾の【テキスト資料　咄本略解題】で述べる。

「ま」「は」「ば」行の表記には、交替以前の語形を反映していると思われる表記と「ふをむと読む」いわゆる「読み癖」のような文章語的な表記、および交替後の語形を反映していると思われる口語的な表記があったと考えられる。

1.2 「ま」「は」「ば」行の表記と語形との関係について

語形の確定は様々な解釈があるが、ここでは「ま」行表記はマ行音を表し、「は」行表記は「読み癖」によりマ行音を表すと解せるもの、および濁点がつけられなかったバ行音を表すものとがあったと推定される。また「ば」行表記の濁点は、作り手による発音注記と解釈してバ行音に読んだものと考える。

以降、ま行で表されるものを「ま」行表記、は行で表されるものは「は」行表記とし、各語では「む」表記、「ふ」表記のように表した。「む」表記とは「ねむり」の「む」のようなものを指し、「ふ」表記とは「かふろ」の「ふ」のように濁点のないものを、「ぶ」表記とは「かぶろ」のように濁点のあるものを指す。

119

「いねむり」
『戯忠臣蔵』*1

「禿（かふろ）かぶろ」
『ふくら雀』*2

本文中の表記例は「　」内平仮名で、語形は「　」内片仮名で示した。「ねぶる」「ねむる」等複数の語形をまとめて「眠る」のように「　」内に漢字交じりで示したものもある。また振り仮名は（　）で表した。

1.3　先行研究について

　江戸期、「ま」「は」「ば」行表記について言及しているものには『日葡辞書』（慶長 8-9）、安原貞室著『片言』（慶安 3）、契沖著『和字正濫鈔』（元禄 8）などがある。

　キリシタンによって編纂された『日葡辞書』では「ま」行表記・「ば」行表記に関わる言及として「Catabuqe, ru, Catamuqe, ru の条を見よ。なぜなら、B 字を用いて〔Catabuqu, ru と〕書かれるけれども、話しことばでは M を以って〔Catamuqu, ru と〕発音されるからである。」などの記載がある。

　また『片言』（巻二）には「人のいたみを弔ふを　とぶらふといふは　よろしからじと云り　とむらふといふやうにいふべし　假名には　とふらふとかくなり」とある。

　さらに『和字正濫鈔』*3 では、契沖は「むにまかふふ」（4 巻 21 ウ）として「弔」（とふらふ）、「眠」（ねふる）、「舐」（ねふる）、

120　Ⅱ　表記からわかること

「浮」（うかふ）、「傾」（かたふく）、「侍」（さふらふ）など21語を挙げ、つづけて「みにまかふひ」（4巻22ウ）では「悲」（かなしひ）「楽」（たのしひ）「浮」（うかひ）「撰」（えらひ）他を載せる。

「ま」行音と「ば」行音の交替現象についての論考は数多くある。キリシタン資料をもとに交替の現象を整理・論考したものに松本宙1962がある。これを承けた同1965は通史的に交替現象を考察したものである。また岸田武夫1998では音韻変化のうち「既成の音韻体系もしくは音韻状態の中においてのみ生ずる変化―連結的音韻変化―」の例として「ネブル」→「ネムル」の例が取り上げられる*4。他にも清濁、仮名遣いからの論究として坂梨隆三1985、酒井憲二1984.1985および遠藤邦基1989、迫野虔徳2005がある。

1.4　対象テキスト　後期咄本

資料には「咄本の表現は多少の差はあれ、話しことばを基盤にしており、それぞれの成立した時期および地域の口語資料として価値がある」*5と位置づけられる咄本の中から、その表現がより口語的であると思われる後期咄本を選択した。後期咄本は武藤1965によって3期に分類される*6が、その内のおおよそ150作品の板本、活字本を対象とした。板本の多くは、小本で一冊当り約20丁から40丁、『噺本大系』第十巻から第十九巻に所収のもの*7である。使用した咄本については本章の末尾に【テキスト資料　咄本略解題】を付した。

1.5　調査対象語

調査対象語は、マ行音バ行音の交替現象があったとされる語の内から、先に挙げた『日葡辞書』『片言』『和字正濫鈔』他に関係記載のある語を中心に選択した。ここでは、表記の推移に傾向性の見られるものの中から、いくつかのケースに限って報告する。

調査対象語は当該音節の母音が/o/のものとして「灯　トボス・トモス」（語中）、「紐　ヒボ・ヒモ」（語尾）の2語、/i/であるもの「寂　サビシイ・サミシイ」（語中）等の3語、/u/であるもの20語（内訳は「侍　サムライ・サブライ」「弔　トブラフ・トムラ

フ」「被　カブル・カムル」など12語と「類被り」などの「被り」が後接する複合語8語）の計25語である。

先行研究に従い、「ウカム・ウカブ」「エラム・エラブ」をm＞bの変化したもの、他をb＞mの変化したものとして取り扱った。

1.6　「ま」行表記・「は」行表記・「ば」行表記の出現の状況

各表記のおおよその出現傾向は項目ごとにまとめたが、本章の末尾に送ったものもある。

本行仮名

「ま」行表記が多いもの…「ひも　紐」「さむらい　侍」「ともし〜　灯（名）」「うかむ　浮」「えらむ　選」「ねむり　眠り」他

「ま」・「ば」行表記がほぼ同数のもの…「かむろ・かぶろ　禿」

「ば」行表記専用だったもの…「ねぶる　舐」

「は」行表記が多いもの…「けふり　煙」

振り仮名

「ま」行表記が多いもの…「ひも　紐」「ともし〜　灯（名）」（以上全例「ま」行表記）「さむらい　侍」

「ま」・「は」・「ば」行表記がほぼ同数のもの…「かむろ・かふろ・かぶろ　禿」「ねむる　眠る」

「は」行表記が多いもの…「けふり　煙」

振り仮名の例数は少なかったが、「ま」行表記がその内の約6割を占める。殆どは本行仮名と振り仮名がともに「ま」行表記であるというように、同じ傾向を示すが、「眠り」のように本行仮名では「む」・「ぶ」表記、振り仮名では「む」表記といった傾向のものも見られる。

なお、後期咄本とおおよそ同時期に著された式亭三馬『浮世風呂』*8（文化6–10）、および松村明1970、飛田良文1977ほかにより、江戸時代末の教養層の発音を反映するといわれる『和英語林集成』*9を比較資料とした。また、『日葡辞書』の表記、前掲松本

1965の調査報告を当該期以前の状況を知る目安として参考にした。

2. 各語の表記と考察

2.1 「ま」行表記が「は」行・「ば」行表記を上回るもの

「ま」行表記が「は」行・「ば」行表記を上回るものとして以下の語が挙げられる。

(1) 「紐　ヒモ・ヒボ」【表A】―文体的価値の低下

『日葡辞書』では「も」表記「ぼ」表記の両形が記載され、松本1965では室町時代はm・b両形併存、室町以降はb＞mと推定している。

　使用の状況は後期咄本（以下、咄本と略す）では18作品中、本行仮名18例、振り仮名13例のすべてが「も」表記である。現れた用例数と作品は表Aに示した。

　『浮世風呂』では「ひぼ」表記が現れ、西国者や商家の妻女、山だしの下女等のことばに振り仮名として7例使われている。「ひも」は、場面の説明という面からは文章語的色彩が強いと思われるト書きに3例のみであった。

　『和英語林集成』では初版、三版とも英和部＊10に「Himo」が、和英部は「HIMO」、「HIBO」両形が記載される。『浮世風呂』の例からは、当時「ヒボ」が口語として使用され、「ヒモ」は、文章語的性格を有するという認識があったかと推定される。また『和英語林集成』からは「ヒボ」「ヒモ」両形が使われるが、規範性を持つのは英和部に載る「ヒモ」であったことが窺われる。咄本の出現例としては次のようなものがあった。

・「おまはんのおくちから、ひもがぶらさがりいした」「ナニ、ひもがさがつたエイ引ゲエ引、これはなんじや。ヱヽむさい」

　　　　　　　　　　　　女郎と客の会話『昔はなし』弘化3

　『浮世風呂』に現れた商家の内儀、下女らの会話例やこれら咄本の医者、女郎と客、町人たちの会話例からは、文章語的性格もあわせ持つ「ヒモ」が「丁寧・上品な口語」から「日常語」へと使用範

囲を広め、それまでは「日常語」であった「ヒボ」が次第に使用を減じていったと察せられる。

表A【紐】　　　　　　＊「も」表記の例のみ

作品	成立	本	振
鳥の町	安永5		1
乗合舟	安永7		1
万の宝	安永9	1	
梅屋舗	安永頃	1	
笑顔はじめ	天明2	1	1
富久喜多留＊11	天明2	1	
鳩潅雑話	寛政7	1	
臍が茶	寛政9		1
巳入吉原井の種	寛政9	1	
庚申講	寛政9	1	1
虎智のはたけ	寛政12	1	
笑の友	享和元年		1
しみのすみか	文化2		2
笑顔始	文化5	9	1
画ばなし当時梅	文化7		1
嘯栗毛　上	文政13		1
笑語草かり籠	天保7		1
はなしの種	天保10	1	1
合計		18	13

＊「本」は本行仮名を「振」は振り仮名を表す。
　また語によっては、内題や序に現れたものを表中
　に注記した。

　咄本に現れた「も」表記偏用の傾向は、「ヒモ」が丁寧な語から日常語として広く使われるようになったことの反映であろう。テキストに「ぼ」表記が現れなかったことからは「ヒボ」が日常語としてはすでに使用されなくなったことを意味していると想像する。

(2)　「侍　サムライ・サブライ」【表B】（本章末尾）―「ふ」を
　　「む」と読む伝統的表記から、「さむらへ」と音訛を含む口
　　語的表記へ
　『日葡辞書』の見出しは「Saburai」のみ、松本1965ではm＞b

＞ mが推定されている。

　咄本では「む」の表記が56作品に本行仮名49例、振り仮名50例現れる。これは調査語の中では最も出現数が多く、現れた作品も最多である。「ぶ」で表記されたものは2例のみで、「ふ」の表記は29作品に本行仮名17例（題3例を含む）、振り仮名27例であった。

- 先生うけ取　ほめて、御道ぐなれ共　町家でハいらぬ物　おさ<u>ふらい</u>とちがい、やくにたてたところが、御理うんなりませぬ

　　　　　　　　　　　　　　　　　　　　　　　　　『売言葉』安永5

- となりのていしゆ立出て、ぬす人ハにげましたかといへバ、イェ〳〵、二三丁でおひつきましたが、さきもさぶらい　めつたな事ハいわれません　　　　　　　　　『おとぎばなし』文政5

　また「侍」の例のうちには、「田舎侍（いなかざむらい）」（『夕涼新話集』安永5）、「遠国侍（ゑんどくさむらい）」（『一雅話三笑』文化頃）、「えせさふらひ」（『しみのすみか』文化2）他の複合語の例も見られるが、『春笑一刻』（安永7）の「寺侍」に振り仮名例「てらざふらひ」が、『白癡物語』（文政8）では「今はむかし　何がしのかうの殿につかふる　えせ<u>ざふら</u><u>ひ</u>ありけり」のような例が現れている。通常、複合して連濁したとき、後部成素の第二拍以降が濁音の場合は後部成素の第一拍は連濁しない＊12。したがって「ざふらひ」の「ふ」は濁点が表記されなかったものではなく、「ふ」を「む」と読んだ例と捉えることができる＊13。

　なお、『浮世風呂』では、「お侍（さむれへ）になるのか、両刀（やつとう）だァ」（前上12オ）と連母音が融合した形での振り仮名の例が見られる。連母音融合という音訛現象の現れは、口語的なものの反映と考えられるから、ここで「む」の表記が採られたということは、当該例の「む」表記の口語的側面を表すものといえる。資料では出現例の約7割に「む」の表記が、3割に「ふ」の表記が使用されている。当該資料の「侍」では、伝統的表記を残しつつも、口語的な表記が増加していく傾向をうかがうことができたと考える。

（3）「浮　ウカム・ウカブ」・「選　エラム・エラブ」【表C】
　　―外国人による辞書の表記と咄本の表記

　「浮」「選」ともに『日葡辞書』は両形を記述し、松本1965では中世に両形が併存していたと推定されている。

　咄本における「浮」の使用状況は「ま」行表記本行仮名24例（序1例を含む）、振り仮名2例、「ば」行表記は本行仮名6例、振り仮名1例で、「は」行表記は見あたらない。また出現例の殆どが自動詞四段活用のものである。

　・およハすなから私もと　さしうつふき　二人リハ思案　ドウシ
　　ヤ　先生　うか<u>ミ</u>ましたか　イヤ〽いつかう出来ません
　　　　　　　　　　　　　　　　　　　　　　　　　　　　『春帖咄』天明2
　・モシ、旦那　一首うか<u>び</u>やした　　　　　　　　『題懸鎖』文政9

『和英語林集成』では初版、三版、英和部・和英部とも両形が掲載されるが「UKAMI」には「Same as Ukabi」という注記が記載される。

　「選」は、咄本では「ま」行表記は本行仮名11例、振り仮名2例、「は」行表記は本行仮名1例、序の振り仮名2例、「ば」行表記は本行仮名3例、序の振り仮名1例という使用状況である。

　・今年伊勢代参誰レかれといふ内、中村哥七参りたきよしなれバ、
　　幸いの事とて、吉日を<u>ゑらミ</u>旅出し、まゐりハるを越にて
　　　　　　　　　　　　　　　　　　　　　　　　『花競二巻噺』文化11
　・必用の書にして年頃　東谿翁の撰（<u>えらミ</u>）にて　その志　海
　　内に公にを計り累年の工夫をもて　終に大成せしなり
　　　　　　　　　　　　　　　　　　　　　　　　　『噺大全』嘉永初
　・小倉の山荘は百人の外は<u>ゑらばず</u>。櫓の半鐘は番人のほかはの
　　<u>ぼらず</u>　　　　　　　　　　　　　　　　　　『百歌撰』天保5

『和英語林集成』では初版、三版、英和部・和英部とも両形が掲載されるが、「YERABI」、「ERABI」には「Same as Yerami」、「Same as Erami」とある。

表C 【浮・選】

C【浮】		ま行表記			は行表記			ば行表記	
作品	成立	本	振	作品	成立	本	振	本	振
夕涼新話集	安永5	1		いかのぼり	安永10			1	
立春噺大集	安永5		1	雅興春の行衛	寛政8				1
春袋	安永6	1		しみのすみか	文化2			1	
時勢話大全	安永6	1		新作おとしばなし	文化6			1	
春笑一刻	安永7	1		工風智恵輪	文政4			1	
自在餅	安永末	1		白癡物語	文政8			1	
春貼咄	天明2	1		顎懸鎖	文政9			1	
徳治伝	天明7	2							
滑稽即興噺	寛政6	1							
鳩灌雑話	寛政7	4	1						
春の行衛	寛政8	1							
花の咲	享和3	序1							
かわらび児	文化2	1							
画ばなし当時梅	文化7	1							
臍の宿かえ	文化9	1							
会席噺袋	文化9	1							
熟志柿	文化13	1							
工風智恵輪	文政4	1							
しんさくおとしばなし	弘化3	1							
三都寄合噺	安政4	2							
合計		23序1	2	合計		0	0	6	1

C【選】		ま行			は行		ば行	
作品	成立	本	振	作品	成立	本	振	本	振
立春噺大集	安永5	1		新米奉頭持	天明9				序1
落咄人来鳥	天明3		1	即当笑会	寛政8			1	
炉開噺口切	天明9	1	1	新撰勧進話	享和2		序1		
新玉箒	寛政10	1		麻疹話	享和3		序1		
塩梅余史	寛政11	1		しみのすみか	文化2	1		1	
花の咲	享和2	1		百歌撰	天保5			1	
花競二巻噺	文化11	1							
会席噺袋上	文化9	1							
小倉百首類題話	文政6	1							
噺大全	嘉永初	1							
春色三題噺	元治元	2							
合計		11	2	合計		1	序2	3	序1

i　「浮」ウカブの出現期

「浮」出現作品の成立時期を見ると、「ま」行表記は安永期から幕末まで分散して現れ、その出現数は「ば」行表記の約4倍である。一方「ば」行表記が多く現れるのは化政期までであろうか。

ii　多数派への類推

多数派への類推による過剰修正かと思われるような例もある。「よみ出し」は、「ば行表記」の「呼び出し」が、当時は使われることが多かった「浮かむ」「選む」等の「ま行表記」から類推されて、過剰に修正されたものであろう。

・大将しばらくかんがへ給ひ、ころしも初鯨の注文多し。海上へうかみでんハあやふし〳〵（略）物見の格子よりあたまばかりをさし出させおくべしとさつそく鰯をよみ出し、申付らるゝは
「風袋だをし」『会席噺袋』文化9

iii　知識層の作者と「選」の「は」行表記

「選」の「は」行表記を選択した要因には、作者が教養層に属していたことがあるかと考えた。「撰あつめて」（『新撰軽口麻疹話』序）や「選集て」（『新撰勧進噺』序）など「撰（選）」の振り仮名を「え（ゑ）らひ」とした百川堂灌河は、京都の書肆で狂歌集他の作があり、『新撰勧進噺』では各話末に自作の漢文短評を添えるほどの教養人である＊14。同様に『しみのすみか』の作者である石川雅望も「化政期に狂歌四天王の一」といわれた国学、和歌、狂歌に長けた人物と評されている。『しみのすみか』は「江戸小咄を『宇治拾遺物語』に倣って、雅文で書き記した」＊15擬古文体の雅文笑話本に分類される作品である。3作品とも、濁音形と判断される語のほぼ8–9割＊16に濁点が付されており、「選ひ」「浮ひ」などは「みにまがふひ」＊17の例と捉えられる。これらのいずれもが当時の教養層の手によって作られており、このような「は」行表記は学識ある作り手による規範的な表記の選択と考えられる。

（4）「灯　トモス・トボス」【表D】（本章末尾）─使用者から
の要因と限定的な意味分担からの要因

『日葡辞書』では両形が挙げられ、松本1965でも同様に中世に
おける両形併存が推定されている。『和英語林集成』では英和部
「Tomosu」が、和英部では両形が記載される。坂梨1985には節用
集他の辞書における表記のゆれが報告されている。

　咄本における使用状況は、名詞では「も」表記のみ。動詞では
「も」表記が本行仮名29例（内題1例を含む）、振り仮名2例、
「ほ」表記では本行仮名5例、振り仮名例なし。「ぼ」表記では本行
仮名18例で、振り仮名の用例は見当たらなかった。

・先　金もちになる人は下地しんしやうが悪くても、大イ気な人
か、またハ爪に火を<u>とぼす</u>様な人かでなけれハならぬ。

『初登』安永9

・すり火うちだし火を<u>ともして</u>、よくよく見れば　かの男

『噺栗毛』文政13

　また、『冨貴樽』のように一話に8例（内題1例を含む）と集中
して現れた作品がある。内題の「火燈（ひともし）」と「も」表記が使用され、
本文では「も」表記が2例、振り仮名は上の内題の「も」表記が1
例、本行に「ほ」表記5例が用いられている。

・ある男、からだのうちへ灯を<u>ともす</u>事をおほへ、所々のざしき
へよばれ、あるひはあたまへ火を<u>とほしたり</u>、手のひらへ<u>とほ</u>
<u>したり</u>、腹へ<u>ともしたり</u>して見せる事ゆへ、大評判にて大キに
はやり（略）例の火を<u>とほす</u>所がさつはり<u>とほらず</u>。…かの男、
ハヽア、<u>とほらぬ</u>はづでごさります。（略）今朝おやぢにあぶ
らをとられました

「火燈（ひともし）」『冨貴樽』寛政4

この話を収める『冨貴樽』は濁点の使用率がさほど少ない作品と
は考えられず*18、「話せは」「言へは」のような形が現れた場合も
他の箇所で「話せば」「言へば」のように濁点の付く形が現れてい
る。ここでの「とほす」の表記は「とぼす」の濁点が付されなかっ
た形ではなく、「トモス」を表記したケースと捉えられる。

　会話部分で「ぼ」表記が現れるものとして、商家の主人が下男に
対し「提灯を<u>とぼせ</u>」（『富来話有智』安永3）と命じる場面がある。

また下例の『さとすゞめ』のように、物の言い方にうるさい主人が下男に指図をする会話場面と指図された下男のようすを描写する地の部分の2例が続けて現れる作品も見られる。また座頭が「これをとぼさぬと目あきが行あたる」（『夜明烏』天明3）のように、目あきよりも自身が優位にあるような言い方をして苦笑を誘う例もある。

・もんぜきとおふへいにぬかしおる　此のちハ　御もんぜきさまとか御さまとか　御のじを付ていゝおれ　火事御見まいにゆかねばならぬ　てうちんをとぼし　先へ立てゆけ八介かしこまりましたと　てうちんをとぼし　先に立て、御はいゝゝ

『さとすゞめ』安永6

坂梨1985には「「とぼす」が慣用的でくだけたニュアンスを帯び、「ともす」は改まった場面にふさわしい意味合いをもっていたと言えるかもしれぬ」[19]という指摘がある。

テキストに現れる会話、例えば上位者（商家の主人）から下位者（下男）への指図、自身が優位だと考える座頭のおかしみなどは、坂梨1985で指摘されていることと一致する。

また「も」表記が寛政期から化政期まで一定期間継続的に現れるのに対し、「ぼ」表記はその9割が安永期から寛政期の短期間に集中して現れている。これは「も」表記と「ぼ」表記の大きな違いと言える。このような出現期間の傾向と発話者の傾向とが「トボス」を年寄りじみた旧式なものと感じさせ、使用を漸減させる要因の一つになったのではないだろうか。

なお、「ともし火」「ともし油」等の名詞形は13作品中、本行仮名12例、振り仮名4例で全例が「も」表記である。

調査は「点灯する」意味に限ったが、性行為を表す「灯す」は4作品本行仮名11例[20]で、振り仮名の例は見えない。用例のすべてが「ぼ」表記で現れ、同義の「も」表記例は調査範囲内では見あたらなかった。意味による書き分けがなされていた証左として、次のようなものがある。

・今は昔。足利頼兼公、遊女高尾が追善の為、大川におゐて花火をあげ給ふ。（略）申ゝゝ道哲さん。そふいふは高尾でないか。頼兼公の仁心にて、大川にて花火をともし給ふも、そなたの追

善くようのため。未だうかまぬか。（略）「アイ、<u>とぼされる</u>に
はあきんした」　　　　　　　　　「高尾」『無事志有意』寛政10

「近頃当江戸表の通言に女を犯すことを<u>とぼす</u>と申す」『鳩灌雑
話』（寛政7）とあるように＊21、「灯す」は一方の「とぼす」に特
殊な意味を分担させる、使用の分化の例と指摘できる。

2.2　「む」「ぶ」両表記がほぼ同数であるもの
本義に対する記憶の薄れと変化

「む」「ぶ」両表記がほぼ同数であるものとして、遊里で働く少女
を意味する「禿　カムロ・カブロ」【表E】（本章末尾）がある。

咄本の使用状況は「む」表記が本行仮名26例（内題6例を含む）、
振り仮名14例（内題1例を含む）、「ふ」表記では本行仮名4例
（内題2例を含む）、振り仮名12例、「ぶ」表記では本行仮名25例
（内題3例含む）、振り仮名9例である。

・されとも竜田川ハことの外執心にて、<u>かむろ</u>の神代といふを頼
　みましたが、神代も同しく邪見ものにて　　　『鳥の町』安永元年
・禿（<u>かふろ</u>）の咄　道頼作
　吉原のかふろよりあい、はなしをするをきけバ

　　　　　　　　　　　　　　　　　（『詞葉の花』内題、地の文　寛政9）

・おやぢがてらまいりせしるすに、内をぬけいで、ゆふくれにい
　そき大もんをはいれハ、むかふより、おやぢか、<u>かぶろ</u>に手を
　ひかれて、女郎、しんぞうにおくられ、大もんさしてかへるに
　（下略）　　　　　　　　　　　　　　　　　　『青楼吉原咄』安永7

出現数がほぼ同様な「かむろ」「かふろ」「かぶろ」については現
れた作品の成立時期によって整理し、その傾向を見ていく。

【表E】からは「かぶろ」は多くが安永期から寛政期に現れてい
て、文政以降には見あたらない。一方、初期に「かぶろ」と併存傾
向にあった「かむろ」は「かぶろ」の減少とは逆に、使用は寛政期
以後、明治に続いていくことが見て取れる。一作品の中に「かふ
ろ」と「かむろ」、「かぶろ」と「かふろ」等の複数の表記が現れて、
表記のユレがある作品を除いた次の整理結果でも、ほぼ同様の傾向
である。

「かむろ」〔安永・天明期 4 作品〕〔寛政期〜明治初期 12 作品〕

「かふろ」〔安永・天明期 4 作品〕〔寛政期〜明治初期 5 作品〕

「かぶろ」〔安永・天明期 12 作品〕〔寛政期〜明治初期 7 作品〕

本テキストの範囲では「禿」の「ぶ」表記から「む」表記への移行が後期咄本の時期にあったと考えられる。「禿」は『日葡辞書』では「Caburo 頭髪をやや長めに切り回した髪形」とされるが、幕末（嘉永期）の『守貞漫稿　巻十』*22 では「蓋シ元結ヲ用ヒズ髪末ヲ切リタルハ禿ト云是也。古ク禿ト云ハ髪形ヲ云也。今ハ太夫ト云遊女ニ仕フ童女ノミヲ禿ト云ハ非也」とあり、「禿」の本義が人々から忘れられ、もしくは希薄となっていった様子が窺える。語の元々の意味に対する記憶の薄れが、表記の変化を推し進める要因になったと考えられる。

2.3 「ば」行表記専用であるもの
機能効率の低さと移行の速度

「ば」行表記のみであったものに「舐る　ネブル」【表 F】がある。『日葡辞書』では両表記が記載されるが、「む」表記の見出しはない。「舐る」とともに、もとは同音であったとされる「眠る　ネムル・ネブル」を併せて見ていく。

「舐る」は咄本、『浮世風呂』とも「ぶ」表記のみ現れたが、咄本 4 作品（本行仮名 6 例、振り仮名は見当たらない）中、3 作品 5 例が上方板だった。『浮世風呂』では、江戸者と上方者に各 1 例が使われる。

・「そのやうなものはいつこうねぶりましたこともございません。」「コレサ、ねぶりませんが気にくはねへぞ」

『顎懸鎖』文政 9

「眠」【表 F】では名詞は「む」表記と「ふ」表記が拮抗するが、動詞、形容詞はともに「む」表記が「ふ」表記のおおよそ 2 倍以上の出現になる。「ぶ」表記は殆ど現れず、「眠」の名詞と「居眠」の名詞、動詞に 1–2 例現れるのみである。

・げにや渡世ハ皆栄花の身とも御らんぜん。此かんなんのかなしミに、一すいのねむりをさますも、粟岩おこしの徳ぞかし

『曲雑話』寛政 12

・しばし<u>ねふり</u>たりとも、人もしらじとおもひて

『しみのすみか物語』文化 12

・酔てころりとひぢまくら、とろ〰と<u>ねぶりしが</u>

『東海道中滑稽譚』天保 6

・でつち衆がお使に来て　あまり<u>ねぶたさに</u>　妾宅にてしばらく
ねさしてもろふて　　　　　　　　　　　　『落噺千里藪』弘化 3

・なむあみだ仏といへ共お石をかたる人、酒にゑひ、<u>ゐねふりを</u>
はじめ、ごむようとこへかけず　　　　　　　『噺の魁』天保 15

・町役銭も月別も切て、一せんなきびんぼう　○気の毒な事ハ<u>い</u>
<u>ねむつて</u>犬をふんだ　　　　　　　　　　　『曲雑話』寛政 12

・夫れでもわたしがよさり、<u>いねぶつて</u>をりますと<u>旦那さん</u>が
（略）おしかりなさつてゞござります　　　『滑稽即興噺』寛政 6

　「舐る」、「眠る」は松本 1965 において「初めは 2 語ともに b ＞ m
という流れに乗ったが、同音語を避けるために「舐る」にはそれを
元に戻す力が働き、b の語形が残ったものと思われる。」*23 と説明
される語である。ただし、本調査では「舐る」は「ぶ」表記のみで
あるのに比し、「眠り」「眠る」は「む」表記の他に「ぶ」表記も見
られた。「む」、「ぶ」表記の見られる江戸板では「ねぶり」が 2 例、
「ねぶる」が 1 例現れたが、上方板では「む」表記が殆どだった。
『浮世風呂』では「ねむる」はト書きに 1 例現れるが、目を閉じる
意の「ねぶる」はト書き、父から子への会話、酔客等に現れている。
　この「眠り」「眠る」の「ぶ」表記出現については次のように説
明できる。
　つまり「舐る」は『物類称呼』*24 の「なめるとは関東にて云
畿内にて　ねぶる」（巻之二）や『浪花聞書』*25「ねぶる　なめる
也」等の記載から、以前より上方語として認識されていたことがわ
かる。一方江戸では「舐」が多くの場合「ナメル」*26 であったた
めに「眠ること」と「嘗めること」とが紛れず、意味を識別するた
めに、「む」に限定する必要性が低かったといえる。このような必
要性の低さが「眠り」「眠る」のマ行音・「ま」行表記への移行を緩
慢にした要因の一つと考えられる。

第 5 章　語義意識の薄れと付加による表記の変化　133

表 F 【居眠　舐】

眠　名詞		「む」表記				「ふ」表記		「ぶ」表記	
作品名	成立	本	振	作品名	成立	本	振	本	振
時勢話綱目	安永 6	1		膝が茶	寛政 9	1			
百福物語	天明 8	2		しみのすみか	文化 2	3		1	
山の笑	寛政 2		1	東海道中滑稽譚	天保 12			1	
身振姿	文化 11	1							
白癡物語	文政 8	1							
合計		5	1	合計		4	0	2	0

眠　動詞		「む」表記				「ふ」表記		「ぶ」表記	
作品名	成立	本	振	作品名	成立	本	振	本	振
軽口五色袋	安永 3	1		蝶夫婦	安永 6	1			
年忘噺角力	安永 5	1		笑の友	享和元		1		
管巻	安永 6	1		山しよ味噌	享和 2	1	1		
時勢話大全	安永 6	2		しみのすみか	文化 2	2	1		
明日梅	安永 9	2							
さとすゞめ	安永 11	2							
塩梅余史	寛政 11		1						
曲雑話	寛政 12	1							
屠蘇喜言	文化 14		1						
工風智恵輪	文政 4		1						
東海道中譚	天保 7		1						
面白草紙噺図会	天保 15		1						
合計		10	5	合計		4	2	0	0

眠　形容詞		「む」表記				「ふ」表記		「ぶ」表記	
作品名	成立	本	振	作品名	成立	本	振	本	振
管巻	安永 6	1		しみのすみか	文化 2	4			
時勢話大全	安永 6	2							
蝶夫婦	安永 6	1							
駅路馬子唄	文化 11	1							
身振姿	文化 11	1							
白癡物語	文政 8	1							
千里藪	弘化 3	1							
古今秀句集	嘉永 4		1						
俳諧発句一題噺	嘉永 4	1							
合計		9	1	合計		4	0	0	

居眠　名詞		む表記					ふ表記		ぶ表記	
作品	成立	本	振	作品	成立	本	振	本	振
夕涼新話集	安永5	1		夕涼新話集	安永5		1		
春袋	安永6	1		臍が茶	寛政9	1			
馬鹿大林	寛政13	1		笑顔始	文化5			1	
意戯常談	寛政11		1	一のもり	安永4		1		
滑稽好	寛政13	1		福種蒔	寛政9				
戯忠臣蔵噺	文政頃	1		しみのすみか	文化2	1			
春色三題噺初編中	元治元		1	江戸嬉笑	文化3		1		
百面相仕方ばなし	天保13	1							
一口はなし	天保10		1						
しみのすみか	文化2	1							
合計		7	3	合計		2	3	1	0

居眠　動詞		む表記					ふ表記		ぶ表記	
作品	成立	本	振	作品	成立	本	振	本	振
夕涼新話集	安永5	1		夕涼新話集	安永5	2			
一口はなし	天保10	2		売言葉	安永5	1			
時勢話大全	安永6	1		はつ鰹	安永10	1			
時勢話綱目	安永6	1		大御世話	安永9			1	
馬鹿大林	寛政13	1		時勢話大全	安永6	2			
曲雑話	寛政12	1		福種蒔	寛政9	1			
玉尽一九噺	文化5	1							
合計		8	0	合計		7	0	1	0

舐		む表記				「ふ」表記		「ぶ」表記	
作品		本	振	作品	成立	本	振	本	振
				年忘噺角力	安永5			1	
				臍が茶	寛政9			1	
				落噺顎懸鎖	文政9			3	
				俳諧発句一題噺	嘉永4			1	
合計		0	0	合計		0	0	6	0

2.4　「は」行表記が多かったもの
類型的使用と使用範囲の狭まり

「は」行表記が多かったものには「煙　ケムリ・ケブリ」【表G】
（本章末尾）がある。松本1965では、「表記は「フ」、発音mとい
う対立が世阿弥の頃からあったのでは」と推定している。

咄本では「けむり」が本行仮名5例、振り仮名3例、「けふり」

が本行仮名 13 例、振り仮名 12 例、「けぶり」が振り仮名 2 例のみといった使用の状況である。

『浮世風呂』では「春はあけぼの。やう〳〵白くなりゆくあらひ粉に。ふるとしの顔をあらふ初湯のけふり。ほそくたなびきたる女湯のありさま」と三編上の冒頭に現れている。

・「アレ〳〵、わざとおれのほうへけむりをよこすぜ」

『百面相仕方ばなし』天保 13

・三かくなたばこのけふりがでるを見て、　　　　『新口花笑顔』安永 4

・「たばこをのんで煙(けぶり)を此捨子にふきかけさつしやれ」

『軽口五色紙』安永 3

『和英語林集成』の初版、三版では英和部に「む」の表記が、和英部では「KEBURI; Same as Kemuri」、「KEBUTAI; See Kemutai」の記載がある。

初版にあった「KEBURIDASHI; See Kemuridashi」は再版(1872)以降、項目ごと削られている。

『浮世風呂』における「ふ」表記は 1 例で即断できないが、この表記が当時の通用とも、改まった文章語的性格の表記が冒頭部分において選択されたとも考えられる。

序や跋の部分には、本文よりも文章語的な表記が現れやすいことから考えれば、三馬は三編の冒頭部分に「煙」の規範的表記としての「けふり」を選択したと考えられる。例えば『浮世風呂三編上・下』(31 丁半) では、濁音形と判断される 1752 語中、濁点の付かないものは本行仮名 3 例、振り仮名 4 例、割書き部分に 2 例である。これらからも三馬の「けふり」の表記は単に濁点を付けなかった例とは考えにくい。

咄本における「けふり」の多出傾向は「けふり」が規範形として通用のものであり、『浮世風呂』と同様に規範的な表記として一般的な使われ方であって、「けふり」と書くことで「ケムリ」と読まれたことは習慣的なものであったといえよう。

咄本の「ぶ」の表記は長屋の年寄が長屋の住人に使う場面、およびいわゆる擬古文の中で使用されている。「けぶり」が「旧式」や「年寄り」、「古めかしさ」を意識させるものとして、類型化された

使用があったのではなかろうか。これが「けぶり」の使用範囲を狭め、調査結果にも反映したと考える。

　以上のように当該資料の咄本には「煙」「居眠り」「選」等の「は」行表記が比較資料の『浮世風呂』等に比して多く現れる傾向が観察された。この現象は、語によって伝統的表記が咄本の表記に色濃く残存していることを示しているように思われる。

3.　おわりに

　以上、各語の表記傾向を概観し、その変化の要因についての解釈をおこなった。

　推移には様々な要因が考えられるが、当該テキストの範囲でも、意味分担によって表記にもその使い分けが反映したと考えられるものや、語のもともとの意味に対する記憶の薄れが表記の変化に拍車をかけたと考えられるもの、文章語として認識されていた語が「丁寧な語」から「日常語」へと上層部から一般へ広まり、口語として広く使われた語がそのために押し出され使用が減衰していく、すなわち一方の文体的価値が低下していったことが表記に反映したと考えられるもの等があった。

　また「禿」のように「かぶろ」から「かむろ」へと表記変化の過渡期を窺えるものもあった。

　「居眠る」「煙」等に現れた「ふ」の表記は「ム」を表すために「ふ」が選択されたというよりは、むしろ「ふ」表記が、文章語的・規範的表記であると認識された結果の選択と思われる。このような例からは「ふをむと読む」伝統の踏襲という咄本の保守的性格が観察できたと考える。なお出現例の集計段階では、江戸板、上方板を区別して整理したが、両者の顕著な違いは見られなかった。

4. 表B【侍】. 表D【灯】. 表E【禿】. 表G【煙】

表B 【侍】

作品	成立	む表記 本	む表記 振	作品	成立	ふ表記 本	ふ表記 振	ぶ表記 本	ぶ表記 振
豆談語	安永頃		1	恵方宝	明和頃		1		
嗚呼笑	安永10	1		聞上手	安永2		1		
茶のこもち	安永3		1	売言葉	安永5	2（題1）			
稚獅子	安永3		3	駒佐羅衛	安永5		3		
今様咄	安永4	1		売言葉	安永5				
和漢咄会	安永4		1	春袋	安永6	0（題1）			
一のもり	安永4		1	春笑一刻	安永7	0（題1）	3		
売言葉	安永5		1	鯛の味噌津	安永8		2		
高笑ひ	安永5		1	気のくすり	安永8		2		
年忘嘯角力	安永5	1		万の宝	安永9		1		
鳥の町	安永5		1	三都寄合	安政4	1			
夕涼新話集	安永5		2	独楽新話	天明8		1		
立春嘯大集	安永5		1	うぐひす笛	天明頃	1			
管巻	安永6		1	間女畑	天明頃		1		
時勢話綱目	安永6		2	そこぬけ釜	享和2	1			
時勢話大全	安永6		1	新撰勧進話	享和2		1		
春袋	安永6		1	臍くり金	享和2		1		
譚嚢	安永6		2	御晶屓咄の親玉	享和2		1		
乗合舟	安永7	1	1	落嘯腰巾着	享和4		1		
春笑一刻	安永7	1		しみのすみか	文化2	4	1	1	
金財布	安永8		1	笑顔始	文化5		1		
寿ゝ葉羅井	安永8		2	一雅話三笑	文化頃		1		
鼠の笑	安永9	2		おとぎばなし	文政5			1	
笑長者	安永9	1		咄土産	文政7		1		
梅屋舗	安永頃		1	白癡物語	文政8	2			
自在餅	安永末	4		題懸鎖	文政9		1		
年の市	天明頃	1		千里藪	弘化3		2		
春の伽	天明頃	1		忠臣蔵料理	嘉永頃	2			
鶴の毛衣	寛政10	2		春色三題噺	元治元	1	1		
無事志有意	寛政10		3						
意戯常談	寛政11	2							
曲雑話	寛政12		4						
福種蒔	寛政13	1							
大神楽	寛政3		1						
喜美談語	寛政8		1						
春の行衛	寛政8		3						
庚申講	寛政9		3						
新話達なし	寛政9		1						
臍が茶	寛政9	2							
太郎花	寛政頃	1							
福三笑	文化9		1						
駅路馬子唄	文化11	7							
熟志柿	文化13	1							
一雅話三笑	文化頃		2						

作品	成立							
柳巷訛言	文化頃		2					
おとぎばなし	文政5	1						
戯忠臣蔵	文政頃	4	1					
一口ばなし	天保10	1						
落噺年中行事	天保7	5						
昔はなし	弘化3	4						
地獄の献立	嘉永頃	1						
忠臣蔵料理	嘉永頃	2						
笑種蒔	安政3	1						
三都寄合	安政4		1					
春色三題噺	元治元		2					
合計		49	50	合計		14（題3）	27	2	0

＊（　）内は小題、序に現れた例数

表D　【灯】［名詞］
　　　＊「も」表記のみのため、「ほ」「ぼ」表記の欄　省略

作品	成立	本	振
鳩潅雑話	寛政7		2
新話違なし	寛政9		1
新製僅欣々雅話	寛政11		2
種がしま	文化8	1	
花競二巻噺	文化11	1	
顎懸鎖	文政9	1	
咄の蔵入	文政3	1	
白癡物語	文政8	1	
延命養談数	天保4	4	1
噺大全	嘉永初年	1	
合計		10	6

［動詞］

作品	成立	も表記本	も表記振	作品	成立	ほ表記本	ほ表記振	ぼ表記本	ぼ表記振
年忘噺角力	安永5	1		新口花笑顔	安永4			1	
立春噺大集	安永5	1		はなし亀	安永4			1	
今歳笑	安永7	1		売言葉	安永5			1	
気のくすり	安永8	1		一の富	安永5				
千年草	天明8	1		さとすゞめ	安永6			2	
滑稽即興噺	寛政6	1		買言葉	安永6			1	
春帖咄	天明2	2(1)		青楼吉原咄	安永7			1	
歳旦話	天明3	2		寿ゝ葉羅井	安永8			1	
冨貴樽	寛政4	2	1	気のくすり	安永8			1	
軽口四方の春	寛政6	3	1	初登	安永9			3	
塩梅余史	寛政11	1		はつ鰹	安永10			1	
一口饅頭	享和2	1		東海道中滑稽譚	天保7			1	
噺膝栗毛	文政13	1		夜明烏	天明3			1	
落噺千里藪	弘化3	1		独楽新話	天明3			1	
春みやげ	安永3	1		冨貴樽	寛政5	5		1	
かたいはなし	天明9	1		わらひ鯉	寛政7			1	
春の伽	天明頃	1							
延命養談数	天保4	1							
落咄春雨夜話	文化5	1							
一口ばなし	天保10	1							
しみのすみか	文化2	2							
白癡物語	文政7	1							
合計		28(1)	2	合計		5	0	18	0

表E　【禿】

作品	成立	む表記本	む表記振	作品	成立	ふ表記本	ふ表記振	ぶ表記本	ぶ表記振
稚獅子	安永3	1		稚獅子	安永3		1		
新口花笑顔	安永4	1		閑童子	安永4			1	
鳥の町	安永5	1		一の富	安永5			1	
青楼吉原咄	安永7	1(1)		高笑ひ	安永5			1	1
寿ゝ葉羅井	安永8	1	1	蝶大婦	安永6				4
金財布	安永8		1	春袋	安永6			0(1)	
春の行衛	寛政9	0(1)		福の神	安永7				1
詞葉の花	寛政9	1(1)		乗合舟	安永7		1		
わらひ鯉	寛政7	1(1)		青楼吉原咄	安永7			3	
笑府袊裂米	寛政5	1		寿ゝ葉羅井	安永8			1(1)	
玉箒	寛政10		2	気のくすり	安永8				2
無事志有意	寛政10	1	1	万の宝	安永9				2
鶴の毛衣	寛政10	0(1)		笑長者	安永9			2	
欣々雅話	寛政11	2	1	一のもり（梅屋舗）	安永4			1	
花の咲	享和3		2（題1）	富久和佳志	安永末～天明			1	
おとぎばなし	文政5	3	1	柳巷訛言	天明3		1		
春興噺万歳	文政7		1	独楽新話	天明3			1	
百の種	文政8	1		ふくら雀	天明9			1	1
女郎買の落し噺	文政頃	1		山の笑（山笑顔）	文政2			1	
芝居絵噺貼込帳	天保頃	1		振鷺亭日記	寛政3			1	
笑話の林	天保2	0(1)		大神楽	寛政3			1	
延命養談数	天保4	2		青楼育咄雀	寛政5			1(1)	
雨夜のつれづれ	明治	1	2	滑稽即興噺	寛政6		1	2	

				噺手本忠臣蔵	寛政8	1			
				詞葉の花	寛政9	1			
				吉原井の種	寛政9	0 (1)		1	1
				山しよ味噌	享和2	0 (1)			1
				しみのすみか	文化2				1
				瓢百集	文化4				2
				落噺常々草	文化7				1
				小倉百首類話	文政6			4	
合計		20 (6)	13 (1)	合計		2 (2)	12	22 (3)	9

表G　【煙】

		む表記				ふ表記		ぶ表記	
作品	成立	本	振	作品	成立	本	振	本	振
新口花笑顔	安永4	1		珍宝岬	明和頃	2			
立春噺大集	安永5		1	軽口五色紙	安永3				1
気のくすり	安永8	1		下司の智恵	天明8	1			
滑稽即興噺	寛政6	1		滑稽即興噺	寛政6		2		
庚申講	寛政9		1	春の行衛	寛政8		1		
無事志有意	寛政10	1		新話違なし	寛政9		1		
馬鹿林	寛政13	1		庚申講	寛政9		3		
意戯常談	寛政11		1	新撰勧進話	享和2		1		
百面相仕方ばなし	天保13	1		六冊懸徳用草紙	享和2	1			
大寄噺の尻馬	嘉永頃		1	恵方棚	文政2		1		
				白癡物語	文政7	1			
				小倉百首類話	文政6		1		
				七福神落噺	文政12		1		
				東海道中滑稽譚	天保6		1		
				落噺千里藪	弘化3	1			
				昔はなし	弘化3	3			
				俳諧発句一題噺	嘉永4	1			
				雨夜のつれづれ三題噺	明治前		1		
合計		6	4	合計		10	13	0	1

5.【テキスト資料　咄本略解題】

作品	刊	作（編・撰）者	板元
恵方宝	明和頃	花月亭祐代	京・菊屋喜兵衛
絵本珍宝岬	明和頃	不明	不明
一のもり（梅屋舗）	（安永頃）	不明	不明
年の市	（安永頃）	不明	不明
福三笑（即席料理）	（安永末頃）	万載亭・千束舎	不明
聞上手	安永2	小松屋百亀	遠州屋
出頬題	安永2	夢楽庵	不明
口拍子	安永2	軽口耳祓	聞好舎耳祓
軽口五色紙	安永3	百尺亭竿頭	京・菊屋安兵衛
茶のこもち	安永3	唐辺木	堀野屋仁兵衛
稚獅子	安永3	千三ツ万八	万笈堂、他
春みやげ	安永3	青木宇千	青木宇千
新口花笑顔	安永4	龍耳斎聞取	山林堂
今様咄	安永4	鳥居清経画	伊勢屋次助
和漢咄会	安永4	青木宇千	青木宇千
春遊機嫌袋	安永4	恋川春町	鱗形屋
一の富	安永5	見徳斎	清治郎
高笑ひ	安永5	彡甫先生	堀野屋仁兵衛
年忘嘲角力	安永5	岡本対山他	大坂・渋川久蔵
鳥の町	安永5	来風山人	堀野屋仁兵衛
夕涼新話集	安永5	参詩軒素従	大坂・渋川久蔵
立春嘲大集	安永5	常笋亭君竹	大坂・渋川久蔵
駒佐羅衛	安永5	志滴斎	京・野田藤八
書集津盛噺	安永5	不明	鱗形屋
管巻	安永6	糟喰人月風	遠州屋
時勢話綱目	安永6	必ゝ舎馬宥	大坂・渋川久蔵他
時勢話大全	安永6	橘香亭瓶吾	大坂・渋川久蔵他
春袋	安永6	多倉太伊助	遠州屋
譚嚢	安永6	木室卯雲	堀野屋仁兵衛
蝶夫婦	安永6	大田南畝	遠州屋
買言葉	安永6	不明	鱗形屋

さとすゞめ	安永6	不明	不明
今歳笑	安永7	泥田坊	不明
乗合舟	安永7	風来散人	柏原作兵衛
春笑一刻	安永7	千金子（南畝）	富田屋清治
福の神	安永7	大食堂満腹	不明
青楼吉原咄	安永7	黒蝶亭可立	不明
鯛の味噌津	安永8	大田南畝	遠州屋
気のくすり	安永8	黒狐通人	蔦屋重三郎
金財布	安永8	不明	堀野屋仁兵衛
寿ゝ葉羅井	安永8	志丈	竹川藤助
明日梅	安永9	不明	不明
鼠の笑	安永9	不明	不明
万の宝	安永9	四方赤良（南畝）	不明
笑長者	安永9	不明	不明
初登	安永9	不明	堀野屋仁兵衛
いかのぼり	安永10	不知庵井蛙	堺茅屋
豆談語	安永年間	不明	不明
自在餅	安永末頃	不明	松村弥兵衛
春帖咄	天明2	必ゝ舎馬宥	大坂・自板
独楽新話	天明3	虎渓山人	蔦屋重三郎
柳巷訛言	天明3	朋誠堂喜三二	上総屋利兵衛
落咄人来鳥	天明3	朋誠堂喜三二	不明
扇子売	天明6	不明	不明
百福物語	天明8	喜三二・春町他	伏見屋膳六
下司の智恵	天明8	市場通笑	西村屋与八
かたいはなし	天明9	子龍画	西村屋与八
新米牽頭持	天明9	北尾政美か	蔦屋重三郎
炉開嘴口切	天明9	北尾政美か	蔦屋重三郎
百福茶大年咄	天明9	恋川春町	鱗形屋
ふくら雀	天明9	瓢亭百成	不明
室の梅	天明9	振鷺亭主人	不明
春の伽	天明頃	山東京伝画	不明
うぐひす笛	天明頃	大田南畝	上総屋利兵衛
福種笑門松	寛政2　1790	山東京伝	蔦屋重三郎

第5章　語義意識の薄れと付加による表記の変化　143

山の笑（山笑顔）	寛政2	瓢亭百成	不明
大神楽	寛政3	出方題	上総屋利兵衛
笑府衿裂米	寛政4	曲亭馬琴	蔦屋重三郎
富貴樽（梅の笑）	寛政4	曼亭鬼武	蔦屋重三郎
滑稽即興噺	寛政6	山東京伝	蔦屋重三郎／大坂河内屋
わらひ鯉	寛政7	山旭亭	不明
鳩灌雑話	寛政7	虫所の聾人	京菱屋／坂勝尾屋他
即当笑合	寛政8	舎楽斎	不明
噺手本忠臣蔵	寛政8	振鷺亭主人	多田屋利兵衛
詞葉の花	寛政9	烏亭焉馬	上総屋利兵衛
新話達なし	寛政9	野暮天	大坂・塩屋長兵衛
春の行衛	寛政9	一雄	大坂・河内屋吉兵衛
吉原井の種	寛政9	柳庵主人	越後屋初五郎
臍が茶	寛政9	西口舎可候	大坂・上田和泉屋
庚申講	寛政9	慶山他	浅田清兵衛
鶴の毛衣	寛政10	桜川慈悲成	不明
玉箒	寛政10	墨洲山人	不明
無事志有意	寛政10	烏亭焉馬撰	上総屋利兵衛
意戯常談	寛政11	曲亭馬琴か	不明
欣ゝ雅話	寛政11	欣々先生	京・鈴屋安兵衛
塩梅余史	寛政11	曲亭馬琴	蔦屋重三郎
曲雑話上方	寛政12	麒麟館慶山	大坂西村仁兵衛
虎智のはたけ	寛政12	桜川慈悲成	上総屋忠助
馬鹿林	寛政13	桜川慈悲成	大和屋久兵衛
太郎花	寛政頃	山東京伝	蔦屋重三郎か
笑の友	享和元	不明	京・鉛屋安兵衛
六冊懸徳用草紙	享和2	曲亭馬琴	蔦屋重三郎
落咄臍くり金	享和2	十返舎一九	田中久五郎
新撰勧進話	享和2	百川堂灌河	京・鉛屋安兵衛
山しよ味噌	享和2	三笑亭可楽	不明
そこぬけ釜	享和2	録山人信普	不明
花の咲	享和3	春日亭花道他	今福屋勇助
麻疹噺	享和3	玉路堂左牛	京・吉田屋新兵衛等
笑府商内上手	享和4	十返舎一九	不明

しみのすみか	文化2　1805	石川雅望	名古屋・永楽屋東四郎
かわ蝶児	文化2	阿金堂一蒔	中川新七
落咄見世びらき	文化3	十返舎一九序	不明
笑顔始	文化5	古今亭三鳥	不明
玉尽一九噺	文化5	十南斎一九	大坂・奥田弥助
新作おとしばなし	文化6	三笑亭可楽	山城屋藤右衛門
常々草	文化7	桜川慈悲成	不明
画ばなし当時梅	文化7	浪速一九	大坂・河内屋喜兵衛他
妙伍天連都	文化8	十返舎一九	村田屋治郎兵衛
会席噺袋	文化9	浪花一九	大坂・河内屋嘉助
臍の宿替	文化9	桂文治	大坂・塩屋長兵衛
笑嘉登	文化10	立川銀馬	西村屋与八
百生瓢	文化10	瓢亭百成	柏屋半蔵
身振姿	文化11	三笑亭可楽	村田屋治郎兵衛
駅路馬子唄	文化11	二世恋川春町	山口屋
屠蘇機嫌	文化14	十返舎一九	不明
福種蒔	文化14	十返舎一九	村田屋治郎兵衛
一雅話三笑	文化頃	曼亭鬼武	蔦屋重三郎
咄の蔵入	文政3	十返舎一九	不明
芝居絵噺貼込帳	文政～天保	林屋正蔵他	川口等板
仕形落語工風智恵輪	文政4	東里山人	泉屋市兵衛
おとぎばなし	文政5	志満山人	岩戸屋喜三郎
小倉百首類題話	文政6	暁鐘成	河内屋平七
春興噺万歳	文政7	桂文来	京・鈴屋安兵衛
白癡物語	文政8	遠藤春足	不明
百の種	文政8	三笑亭可楽	山口屋
咄安売	文政9	東里山人	川村儀右衛門他
顎懸鎖	文政9	和来山人	大坂・河内屋茂兵衛
七福神落噺	文政12	晞幹堂主人	不明
戯忠臣蔵噺	文政頃	不明	大坂・綿屋平兵衛
女郎買の落し噺し	文政頃	不明	横山町泉永堂
笑話の林	天保2　1831	林屋正蔵	西村屋与八
延命養談数	天保4	桜川慈悲成	山本平吉
百歌撰	天保5	林屋正蔵	永寿堂

東海道中滑稽譚	天保6	花山亭笑馬	名古屋、江戸不明
笑語草かり籠	天保7	司馬斎次郎	不明
一口ばなし	天保10	今井黍丸	大坂・塩屋喜兵衛
百面相仕方はなし	天保13	土橋亭里う馬	松原堂
古今秀句集	天保15	一筆庵英寿	又助
面白草紙噺図絵	天保15	柳下亭種員	下谷上州屋金蔵
千里藪	弘化3　1846	花枝房円馬	大坂・播磨屋新兵衛
昔はなし	弘化3	土橋亭里う馬	上総屋久蔵
しんさくおとしはなし	弘化頃	東里山人	不明
俳諧発句一題噺	嘉永4　1851	空中楼花咲爺	山田屋庄兵衛
間違穴物語	嘉永頃	月亭生瀬	大坂・松栄堂
大笑ざしき噺	嘉永頃	月亭生瀬	大坂・松栄堂
地獄の献立	嘉永頃	月亭生瀬	大坂・松栄堂
忠臣蔵料理	嘉永頃	月亭生瀬	大坂・松栄堂
大寄噺尻馬	嘉永頃	桂文治他	大坂・尾張屋治三郎
噺大全（大日本国郡全図）	嘉永初年刊	不明	永楽屋東四郎
笑種まき	安政3　1856	金龍山人	不明
三都寄合噺	安政4	鶴亭秀賀	菊屋幸三郎
春色三題噺	元治元1864	春畦家幾久	不明
雨夜のつれづれ	明治前半	文福社	大坂・富士屋政七
昔咄し	明治前半	さくら坊光斎	不明

＊題名の内、改題継足本の書名は（　）に記した。また角書はこれを略した。
板元が江戸以外のものは「京」「大坂」「名古屋」を付し、刊年が不明のものは武藤禎夫
『噺本大系』の解題によって「頃」「不明」とした。

＊1　早稲田大学中央図書館所蔵　へ13-02058
＊2　早稲田大学中央図書館所蔵　へ13-01984-0007
＊3　早稲田大学中央図書館所蔵　ホ2-04802
＊4　岸田1998（p.70）
＊5　蜂谷清人1977「咄本」項目『国語学研究事典』。なお、咄本の国語学的研
究には、佐藤亨1988および参考文献、池上秋彦1996他がある。
＊6　前掲「噺本概説」では江戸小咄本（安永・天明）、中期小咄本（寛政～文
化）、後期小咄本（文政～慶応）の三期に分類する。（はじめに p.1）

＊7　武藤禎夫編『噺本大系』。検索には国文学資料館安永尚志氏作成の「噺本
大系　本文データベース」を、許可を得て利用したものもある。調査した語は
できる限り板本等で確認した。

＊8　調査には日本古典文学大系『浮世風呂』を用いた。用例は早稲田大学中央
図書館蔵『浮世風呂　初編～四編』（初編　へ13-4115、二編以降　へ13-
3474）で確認した。

＊9　調査は初版1876、第三版1886を用いた。

＊10　初版は「AN INDEX 索引」だが、初、三版共に「英和部」と纏めた。

＊11　天明2年刊の『富久喜多留』には立川銀馬作文化11年刊の同名のものが
あるがここでは断らない。

＊12　小倉進平1910、金田一春彦1976

＊13　すでにこのような連濁形からの考察は、坂梨1985により「うすげふり」
「若ざふらひ」他の例をもって指摘されている。

＊14　武藤禎夫『噺本大系』14巻所収書目解題（pp.350-356）

＊15　武藤禎夫『噺本大系』19巻所収書目解題（p.356）

＊16　濁点表記率は以下のとおりである。なお、清濁の判断が難しいものは除
外した（濁点が付されている語の数／濁音形と判断される語の数）

　　『勧進話』序：本行仮名21/22（95％）、振仮名18/18（100％）、本文：本行
仮名140/142（95％）、振仮名70/80（89％）、『麻疹噺』序：本行仮名9/10
（90％）、本文：本行仮名195/211（92％）、振仮名78/80（98％）、『しみのす
みか　下』本行仮名350/357（98％）、振仮名34/37（91％）。

＊17　『和字正濫鈔　巻五』「みにまかふひ」に「辞・悲・楽・浮・欣・遊・苦・
撰」が挙げられる。

＊18　所収30話中11話は濁音形と判断される語のすべてに濁点が施されてお
り、濁点表記率が最も低い場合でも、第11話が（27/38）82％である。

＊19　坂梨1985 p.75

＊20　『鳩灌雑話』8例、『詞葉の花』1例、『無事志有意』2例

＊21　前田勇1974『江戸語大辞典』では「とばす」の意味の一つに「男女交
合」の項を立て、「宝暦頃からすでにこの意に用いたが、寛政年中、遊里語と
して流行した」ことが記載されている。

＊22　喜多川守貞『守貞漫稿　上下』天保6～慶応3朝倉治彦他校訂（1992）
『守貞漫稿　上』東京堂出版　影印

＊23　前掲松本1965（p.60）

＊24　越谷吾山『諸国方言　物類称呼　巻之二』（安永4）古典資料研究会
1967須原屋本　影印に拠った。

＊25　「著作年代を示す奥書やうのものは全くないが…「今年文政二年の春」と
云ふ言葉が見えるから、その頃起稿したものと思ふ」という（東條操1931）
の説にしたがえば文政2年刊は本論テキストの後期咄本の時期と重なる。

＊26　「なめる」は当該資料の範囲に73例見られ、内、江戸板が63例だった。

第6章

/i/ を表す仮名遣いと作家の位相の違い
早稲田大学中央図書館蔵本『笑話本集』をもとに

1. はじめに

1.1 目的

　湯澤幸吉郎は『江戸言葉の研究』（1954）の中で「まず江戸の作者が仮名遣いについて、どんな心がまえであったかを見るに、決して一つの主義方針によったものでないことが分かる。すなわち今日普通にいう歴史的仮名遣いで一貫しようというのでもなければ、発音的仮名遣いで通そうというのでもない。この意味でかれらは仮名遣いについては、全く無関心であって、行きあたりばったり、どんな方法であっても、その音が現れさえすればよいのである。」（p.4）とその仮名遣いの状況を述べる。

　表記について多様な工夫を施した咄本作者たちが、仮名遣いは「無関心」で「行きあたりばったり」だったのか、それとも実際の発音をできるだけ忠実に、「その音が現れる」ように写そうとの意図を仮名遣いにも反映させたのか。これを明らかにすることが本章の狙いである。そこで、早稲田大学中央図書館蔵本『笑話本集』（以下早大本と略す）に現れた /i/ を表す仮名遣いについて、咄本作者の仮名遣いの傾向性を考察していく。

1.2 方法と対象
1.2.1 調査対象

　早大本が刊行された安永～文化・文政（1772–1830）までの期間を調査の対象とする。これらを選択した理由として、早大本の成立が後期咄本の成立時期とおおよそ重なっていること、対象として選択した作品の作者らは出身階層を異にしており、その傾向性にも多様性が見られると予測したことによる。仮名遣いの調査としては

わずかな作品数であるが、この26作品に現れた/i/を表す仮名遣いから、江戸時代後期の仮名遣いの一端を知ることできると考えた。

1.2.2 調査の対象について

ハ行四段動詞活用語尾とハ行四段動詞を複合成素に持つ複合名詞（以下、当該複合名詞を単に複合名詞と略す）および形容詞活用語尾に現れる、/i/を表すことのある仮名を調査の対象に据える。

1.2.3 使用テキスト

● 早稲田大学中央図書館蔵本『笑話本集』二十六種

書誌の概略

以下の概略のほか、成立年代順作品一覧【参考1】と、一部の写真【参考2】を付した。

イ）函架番号　　ヘ13-1984-1〜26

ロ）形態　　　　3本の中本の他はすべて小本である。題簽、内題を欠くものが多い。

ハ）挿絵　　　　見開き挿絵は1図〜2図が殆どだが、3図以上のものも4本ある。挿絵のないものは7本である。表紙、裏表紙に彩色を施した絵があるものも見られる。

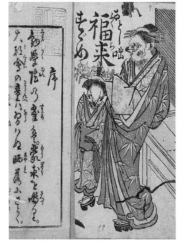

彩色を施した裏表紙
no7『福来すゞめ』

ニ）内容　　　　多くは半面6〜8行、1行につき2〜18字詰めで、序を除く総丁数は全部で800丁である。最も多いものは57丁、最も少ないもので11丁半である。丁付けの箇所は版心下部、のど部分と様々で、丁

付のないもあった。未翻刻のものもある。

ホ）その他　　書誌の解題は武藤禎夫編『噺本大系』に拠ったが、必要に応じて原本と照合した。

2. **概要**　早大本笑話本集の /i/ を表すことのある仮名の調査結果

当該資料では改題嗣足本のあること、板下書きの介在することなど問題も多く、作者と咄本に現れた仮名遣いを直結させて論じるのは難しい。早大本における書き手の傾向は概略以下のようである。

ここで言う作者は書き手側（板下書を含む）の代表を意味する。なお、歴史的仮名遣いの合致率が高いことは次のような意味を持つと考える。すなわち、ハ行四段動詞とその複合名詞の合致率が高いものは、いわゆる歴史的仮名遣いという規範には適っているが、実際の発音にはそぐわない表記であったことを意味する。

また、形容詞の合致率が高いものとは、規範に適っている上に実際の発音にも即していることを示す。ただし、この形容詞については、適合性の高い結果であるとは一概にはいえず、仮名遣いについての知識を持っていたわけではない、いわゆる見せかけの合致例である可能性とも考えられる。

2.1　考察

/i/ を表す仮名のうち、調査結果から観察されることは以下のようである。比較のため引用した式亭三馬のデータについては【参考資料Ⅱ】に載せた。

以下 ［　］内は［本行のハ行四段動詞、複合名詞、形容詞］の順、略語は以下の内容である。

（全＝全例が歴史的仮名遣いと合致　高＝8〜9割合致　低＝1〜2割合致　△＝例無し）

例えばno9＊1　馬琴・蔦屋［全、全、△］は曲亭馬琴作、蔦屋重三郎板の『塩梅よし』において、本行のハ行四段動詞と複合名詞は全例が歴史的仮名遣いと合致し、形容詞ではそのような例が見つ

けられなかったことを示す。

A）歴史的仮名遣いをほぼ遵守し、動詞・形容詞ともに合致率が
　高い

no9　馬琴・蔦屋［全、全、△］　　no14　曼亭鬼武・蔦屋［全、
△、高］

no25　瓢亭百成・不明［△、全、全］　　no7b　乡甫先生・堀野
屋［全、△、高］

no21　一九・不明［全、高、高］　　no19　慈悲成・丸屋［全、△、
高］

〈傾向と要因〉

　これらの作品は、ハ行四段動詞、複合名詞、形容詞ともに歴史的
仮名遣いの違例が殆どなく、合致率が高い。一定の規範意識を持ち、
それに従おうとした傾向がうかがえる。ただし、上記の調査３項目
では歴史的仮名遣いと合致しながらも、語幹に /i/ を持つ「参る」
では歴史的仮名遣いとは異なる「い」を使用する等、規範を固守し
ない例も見受けられる。（【表A–2】参照）

　例えば『浮世風呂』では全例［本行仮名が２例、振り仮名６例］
が「ゐ」を用いるのに対して、早大本では「参る」の現れる９作品
の全例が［本22、振1］「い」である。「参る」はおそらく当時の
仮名遣いでは、三馬が使うように「ゐ」であろうが、「ゐ」に固定
していたわけではなかったのであろう。

B）ハ行四段動詞（含　複合名詞）では合致率が高く、形容詞で
　は低い

no17　振鷺亭・多田屋［全、全、低］　　no8b　曼亭鬼武・蔦屋
［全、△、低］

no24　万載亭・上総屋利兵衛［全、△、低］

〈傾向と要因〉

　これらの作品は「ひ」がハ行四段動詞、形容詞の区別なく使われ

ており、その結果、ハ行四段動詞では合致率が高いが、形容詞では低いという傾向を示す。

　A、Bの傾向を示すグループは、共にハ行四段動詞活用の語を「ハ行に働く語」と認識するが、Bグループではハ行四段動詞と形容詞に明瞭な区別を持たないか、曖昧であったため、ハ行四段動詞連用形の「ひ」に類推して形容詞の語をも「ひ」とした、あるいはそのような以前からの誤用を継承したことに因ると考えられる。

　このような誤用を継承する傾向は当該期以前からすでにあったもののようである。

　『一歩』延宝4年（1676）刊には、「長ひ、みしかひ、高ひ、近ひ、寒ひ、つらひ、かなしひ、さひしひ、むまひ、からひ、此類あまた書付に及はすいつれもきくいしう字にかよふ詞也　是は無の字とおなしかよひなるにより仮名遣にあやまれるはしらてなそらへて奥のひを書と見えたり」*2 との指摘がある。

　形容詞語尾に「ひ」を用いる傾向は、西鶴本でも同様に見られる。その誤用の原因については、島田勇雄1990に次のような内容の指摘がある。

　「すなわち、江戸時代の人の手にした古典がすでに仮名遣いの混乱が生じていた中世に書写されたものでその誤りを正しいと信じ基準としたこと、そのような仮名遣いを正しいと信じる師匠に教えこまれた、あるいは幼稚な文法的知識にもとづく語源意識から形容詞をハ行四段動詞の一種と誤認し、形容詞終止連体形語尾を動詞連用形語尾の「─ひ」に類推した」（p.45）

　おそらく教養層の咄本作家にも同様な理由が当てはまるといえよう。

　C）ハ行四段動詞（複合名詞）では合致率が低く、形容詞では高い

no12　可楽・山城屋［中、中、高］

〈傾向と要因〉
　Cの傾向を見せるものでは「い」がハ行四段動詞、形容詞双方に

使われたため、ハ行四段動詞では合致率が低く、形容詞では合致率が高いという結果になった。三笑亭可楽と同時代に活躍した式亭三馬は『浮世風呂三編　序』で彼自身の「仮名遣い」の方針を次のように明らかにしている。

　○申す（まをす）を「もうす」訓興隆（かうりふ）を「こうりう」音と書（かけ）る類（たぐひ）すべて婦女子（ふぢよし）の読易（よみやす）きを要（えう）とすれば音訓（おんくん）ともに仮名（かな）づかひを正（たゞ）さず

『浮世風呂』三編　自序仮名例

　三馬が〈婦女子の読み易さを要とした〉仮名遣いを目指しながらも、実際は歴史的仮名遣いにそった表記であった*3ことに比して、可楽の作品では発音に即した表記にしようとする方針が概ね採用されている。

　滑稽本作者として表記に工夫を施し、様々な人々に「読ませる」ことを目的とした三馬と、高座で客を相手に噺を「聞かせる」ことを目的とした職業噺家可楽とでは、表記（ここでは歴史的仮名遣い）に対する考え方が異なっていたのであろう。

　武藤禎夫翻刻による活字本の補足調査でも、可楽の『種かしま』『東都真衛』はほぼＣの傾向を示した。

　桜川慈悲成……Ａ傾向、振鷺亭・曼亭鬼武……Ｂ傾向、可楽……Ｃ傾向

　［調査作品］

　　『馬鹿大林』『一口饅頭』（桜川慈悲成）

　　『振鷺亭噺日記』（振鷺亭）

　　『恵方土産』『華ゑくぼ』（曼亭鬼武）

　　『種がしま』『東都真衛』（三笑亭可楽）

　以下に /i/ を表す仮名遣い以外に見られる、可楽の発音に即した表記の例を挙げる。

　a）ヤ行下二段動詞に「え」を使用する傾向がある。［見へ2：見え9］no12

　　「え」あるじは四十と見えていはつしていまださめずといふ

154　Ⅱ　表記からわかること

　　　　　こゝろ
　「え」　ゑがいているところへほうゆうと<u>見えて</u>

　「え」　てつほうがしのかへりと<u>見えて</u>しみつたれなあやしいな
　　　　りのおとこを（他）

　「へ」　色のあさぐろい年は三十一二と<u>見へ</u>丸ひたいのすりたて
　　　　かみは

　発音に即した表記の結果、歴史的仮名遣いと合致した例となった
ケースであろう。

　b）「申す」は11例全例が「もふし／申（もふし）」である。
　　　no12、no26
　　「もふし」　元のおこりから<u>もふし</u>て見やせう　no12
　　「もふし」　そいつがきても<u>もふし</u>やすにや（他）　no26
　三馬は「申（まをす）」を『浮世風呂』三編の自序では「もうす」
としたが、実際には「まうす」としている。これからは三馬が婦女
子の「読み易さ」を図って、歴史的仮名遣いを書き改めようとした
が、いまだ従来の仮名遣いに捉われてできなかったことを、可楽は
全例において「もふす」としていたことがわかる。

　c）半濁音符が多用される。「よつぽと、一ツペへ、一ツぱい」等
　　　no12、no26
　　湯どうふ一ッが<u>よつぽと</u>気がきいていやさァ　（no12）
　　お百さん。<u>一ツペへ</u>つき合ねへな　（no26）
　早大本の多くは半濁音符の出現は見当たらないが、オノマトペに
ついてはほぼ半濁音符を付す。オノマトペを排除した場合、「半濁
音符の出現が予想される語」を母数とした半濁音符の付された割合
は可楽の作品では80–100％と高く、振鷺亭（no17）が50％でこ
れにつぐ。

　d）ツァ音の「゜」表記使用　「吉さ゜ん」no12
　　モシ〳〵　吉さ゜んその<u>地口</u>をいゝッこなしに
　　　　　　　　　　ぢぐち
　三馬が表記に工夫を施したと同様、「ツァ」を表すために可楽も

「さ゜」の表記を用いている。三馬が「さ゜」を用いる例としては「おとつさ゜んまだ熱いものを」(『浮世風呂』前編上)などがあるが、可楽の「吉さ゜ん」が使われる『新作おとしはなし』も文化6年の刊行である。おそらく当時、一部の戯作者らには用いられることのあった表記と考えられる。

　以上、/i/ を表す仮名について分類し、考察を加えた。同一作家であっても作品ごとに歴史的仮名遣いとの合致率が異なるなど不確定な所もある。ただし、これは当時の仮名遣いにおける「幅の広さ」の反映と捉え、早大本に限っては、ここに述べたような仮名遣いの傾向を見ることができる。/e/ を表す仮名についての詳細は省き、【参考資料Ⅰ】、【表A–3】におおよそを示すが、ここでも /i/ とほぼ同じような傾向が観察できた。

2.2　仮名遣いの傾向性と作者の属性との関わり

　A〜Cパターンそれぞれの傾向を示した作者の属性は以下である。作者については暉峻康隆1965ab、宮尾しげを1950、武藤禎夫1965を参考にした。

　A、Bのパターンを示した作者の出身は武士、富裕な町人など上層・教養層が多い。彼らの殆どが戯作の師匠を持って、先達からの戯作技術を習得、継承した作家群であり、狂詩、狂歌に通じる者も少なくない。規範を踏襲しようとしたことは観察されよう。

　一方、Cは木戸銭を払う客すべてを対象にするという、広い階層を相手に高座をつとめる職業噺家である。たとえ規範の知識はあったとしても、その遵守よりは婦女子も読める表記という、時代の要請を察知して自分たちが話しているように描こうとした結果、ここに傾向差がみとめられることになった。

（Aパターンの傾向をみせる作者）

　　曲亭馬琴　明和4〜嘉永元年　旗本用人の家に生まれる。山東
　　　　　　　京伝に師事し黄表紙を書く。後に読本に力を注ぐ。
　　十返舎一九　明和2〜天保2　駿府で町奉行勘定方同心の子と
　　　　　　　して生まれる。一時在坂し、大坂町奉行に出仕す
　　　　　　　る。後、江戸へ戻り蔦屋重三郎の勧めで黄表紙を

書くが、享和2年『東海道中膝栗毛』が爆発的に
売れて、滑稽本作者としての地位を固める。

　彡甫先生　経歴不明　武藤1979の解題では、「当時の狂詩界
の重鎮か」とされる。

　桜川慈悲成　宝暦12〜天保4　芝宇田川の陶器商。黄表紙作
家桜川杜芳に師事す。烏亭焉馬主催「咄の会」の
同人でもある。

（参考）式亭三馬　安永5〜文政5　浅草田原町生。芝全交に師事
し京伝、焉馬の影響を受けたといわれる。

（Bパターンの傾向をみせる作者）

　振鷺亭主人　不明〜文化12　本船町で家主をする。三馬の
『浮世風呂　四編』に跋文をしるす。

　曼亭鬼武　宝暦9〜文政元　小笠原候の臣。浪人後、戯作を京
伝、馬琴に学ぶ。

（Cパターンの傾向をみせる作者）

　三笑亭可楽　安永6〜天保4　はじめ馬喰町で櫛工を職業とし
ていたが、のち職業噺家に転じる。焉馬、慈悲成
の賛助により寄席興業を打ち、定席を持つように
なる。

3.　おわりに

　以上のように、早大本笑話本集の/i/を表す仮名遣いには三つの
傾向が観察され、この傾向差には書き手の属性や意識が関係してい
るといえる。

　これらの傾向は式亭三馬『浮世風呂　三編』の仮名遣いとも違い
があり、当該期の仮名遣いの多様性と捉えることができる。早大本
とそれ以外の同話異板の比較による書き手の精査（板下書きの書き
改めの有無）、改題嗣足本の整理、データ数の増加等が課題となる。

　今後は、咄本作者である可楽の傾向性をさらに明確にし、「発音
した通りに表記しよう」とした意図を範囲を拡大して明らかにした
い。ここでは、一部の語に限って報告したが、それ以外の表記例を

挙げる。

（イ）方向を表す助詞の表記「江」（no11、12）「え（小字）」（no2、17、20）「ゑ」（no11、20、24）
「へ」との混用が見受けられる。「その音が現れさえすればよい」という傾向が現れたと捉えることができる。

（ロ）引き音表記「ゑ」（てめゑ、といふせゑ、しねゑ等）（no24）、「エ」（no19）
殆どは「口のへらねへやつさ」「中（なか）たげへハできねへな」（共にno26）のように引き音表記に「へ」が用いられるところ、「ゑ」・「エ」が現れるものもある。

（ハ）イ音便表記に「ひ」を用いる。「あるひて、きひて」（no2、15、24）。または「い」「ひ」混用（no6）されるものもある。

（ニ）比較的長い咄の中で「へへけへ（俳諧）」「やっつけちや」（no12）、「うなぎ屋の　のれん」「へっつい」（no26）【参考2】など、隣接する文字とは違う仮名を宛てて読み易さをはかったものがあった*4が、これは第I部第1章で詳細を述べたとおりである。

参考資料I　/e/ を表す仮名

/e/ を表す仮名としてヤ行下二段活用動詞、ハ行下二段活用動詞、ハ行四段活用動詞の活用語もあわせて調査した結果は以下のようである。【表A–3】のように、ヤ行下二段活用81例、ハ行下二段活用101例、ハ行四段活用152例が得られた。ヤ行下二段活用合致例には次のようなものがある。〔no1、14＝各2例、no12＝3例、no3＝4例〕他は全例「へ」。

これは他の /e/ をともなう動詞の「へ」の表記に引かれた結果、ひとしく「へ」で表記したことの現れと考えられる。三馬が該当部分を全例「え」で表記していることとは対照的である。合致例を詳細に見ると、規範を遵守する傾向性があるものと、すべて「へ」で表記したことに因る「見せかけ」の合致例が混在するものとがある。

A、Bのパターンには、規範意識を持って「え」を選択したと考えられるもの（no1、no3、no14）、Cのパターンとしては「見せ

158　II　表記からわかること

かけ」の合致例と思われるもの（no12）がある。

　参考資料Ⅱ　式亭三馬『浮世風呂三編巻之上、巻之下』の仮名使用状況

　1）/i/を表す仮名の使用状況

　a）ハ行四段動詞語尾、形容詞語尾では本行仮名、振り仮名、割書きすべてにおいて違例は見られない。ただし、複合（派生）名詞のうち本行仮名の「人遣い」1例と、振り仮名の「買立（かいたて）」1例には違例が見られる。

　b）調査対象語12語のうち、振り仮名の「田舎（いなか、ゐなか）」「間（あいだ、あひだ）」「序（ついて、つひて）」他に混用例が見られる。

　2）/e/を表す仮名の使用状況

　a）連母音融合の引音表記にはほぼ全例で「へ」が使用される。

　b）「抱へ」の本行に「かゝえ」が現れる。

　三馬が「抱え」をア行下二、ハ行下二、ヤ行下二のうちのどの活用と考えていたかは不明である。『浮世風呂』では、「抱」は「かかへ」「かかえ」共に2例ずつ現れている。

　　　「へ」　あとよりゆかたをかゝへてしたがひ行（二編下　割書き）

　　　「へ」　はやりのしまだくづしにてゆかたをかゝへ（二編下　割書き）

　　　「え」　謎染（なぞぞめ）の新形浴衣（しんがたゆかた）をかゝえて（二編上　本行）

　　　「え」　甘次はゆかたをかゝえて立歸る（四編上　割書き）

　「かゝえ」は本行に現れ、ほか3例は割書きである。本行が主と考えれば三馬は「かゝえ」が正式と捉えたことになるが、「え」が本行・割書きの双方に現れている上に、例が僅少のため推測の域をでない。

　c）調査語11語のうち、混用例として「声」の振仮名に「こへ」「こゑ」が現れる。振り仮名の語頭でも、「縁」に「えん」と「ゑ

ん」の二通りの仮名遣いが行われている。

3）その他

a）調査した27語のうち「方」「当」「道」に開音、合音表記の混用が見られる。

・天地自然（てんちしぜん）の道理（だうり）（前編上）
・食を食（く）はずには居らぬ道理（どうり）でござる（前編下）

数行のうちに「ごたうち」「ごとうち」と現れる例もある。

・御當地（ごとうち）でいふ鼈じやがな。おまへも食て見い（三編上）
・御當地（ごたうち）の鼈煮〜〜といふはな、（略）鰻なども御當地（ごとうち）のは和（やらこ）いばかりでもみないがナ（三編上）

b）クワ、グワ音の表記のうち、直音表記と混用されるもの、合拗音に専用されるものなど、統一的な傾向は見られない。

b-1）直音表記との混用　　元日（グワ　ガン）　　荒神（クワウ　カウ）

・大卅日と元日（ぐわんじつ）と夜が明た計（ばつかし）で（三編上）
・ヲヤ　元日（がんじつ）に礼（れへ）に出候とつて、袴羽織で（略）さうすると、元日（がんじつ）の暮方になつて、吉ばかりが歸（けへ）つたから（三編上）
・此方（こつち）にも夫相應（それさうおう）に荒神（かうじん）さまア有ア（略）
・そりやもう、おまへに荒神（くわうじん）さんがないとも云ふまいし（四編中）

b-2）直音表記専用のもの　　会（クワイ）

・廿日頃に初會（はつぐわい）
・立會（たてぐわい）を致しますから

・立會（たてぐわい）も稽古のか丶らん物

・書画會（しよぐわくわい）から顧炎武が所へよつて、山谷か詩會（しくわい）へ（前編上）

　以上、式亭三馬作『浮世風呂』の仮名遣いでは、ハ行四段動詞を複合成素に持つ複合名詞に「ひ」から「い」への違例が2例見られた他は、ほぼ歴史的仮名遣いに合致する。また、仮名遣いの違例、混用の語は、「人遣い」「買立（かいたて）」「か丶え」「田舎（いなか、ゐなか）」「間（あいだ、あひだ）」「序（ついて、つひて）」「声（こへ、こゑ）」「縁（えん、ゑん）」などの日常語と考えられる語に多く見られた。

参考1　　成立年代順作品一覧

	成立年	早大本	作品名	作者
1773	安永二	no1	口拍子	聞好舎耳祓
不明		no2	出頼題	夢楽庵
1779	安永八	no3	鯛の味噌津	大田南畝
1783	天明三	no5	柳巷訛言	朋誠堂喜三二
1788	天明八	no6	獨楽新話	虎渓山人（序）
1789	天明九	no7	福来すゞめ	乡甫／瓢亭（序）
1789	〃	no16	室の梅	振鷺亭（序）
不明	（天明頃）	（no4）	梅屋舗（一のもり）	不明
不明	〃	（no23）	年乃市（高笑ひ）	不明／乡甫先生
1790	寛政二	no25	山笑顔（気のくすり）	瓢亭？／黒狐通人
1793	寛政五	no8	梅の笑（冨貴樽）	瓢亭／曼亭鬼武
1796	寛政八	no17	噺手本忠臣蔵	振鷺亭
1799	寛政十一	no9	塩梅よし	曲亭馬琴
1800	寛政十二	no11	おごり山客人笑	桜川慈悲成
〃	〃	no18	虎智のはたけ	桜川慈悲成
1805	文化二	no10	福助噺（臍くり金）	一九（序）／栄邑堂
1809	文化六	no12	新作おとしはなし	三笑亭可楽
〃	〃	no13	みになる金	千代春道
1810	文化七	no24	即席料理	万載亭（日出亭）
1815	文化十一	no26	身振姿	三笑亭可楽
1818	文化十五	no20	口取肴	十返舎一九
不明	（文化頃）	no14	一雅話三笑	曼亭鬼武
1820	文政三	no21	咄の蔵入	十返舎一九
1824	文政七	no19	屠蘇喜言	桜川慈悲成
1826	文政九	no15	咄安売	東里山人／可楽（序）
不明	不明	no22	春　襄	桜川慈悲成

no24　万載亭（日出亭）は表 A-1 では万載亭（日）と略す。

参考2

早稲田大学中央図書館蔵本『滑稽噺　身振姿』（文化11）三笑亭可楽作　函架番号　へ13-01984-26

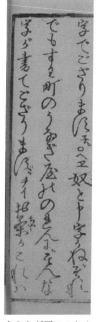
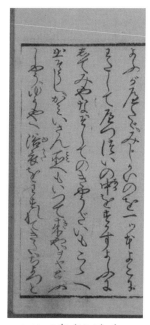

↑うなぎ屋ののれん（2ウ）　　へつついの中（19オ）↑

第6章　/i/を表す仮名遣いと作家の位相の違い

早稲田大学中央図書館蔵本『新作おとしはなし』(文化6)
三笑亭可楽作　函架番号　ヘ13-01984-12

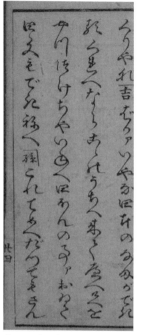

↑へへけへを　やっつけちゃいねへ

表A–1　左数字は本行仮名　右数字は振り仮名

A)　ハ行四段動詞合致率順

no	ひ本	ひ振	い本	い振	作者	版元
9	21	3	0	0	馬琴	蔦屋
21	14	1	0	0	不明	不明
4a	13	2	0	0	不明	不明
14	10	3	0	2	曼亭鬼武	蔦屋
1	8	0	0	1	開好舎耳祇	私家版
19	8	2	0	0	慈悲成	丸屋
8b	6	0	0	3	曼亭鬼武	蔦屋
24	6	1	0	0	万載亭（日）	上総屋利兵衛
17	5	0	0	0	振鷺亭	多田屋
7b	5	0	0	1	乎甫先生	堀野屋
20	10	1	1	0	一九	不明
15	17	1	2	1	東里山人	川村儀右衛門
5	7	0	1	2	喜三二	上総屋利兵衛
2	19	0	3	0	夢楽庵	不明
10a	5	0	1	0	一九, 栄邑連	村田屋
3	24	0	5	0	大田南畝	遠州屋
11a	4	0	0	2	慈悲成	上総屋忠助
26	4	0	1	1	可楽	村田屋
7a	6	1	2	3	乎甫先生	堀野屋
12	5	0	5	0	可楽	山城屋

高↑　低↓

B)　複合名詞

no	ひ本	ひ振	い本	い振	作者	版元
1	9	2	0	2	開好舎耳祇	私家版
9	5	0	0	0	馬琴	蔦屋
18	4	4	0	8	慈悲成	上総屋忠助
17	3	1	0	0	振鷺亭	多田屋
23b	3	1	0	0	乎甫先生	堀野屋
25a	3	0	0	0	瓢亭百成	不明
21	8	1	1	0	一九	不明
2	9	1	2	0	夢楽庵	不明
3	6	2	3	0	大田南畝	遠州屋
20	6	0	3	0	一九	不明
15	7	1	5	3	東里山人	川村儀右衛門
12	4	0	3	0	可楽	山城屋
26	6	0	3	0	可楽	村田屋
5	4	0	4	2	喜三二	上総屋利兵衛

C)　形容詞語尾

no	い	ひ	作者	版元
25a	17	0	瓢亭百成	不明
10a	8	0	一九, 栄邑連	村田屋
23b	6	0	乎甫先生	堀野屋
12	53	1	可楽	山城屋
3	51	1	大田南畝	遠州屋
26	19	1	可楽	村田屋
22	17	1	慈悲成	不明
10b	16	1	一九, 栄邑連	村田屋
21	20	2	一九	不明
25b	2	1	黒狐通人	蔦屋
19	12	2	慈悲成	丸屋
7a	9	2	乎甫先生	堀野屋
14	16	3	曼亭鬼武	蔦屋
7b	4	1	乎甫先生	堀野屋
1	55	16	開好舎耳祇	私家版
11a	6	2	慈悲成	上総屋忠助
4a	7	3	不明	不明
23a	12	5	東里山人	川村儀右衛門
6	17	9	虎渓山人	蔦屋
15	23	27	東里山人	川村儀右衛門
2	20	33	夢楽庵	不明
5	11	20	喜三二	上総屋利兵衛
18	7	14	慈悲成	上総屋忠助
20	9	30	一九	不明
17	3	17	振鷺亭	多田屋
24	2	17	万載亭（日）	上総屋利兵衛
8b	1	8	曼亭鬼武	蔦屋

＊形容詞振仮名は出現した4本9例全例が合例だった。

【表の見方】
　表は A）ハ行四段動詞活用語尾、B）複合名詞、C）形容詞活用語尾について歴史的仮名遣いとの合致率を高い順に（本行仮名の合致率を優先とした）に並べたものである。
　A）、B）は本行仮名と振り仮名に分け、C）は出現した4本9例全例が合致例であったため、振り仮名行の欄は省略した。
　A）を例にとると、早大本no9はハ行四段動詞を「ひ」で表記したものが本行仮名で21例、振り仮名で3例あり全例が合致例であった（「い」表記は見あたらなかった）ことを表している。
　表中の数字については以下を参照。
①数字は延べ語数である。
②合致率＝合致例数／全用例数＊100（％の記載は略した。）全用例数とは、たとえばハ行四段動詞連用形の活用語尾が表記された全例数のことである。
③全例数が5例（名詞は3例）未満の作品は省いた。
④早大本ナンバーのa、bは嗣足本の部分を表し明らかに作者が異なるものは除外した。

表 A–2

	「居」		「参」
no	い	ゐ	い
1	(3)	5 (2)	—
2	2	0	—
3	(2)	1 (2)	4
4a	0	7	—
4b	0	3	—
5	0	6 (1)	—
6	0	4 (3)	—
7b	—	—	2
8	1 (2)	3 (1)	1
9	(1)	0	—
10a	0	1 (1)	—
10b	0	2 (1)	—
11a	1	0	1
11b	1 (1)	0	—
12	0	1	8 (1)
13	3	1	—
14	0	1 (5)	—
15	3 (1)	0	—
16	(1)	1 (2)	1
17	(1)	3	—
18	0	(3)	—
19	2 (8)	1	1
21	0	27 ＊	1
22	0	(2)	—
23a	0	(2)	—
23b	—	—	—
24	—	—	—
25b	0	6 (2)	3
26	(1)	2 (2)	

（　）は振り仮名例数
no 6 芝居（ゐ）、かもゐ、no 8 居（ゐ）間、
芝居（ゐ）、no 24 しばい、芝居（い）
＊ no 21 語頭 17 例　語中 10 例

表 A–3

ハ行下二段（未・用）

no	へ 本	へ 振	え 本	ゑ 本	延	異
1	9	0	0	1	9	7
2	6	0	0	0	6	4
3	7	2	0	0	—	—
4a	3	0	0	0	3	1
4b	3	0	0	0	—	—
5	4	0	0	0	4	3
6	0	0	0	0	—	—
7b	5	0	0	0	5	2
8	1	0	0	0	—	—
9	5	0	0	0	5	4
10a	3	0	0	0	—	—
10b	1	0	0	0	—	—
11	4	0	0	0	—	—
12	6	0	0	0	6	3
13	1	0	0	0	—	—
14	2	1	0	0	—	—
15	8	0	0	1	8	5
16	1	1	0	0	—	—
17	0	0	0	0	0	0
18	1	0	0	0	—	—
19	4	0	1	0	4	4
20	10	0	0	0	10	6
21	5	1	0	0	5	5
22	2	0	0	0	—	—
23a	0	0	0	0	0	0
23b	0	0	0	0	0	0
24	2	0	0	0	—	—
25a	2	0	0	0	—	—
25b	1	0	0	0	—	—
26	2	0	0	0	—	—

ハ行四段（仮・命）

へ 本	へ 振	延	異
2	1	—	—
4	0	4	1
17	0	17	3
7	0	7	2
2	0	—	—
5	0	5	1
7	0	7	1
3	0	3	1
2	0	—	—
7	1	7	4
7	0	7	1
1	0	—	—
7	0	7	2
0	0	—	—
0	0	—	—
15	0	15	3
11	0	11	5
0	0	—	—
9	0	9	4
6	0	6	2
3	1	—	—
2	0	—	—
5	0	5	1
5	0	—	—
8	0	8	1
0	0	—	—
7	0	7	1
2	0	—	—
1	0	—	—
3	0	3	1
3	0	3	1

ヤ行下二段（未・用）

no	へ 本	へ 振	え 本	延	異
1	1	1	2	—	—
3	0	0	4	—	—
4a	2	0	0	—	—
4b	2	0	0	—	—
5	4	0	0	4	1
6	3	0	0	—	—
7b	1	0	0	—	—
8	5	1	0	5	4
10a	4	0	0	4	1
10b	1	0	0	—	—
12	2	0	3	—	—
14	10	2	2	10	3
15	6	0	0	6	4
16	1	0	0	—	—
17	3	0	0	—	—
18	2	0	0	—	—
19	2	1	0	—	—
20	0	1	0	—	—
21	5	1	0	5	3
22	1	0	0	—	—
23a	3	0	0	—	—
23b	4	0	0	—	—
24	1	0	0	—	—
25b	2	0	0	—	—
26	4	0	0	4	3

「延」とは延べ語数を、「異」とは異なり語数をそれぞれ示す
＊ヤ行下二段活用では、該当例が見当たらなかったものは、no2.no11.no13.no25aである

＊1　早大本『笑話本集』函架番号ヘ13–1984–9のうち末尾番号9を指す。また a.b は改題継足本の前半または後半を指す。no25a は前半の「山笑顔」である。

＊2　福井久蔵撰『国語学大系　第十巻　仮名遣一』所収 p.117

＊3　参考資料Ⅱに、式亭三馬『浮世風呂三編巻之上、巻之下』の /i/ と /e/ を表す仮名の使用状況を付した。

＊4　「志」「飛」「徒」「堂」（志つて、飛祢つて、やつ徒け、徒まら祢へ、堂祢かしま）などの用字の使い分けがされ、前時代からの伝統ではあるが注意を喚起し、誤読を避ける工夫がなされている。

Ⅲ

語彙からわかること

目的とあらまし

　ここでは後期咄本に現れる語彙の特徴とその傾向を述べる。

　第7章ではテキストに現れた語彙について、その量的側面を中心に考察した結果、次のようなことがわかった。

　和語と漢語の使用の割合では、延べ語数に大きな差があるのに対し、異なり語数ではその差は小さい。これは和語が繰り返し使われる一方、漢語はその使用頻度は低いが種類は多いことの反映である。Ⅱ期、Ⅲ期に［体の類］が増加したのは、Ⅰ期が簡潔に人物描写をするのに比べ、Ⅱ期以降は人物の容姿に多くのことばが割かれるようになったことに因る。三笑亭可楽作『身振姿』のように、［相の類］が殆ど見られず、［体の類］に［相の類］の役割を担わせた例もある。従来は「醜い」や「田舎臭い」と［相の類］を用いるところを、「夏芝居の累といふもので、とふなすやかぼちやに　めはながついているやうだ」のように具体的に［体の類］で表現するたぐいのものである。咄本作家の表現法の変化が、［体の類］や［相の類］の使用の内容や量に影響を及ぼしたといえる。［体の類］では「今日」や「ここ」等のように時や位置を表す語と、「口」や「目」などの身体名称、および生活に密着した「声」「酒」などの語が作品に共通して現れている。調査した作品すべてを通して現れる固有名は見当たらず調査作品の半数ほどに現れたのは、地名や歴史上の人名のみであった。

　第8章では現れたものの中から、具体的な例を取り上げてこれを問題とする。

　前章で明らかにした《作品に共通して現れる語》のうち、ストーリーを展開する上で重要な役割を果たす「日にち」──時間の推移を表す語──を取り上げる。

　調査した咄本の中では「しあさつて」、「やのあさつて」の語は見当たらない。読者が「日にち」として関心を寄せるのは、おおよそ「一昨日」から「明後日」までの期間であり、それ以外は話題となる出来事によって、話の背景となる「時」を知ったのであろう。東西対立がいわれる「おとつい」は、学識をひけらかす人物が使う場

面のみで、日常の語としては消失していることがわかる。

「あさって」「おととい」には「あさつてお出で」のような慣用的な表現が見られ、読者に馴染みのある語であったと知られる。またオチに「言問（こととい）」と「おととい」を掛けるものもあるが、これからは「おととい」の語が日常生活に密着した語であったことに因る。

調査中もっとも多く現れたのは「けふ」と「きのふ」である。直近の話題を取り上げるための使用は至極当然である。しかしそれ以外に出現が多く見られた理由として、「けふ」や「きのふ」がはなしの冒頭に使われて、話題の導入の役目を果たす、いわゆる「マクラ」として用いられたことも挙げられる。

このように「日にち」を表す語彙が、事実を伝えるマーカーの役割だけではなく、表現技巧の手段としても用いられていたことを論じる。

第7章

［相の類］の役割を担った［体の類］

「醜い」から「夏芝居の累といふもので」へ

1. はじめに

　日本語教育の現場から学習される日本語を考えると、その中心的な役割を果たすものの一つとして東京のことばが考えられる。

　しばしば日本語教育で論じられる問題のうちには、東京のことばが持つ性格に起因するものが見受けられるが、その観点からすれば、東京のことばのルーツとなる江戸語の分析は、現代語を考える上で有効であろう。特に江戸独自の文化が形成されたといわれる明和・安永期以降のことば*1の研究からは、雑多な地域語の寄り合い所帯であった江戸語が、一地域語からより広汎に通用することばへと変容していく過程を考察することができる。

　江戸時代後半の口頭語を反映する文芸資料としては洒落本や滑稽本、人情本が想起され、その中から江戸在住の人々のことばや遊里のことばを見ることができる。ただし、洒落本は遊里のことばが、人情本は若い男女のことばが殆どを占める傾向がある。

　そこで本書では今まで研究対象として取り上げられることが少なかった咄本を対象にして、現れた語を見ていく。また洒落本や滑稽本などの他の戯作との差異を示し、差異の生じた要因を考える。具体的には後期咄本に現れた語について、主に品詞性の面から分析し使用の傾向を見るとともに、特徴的な語について個別の考察を行う。

　咄本とは江戸時代に江戸で出版された笑話本の総称であるが、このうち、本書の調査対象となる安永・天明期から幕末期（18C末〜19C半ば）までの作品を、武藤禎夫1965にしたがって後期咄本とよぶ。後期咄本の時期区分、研究が他の戯作に比して立ち遅れている現状や原因については序章で述べたとおりである。また咄本は

173

口語性が乏しく「生の状態を知る資料」としては副次的なものといわれることも多い。

　しかし咄本の資料的価値は、何よりもその保守性にある。すなわち、保守的な作品に現れた言語現象は、江戸語として人々の間に充分に熟し、浸透してすでに一過性の流行語ではなくなったものと捉えることができるのである。

2.　調査の概要

2.1　時期の分けかた

　調査は「いわゆる東国的特徴が上方的特徴をいくつかの点で圧倒していく」*2 安永期以降幕末期までの約100年間に出版された作品を対象にする。対象とした各作品の略解題は2.3に述べることにし、ここでは対象期間の分け方から説明する。咄本は短い笑話の集積であり、調査量はその全体からすれば微細である。しかしながら代表的なものを選んで、その典型例を考察することで、おおよその傾向はつかめると考える。

〔分割の方法〕

　手順として、後期咄本が出版された100年を3期に分けた。分け方は武藤1965にほぼ従い、寛政の改革と天保の改革をおおよその境にして、便宜的に年号で区切った。Ⅰ期が明和・安永期から寛政期（1764–1801）、Ⅱ期が享和・文化・文政期（1801–1830）、Ⅲ期が天保以降明治前期（1830–1887）までである。

　咄本への幕府の取り締まりと作り手側の自粛や禁令をかわす方便が、作り手・受け手双方の変質と作品の変容を促す節目になった可能性は高い。例えばⅠ期の寛政の改革では咄の会の縮小や世相を反映する際物噺への規制があった。Ⅲ期の天保の改革では、化政期に盛行を極めた寄席への圧力によって席亭が制限され、鳴り物入りや芝居掛けの噺が禁止された。武藤1965によれば、市中の寄席の数は文化12年には75軒、文政期末には125軒となり、天保の改革直前におこなわれた町奉行所の調査では211軒にのぼったといわ

れる。ところがそのように隆盛を極めた寄席も、天保の改革によっ
て天保13年には町奉行所支配下15軒、寺社奉行支配下9軒の24
軒に限定され、水野忠邦の失脚後700軒に増えるまでの間、江戸
の寄席の数が激減したことは延廣真治1986に報告がある。

　これらの幕政の圧迫が咄本にも影響を与えたことは容易に推測さ
れる。寛政の改革によって、大田南畝の後援者だった旗本の土山宗
次郎は死刑、板元の蔦谷重三郎は財産の半分を没収されている*3。
また幕府の目をおそれた南畝は以後、洒落本の筆を折っている。咄
の会禁令（寛政9年1797）の翌年に出版された『無事志有意』は
「宇治拾遺物語」披講の看板を掲げて規模を縮小した咄の会の本で
あり、書名もこれをもじったものである。

　天保の改革では寄席の数は限定され天保13年（1842）、演目も
神道講釈・心学・軍書講釈・昔咄に限り、滑稽を専らとする落咄は
許されなかった。本章で取り上げた正蔵の3作品は禁令以前の成立
だが、時代の風潮は反映していると考えられる。

〔各期の概要〕
　時期の分割は、具体的には、安永小咄が全盛を極めた時期の作品
から、寛政の改革によって規模の縮小や書名を変えて行われた咄の
会本までをⅠ期とした。咄の会本は旗本や富商の邸宅や料亭での座
敷咄を集めたものである。個人の作ではないが、同好の士が参集し
て作った作品は、共通する出身層や教養層の典型的な特徴を表し得
る。『出類題』『口拍子』のような私家板も、多くは教養層の余技と
して愛好家の間で楽しまれたもので、成立の事情は咄の会本とほぼ
同様であろう。Ⅰ期で取り上げた作品は、いずれも限られた知識層
の範囲に受け入れられたもので、流通の範囲は狭く、一般庶民が享
受するには至らなかったと考えられる。

　Ⅱ期は、咄の会本に刺激されて台頭した職業人としての幇間（桜
川慈悲成）・噺家（三笑亭可楽）の作品に読本作者の曼亭鬼武の作
品を加えた。この時期は出版技術の向上にともない大衆が安価に本
を買えるようになった時期である。しかしそれは同時に、咄本の作
者たちに、不特定多数の読者を意識した用字や用語の選択を余儀な

第7章　［相の類］の役割を担った［体の類］　175

くした時期でもある。

Ⅲ期には林屋正蔵と春睡家幾久の作品を取り上げた。初代林屋正蔵は「高座にて咄す通りに作仕候」『笑富林』口上（天保4年1833）と寄席での口演を想起させる作品を多く残し、「江戸落語史上における、第二の世代」*4 に位置づけられる噺家である。春睡家幾久は酔狂連、興笑連などの三題噺を愛好するグループの主催者的な人物*5 で、作品は調査したものの中で、最も近代に近い時期のものである。

2.2 作者の選択

選択した作者を位相の面から見る。安永初期の『出類題』と『口拍子』の軽口耳祓は作者の経歴が詳らかではないが、両者ともその内容からは、学識のある咄の会の連衆であることが推測されている*6。大田南畝は徒歩組の幕臣、曼亭鬼武も「初は或藩中のよし、仕辞し市に隠る」*7 とあるように両者とも武士階級の出身で、すでに狂歌、読本の世界で一家をなした文人である。また立川焉馬も、幕府小普請方に出仕する大工の棟梁として上層の階級と接触することが多く、南畝や鬼武と同じような階層にくくることができる。桜川慈悲成、三笑亭可楽、林屋正蔵はそれまでの作者が、あくまでも余技として咄本に携わったのとは異なり、職業人としての幇間、噺家である。春睡家幾久は大伝馬町の大店の主人であって、彼は富裕な知識層に属する点で南畝や焉馬に類似し、読者としての大衆を意識しなければならなかった点では可楽や正蔵と同様の要素を持っていた。

また言語形成期という点から見ると焉馬（寛保3年1743生）、南畝（寛延2年1749生）、慈悲成（宝暦12年1762生）はⅠ期の20年から30年前に言語形成期をすごし、Ⅱ期からⅢ期の作品の作者である可楽（安永6年1777生）や正蔵（天明元年1781生）、鬼武（寛政中頃生）はⅠ期に言語形成の時期をすごしている。大まかにいえば、作品が成立した一つ前の時期が、言語形成期にあたっていることになる。以上のような作者の属性を作者選択の要素の一つとした。

176　Ⅲ　語彙からわかること

2.3 対象とした作品

調査対象とした資料は、都立中央図書館加賀文庫、東京大学総合図書館霞亭文庫、および早稲田大学中央図書館所蔵本の影印とマイクロフィルムによった。

調査には会話が主体になるものを選び、序や割書きなどを除いた全丁を対象とした。『ますおとし』『笑話之林』『百歌撰』は絵入り本で、同一の作者と板元による。同一作者だが板元が違う作品としては『馬鹿大林』と『屠蘇喜言』（慈悲成）、『東都真衛』と『身振姿』（可楽）がある。

調査した資料はⅠ期からⅡ期の半ばまでの殆どが小本である。これらは半丁あたりの字数がⅡ期やⅢ期に比べて少なく、字間も行間もゆったりとしている。時期が下るにしたがって、字間や行間のつまった中本がふえ、絵入り本ではスペースの半分が絵であるために、一字の大きさが初期の半分以下のものもあった。調査した作品について、【表1】に略記する。

表1 調査対象作品一覧

	作品名	成立	作者	板元	板型	半丁当りの行数・字数	本文丁数
Ⅰ期	出類題	安永2	不詳	不詳	小本	7行13–16字／行	45
	口拍子	安永2	軽口耳祓	聞好舎	小本	6–7行15–18字／行	57
	鯛の味噌津	安永8	大田南畝	遠州屋	小本	6行11–13字／行	52
	無事志有意	寛政10	立川焉馬	上総屋利兵衛	中本	9行28字／行	42
	馬鹿大林	寛政13	桜川慈悲成	大和屋久兵衛	小本	8行10–18字／行	38
Ⅱ期	東都真衛	享和4	三笑亭可楽	岩戸屋喜三郎	小本	8行18–22字／行	19
	一雅話三笑	文化頃	曼亭鬼武	蔦屋重三郎	小本	7行16–19字／行	33
	百生瓢	文化10	瓢亭百成	柏屋半蔵	小本	8行21–22字／行	18丁半
	身振姿	文化11	三笑亭可楽	村田屋次郎兵衛	中本	8行16–18字／行	24丁半
	屠蘇喜言	文政7	桜川慈悲成	丸屋文右衛門	中本	8行23–27字／行	26丁半
	ますおとし	文政9	林屋正蔵	西村屋与八	中本	9–10行 行当不定	13丁半
Ⅲ期	笑話之林	天保2	林屋正蔵	西村屋与八	中本	9行28–30字／行	14丁半
	百歌撰	天保5	林屋正蔵	西村屋与八	中本	15行 行当不定	上下17
	春色三題噺	元治元	春廼家幾久	不明	中本	8行20–25字／行	15丁半

第7章 ［相の類］の役割を担った［体の類］　**177**

3. 分析

3.1 調査に現れた語数

　調査のおおよそは、国立国語研究所がおこなったと同じく、文節を基準とした「長い単位」*8 に拠った。ユレのある語形や音韻変化をおこす前と後の形を別語とするかどうかは、調査目的によって、その認定基準に幅が生じる。用字や用語の使用意識を知る調査には音訛形や語形のユレは位相差を知るための必要条件と考えるが、今回は全体的な語彙量を見るために、第二章よりも代表形がカバーする範囲を広くとった。したがって「来た」「来ちゃった」「来や（ア）がる」「来ない」「来ねへ」「来ません」「来ませぬ」などは「来る」に、「あんまし」「あんまり」「あまり」や「ちっと」「ちと」「ちょっと」も「あまり」、「ちと」にくくった*9。このようにして得た各作品の語彙数を【表2】に示す。14作品から得られた全数調査の語彙量は延べ語数34772語、異なり語数16927語である。

表2　調査対象作品に現れた語彙量（固有名を含む）

	出類題	口拍子	鯛の味噌津	無事志有意	馬鹿大林
延べ語数	2151	3396	1921	6188	2478
異なり語数	1114	1584	995	2667	1036

東都真衛	一雅話三笑	百生瓢	身振姿	屠蘇喜言	ますおとし
1534	1991	1386	1549	2349	1263
925	1093	745	882	1071	814

笑話之林	百歌撰	春色三題噺	計
1330	2765	4471	34772
911	1177	1913	16927

3.2 語彙量と概観

　語種と品詞性別の語数および割合は【表3】に示した。
　この一般語と固有名の語数を合わせたもの（①と③または、②と

178　Ⅲ　語彙からわかること

③）が、全体の総数になる。［語種］は和語と漢語、これらの複合語である混種語を項目とした。洋語は『馬鹿大林』の‘エレキテル’1語であったため、これを除いて洋語の項目は省いた。［品詞性］は国立国語研究所2004『分類語彙表』の区分にしたがった。

　［体の類］は名詞に、［用の類］は動詞に相当する。［相の類］は形容詞と形容動詞の語幹、副詞（様態、程度を表すもの）、連体詞などが所属し、陳述の副詞や感動詞、接続詞が［その他］である。

〔語種〕

　［語種］を見ると、和語・漢語・混種語の百分比は延べ語数で［82.2: 14.8: 3.0］、異なり語数でも［73.9: 20.2: 5.9］である。

　和語と漢語の差が、延べ語数にくらべて異なり語数でいくぶんか縮まっているが、これは、和語は同じことばがくり返し何度も使われ、漢語は使用の回数は少ないがその種類は多かったことを示す。野村2001aによれば、三遊亭円遊　嘉永3年〜明治40年（1850〜1907）の口演速記における和語と漢語、混種語の割合＊10が、異なり語数で［59.9: 26.5: 12.6］であるという。咄本にくらべ、和語の割合が減って混種語がふえているのは、明治期になって新しく生まれた語やいわゆる漢語サ変動詞の増加によると考えられる。

〔品詞性〕

　［品詞性］では、［体の類／用の類／相の類／その他］の順に、延べ語数の百分比が［55.4/29.1/10.9/4.6］である。

　同時代の洒落本を調査したものに彦坂佳宣1982＊11があるが、それによると『辰巳之園』明和7年（1770）、『傾城買四十八手』寛政2年（1790）の［体の類／用の類／相の類／その他］の百分比（延べ語数）が、前者は［55.0/29.3/10.8/4.9］、後者が［49.1/33.7/12.2/5.0］である。そこでは、結果について「洒落本語彙の一特色として、名詞（体言）語彙の多さがあげられるように思う。」（p.192）と解釈されている。副詞について若干区分に違いはあるが、咄本14作品の平均値と『辰巳之園』の割合はほぼ同値である。調査範囲に限っていえば、「〈体〉類の多さは、近世文芸作品の中で

第7章　［相の類］の役割を担った［体の類］　　179

きわだったものではないかと思われる」(同上)といわれる『辰巳之園』のような明和期の洒落本と、後期咄本の品詞性の割合は極めて近似する。

　固有名の現れ方を【表3】から見ると、咄本に現れた固有名は「秋葉」「飛鳥山」「両国」などの地名と「能因」「お七」「許六」などの人名、その他の店の名や神仏名などで、延べ語数886語、異なり語数561語だった。以下に例を挙げる。これは総延べ語数の2.5％、名詞語彙全体の4.7％にあたるが、洒落本の13％（総延べ語数に対して）、35％（名詞語総数に対して）に比較して極めて低い値である

表3　咄本14作品全体の延べ語数と異なり語数

		延べ語数（％）	異なり語数（％）
語種	和語	27838　(82.2)	6286　(73.9)
	漢語	5022　(14.8)	1718　(20.2)
	混種語	1026　(3.0)	497　(5.9)
	小計　①	33886 (100.0)	8501 (100.0)
品詞性	体の類	18745　(55.4)	6023　(70.8)
	用の類	9872　(29.1)	1390　(16.4)
	相の類	3708　(10.9)	878　(10.3)
	その他	1561　(4.6)	210　(2.5)
	小計　②	33886 (100.0)	8501 (100.0)
固有名	地名	245　(27.7)	150　(26.7)
	人名	501　(56.5)	307　(54.8)
	その他	140　(15.8)	104　(18.5)
	小計　③	886 (100.0)	561 (100.0)

（　）内の数字は各項目の小計を母数にした割合

　【表4】では、語種と品詞性の関わりを示したが、延べ語数では和語の［体の類］と［用の類］で、全体の約7割を占めている。この2種についで多く現れる漢語の［体の類］は14.1％と全体の2割に満たない。延べ語数、異なり語数ともに、和語の［体の類］

180　Ⅲ　語彙からわかること

［用の類］［相の類］と、漢語の［体の類］とで全体の９割を占める。

表4　語種と品詞性の関係（一般語）　　　　　　　　　　（延べ語数）

	体の類	用の類	相の類	その他	計
和語	13185	9667	3447	1539	27838
漢語	4772	—	234	16	5022
混種語	788	205	27	6	1026
計	18745	9872	3708	1561	33886

（異なり語数）

	体の類	用の類	相の類	その他	計
和語	3907	1347	826	206	6286
漢語	1677	—	39	2	1718
混種語	439	43	13	2	497
計	6023	1390	878	210	8501

4．考察

　前節からは、①品詞性の割合が明和期の洒落本に近似すること、②和語の［体の類］［用の類］［相の類］と漢語の［体の類］で延べ語数、異なり語数ともに全体の約９割を占めること、また③固有名が洒落本にくらべて極めて少ないことなどがわかる。そこで、ここでは各期における傾向と個別の作品傾向を検討する。

4.1　各期における品詞分布の検討

　【表5】は品詞性の割合をⅠ期からⅢ期までの期間ごとに見たものである。当然、文を構成する品詞性には用語や用字の選択ほどの顕著な差*12 は見られないが、わずかながらⅡ期に［体の類］と［相の類］の使用割合が高くなり、その分［用の類］が減っていることをうかがうことができる。

表5　各期の品詞分布（延べ語数）

	Ⅰ期	Ⅱ期	Ⅲ期
体の類	8555　（54.2）	5518　（56.4）	4672　（56.2）
用の類	4752　（30.1）	2669　（27.3）	2451　（29.5）
相の類	1690　（10.7）	1114　（11.4）	904　（10.9）
その他	797　　（5.0）	480　　（4.9）	284　　（3.4）
計	15794（100.0）	9781（100.0）	8311（100.0）

（　）内の数字は各期に現れた一般語の総延べ語数に対する品詞の百分比

　安永期（ここでいうⅠ期）の小咄とそれ以降の咄本（同様にⅡ期、Ⅲ期）を比較して、武藤1965では、「可楽も『東都真衛』はじめ多くの咄本があるが、すでに安永期のそれとは全く異質のものであって、表現の冗漫さと内容の空疎さが感じられる」（p.46）、「小咄が簡潔な行文から冗漫な一編の落語と化したことは天保ごろ高座で活躍した林屋正蔵の咄本になると一層はっきりと現れる」（p.47）という指摘がある。正蔵自身もまた、自分のはなしと以前のはなしが異なっていることは自覚し、口上で、次のように語っている（用例における振り仮名は必要な場合を除いて略した。以後も同様である）。

　　・ハイ、申上升　むかしからござり升落ばなしの本は　短ひばか
　　　りで　御なぐさみがうすふござり升ゆへ　わたくしが御座敷へ
　　　罷出まするせついたします　ちつともさし合なしのはなしを
　　　此度出板いたし　御高覧にそなへまする

（『ますおとし』ただの口上）

　正蔵は上で、今までのはなしは短くて面白みに欠けるから、自分たちが高座（座敷）にかけるようなはなしを披露するとしている。簡潔であった落咄が、長話になることで生じる「表現の冗漫さ」や「内容の空疎さ」などの欠点を補い、大衆に受け入れられるためには、巧みな話術や身振り手振りなどの工夫が必要だった。このようにして、安永期の「読む小咄」＊13には見られなかった表現や筋立てが、高座での「聞く小咄」に加味され、咄本に反映されていったと考える。

短い行文を長話に仕立てるには、「表現世界の広がりと特性を端的に表す」*14 といわれる［体の類］と、その［体の類］を修飾し、説明する［相の類］の増加が必要であっただろう。このような高座の咄が反映されたⅡ期、Ⅲ期の咄本では、量的にも種類的にも、多くの［体の類］が駆使されたと考えられる。例えば一話が５行から８行と短いⅠ期の作品では、登場人物の説明を「ばかな娘が有た」（『口拍子』47 ウ）と簡潔に描写しているが、Ⅱ期の『身振姿』では下のように、一人の女中の姿形を描くのに数行が割かれている。

・イヤ　女といへば　こんど表のさがみやへ来た女中は　べらぼうに身をしてあるくの。あいつもくどいたら、たてにかぶりをふるたちだ。そしてつらが芋だらけで　栗〳〵と　ふとつて、おまけに鼻が団子のよふだ。あいつァおゝかたお月さまの告子（もふしご）だろう
（『身振姿』朝がへり８ウ）

　用例からは、作者の興味の視線、つまり笑いの対象が、『口拍子』や『出頬題』ではその人物の言動にあてられ、『身振姿』では登場人物の姿形にあてられているようすが観察できる。この視線の違いがⅠ期とそれ以降との［体の類］の使用比に差を生じさせた要因の一つといえよう。

　また、Ⅱ期以降には、淀みのない口調と頓智に支えられた「物尽くし」の趣向が盛んになる。下に『東都真衛』の一部を引いたが、この例は、はなしの筋よりもことば遊びに重点が置かれていることを示している。

・いつ来ても　銭がなすびとおつしやつては　内へ帰つて　なんとわたしがもうそう竹なんぼはかなひでつちでも、あまりずいきのずいがへりでは　あれ三つ葉ぜりと　ちそのそしりもはつかしい
（『東都真衛』16 オ）

　Ⅰ期の安永小咄が次第に長話へと変化していったといわれる時期は［体の類］、［相の類］が増加したⅡ期と重なる。【表5】に現れた各期の品詞の分布傾向は、「小咄が簡潔な行文から冗漫な一編の落語と化した」と指摘する武藤1965の具体化された例と解釈できる。

　同様な傾向は固有名でもみとめられる。固有名は延べ語数でⅠ期

に340語、Ⅱ期に291語、Ⅲ期に255語現れた。これを各期の総出現語数から見るとⅠ期が2.1％、Ⅱ期が3.3％、Ⅲ期が3.0％になり、一般語の［体の類］の増加傾向と一致する。

　武藤1965では近世初頭の「物語」と「咄」の違いについて「何時、どこで、誰が、がすべて固有名詞で語られるのが物語」*15であり、限定的な笑いをもたらす固有名から脱却して、普遍的な笑いに推移したところに「咄」があるとする。『醒睡笑』で不完全ながらこの固有名から離脱した笑話は、明和の小咄本で一応の完成をむかえる。そのような『鹿子餅』や『聞上手』に代表される明和期の江戸小咄本に影響を受けたのが、南畝や、『出類題』『口拍子』の作者たちである。Ⅰ期に固有名が少ないことは、上のような「普遍的な笑い」を求めたⅠ期以前の小咄本の影響が指摘できよう。

　固有名がなくても、はなしの筋が了解できたのは、明和期や安永期に見られるような、短いはなしの場合である。Ⅱ期以降の長話では、錯綜するはなしの筋を明快にし、冗漫に流されやすいはなしに緊張感を与えるために、固有名の使用は欠かせなかったと考えられる。さらには、不特定多数の読者に具体的なイメージを共有させ、一つの固有名から作者の意図するイメージを連想させるために、固有名の使用は有効であったといえる。

4.2　個別の作品からの検討

　本節では上で見た結果を個別の作品における、量的側面から検討する。

　【表6–1】は作品の品詞性別語数を示したものである。［体の類］から［その他］までの（　）内数字は一般語総数（小計）における百分比を、固有名の（　）内数字は総出現語数における百分比を表す。延べ語数では『身振姿』の［体の類］と、『出類題』『鯛の味噌津』の［用の類］における使用の割合が高い。［体の類］がⅡ期以降に増加することと、『身振姿』において［体の類］が多く用いられる傾向はすでに見た。サゲのない長話が8話つづく『身振姿』では、筋の展開には不要な描写を、地口や滑稽味で膨らませていることが下の例からも見てとれる。

184　Ⅲ　語彙からわかること

表6-1　各作品の品詞性別語数（延べ語数）

	出頻題	口拍子	鯛の味噌津	無事志有意	馬鹿大林
体の類	1107　(52.2)	1840　(54.5)	956　(50.6)	3325　(55.4)	1327　(55.1)
用の類	696　(32.9)	1007　(29.8)	611　(32.3)	1745　(29.1)	693　(28.8)
相の類	232　(11.0)	347　(10.3)	246　(13.0)	558　(9.3)	307　(12.7)
その他	82　(3.9)	182　(5.4)	77　(4.1)	374　(6.2)	82　(3.4)
小計	2117 (100.0)	3376 (100.0)	1890 (100.0)	6002 (100.0)	2409 (100.0)
固有名数	34　(1.6)	20　(0.6)	31　(1.6)	186　(3.0)	69　(2.8)
総語数	2151	3396	1921	6188	2478

東都真衛	一雅話三笑	百生瓢	身振姿	屠蘇喜言	ますおとし
805　(55.3)	1089　(55.6)	735　(53.6)	910　(60.0)	1298　(56.9)	681　(56.7)
421　(29.0)	557　(28.5)	355　(25.9)	420　(27.6)	595　(26.1)	321　(26.7)
164　(11.3)	225　(11.5)	180　(13.1)	92　(6.1)	310　(13.6)	143　(11.9)
64　(4.4)	86　(4.4)	102　(7.4)	95　(6.3)	77　(3.4)	56　(4.7)
1454 (100.0)	1957 (100.0)	1372 (100.0)	1517 (100.0)	2280 (100.0)	1201 (100.0)
80　(5.2)	34　(1.7)	14　(1.0)	32　(2.1)	69　(2.9)	62　(4.9)
1534	1991	1386	1549	2349	1263

笑話之林	百歌撰	春色三題噺	計
730　(56.5)	1553　(58.4)	2389　(54.7)	18745
395　(30.6)	695　(26.2)	1361　(31.2)	9872
124　(9.6)	315　(11.9)	465　(10.7)	3708
43　(3.3)	94　(3.5)	147　(3.4)	1561
1292 (100.0)	2657 (100.0)	4362 (100.0)	33886
38　(2.9)	108　(3.9)	109　(2.4)	886　(2.5)
1330	2765	4471	34772

表6-2　各作品の品詞性別語数（異なり語数）

	出頻題	口拍子	鯛の味噌津	無事志有意	馬鹿大林
体の類	696　(63.8)	977　(62.3)	569　(58.4)	1729　(68.1)	707　(70.1)
用の類	250　(23.0)	355　(22.6)	234　(24.0)	506　(19.9)	180　(17.9)
相の類	114　(10.5)	173　(11.0)	131　(13.5)	225　(8.9)	90　(8.9)
その他	29　(2.7)	64　(4.1)	40　(4.1)	78　(3.1)	31　(3.1)
小計	1089 (100.0)	1569 (100.0)	974 (100.0)	2538 (100.0)	1008 (100.0)

第7章　［相の類］の役割を担った［体の類］　185

固有名数	25　(2.2)	15　(0.9)	21　(2.1)	129　(4.8)	28　(2.7)
総語数	1114	1584	995	2667	1036

東都真衛	一雅話三笑	百生瓢	身振姿	屠蘇喜言	ますおとし
621　(69.2)	741　(69.6)	474　(64.6)	638　(74.0)	674　(64.3)	527　(66.9)
155　(17.3)	173　(16.3)	147　(20.0)	159　(18.4)	193　(18.4)	172　(21.8)
92　(10.3)	106　(10.0)	87　(11.9)	52　(6.0)	150　(14.3)	62　(7.9)
29　(3.2)	44　(4.1)	26　(3.5)	14　(1.6)	31　(3.0)	27　(3.4)
897　(100.0)	1064　(100.0)	734　(100.0)	863　(100.0)	1048　(100.0)	788　(100.0)
28　(3.0)	29　(2.7)	11　(1.5)	19　(2.2)	23　(2.1)	26　(3.2)
925	1093	745	882	1071	814

笑話之林	百歌撰	春色三題噺
590　(66.4)	804　(71.3)	1334　(71.1)
178　(20.0)	183　(16.3)	344　(18.3)
91　(10.2)	109　(9.7)	150　(8.0)
30　(3.4)	30　(2.7)	49　(2.6)
889　(100.0)	1126　(100.0)	1877　(100.0)
22　(2.4)	51　(4.3)	36　(1.9)
911	1177	1913

・イヨウ、是は不男の参会がはじまつたの、こふ見た所ハ夏芝居
　の累といふもので、とふなすやかぼちやにめはながついてるや
　ふだ。うしろにゐるなァだれだ鬼安さんか、どふしてもおせわ
　やきが不男といふものだから。同気あいもとむるの、イヤ、又
　ひとりきた、是は　はや　いつれを見ても山家そだち、菅秀才
　のお身かわりに立よふといふ首ハ　一ッとつもねへ。したが各
　〳〵婦人の方は　思ひ切たと見へて手ぬぐひもそれはうはきな
　水あさぎたァいかねへの（下略）　（『身振姿』朝がへり７ウ―８オ）

　一方［用の類］が他の作品にくらべて多かった『出類題』と『鯛
の味噌津』では、下のように一話は短く、サゲもはっきりしている。
通常、起承転結に沿って語られる落咄では、はなしの筋は登場人物
の動作やテーマとなるものの動きによって進められることが多い。
　このような、主語としての［体の類］とその主語を受ける述語と

しての［用の類］で構成される文では、一つの文に最低一つの［用の類］が必要になる。したがって、短い文が多く現れれば、そこに使われる［用の類］も当然多くなろう。【表6-1】【表6-2】の［用の類］の数値はこのような、はなしの筋の展開が反映したものと解せられる。

　　・幽霊はなぜ鬼にまける　よくきけよ　ゆふれいでは目をまわし
　　　　鬼は人に喰われるそんなら　釈迦がかちそうなものだ　それ
　　　は天竺　めくりは江戸だ　　　　　　　　（『出類題』めくり16ウ）
　　・隠居、夜ばなしに行　かへる　モシ〰おてうちんをあげませ
　　　う　／隠居あたまをなで〱／　これにござります

　　　　　　　　　　　　　（『鯛の味噌津』挑灯7オ）／／は割書き部分

　三笑亭可楽の『身振姿』は［相の類］でも他と違った傾向を見せる。他の作品が「よい」「わるい」「ない」などを多用しているところを『身振姿』では「よい」と「ない」は合わせても8例にとどまる。これは「よい」と「ない」の14作品全体の使用量の2％である。「悪い」は「わりい炭」の1例しか見当たらない。また「美しい」「嬉しい」などの形容詞も殆ど使われていなかった。

　しかしながら、可楽が［相の類］の使用を避けたわけでないことは『東都真衛』の［相の類］が、全体平均（表3延べ語数比率10.9％、異なり語数比率10.3％）とほぼ同じであることからも知られる。『東都真衛』では形容詞だけでも「悪い、嬉しい、うるわしい、うまい、大きい、小さい、珍しい、こわい、よい、ひつツこい（訛）」など様々な語が使われている。可楽は通常のはなしでは［相の類］についてこれまでの使い方を踏襲し、高座で話すようにはなしたといわれる身振りばなしでは［体の類］に［相の類］の役割を担わせたことがうかがえる。読ませる咄か、聞かせる咄かという作者の意図が品詞性に影響を及ぼしたことが推察できる。

　例えば［相の類］によって、「醜い」「田舎くさい」と表現するところを「夏芝居の累といふもので、とふなすやかぼちやにめはながついてるやふだ」『いつれを見ても山家そだち、菅秀才のお身かわりに立よふといふ首ハ　一ッとつもねへ」（前掲『身振姿』7ウ―8オ）と［相の類］のかわりに、［体の類］を用いて比喩表現をとっ

ている。

『身振姿』の［体の類］、［相の類］の割合はこのような可楽の手法が実現された結果と考えられる。

［相の類］の使用率が高かったのは『鯛の味噌津』『百生瓢』『屠蘇喜言』である。この3作品では異なり語数も多く、量的にも種類的にも豊富な［相の類］が用いられている。特に『屠蘇喜言』ではその［相の類］の異なり語数の割合が高い。「さわやか」「けたたましい」など、14作品中『屠蘇喜言』のみに現れる語も見受けられた。

［その他］に含まれた語の多くは感動詞で、接続詞がこれにつぎ、「どうして」「なぜ」「きっと」などの副詞の一部が加わる。【表6-1】からは『無事志有意』『身振姿』『百生瓢』で［その他］の類の使用率が高いのがわかる。咄本では、「アイ」「ハテ」「ナニ」「モシ」などの感動詞が会話の文頭に使われる場合が多く、短い会話文が続けばこれらの感動詞の量は増加する。

『無事志有意』や『百生瓢』では「アイ」「ムヽ」「モシ」などがくり返し使われているが、異なり語数はさほど多くはない。【表6-2】の異なり語数からは、かえって延べ語数の割合が中程度の『口拍子』や『鯛の味噌津』、『一雅話三笑』で、異なり語数が多い、つまり様々な語が使われていることがわかる。

下に『口拍子』の「小僧白酒」の一話をひくが、これからも会話の一文が短いことと、会話の冒頭ごとに「ヤ」「サア」「モウ」「コリヤ」などの感動詞が使われていることとを見ることができる。

・ヤ　どこへ　貴様の内へ　ひな祭りの白酒のミに　ていしゆ「サア〳〵爰へと　ひなだなの徳利ふつてミれば　モウ皆にしたか　コリヤ小僧よ　山川屋へいて白酒五合買てこい　小僧「アイと出てゐたが　扨もどらぬハ　ヤイ　コリヤ　何してをるぞ　扨　此白酒が新店ゆへに　とんだ能酒で　そして直が安い　とほふもなく　はかりが多いと　徳利かたぶけ　コリヤきつふすくない　ヤイ小僧よ　道りて　ひまが入た　おのれ道で　呑だな小僧おつ声で　のんだがどふする

（『口拍子』小僧白酒48ウ）

『身振姿』で［その他］が多く使われた事情は上とは異なる。感動詞は 63 例と『身振姿』で使用された［その他］の語の 6 割を占めるが、その使用は会話文の冒頭だけでなく、はなしの途中にも現れる。『無事志有意』や『百生瓢』では登場人物の対話形式で、はなしが展開するため、会話冒頭の感動詞は、話者が誰であるかを示すのに重要である。一方、『身振姿』は一人の長口舌で一話を完結させるため、間合いとして挿入された感動詞が複数人物との対話場面を描くことに巧みに働いている。

- ヲヤどふしやう。ゆうやへ浴衣をわすれてきた。ちよつと子僧とつてきや。アレ旦那　子ぞうが、べかつこうをします。なんだと此つのだいしめヱ。ゆかたを持つけねへからたア。だれにいふ口上だ。(中略) それ　しかられたは。アレ旦那、また舌を出します。　　　　　　　　　(『身振姿』おかみさんに成はじめ19ウ)

4.3　作品全体に共通して使われる語からの考察

4.3.1　一般語

ここでは、各作品に共通して現れる語に着目し、咄本における特徴的な語を検討する。調査した作品に共通して使われた語は次の二つに大別できる。

(A)「調査したすべての作品にまんべんなく現れ、使用例が多いもの」

(B)「調査したすべての作品にまんべんなく現れるが、使用例は少ないもの」

調査した 14 作品に共通してまんべんなく現れた語（A）には、以下が得られたが、これは全体からみて極めて少ない数である。

［体の類］17 語、［用の類］19 語、［相の類］7 語、［他の類］4 語

最も使用頻度の高いものは［用の類］の「いう」の 802 例である。これに、「いる」580 例、「する」448 例、「ある」395 例が次ぎ、「こと」308 例、「それ」301 例等が続く。現代の書きことばの調査*16 では、「する」「いる」（または「なる」）が 1 位から 2 位を占め、咄本で最も使用頻度の高かった「いう」は 3 位である。野村

2001bによると明治期落語速記では「する」504例、「いう」497例、「ある」429例、「こと」408例の順に続く。咄本では「といえば」や「というゆえ」でストーリーを展開させることや、下の『口拍子』の例のように、はなしの顛末を「というた」と結ぶことが多い。このような使われ方が「いう」の使用度を高くしたと解釈できる。

- ・にハかの客に　吸物をこしらへ　下女をよび　コレ〳〵すい口ハないかといへバ　下女これハしたり　此間とつかへべいにやりました　　　　　　　　　　　（『鯛の味噌津』すい口　又8ウ）
- ・大ぜい「さてこそなア　おくのかたにて、大ぜいの女のこゑ「とつた〳〵〳〵トいふゆゑ　襖をあけて見たれバ哥かるた　　　　　　　　　　　　　　　　　（『百歌撰』曲輪の大詰19ウ）
- ・ひとり娘のぶら〳〵やまひ　お定りのうばや　うらどふて見やつたか。なる程、さま〳〵すかして見ましたれば、（中略）わたしが病気を直すのハ　お前様より外ないとほにあらハれて見ゆる。いしや殿も気を取のぼし　何が拠　なんなりとも　思召事があらばと　よりそへば　娘「女の口から　おはもじながら此ふミを　おとゞけなされて　といふた　　　　　　　　　　　　　　　　　　　　（『口拍子』恋やみ63オ）

　このように、（A）に属する語は、人の活動上必要な語であって、作品のジャンルに関わりなく現れる。咄本でいえば、咄の筋の展開に極めて重要な語といえる。

　咄本における特徴的な語を見るためには（B）の「調査したすべての作品にまんべんなく現れるが、使用は少ない」ものを見ることが有効と考える。以下では主に（B）に属する語を取り上げ品詞性の面から検討していく。

［体の類］
　〈洒落本と異なる語の出現　―「酒」「女房」「旦那」〉
「まんべんなく現れる」作品の幅を14作品から13作品までの間に設定し、各語の使用率（使用例数／作品数）の下位1/2を取り上げた。例えば［体の類］で14作品から13作品に現れる語は24語

である。これを使用率順に並べ、12位から24位までを「作品に共通してまんべんなく現れるが、使用は少ない」語と捉えた。以下［用の類］、［相の類］もほぼ同様な方法をとった。［体の類］で（B）に属すると思われる語には以下のようなものがある。

（　）内数字＝（左数字；使用例数、右数字；使用率％）

「今日」（69、5.31）、「皆」（60、4.62）、「気」（64、4.57）、「時」（56、4.31）、「はなし」（55、4.23）、「口」（51、3.64）、「上」（51、3.64）、「目」（50、3.57）、「こ　こ」（49、3.50）、「酒」（43、3.31）、「声」（44、3.14）

時や位置を表す「今日」「時」「上」「ここ」や身体名称の「口」「目」などの他に、「声」「酒」「はなし」「皆」などが作品に共通して使われていることが注目される。「酒」は洒落本では遊里の飲食場面や、男女の駆け引きに使われているのにくらべ、咄本では、次のように、酔った失敗や、金のない者のささやかな楽しみを描く素材に使われている。

・神田辺を　折助が酒によつて千鳥足を　子供がはやして　ヱヽ
　なまゑいやい　べらぼうめ笑ふを　　　　　　　（『無事志有意』10オ）

・どふだ権八　替る事もねへか　ヲヽ能きたな　サアあがりやれ
　ムヽあがるか一ツはい呑せるか　酒を買うにも　銭が一文ねへ
　が　質くさもなし　　　　　　　　　　　　　　　　（同上25オ）

また洒落本では使用が中程度だった「女房」「旦那」が、咄本では使用が増えて（A）と（B）の境界周辺に現れている。その一方で、洒落本に多く現れた「客」「女郎」などは10作品ほどにしか現れず、使用が見られない作品もあった。

［用の類］〈逆転の笑いを誘う待遇表現・卑近な無筆の失敗談に現れる「書く」〉

14-13作品に使われ、その使用が下位1/2のもの

「やる」（104、7.4）、「知る」（91、6.5）、「取る」（82、5.9）、「入る」（71、5.1）、「買う」（66、5.1）、「立つ」（63、4.9）、「書く」（62、4.8）、「申す」（65、4.6）、「くれ」（59、4.5）、「持つ」（55、4.2）、「置く」（52、3.7）

真田信治1977によると「各語彙調査における使用頻度の高い
30語」（p.118）では、使用頻度20位あたりから調査対象の特殊性
が現れるという。例えば、婦人雑誌では裁縫用語の「つける、かけ
る、あむ」が現れ、商家の主婦の話しことばでは「あげる、いくら、
ちょーだい」などが現れるという指摘がある。野村2001aでも出
現度数の小さい「こまる」を調査対象作品の特徴が見られるものの
一つとしている。

　そこでこころみに、真田1977、野村2001aで頻度が高いとされ
る語*17に下線を引いてこれを除くと、「申す」「くれ」などの待遇
表現に関わる語や、「置く」「書く」「立つ」「買う」などの語が現れ
てくる。

　咄本では僧侶や侍の失敗、江戸以外の土地から来た人間（田舎
侍・下男）の言動を笑いの種にすることが多い。そのような場面で
は待遇表現を使用することで、登場する人物間の社会的地位の格差
をきわだたせ、その上で上位者の失敗による形勢の逆転を笑うこと
ができる。また無知な人物にわざと丁寧な言い方をさせて滑稽味を
だしたり、ぞんざいな言い方で下位のものが上位のものを笑ったり
する場面では、これらの待遇表現に関わる語が巧みに使われるさま
を見ることができる。咄本では無筆の失敗談も数多く見られる。こ
れらは読者に卑近な笑いとして歓迎されたが、そのような場面で用
いられた「書く」も咄本の特徴を示す語ととらえられよう。

・もし旦那様へ　此手跡を御らうじませ「ドレさて〰読にくい
　書やうだ「イヽヱ　仏といふ字を　大篆字とやらでハかう書と
　申ました　ぬからぬ兒で　サレバ　感応寺てハさうハかゝぬ

（『一雅話三笑』15ウ）

［相の類］〈読者の関心を引く程度を表す語―咄本の特色〉
14作品から11作品に現れる語のうち下位1/2のものを挙げると、
次のような語が得られる。
　「まず」（53、4.1）、「早い」（45、3.8）、「大きい」（43、3.6）、
　「かの」（33、2.8）、「とんだ」（28、2.3）、「おもしろい」（25、
　2.5）

［相の類］と［その他］では（A）に属する語は極めて少なく、
［相の類］6語、［その他］8語である。上位には［相の類］では
「ない」「よい」「わるい」などの形容詞と「この」「どう」などが、
［その他］では「コレ（呼びかけ）」「ハテ」や「イヤ」「モシ（呼び
かけ）」などが現れる。時期的な特色や咄本としての特色が見られ
るのは、上の語よりも頻度が低い「はやい」（45、3.8）や「大き
い」（43、3.6）、「とんだ」（28、2.3）などであろう。これらは程
度性のはなはだしさを表し、読者の関心を引くことのできる語であ
る。

　［その他］　14作品から11作品に現れる語のうち下位1/2のもの
は以下である。
　　「サア」（51、4.5）、「そこで」（49、3.8）、「なぜ」（52、3.7）、
　　「マァ」（43、3.6）、「コウ（呼びかけ）」（18、1.6）
『江戸語大辞典』（前田勇編）では「ぞんざいな呼びかけの語」と
いわれる「こう」が、14作品のうち12作品に現れ、時期的な特徴
を示している。
　・さる大家にて、進物に鯉を貰ひ。池の中へはなしますと。彼鯉
　　緋鯉にむかひ「コウ、貴様達ハ　年中。金魚屋の目高とまじわ
　　つて。気がねへじやアねへか。此方等ハ江戸川そだちの。紫鯉
　　　　　　　　　　　　こちとら
　　だ　何所へ住ても。引を取のじやアねヘト。尾に尾をつけてゑ
　　ばる（下略）　　　　　　　　　　　　　　（『春色三題噺』中3オ）

4.3.2　固有名

14作品に共通して現れた固有名は見当たらなかった。
最も多くの作品に現れたものでも下のような数語に留まる。
　　「日本」6作品16例　「浅草」6作品16例
　　「江戸」5作品23例　「吉原」5作品21例
　　「両国」4作品6例
　人名は「お七」（1作品11例）や「伝吉」（1作品16例）のよう
に、一つの作品に集中して現れるケースが多く、複数の作品に使わ
れたのは次の語だけである。地名にくらべ、現れた作品の数は極め

て少ない。

　　「菊五郎」2作品6例　　「猿丸太夫」2作品6例

　　「弁慶」2作品6例　　　「八兵衛」2作品6例

　　「梶原」2作品5例

　「梶原」「弁慶」は古典作品の登場人物であり、歌舞伎の登場人物として一般に知られた名前であったろう。「菊五郎」は当時の評判役者である。「猿丸太夫」は百人一首の歌人として当時も周知の名であり、天智天皇を遊郭の大侭に見立て、その幇間に猿丸太夫を配することは、読者に違和感や不自然さを与えなかったと思われる。このような人名を用いることで、読者は登場人物への説明がなくとも、その人物像におおよその察しがつく。古い時代の名前を題材に用いることで、社会風刺を禁じた幕府の目を逃れることもできたと考えられる。

　次に挙げた正蔵の口上からは、百人一首の登場人物や歴史に現れた人物を、パロディー化する手法が常套であったことをうかがえる。

・今より四拾年ばかりむかし　寛政はじめのころ　山東京伝　芝全交　両先生の合作にて百人一首おどけ講釈といふ　おもしろい草双紙が　ございました　又其後　信友三笑亭可楽が作に小倉山曲輪の大詰と申ス咄が　ございますを　是をとり彼を補ひ　又今年の新板といたしまして　噺好の御方様へ　高覧に入れますと　高座で申ス通りわかり安く申上ます　そのため口上さやう　　　　　　　　　　　　　　（『百歌撰』まじめな口上）

　同様に地名は「浅草」や「両国」、「深川」（いずれも3作品12例）、「品川」（3作品6例）の名前を示すだけで、場面の背景が想起できる利点を持っていたといえる。

5．まとめ

　以上、後期咄本に現れる語彙について量的側面を中心に考察した結果、次のようなことがわかった。

①和語・漢語・混種語の使用量の割合では、延べ語数に比べ、異なり語数における和語と漢語の占める割合の差が縮まる。

―和語は繰り返し使われる一方、漢語は使用頻度は低いが豊富
　　な種類によって読者の関心をひきつける役割を果たした。

②延べ語数、異なり語数ともに、和語の［体の類］［用の類］［相
の類］と漢語の［体の類］とで、全体の９割を占める。固有名に
は地名・人名・店名・神社・神仏が現れる。
　―地名や人名などの固有名を用いることで、冗長に流れやすい
　　咄に興味を持たせるとともに、場面背景を容易に想起させて
　　余分な説明を省くことができた。

③各時期における品詞性の使用状況は、Ⅱ期、Ⅲ期の［体の類］
と、［体の類］を修飾する［相の類］の割合が増加していること
がわかる。
　―「読む小咄」は「聞く小咄」の要素が加味されて咄が長話に
　　変容する。短い行文を長話に仕立てるために［体の類］が駆
　　使された結果の増加であろう。

④三笑亭可楽の『身振姿』では［相の類］が殆ど見られず、［体
の類］に［相の類］の役割を担わせている。
　―「不器量な女」で済むところを「つらが芋だらけで　栗〳〵
　　と　ふとつて、おまけに鼻が団子のよふだ」と描写すること
　　で、具体的な姿をイメージさせて笑いを誘う工夫がなされた。

⑤14作品に共通してまんべんなく現れた語は［体の類］17語、
［用の類］19語、［相の類］7語、その他4語と極めて少ない。

⑥14作品に共通して現れた固有名は見当たらない。
　―最も多くの作品に現れたものでも「日本」6作品16例、「浅
　　草」6作品16例、「江戸」5作品23例、「吉原」5作品21例、
　　「両国」4作品6例にとどまる。
　　　人名は「菊五郎」2作品6例、「弁慶」2作品6例など、さ
　　らに少なくなる。固有名の使用は登場人物への説明がなくて

第7章　［相の類］の役割を担った［体の類］　　195

もおおよそ察せられる上に、古い時代の名前を使うことで社
会風刺を禁ずる幕府の目を逃れられる等の利点もある。地名
も「浅草」や「両国」など名前を示すだけで読者がイメージ
を喚起できたための使用であろう。

6. おわりに

以上、後期咄本に現れることばについて量的側面を中心に概観し、
ことばの位置づけと咄本の資料的な価値を考察した。今回は品詞性
からの分析を主にしたが、語種の面からの分析や作品ごとのことば
の詳細な検討が必要と考えている。また、今回精査できなかった作
者の属性からの考察が今後の課題になる。

＊1　湯澤幸吉郎 1954、松村明 1957、小松寿雄 1977 他。田中章夫 1983 では
「以上、いくつか眺めてきたように、宝暦期の資料は、まだ文語臭がかなり強
く、引用されている会話も、元禄のころと同様に、上方語を基調としている。
ところが、つぎの明和期に入ると、上方的な色彩は、次第に弱まり、江戸語ら
しい用語や表現が、はっきりとみられるようになる。」（p.267）という指摘があ
る。
＊2　小松寿雄 1985　p.6
＊3　江戸学事典　p.430 他
＊4　延廣 1986　p.158
＊5　『噺本大系』16 書目解題 p.363
＊6　『噺本大系』9 書目解題 p.322
＊7　『噺本大系』15 書目解題 p.346
＊8　国立国語研究所 1995
＊9　ただし「おまえ」「おめへ」など別語に扱ったものもある。
＊10　野村雅昭 2001a p.6
＊11　以下に調査の方法を抜粋する。品詞性の分類において、副詞の扱いが若
干異なるがほぼレベルの揃った比較ができる。「今、江戸会話体洒落本の完成
をみたものの一つ『辰巳之園』明和 7 年（1770）と主情的傾向をきざし始める
時期の『傾城買四十八手』寛政 2 年（1790）を試みに文節単位に区切り、自立
語について品詞別の比率を出してみると、概算して体言の占める率は右の順に
55.0％と 49.1％、動詞は 29.3％と 33.7％、形容詞・形容動詞・副詞・連体詞
の類が合わせて 10.8％と 12.2％、残りを感動詞・接続詞の類が占める」（p.192）

＊12　第Ⅴ部第13章では「ませ」と「まし」の使用が享和期から文政期の間に
使用の優勢と劣勢が交替すること、第Ⅰ部第2章では固有名の交ぜ書きがⅡ期
からⅢ期に急増することを指摘した。

＊13　「読む小咄」から「聞く小咄―落語」については、武藤1965　p.41

＊14　彦坂1982　p.193

＊15　武藤1965　P.15

＊16　「現代雑誌九十種の用語用字」の使用率順語彙表では1位から3位が順に
‘する／いる／いう’「婦人雑誌の用語」では‘する／なる／こと’「総合雑誌の
用語」では‘する／いる／いう’である。

＊17　林四郎1974のA1（極めて幅が広く、深さも深いもの）および国立国語
研究所1997の「テレビ放送語彙調査　Ⅱ」の語彙表を参照した。

第8章

時間の表現を越える「日にち」の語彙

「明後日 御出」
（あさつて　おいで）

1. はじめに

　第7章の計量的な調査によって得られた全体的な傾向の結果をうけ、本章ではより具体的な語彙を取り上げて考察する。時を表す語彙は、はなしの筋を展開する上で重要な役割を果たす。また、時に関わる語彙は、前章でも指摘したように、調査対象作品に共通して現れる語彙であり、言いかえれば、日常頻繁に使われる語ということができる。また語彙の調査は、当時の人々の関心を知るために有効である。例えば彦坂佳宣1982*1によると、洒落本における語彙には［体の類］が極めて多く、かつ、遊里社会での役割や外的容姿と道具類の語が集中して現れることが報告されている。すなわち、洒落本の読者の興味や関心が、遊里という狭い社会における限られた人々の性格や外見、着る物や食べ物などにあったことが察せられる。

　そこで本章では第7章で計量的な分析によって得られた「作品に共通して現れる」語彙のうちから「日にち」を表す語彙を考察の対象として取り上げる。そこから読者の時に対する興味や関心の一端を知ることが本章のねらいである。

　さて、明後日の翌日と翌々日を表す語形が、西日本と東日本では「シアサッテ→ヤノアサッテ」と「ヤノアサッテ→シアサッテ」と言うように、逆の構造を示していることはよく知られている。『日本言語地図』*2の編纂に携わった徳川宗賢は、これを「相手の出身地を知らずに「シアサッテに会おう」などと約束するのは危険だということである。」と解説する*3。このシアサッテとヤノアサッテは東西対立の典型的な例といわれるが、では『日本言語地図』が調査されたよりも以前の江戸時代後期、これらの「あさって」、「しあ

さって」他、「日にち」を表す語彙は咄本において、どのように現れるのかを、調査結果を元に述べる。『日本言語地図』は、1957年から1965年にかけて調査・地図化されたもので、インフォーマントは1903（明治36年）以前に生まれた男子である。当時の高年層の中には幕末に生まれた人々もあったと考えられるから、「日にち」の語彙の出現状況は咄本Ⅲ期の末と時期が重なるものもある。『日本言語地図』から幕末の語彙の使用について、その一端を知ることができよう。まず、「日にち」に言及する江戸時代の資料から見ていく。

1.1　江戸時代の資料から　『かたこと』『浪花聞書』『御國通辞』

かたこと

江戸時代初期、京都の俳人であった安原貞室は「乳母も付けずに育てた一子の言語矯正の為」に『かたこと』慶安3年（1650）の一書を執筆したといわれる。その中にも「日にち」を表す語彙についての言及がある。本書は名目上、愛児の言語矯正に資するためとされるが、おそらくは当時の京都周辺の訛語、俗語、方言の収集、及び規範を示すことが目的であったろう＊4。貞室は「きのふを　きんのう　きによう」「おとゝひを　おとつい」というのはいかがかとしている。つまり、「きのう」を「きんのう」や「きによう」といい「おとゝひ」を「おとつひ」というのは誤用と考えていたわけだが、これからは当時、京都周辺では「きんのう」「きによう」「おとつひ」の使用があったと解せる。

浪花聞書

後期咄本のⅡ期に相当する、文政期に作られた『浪花聞書』文政2年（1819）には「をとつい　一昨日也　江戸でおとゝいとなまる」との項がある。

上からは貞室が生きた江戸時代初期には、京都では「おとゝひ」が規範形だが、化政期になると上方では「おとつい」が、江戸ではこれに対応する語に「おとゝい」が、一般的な語として通用していたことがわかる。

物類称呼

　化政期には「日にち」のうち、「一昨日」の語形において東西の対立が存在していたと考えられるが、これを溯る安永4年（1775）に越谷吾山があつめた『諸国方言　物類称呼』には「日にち」に関わる語彙が見当たらない。俳諧の世界の語としては「今日」の前後の名称に関心が薄かったとも、また吾山の周辺に記載すべき特徴的な語が見いだされなかったとも思われないが理由は不明である。

御國通辞

　方言書としては南部藩の『御國通辞』寛政2年（1790）に江戸常用のことばと南部藩のお国ことばを対比させたものがある。上欄江戸には「四あさつて」が、下欄には「やのあさつて」の記載がある。おそらく勤番の侍が江戸で聞いたものであろうから、寛政期には現今と同様江戸の中心では「しあさつて→やのあさつて」であったと察せられる。

1.2　現代の資料から　『日本言語地図』

　では、この東西の「日にち」の語が現代ではどのように分布するかを『日本言語地図』から見ると、「おととい」276図、「きのう」278図、「きょう」280図、「あした」282図、「あさって」284図、「しあさって」285図、「やのあさって」286図などがある＊5。「おととい」276図は西ではオトツイ類が、東ではオトトイ類＊6が現れ、『浪速聞書』の記載と合致する。以上を参考に、次のように調査をおこなう。

2.　調査概要

　調査した語は「今日」の前後2日間と「しあさって」「やのあさって」である＊7。そのうち「しあさって」と「やのあさつて」「やなさつて」は見いだされなかった。咄本では「一昨日」から「明後日」までは「おとゝい」「おとゝひ」「おとつい」「きのふ」「けふ」「あした」「あす」「あさつて」の形で現れる。「おとゝい」と「おとゝひ」の仮名遣いの違いが、調査結果に影響を及ぼしてい

るようすは見られなかったため、最終的には統合した。

　「おとゝい」は総計9例、「おとゝひ」はⅠ期に1例、Ⅲ期に1例の計2例である。

　この「おとゝひ」は語源が意識されたための表記とも解釈できるが、殆どが湯澤幸吉郎の言う「行きあたりばったり、どんな方法であっても、その音が現れさえすればよいのである」*8と捉えられる随意の表記と思われる。「おとゝひ」「おとゝい」については、3.2.4で述べる。

　調査した項目の中で、もっとも多く現れたのが「きのふ」と「けふ」である。

　「きのふ」では『片言』に挙げられた「きんのふ」と、「もっと丁寧に言う」（『聞上手』）時に使われるとされた「昨日（さくじつ）」を併せて調べた。

　「あす」「あした」では「あした」は朝の意味で使用されることもあるため、これは別項目として「あす」（翌日）、「あした」（翌日）、「あした」（朝）の3語について調査した。

　なお、「あさつて」と「おととい」に関しては具体的な日にちを指すのではない、慣用的な使用が見られたので、これも別項目として考察を加えた。

　調査した作品の中では「しあさって」「やのあさつて」「やなさつて」など明日の翌々日を表す語を見い出すことができなかったため、調査結果の項目は今日の翌々日の「あさつて」、翌日の「あした」「あす」及び今日の前々日の「おととい」「おとつい」である。

　参考資料として咄本のⅡ期にあたる文化6年（1809）から文化10年（1813）に出板された式亭三馬の『浮世風呂』を調査し、その結果を付した。

　ことばに対して鋭敏であったといわれる三馬の「日にち」に関する語彙も、おおよそ咄本と同様な結果である。咄本で見うけることのなかった「しあさって」「やのあさつて」「やなさつて」も同じく見い出すことができなかった。

3. 全体の概況と考察

3.1 全体の概況

　調査は後期咄本259作品について調べたところ、1006例の「日にち」に関わる語が得られた。各期における出現数は以下のようであるが、これは単に現れた語形の合計数に過ぎない。各語形の詳細は3.2.1以降で述べる。

　「日にち」を表す語は、Ⅰ期では一作品に3.8語、Ⅱ期には同様に4語、Ⅲ期には3.9語現れる。各期を通じておよそ一作品に4語の「日にち」に関わる語が現れたことになる。

表1　各語の出現数＊9

	Ⅰ期	Ⅱ期	Ⅲ期
あさつて（慣用句）	9	0	2
あさつて	3	2	1
あす	74	35	12
あした（朝の意）	10	3	3
あした（翌日の意）	32	15	6
けふ	346	162	77
きのふ	109	61	15
さくじつ振り仮名	4	1	6
おとゝい（慣用句）	2	3	0
おとゝい	2	1	1
おとゝひ	1	0	1
おとつい	1	0	0
他	5	1	0
出現例数	598	284	124
調査作品数	156	71	32

「他」としたものは以下の語である。
　　Ⅰ期（他）　さきおとゝし1　おとゝし4
　　Ⅱ期（他）　さきおとゝい1

第8章　時間の表現を越える「日にち」の語彙　203

Ⅲ期（他）該当例なし　　＊浮世風呂　おとゝし　先一昨日（さきおとつひ）

　調査した『浮世風呂』では、現れた「先一昨日」2例ともに「さきをとつひ」の振り仮名が振られている。振り仮名には読解の補助のために振られる他に、読みを指定する場合もある。町芸者か料理屋の娘と思われる女性たちの会話に使われる「さきおとつひ」は三馬が「さきおとゝひ」ではなく「さきおとつひ」を意図して読ませたものであろう。

　以下、引用例には句読点を施し、必要と思われる振り仮名は（　）内に示した。

> ・はゝ「はの字　何の咄だ　はね「あのの　先一昨日（さきをとつひ）の晩の、　ヲヤ、先一昨日（さきをとつひ）と云ちやア、最う去年（きよねん）だのう。去年（きよねん）と云ふととんだ久しい様だが、大卅日（おほみそか）と元日と夜（よ）が明た計（ばつかし）で、去年もをかしいぢやアねへか
>
> 　　　　　　　　　　　　　　　　　　　　　　　　　『浮世風呂』三編上

3.2　考察

　調査の中でもっとも多いのは「けふ」と「きのふ」である。この出現数の多さについては、3.2.3で述べる。次に多いのが「あす」「あした」の語だが、後期咄本に現れる「日にち」を表す語の範囲は「一昨日」から「翌々日」までと短期間に限られている。

　はなしの中に「日にち」を織り込む場合には、直近の「けふ」「きのふ」以外は「一昨日」「明々後日」のような「日にち」を表す語や何年前、何日前というものよりも、おそらく「神田川出水（でみず）に」（『鹿の子餅』）、「七つから起きて、琉球人を見物に」（『青楼育咄雀』）、「吉原の女郎　善光寺の開帳へ」（『寿々葉羅井』）のような出来事を挙げることで、読み手は場面の「時」を知ることができたためであろう。またそのような時事（際物）を織り込むことで、読み手の興味を引く技法の一つとも考えられる。言いかえれば、読み手はそのような出来事と、それを踏まえた笑いに興味を持っていたと捉えることができる。

　初めの神田川出水は明和9年の台風、津波のことを指すとされ、

琉球人の見物は寛政2年の琉球使節団が来日した際のはなしとされる。また「吉原の女郎　善光寺の開帳へ」は安永7年の6月から7月に回向院で催された出開帳のことである。当時の人々はそのはなしがいつのことであるかを合点して読んだと思われる。

・神田川出水に、筋違の薪こと〜〳〵く流れるを、柳原の乞食
　川端へ出て居て　鳶口に引掛け　ながるる薪を引上ぐれば　た
　ちまち乞食が薪屋になり　薪屋が乞食になつた

『鹿の子餅』明和9

・客「昨日　高輪まで七つから起きて　琉球人を見物に行つた
　大きに帰りに押されてくたびれた　なんのおもしろくもなんと
　もない（中略）やつはりとうじんだから、まつりのとうじんの
　ようなものさ。あれより、としま丁のまつりのとうじんが、り
　つぱだ　女郎「としま丁とやらのまつりにでるのが、よふおざ
　んすかへ。どうしたモンタねへ。りうきうじんとやらハ、とう
　じんがせうばいでいながら　　　　　　　『青楼育咄雀』寛政5

・吉原の女郎、善光寺の開帳へ　だいさんにかぶろを一人まいら
　せけるに　参詣して帰り　アイまいつて参りました　ヲ、、よ
　くいつてきてくれたの　そして如来さんハどんなだや　アイ立
　ておいでなんした　わたしとあのみどりどんのやうに、両方に
　二タ人りついてゐさんした　そしておきやくハ　アイ　おきや
　くさんハ三つぶとんで　ねてゞござんした　『寿々葉羅井』安永8

　また、「刹那の笑い」を取り上げることが笑話の特徴であるため、「現在の笑い」に主眼が置かれることが多かったと考えられる。このことも、「日にち」の語彙の種類が少ないことの一要因と察せられる。

3.2.1　【あさつて】

　明日の翌日を表す語としての「あさつて」が6例、慣用的な用い方で11例が得られた。Ⅰ期の明和から寛政に至る時期の出現が最も多く、これは明日の出現傾向とも似通う結果だった。『日本言語地図』のアサッテの項目も東西の違いは見られない。

　肥後の永田直行によって編まれた『菊池俗語考』（嘉永7年）＊10

には「アサツテトハ　明去而ノ約ナレハ是モアサツテノ日ト云ヘ
シ」とある。永田は国学を修めた人物とされるが、おそらくこの記
述も、以前からの書物を踏襲したものであったろう。

　辞書は前代の先行する辞書内容を踏襲することが多い。そのため
記載のすべてが当代のものと確定はできないが、知識人が持つおお
よその認識と察することができる。「あさつて」の語が広範に使わ
れ、標準的であったことが知られよう。

・彼でつちに、早々元服させ　娘と見合せんと　日からをゑらみ
　娘にとくと言聞せ　母親ハこよミ持出、さいわいと、あさつて
　がよい日じや。あさつての晩に盃さして、婚礼のかためをした
　がよいといへバ　　　　　　　　　　　　　　『立春噺大集』安永5

・あきんどらしきおとこ来かゝり、コレ風やさん。此ころハねつ
　からよこしてくれねへの。どふもこまりきる。あすハやけんぼ
　り、あさつてハ御せんさ、さつはりとねへ、どふぞちつとでも
　よこしてくだせへ　　　　　　　　　　　　　　『正月もの』文化3

・イヤ、子僧どん。あさつてハお礼の御供ハきさまだろう。こと
　しやア　あんまり糀町で、ぞうにをくわねへがいゝぜへ

　　　　　　　　　　　　　　　　　　　　　　　『身振姿』文化11

「あさつて」の語は上のような通常の用例以外に、慣用的な使わ
れ方が多く見られる。出現の数も、後者の使用の方が11例と多く、
Ⅰ期では通常の使用の3倍である。

　内容にはおおよそ二通りがあり、一つ目は「来るな」の意味で用
いられるもの、二つ目は「紺屋の明後日」*11という諺を下敷きに
した「約束はあてにならぬもの」の意である。

　以下に示す（a）と（b）は「二度と来るな」の意味であろう。
ただし双方の場面や事物には紺屋や染めをはなしに絡ませ「紺屋」
＝「明後日」が、一つながりになって読み手にイメージされている
ことがわかる。さらに（b）と（c）は、紺屋の商売である「染め」
を連想させ、面倒なことを言う注文主（客）に「二度と現れるな」
という意味と「あてにはならぬ約束」をする商売筋の女性の意味の、
二層構造になっていると捉えられる。

　この段階で読み手には時間そのものへの関心より、客を撃退しよ

206　Ⅲ　語彙からわかること

うとする「朝顔」へ興味・笑いの対象があったことがわかる。この朝顔の咲き分けに対する注文は、他にも『おとぎばなし』（文政5）、『面白草紙噺図絵』（天保15）、『笑種蒔』（安政3）他に類話がある。無理な注文には「あさつて」、つまり来るなと断る意気が江戸で好まれたためと解せる。(d)は上方のはなしであるが、「紺屋あさつて」の意味から説明がされている。

(a) 紺屋の若いしゆ、夜なべに、伸したり畳だり、緘る包むところへ、蚰蜒（げぢ〳〵）が出ると、一人ハ嫌ひで迯る。一人ハ息で吹く。一人ハ紙をかぶせて包ミ、ひんねぢて、格子の間から外へ投る。明後日（あさつて）来い

『飛談語』安永2

(b) 貴公様（きかうさま）にハ、めづらしい朝がほを御所持とうけ給りました。どふぞ拝見いたしたふ御ざります。（略）詞にしたがひまして、花が咲ます斗でござる。御目にかけませうと、石台にむかひ、とんと手をたゝいて、むらさきを頼むといへバ、はつと、むらさきの花がひらく。又手をたゝいて紺をたのむといへバ、また紺の花が咲。客、よこ手を打て、是ハきめう。とてもの事に、今一輪とのぞむ。亭主、又手をたゝき、しぼりハどふじやといへバ、朝がほ、ふり帰りて、明後日（あさつて）御出（おいで）

『芳野山』安永2

(c) 御好次第あさかほ咲せ所と、かんばんをみて、内へはいり、るりこんが望てこさる。成ほど御目にかけませうと鉢うへのつほミを出す。直（じき）にさく。

是ハきめう。紫と赤とハ。成ほどゝ又咲せる。けんぼうと遊せん染＊12ハな。それハあさつて　　　『茶のこもち』安永3

(d) 紺やのおやじが、コリヤ長吉。チトとくゐまわりしてこい。まゐ日きいてゐる様に、モシ先から、いつできるといふたら、あさつて〳〵といへ。こうやあさつてといふならわしじや。丁稚「ハイといふて、方々へ行。下女「これ〳〵でつちさん。わたしのまへれ、そめにやならんが、コチへあさつてお出といへば。　　　『軽口筆彦咄』寛政7

3.2.2 【あす・あした】

当代のことばを写すことの多い『浮世風呂』では、翌日についての語は「あす」が3例であるのに対し「あした」は6例である。おそらく化政期にはすでに話しことばとしては「あした」が一般的になっていたのであろう。

一方咄本では「けふ　きのふ」を除けば圧倒的に「あす」が多い。この傾向はⅠ期からⅢ期まで同様である。他の「日にち」を表すことばが5例から6例を上回らないのに比し、咄本Ⅰ期では「あす」が74例出現している。これは作品数がⅡ期に比べ2倍であることに加え、「あした」が「朝」を表す場合もあったためであろう。文語的傾向があるといわれる咄本では、朝と翌日の両方の意味を持つ「あした」より、翌日には「あす」の語が選択され易かったことによると考えられる。

表2　「あす」「あした　翌日」「あした　朝」の時期的使用の割合

	Ⅰ期	Ⅱ期	Ⅲ期	合計
あす	74（61%）	35（29%）	12（10%）	121
あした　朝	10（62%）	3（19%）	3（19%）	16
あした　翌日	32（60%）	15（28%）	6（11%）	53

＊左数字は用例数、右（　）内数字はⅠ期からⅢ期の使用合計を母数にした各期の使用の割合

【表2】からは各語ともにⅠ期が極めて多く、時が経つにつれて使用が減少していくようすがわかる。朝の意味で使われる「あした」はⅡ期、Ⅲ期ともに19%で変化が見られないが、Ⅲ期の「あす」と翌日の意の「あした」はⅠ期の使用の割合の約1/6に減少している。

また、各期における「あす」「あした　朝」「あした翌日」の使用の割合は、【表3】のようである。

表3　各期の使用の割合

	Ⅰ期	Ⅱ期	Ⅲ期
あす	74（63％）	35（66％）	12（57％）
あした　朝	10　（9％）	3　（6％）	3（14％）
あした　翌日	32（28％）	15（28％）	6（29％）
合計	116	53	21

＊左数字は用例数、右（　）内数字は、各期の「あす」
　「あした　朝」「あした翌日」の使用合計数を母数にした
　各語の使用の割合

　「あした」は古くは今日の夕方の「夕べ」に連なる次の朝を指す
ものであった。ところが、「あした」が次第に次の日の朝から午前
中いっぱいへ、そして翌日全体を指すように意味が敷衍化していっ
たことにより「あした」＝「翌日全体」を指すようになったのであ
ろう。

　「あした」（朝）と「あした」（翌日）が同音衝突した場合、一方
が消失していく、または棲み分けが起きるのは自然である。朝の意
味の「あした」は次第に書きことばの世界での使用になり、翌日全
体を「あした」とすることが増えていった。ただし、翌日全体は
「あす」が存在したため、翌日を指す場合は「あす」より一段くだ
けた「話しことば」の表現として「あした」が使用されたものと思
われる。

　現在の「常用漢字表　付表」（2010）では、小学校で学習するも
のとして特別な読みをする熟字訓に「明日　あす」が記載され、
「あした」は載らない。

　『浮世風呂』に現れる「あした（朝）」も2例ともに古くからの歌
の引用で、当代の使用ではない。また「あす」の語も改まった言い
方や丁寧な話しぶりの中での使用、古歌を引いての使用である。

・傘屋の六郎兵衞さんが亡たさうだネ　金「ヤレ〵氣のどくな
　源「金兵衞さん、おまへもおいでなさるだらう　金「久しい馴
　染だから供に立ませう。葬礼は翌（あす）の何時だネ　源「お
　ほかた四つでござりませう　　　　　　　　　　　　　前編下
・ばんとう「なぜまた盆〵ゞと云ますネ　甘「あれは唱哥によ

つて盆〳〵と云來つたのさ　むた「ばんとうしらずか。盆
〳〵〳〵はけふ翌（あす）ばかり、あしたは嫁のしほれ草、と
いふ唄がある　ばんとう「なるほど　廿「おそらくはあの哥は盆
唄の始だらうテ。夫をいろ〳〵に和したものであらう

四編上

同様に咄本の中でも、「あした」を朝の意味で使うのは、序に当
るものや話中の文語的な部分などであり、元旦の意のものが多い。

・青陽あらたまる年とるはじめのあしたにハと、万歳が日も永々
とうたふにつれ、人のこゝろもゆつたりと　『ますおとし』文政9

・春霞棚引そめし朝（あした）より、吉々と三笑亭可楽（みたび
わらふてたのしむべし）とハ、彼福神の詫言（たくせん）にて

『十二支紫』序　天保3

・かミなりとくひ付なりと、なされて下されまし「ヲヽヲ引　息
「ハイ〳〵御承知でござり升か。さやうならやりまするでござ
りませふト講釈（略）引かへして勝負あれといふ声をたれなる
らんとふり返り見れバ、春のあしたの河風に、さそふくつはの
音ハりん〳〵

『千里藪』弘化3

3.2.3 【けふ・きのふ】

調査したもののうち、最も多く現れたのが「けふ」（585例）と
「きのふ」（185例）である。共にⅠ期が最も多く、「けふ」ではⅠ
期が59％、Ⅱ期が28％、Ⅲ期が13％、「きのふ」も同様に59％、
33％、8％と時期が下るにしたがって、使用は減っていく。「けふ」
「きのふ」の出現が多かった理由に、はなしの冒頭に使われて、話
題の導入の役目を果たすことが一つの定型になっていたためであろ
う。これは、はなしが比較的短いⅠ期に顕著である。

・御能　　けふ大屋様のかわりに、御のうはいけんにいつたよ。
そいつハいゝな。おのうといふものハ、どんな事をする

『徳治伝』天明7

・から木　　けふさる所で、めづらしい木を見てきた。それハど
のやうな木じや　　　　　　　　　『鯛の味噌津』安永8

・女郎「きのふ向嶋へいきんしたが、いつそおもしろうありんし

た　客「とうだ。何が気に入だの　女郎「いつそおもしろくあ
りんしたハ
『柳巷誂言』天明3

・きのふ、ともよか内へ寄て見た。サテ珍らしい事。此ころハ力
持にもいでず、隙だそうで、内にはじきをして遊んで居た。
（略）よく〳〵ミれバ、さゞいからをはじいて居た
『管巻』安永6

・けふ両国へいつたら、珍らしいものを見升た
『無塩諸味』文化頃

「昨日」を「さくじつ」と読む例はⅠ期に4例、Ⅱ期に1例、Ⅲ
期に6例が現れる。また「今旦」（『塩梅余史』寛政11）に「けふ」
の振り仮名が、「昔日」（『笑の種蒔』天明9）には「きのふ」の振
り仮名が振られる例も見られた。

江戸時代初期の『かたこと』の中で貞室は「きのふを　きんの
う」と言うのはいかがかとしているが、Ⅲ期の天保6年刊の『東海
道中滑稽譚』に「きんのう」が現れる。本作品は東海道の宿場に因
んだ小咄を集めたものだが、三保の松原伝説をもじった笑話に「き
んのう」が現れる。これは当代の使用ではなく、漁師に下紐を盗ら
れた海女が、田舎ことばをむき出しにしてはなす場面での使用であ
る。「きんのう」を使うことで、田舎じみた流行遅れの海女を表現
したと考えられる。

・なぜ、ふんどしの番をしてゐねへのだ。なんにしろ、ひろつた
のだから、かへすこたアならねへ　ヤレハア、むごつちけねへ
こんだア。昨日（きんのう）〆切新田の背なアに、かつてもら
つた一トすぢの下紐（ふんどし）。それがなくちやア　家業の
道もたえるくれへだア　　　　　　　　『東海道中滑稽譚』天保6

3.2.4　【おととい・おとつい】
次に昨日の前日の言い方について見ていく。ここで取り上げるの
は後期咄本の中に「おとゝい」と「おとつい」の語形が双方ともに
見られるか、俗にいわれる「おとゝい来い」のような慣用的な表現
が作品の中に現れるかどうかである。
現れた例は「おとゝい」と「おとゝひ」、及び「おとつい」の3

種類である。「おとゝい」と「おとゝひ」の出現には目立った環境の違いは見られない。

　「そりやきこへませぬ才三さん。おまへとわたしがそのなかハ、きのふやおとゝひや、さきおとゝいのことかいなア」(『妙伍天連都』文化 8)＊13 のように「おとゝひ」「さきおとゝい」が一つの文中に現れるものもある。

　十返舎一九が、語源といわれる「遠つ日」に基づいて「おとゝひ」にしたとすれば、そのこと自体は説明がつく。しかしその直後に続けて「さきおとゝい」と不統一なことからは、一九が語源意識に基づく表記を遵守しようとしていたとは考えにくい。語源に対する意識はすでに薄れて忘れられつつあったか、またはそこまでの配慮はなく「同じ音であればよい」という気随な「い」「ひ」の使用であったかと思われる。

　東西対立の例として取り上げられる「おとゝい」と「おとつい」は前者が 6 例、後者が I 期に 1 例である。また『浮世風呂』には同一場面に「先一昨日（さきおとつい）」が 2 例見られたのみである。

　I 期の「おとつい」は虎渓山人序　蔦屋重三郎板の『独楽新話』に現れるもので、作者・板元ともに江戸である。虎渓山人の来歴は不詳といわれるが、その名はおそらく虎渓三笑＊14 に因んだものであろう。学識のある者と察せられ、当時にあってもペダンチックな使用ではなかったかと思われる。使用数と使用者からは、江戸では既に「おとつい」の使用は消失したといえる。

　・産ハ生死のさかいといふが、扨々おとついから、子が足を出して居て　どふしても生れず。祈祷に護符に百度参り

『独楽新話』天明 8

　『浮世風呂』の「先一昨日（さきをとつひ）」に対応する「さきをとひ」「さきをとゝい」は見られない。「おとゝい」「おとつい」については「おつてへ」「おとてへ」の音訛と「一昨日（いつさくじつ）」の 3 例があった。

　この「先一昨日（さきをとつひ）」は、ことばの講釈好きな娘が周りから煙たがられるはなしの中に、二度現れる。

　三馬は『浮世風呂』の中で学問好きな女を揶揄した話をいくつも

212　　III　語彙からわかること

差し挟んでいる。これもその一つである。その場合、三馬は女性の知識を表現するために「さきをとつひ」を用いるのが適当と考えたのであろう。

- はゝ「はの字　何の咄だ　はね「あの　先一昨日（さきをとつひ）の晩のヲヤ先一昨日（さきをとつひ）と云ちやア　最う去年（きよねん）だのう　去年と云ふととんだ久しい様だが大卅日と元日と夜が明た計（ばつかし）で　去年もをかしぢやアねへか　はゝ「なんだな。おめへの咄はいつでもくだらねえ事計（ばつかし）云ふよ。かんじんの用向はいはずに去年の講釋か。エヽ、じれつてへ　　　　　　　　　　　　　　　　『浮世風呂』三編上

音訛が現れた場面は、まだ年若な芸者の会話で、他の箇所でも連母音の融合形が多く現れている。

- 丁度八ツに歸（けへ）つたはな　さみ「わたしもそちこち八ツ前（めへ）だつた　ばち「むり酒をのんだから是みな。いまだに目が腫ぼつてへよ　さみ「道理（どうれ）で色が悪（わり）い（中略）ばち「今うめたもすさまじい。まだあついからうめや。おいねへ三助だのう（中略）アレサ、まんがちな。コウ、お三味さん。おめへ一昨日（おとてへ）何所へ行た　さみ「芝居へ　ばち「フウ、お客とか　さみ「ナアニ櫻丸（さくらまる）で。　　　　　　　　　　　　　　　　　　　　　　　　二編巻上

二つ目は棒手ふりの魚売りが、青物屋と商いについて話す場面であるが、この会話は、上の例よりもさらにぞんざいなことば使いである。この魚屋は小松寿雄1985が指摘する「下級職人と変わらない」*15人物であり、おそらく音訛を矯正できない階層の者と思われる。

一般に、音訛の含まれる語は普通の語より、一段崩れた言い方であり、遠慮や改まりの意識が希薄な場面で現れる。親しい間柄の女性が、気の置けない会話に多くの音訛を交えてはなし、魚屋が自分と同じような階層の仲間と符丁を加えてはなす中に「おとゝい」の音訛形が現れる。これは「おとゝい」が市民の生活に密着していたことの表れと思われる。

- 賣れるかイ　勝「いかねへ。コウ聴つし。先刻からナ、無躾な

がら、此ぼくねんじんにつかまつて、みじめエ見るぜ。エヽ、とほうもねへ（中略）納りやア　悪（わり）いナ傳「何も賣物（うりもん）がねへからナ。まんざら遊（あす）ぶもこけこけとして居るシ、四日市（よつけへちイ）まはアつて、此様（こん）なものを買て來たア。へ、聴つし。一昨日（おつてへ）は鰹（かつう）が頭で　　　　　　　　　　　　　　　　　　　四編中

　本調査では、後期咄本の中に「おとつい」は、殆ど見られなくなったということと、『浮世風呂』のように、「おってへ」などの音訛が現れることから、すでに「おとゝい」が一般の人々の常用する語であったと指摘できる。

　また後期咄本や『浮世風呂』に現れる「おとつい」の使用は、医者に関わるはなしや知識をひけらかす人物に用いられ、知識層が使う、いささか古めかしいことばという意識があったかと考える。

　次によく知られる「一昨日　来い」の類はどうであるかを見る。これも「明後日　お出で」と同様、「来るな」を意味する慣用的な表現であるが、調査範囲ではI期に2例（A、B）、II期に3例（C、E）が現れた。II期の3例は全例が上方のものである。またI期は、ともに内裏での類話である。

A　大内にて、関白、大中納言はじめとして、月卿雲客なミ居給ふ所へ、蜘蛛落けり。帝、ゑいらんありて、あれハ何といふ虫にやと御たづね。右大弁罷出、これハ哥にもよミ候さゝがにと申上る。おそろしくたくましき虫なり。はやくしりぞけよとのみことのり。右大弁ひたたれの袂をしぼり、扇をひらき蜘蛛をのせ、みはしの元に出て扇をはたき、一昨日（おとゝい）参内　　　　　　　　　『芳野山』安永2

B　大内のしゝん殿へ、けぢ〳〵出たれば、公家衆、もつてのほかさわぎ給ふ。一ト人リの公家衆、鼻紙にてそつとつまみて、築地の外へ打すて、おとゝい参内　　　『寿々葉羅井』安永8

C　そりやきこへませぬ才三さん。おまへとわたしがそのなかハ、きのふやおとゝひや、さきおとゝいのことかいなアイヨうまい〳〵と、ほめてくれねへか。おれがこのおんせいでハ、女がまよつてくるはづだが、はやくまよつてくれ

るといゝに、まちどほしい。そのかはり、だれでもいいから、たのミます 『妙伍天連都』文化8

D 紺屋へ持つて参じましたりや、何ともいはずに、一昨日（おとゝい）こい〳〵といふて戻しました

『花競二巻噺』文化11

E ハテ、合点のいかん。紺屋の明後^{ママ}（あさつて）ハ聞へたが、一昨日（おとゝい）来いとハ。マア誰に渡した　ハイ。誰しや知らんが、縮伴一枚て乞喰のよふな人でムりました

同上

F ハハア、ソリヤおとゝい来いといふはづじや。蜘^{ママ}でかなあろぞ　　　　　　　　　　　　　　　　同上

「一昨日」を「いつさくじつ」と読んだものは、次のように2例現れる*16。状況を知るために長めに引く。

・ちつとまつてくれろ。おらハこゝの旦那衆から、ゑゝ物を貰つたからちよつと礼と礼によらずバなるまいと、八をかど口にまたせ置キ、内へはいつて、ハイ、権でござりやす。きのふハお忝ふございやす。御礼にまいりやした。アイ、おかミさんへも宜うと言すてゝ門へでれバ、コレ権や。今聞てゐるに、おのしやアマア、物のいゝやふもしらねいの　ナゼそふいふ　ハテ、旦那衆へ、きのふ抔トいふハ、横平だによ。重てもあるもん。きのふといふことを、いんぎんにいわふならバ昨日（さくじつ）とさ。まつといんぎんな所でハ、一昨日（いつさくじつ）ハ有がたふございますと。 『聞上手』安永2

　物を知らぬ鳶の会話であるが、「きのう」は横柄であるから、慇懃に「昨日（さくじつ）」と言うべきであり、さらに丁寧に言うなら「一昨日（いつさくじつ）」と言うのがよいと物知り顔にはなす場面である。

　ここでは「昨日（さくじつ）」のほうが「きのう」より改まっており、「一昨日」のほうがさらに改まり度が高いと考えていることへの失笑である。

　「一昨日（いっさくじつ）」と「昨日（さくじつ）」が同日に扱われており、鳶職のような階層では「一昨日（いっさくじつ）」はお

第8章　時間の表現を越える「日にち」の語彙　215

およそ理解語彙でも、使用語彙でもなかったことが察せられる。

後期咄本の調査範囲内では「一昨日（いつさくじつ）」は上の例と以下に記す『落語の吹寄』明治18年（1885）のみである。花見見物の会話で「とんだ花見でおきのどくでございました」「さぞおこまりでしたろふ」「ごどふようニ」と丁寧な物言いが続く中での「一昨日（いつさくじつ）」であるが、オチは「ありやアきのふじやアありませんぜ　ホンニさやう。アノだんごやハ、ことゝひでした」と「おととい」と「言問い」が掛けてある。

明治期にも「いっさくじつ」は丁寧でいささか気取った表現であり、一般的には言問団子のオチで笑える「おととい」が常用の語であったことが知られる。

　・辰さん。一昨日（いつさくじつ）ハとんだ花見でおきのどくでございました　ナアニ、わたくしよりやア、おまへさんがサゾおこまりでしたろふ。イアはや、ごどふよふに、げこれんハそこへいっちやアつミハありませんね　ほんとふにそうでございますよ。熊さんもふだんハいゝ人ですが、すこしやりすぎると、あれが十八ばんでこまりますのサ（中略）モシ熊さん。ありやアきのふじやアありませんぜホンニさやう。アノだんごやハ、ことゝひでした　　　　　　　　　　　　　　　　『落語の吹寄』明治18

なお作者の柳家小さんは安政4年生まれの三代目小さんと思われる。新作であれば幕末から明治半ばでも「いつさくじつ」はいささかペダンチックな言い方であり「おととい」が読み手である江戸の人々のことばであったといえる。

4．おわりに

後期咄本に現れる「日にち」に係わる語を考察した結果をまとめれば以下のようである。

1）調査した明和期から明治期までの咄本、259作品の中からは「しあさつて」「やのあさつて」のような「明後日」の翌日を表す語彙は見い出せなかった。

この結果からは、後期咄本の読者にとっての関心は、「おととい」

から「あさって」のごく限られた短期間の言動であったことがわかる。これは笑話というものが、利那の出来事を取り上げて笑う文芸であることと、年月日による「いつ」よりも出来事（際物）とそれに関わった人物の言動に主眼が置かれたことによると思われる。

　2)「あさって」については後期咄本では一貫して「あさつて」であり、東西の違いも見られない。九州で書かれた辞書『菊池俗語考』（嘉永7）にも「アサツテトハ　明去而ノ約ナレハ是モアサツテノ日ト云ヘシ」とある。前代の説を踏襲することの多い辞書の記載からも「あさって」の語が古くから広範に用いられ、標準的な語であったことがわかる。
　この「あさって」には一般的な会話の他に、「二度と来るな」を意味する慣用的な表現が、通常の意味の例とほぼ同数現れた。
　このような慣用的な表現が多数見られることからは、「あさって」の語が生活に密着していたことがわかる。

　3)「あす」「あした」については、「あす」は翌日を、「あした」は朝を指す場合と、翌日を指す場合が見られた。ただし、後期咄本では翌日の意味では圧倒的に「あす」が多い。これは朝と翌日の二つの意味を兼ねる「あした」よりも、古くから存在する「あす」の方が意味も単一であるため、選択しやすかったことに因ると解せられる。後期咄本の保守性が新奇なものにすぐには移行しないようすを見ることができる。
　では「あした」は消失傾向にあったかというと、これは書きことばにおける朝の意味で生き残り、棲み分けをしたといえる。翌日の意味の「あした」は以前から存在する「あす」によって、話しことばとして用いられるようになったことが見て取れる。保守的な傾向の強い咄本では「あす」が翌日の意味で多用され、朝を意味する「あした」は書きことばの分野で、翌日を意味する「あした」は話しことばの分野で使われるという棲み分けがなされたことがわかる。現代の常用漢字表の付表にも「明日　あす」が記載され、これは後期咄本の「あす」に連なるものといえる。

4)「けふ・きのふ」の使用は他の「日にち」を表す語彙と比べて極めて多い。これは「けふ大屋様のかわりに、御のうはいけんにいつたよ」、「けふ両国へ行ったら」「けふ　さる所で、めづらしい木を見てきた」のように「けふ・きんのふ」がはなしの冒頭に用いられて、導入の表現に使われたためと解せられる。

5)「おととい」は「あさって」と同様、慣用的表現に多く見られた。「二度と来るな」と直截的に言うよりも「おとゝい　お出で」「あさつて　お出で」の方が笑話の婉曲表現として江戸の人々に好まれたためである。「あさって」と同様、慣用表現としての「おとゝい」の使用は、その語が庶民のことばとして定着していることを意味する。

東西対立の例とされる「おととい」に対応する「おとつい」はⅠ期に１例のみの出現で、この時期江戸ではすでに見られなくなっていたと思われる。『浮世風呂』に現れる「さきおとつひ」も、講釈好きの娘のことばである。「おとつい」の語は江戸では見られたとしても、知識をひけらかすような種類の人に限られていたこと、そして「そのような人物が使う」ことばであると理解する読み手たちがいたことがわかる。また『浮世風呂』では「おとゝい」には「おとてへ」「おつてへ」のような訛音も現れる。このことからは「おととい」が江戸市民の常用の語として、馴染みのある、頻用の語であったことが見て取れる。

さらに「おととい」を「一昨日（いつさくじつ）」とする例がⅠ期とⅢ期に各１例現れる。Ⅰ期では「昨日」「一昨日」を「さくじつ」「いつさくじつ」とよむのは、非常に改まり度の高い場面であると非教養層（『聞上手』では鳶職人）に感じられていたことがわかる。

Ⅲ期の明治に入ってからの使用は、上品な会話に「一昨日（いつさくじつ）」が現れる。話の結末は「「きのう」ではない、なるほど（団子屋は）「言問い」であった」と「おととい」に掛けたオチがつく。笑いの素材として「こととい」＝「おととい」が用いられていることからは、「おととい」の語が根底にあることに因るといえよ

う。

　語彙の考察は、そのような語彙が出現する作品の受け手が何に関心をもち、納得しているかを知ることに有効である。笑話は刹那の文芸であり、哄笑したのちにすぐに消えていく文芸である。それとともに、市民生活に密着した出来事（際物）がはなしの中に多く現れる文芸でもある。語彙の研究には語彙項目の拡充とともに、体系的な調査が必要である。それとともに、今回調査から外した「きのうの晩」のような範囲の深度をますことや、江戸と上方との関係を知るための方言からのアプローチ、未だ上方語的要素の強い江戸前期の「日にち」を表す語についての調査など、検討すべき課題は多いと考える。

＊1　「洒落本の語彙」『近世の語彙』
＊2　国立国語研究所編　全6巻1966–1974
＊3　徳川宗賢1979 p.36
＊4　執筆の動機については、白木進1974、白木進編1976及び白木進・岡野信子1979に詳しい。
＊5　ここでは「〜の晩」は省いた。
＊6　東京東部にオトツイ系がわずかに見られる。
＊7　基本的調査には国文学研究資料館作成の大系本文（日本古典文学・噺本）データベースを利用した。
＊8　湯澤1954 p.4
＊9　用例数の中には上方板80例も含まれる。
＊10　『菊池俗語考』永田直行撰　自序に嘉永7年（1854）稿了の記載がある。
＊11　染物は天候に左右されるため、仕上がりの期日は定まらない。「明後日には」と言い逃れることから、約束が当てにならぬことをいう。
＊12　『面白草紙噺図絵』では兼房小紋、幽禅染とある。
＊13　十返舎一九作　村田屋治郎兵衛板
＊14　「盧山記」の中に慧遠のもとを訪れた陶淵明と陸修静の三者が語らって笑い、興に乗じて所や時を忘れ、禁足にしていた虎渓の橋をわたってしまった故事による。
＊15　小松寿雄1985 p.167
＊16　なお「明日」を「めうにち」とするものは『笑府袷裂米』（寛政5）、『庚申講』（寛政9）、『題掛鎖』（文政9）の3例がある。また「明後日」を字音読みしたものは見られない。

IV

上方語的要素を脱却していく語法

目的とあらまし

　後期咄本が刊行された時期は、江戸語から上方語的要素が漸減し、江戸語が江戸語として独自の発展を遂げる時期とおおよそ重なる時期である。

　第Ⅳ部では上方語的要素の衰退と江戸語が確立していく状況が、咄本にどのように反映されたかを、語の運用面から明らかにしていく。

　第9章では後期咄本に現れるハ行四段動詞と形容詞連用形のウ音便を問題にする。江戸時代初期、すでにウ音便形と促音便形が東西で対立していることはロドリゲスの『日本大文典』に記載がある。ただし、江戸においてウ音便が皆無だったわけではない。現代でも「お暑うございます」のような丁寧な挨拶語の一部には使用が残っており、これからは、江戸においてもウ音便形は相当量使われていたと察せられる。それではなぜウ音便形が次第に挨拶語などの一部分を残して江戸語から衰退したのかを考えると、ハ行四段動詞のウ音便形の使用は、自己の品位保持や知識の披瀝のために多く用いられていることがわかった。形容詞のウ音便形も同じく、自己の品位保持を目的とする場面や接客のための丁寧な言い方に使われる傾向が見られる。また「ござる」と接続することが多い形容詞のウ音便形は、古さや格式ばった言い方として咄本における登場人物の類型化に用いられ、衰退を加速させる。これを承けて程度副詞に働くものや順接の仮定条件節に現れる場合が増えると、ウ音便形の形容詞は独立した形容詞から修飾語に機能を変化させる。その結果、ついには丁寧語を構成する要素へと、役割を縮小するに至る。ウ音便形が丁寧な場面で使われる言い方として今日まで続く側面と、勿体ぶった言い方で使用が敬遠され衰退していく側面とに分かれていったことを後期咄本の使用から論じる。

　第10章では、移動性動詞に接続して方向や目的を示す格助詞「へ」と「に」に着目する。噺本全体の分析からは、江戸時代前期に両用の使用が拮抗していたことを除けば、明和以降幕末まで「へ」の使用が優勢であったことがわかる。また作者や場面からの

分析では、改まった座敷咄や文人作家の作品には「に」が多く、寄席で大衆を相手にする作者は「へ」を使用する傾向が見られる。このことから、文語的で堅い感じのするものには「に」が、口語的で砕けた感じがするものには「へ」が用いられる傾向があったと指摘できる。

第11章では原因・理由を表す条件節について、上方語的要素を持つ表現が衰え、江戸独自の表現が盛んになる過程を明らかにして、その消長の要因を考察する。

保守的傾向の強い咄本から伝統的なホドニやニヨッテが消失した事実は、これらの表現が江戸市民の日常語から完全に払拭されたことを意味しよう。こうして化政期以降、急増したカラは江戸語の特徴的な条件句をつくる助詞として、その地位を確立する。天保以降ノデが抬頭するが、客観的事実を陳述するに留まるノデには、急激な使用の拡大は見られない。これは会話で笑いを誘う咄本では、客観的説明を担うノデの使用機会が少なかったためと考えられる。また落し咄に特徴的な、結末を言いさす形にカラが採用された理由についても考察する。

第9章

ハ行四段動詞と形容詞のウ音便形
共通語へつながる江戸語のウ音便形

1. はじめに

　江戸時代初期、キリスト教の布教を目的に来日したJ. ロドリゲスは、『日本大文典』（1604–1608）の中で「'三河'（Micaua）から日本の涯にいたるまでの'東'（Figaxi）の地方では、一般に物言ひが荒く、鋭くて、多くの音節を呑み込んで発音しない」(p.612)*1と東西のことばの違いを述べているが、ハ行四段動詞の音便形についても、次のような記載している。

> Narai（習ひ）、Farai（払ひ）、Curai（喰らひ）などのやうに、Ai（アひ）に終る第三種活用の動詞では、Atte（アって）に終る書き言葉の分詞形を用ゐる。例へば、Farŏte（払うて）、又は、Faraite（払ひて）の代りに Faratte（払って）、Narŏte（習うて）の代りに Naratte（習って）、Curŏte（喰らうて）の代りに Curatte（くらって）、Cŏte（買うて）の代りに Catte（買って）といふ
> （土井忠生訳版 p.613）

　上からはすでにハ行四段動詞のウ音便形*2と促音便形が東西で対立していることが知られる。ただし、ウ音便形がまったく見られなかったわけではなかろう。上のロドリゲスの観察はハ行四段動詞についてであるが、現代でも形容詞のウ音便形として「お暑うございます」「お恥ずかしゅう存じます」など挨拶語や丁寧語の一部には使用が見られる。これからは、江戸においてもハ行四段動詞、形容詞のウ音便形はある程度使われていたと察せられる。ではなぜウ音便形は一部を残して江戸のことばから消失していったのか。

　ここではこの形容詞のウ音便形、及び形容詞に先駆けて江戸では使用が衰退したといわれるハ行四段活用動詞のウ音便形について、後期咄本における使用の実際を明らかにする。

225

上方的要素が強いといわれるウ音便形のうち、なぜ江戸語・東京語からは殆どが消失し、一部丁寧な言い方にのみ残ったのかについて、その要因を考察する。

2. 先行文献と調査方法

2.1 『日本大文典』『日葡辞書』の記載

　形容詞のウ音便については、ロドリゲスの『日本大文典』「第一種及び第二種の形容動詞に就いて」附則四に次のような説明がある。

・これらの動詞を含む二つの又はそれ以上の句が、時や法を同じうしながら意味の上では無関係に連続してゐる場合には、第一句又は初めの数句の動詞が ǒ（アう）、ô（オう）、ǔ（ウう）、Ni（に）―書きことばでは初の三つが Qu（く）となる―に終る語根をとって、最後の句の動詞が、この種のものであらうと、他の種の動詞であらうと、活用した形をとらねばならない。（略）例へば Ichidan medzuraxij yenoco, que nagǒ, yuqino gotoqu xirô, me curô, cauo icanimo airaxijuo cureta（一段珍しい狗児、毛長う、雪の如く白う、目黒う、顔如何にも愛らしいを呉れた。）　　　　　　　　　　（土井忠生訳版 p.347）

　また「‘三河’（Micaua）から日本の涯にいたるまでの‘東’（Figaxi）の地方では、一般に物言ひが荒く、鋭くて、多くの音節を呑み込んで発音しない。」と東国のことばについて言及し、形容詞と動詞についての観察が記されている。

・Xiroqu（白く）、Nagaqu（長く）、Mijicaqu（短く）などの如く書き言葉の Qu（く）に終る形を用ゐる
・Narai（習ひ）、Farai（払ひ）、Curai（喰らひ）などのやうに、Ai（アひ）に終る第三種活用の動詞では、Atte（アって）に終る書き言葉の分詞形を用ゐる。例へば、Farǒte（払うて）、又は、Faraite（払ひて）の代りに Faratte（払って）、Narǒte（習うて）の代りに Naratte（習って）、Curǒte（喰らうて）の代りに Curatte（くらって）、Cǒte（買うて）の代りに Catte（買って）といふなどそれである。　　　　　　　　（土井忠生訳版 p.613）

226　Ⅳ　上方語的要素を脱却していく語法

これらからはすでにウ音便形の使用に東西の地域差があったこと
がわかる。同様に『日葡辞書』（1603–1604）においても動詞はウ
音便の連用形、終止・連体形が見出しの項目にされており、室町末
から江戸初期にはウ音便形が普通に用いられ、関東では都のことば
とは違って形容詞では原形が、動詞では促音便形がとられていたと
見なされていたことが知られる。

2.2　先行研究

　ハ行四段動詞のウ音便形についてその発生の要因を扱った論文に
は桜井茂治1966、北原保雄1967がある。江戸語全体としては湯
澤幸吉郎『江戸言葉の研究』（1954）の「第八項　ワ行ア行五段活
用動詞（促音便形・ウ音便形）」に次の記述がある。

　　・「て」「た」等が付いて長音となるもの〔従来ウ音便と称したも
　　　の〕は江戸では一般に行われなかったが、通人・通り者などと
　　　いわれたものや、一部の商人などの間には用いられることも
　　　あって、作物に次のように現れる*3。

　同書の形容詞の項目では形容詞の下に「ございます」「ございま
す」「ございやす」「ございやす」「ごぜんす」、および「存じます」
が付く時には「─う」の例が現れることが挙げられている*4。ま
た稀に副詞的に下接の用言・活用連語を修飾することや、話し相手
の子に対しては「おふきう」といい、自分の子については「おふき
く」と答えていることを取り上げて「特に丁寧な言い方として「─
う」の形を用いたものと思われる」（p.281）との指摘がある。

　個々の作品からウ音便形の性格を考察したものには、次のような
ものが見られた。まず室町時代末期から江戸時代初期におけるハ行
四段活用動詞のウ音便形を扱ったものには、蜂谷清人1971および
同1978があるが、そこでは『天草版金句集』『天草版平家物語』
ほか、狂言本、説経、幸若舞などを資料にウ音便形と促音便形の関
係が整理されている。近世初期の言語を咄本から見た佐藤亨1988
では『醒睡笑』における動詞のウ音便形*5を下接する助詞から分
類し「いうて」の語において音便化がかなり進んでいたこと、「思
うて」「食うて」がくだけた場面に用いられる傾向のあったことが

指摘されている。また東国語関係の『雑兵物語』、『三河物語』、初期の洒落本、咄本を資料にハ行四段活用動詞のウ音便形と促音便形の出現について調査報告したものに外山映次1998が、歌舞伎脚本を資料にしたものに宋静恵1994がある。さらには江戸時代後期から明治にかけてのハ行四段活用動詞ウ音便形の消滅過程について『和英語林集成』を資料とした飛田良文1964があり、そこでは教養層がその使用者であること、文章語としての固定化した使用に偏っていたことなどが指摘されている。ただし、これに対しては小島俊夫1965が人情本、滑稽本および会話書、語学書を資料に用いて疑問を呈している。また矢島正浩1986では近松世話物浄瑠璃のウ音便化が音便の発音のし易さや原形との聴覚印象の隔たりの少なさに左右されることがあることや語別、直前の母音別、機能別に分析した結果では口語的である音便形、文語的である原形という使い分けの存在が指摘されている。

2.3　調査方法

ロドリゲスの記述からもわかるようにハ行四段動詞のウ音便形は室町時代末から東西の使用に地域差が見られ、先行文献からも江戸での使用が漸減していく傾向が報告されている。

本調査では明和以降に江戸で出版された咄本を取り上げて、江戸語から共通語への流れを見ていく。共通語においてはその使用が殆ど見られなくなったハ行四段動詞連用形のウ音便形*6と、わずかに残存して現在も使用される形容詞連用形*7のウ音便形の双方について観察するが、第一段階として文化・文政期の江戸語を反映し、口語資料として好個の資料といわれる式亭三馬『浮世風呂』を調査する。この結果をうけて咄本における出現と使用の状況を考察するという手順をとる。対象は明和期から幕末・明治初期までの咄本おおよそ60作品と、文化6年から文化10年に刊行された式亭三馬『浮世風呂』の初編から四編である。用例については極力原本にそったが、振り仮名と句読点については必要な場合のみを付す。

3. 『浮世風呂』に現れたウ音便形の概況と考察
形容詞とハ行四段活用動詞

3.1　形容詞連用形のウ音便形
3.1.1　出現数と使用場面

『浮世風呂』に現れた形容詞連用形のウ音便形は延べ94語、異なり語数は29語である。ただしこの中には挨拶語としての「お早（はや）う」9例、「おめでたう」5例と「ありがたう」7例が含まれる。またここでは願望の助動詞「たう」3例（「洗たう成ります」「参りたうございます」「拝見いたしたうございます」）が含まれる。多くは1例に留まる。そのような中で、最も多かったのは「至極ようございます」「能（よ）うございますのさ」のごとくに現れる「よう」が27例、次いで挨拶の「どなたもお早うございます」「ご隠居さんお早う」などの「早う」が続く。「早う」については挨拶語以外が1例見られる。「ありがたうございます」も相手への謝意以外の使用例が1例見うけられた。

　1語に5例以上現れたものは「よう」「はやう」「ありがたう」「よろしう」「おめでたう」の5語である。今日挨拶語としてわずかに命脈を保つウ音便形の使用状況と『浮世風呂』の使用状況はおおよそ一致する。1例のみの語は以下に記すとおりである（ここで挙げた例は原形で表示した。4.2及び〔補い〕も同様である。）。

　　痛（いた）く、うるさく、多（おほ）く、おとなしく、重（おも）く、おもしろく、難（かた）く、軽（かる）く、きたなく、騒（さう）〳〵しく、むづかしく、珍（めづ）らしく、やかましく　　　　　以上13語

5例以上現れた「よう」「はやう」「ありがたう」「よろしう」「おめでたう」の例は次のように使用されている。

　・「シタガ　おまへさんはいつも御丈夫でようございますね

　　　　　　　　（人がらのよきかみさま→六十ちかきばあさま）三編上

　・「お供で参（さん）じましたから、今日（こんにち）は早（はや）うございます

　　　　　　　（商家の下女→知り合いのおかみ）二編下　挨拶語ではないもの

「どなたもお早（はや）うござります

（番頭→湯屋の客）前編上　挨拶語

・「これは〜〜はゞかり様　お手をいたゞきます　これはモウ有（あり）がたうございます　　　　（おかみさん同士）三編下　謝意

・「おちいさい内から　御奉公ができてよろしうございます

（人がらよきかみさま同士）二編上

・何かせ話〜〜しうございまして　存ながら御ぶ沙汰いたしました「ホンニさやうだツサね　おめでたうございます

（人がらのよきかみさま→六十ちかきばあさま）三編上

3.1.2　使用者の位相と使用場面からの分析

　次に使用者について見ていくと、ウ音便形の使用者は複数の語にわたってウ音便になる傾向があることに気付く。湯屋で話しを交わすグループがいくつも見られるが、そのグループにはウ音便形を多く使うグループとウ音便形がまったく現れないグループとがある。使用される場面でも、話し手と受け手のどちらか一方のみがウ音便形を使用して話す場面よりは、双方が会話の中でウ音便形を選択し互いに使用することの方が多い。会話には長短があり、ウ音便形が出現しやすい場面や語もある。また挨拶語に使われれば互いに同じような表現で返すのはごく自然であるが、乱暴なことばにウ音便形で返答する例は殆ど見られない。ではどのような場面と位相で用いられるのか。ある程度の会話量がみとめられ、かつウ音便形が使用されるものの中から11場面を挙げて検討する。

（1）常磐津を語る娘＊8〈おさみ〉と料理屋の娘〈おたい〉の会話

　　　△さみ「ヲヤ　お鯛さん。お早（はや）うございますネ夕は嘸おやかましう

　　　△さみ「人が替ると上手でもわるいものさ。あつちを向てお見せ。ヲヤ、いつそよいがネエ

　　　△たい「一が上り過たじやアないかネ　△さみ「いゝへ能（よう）ございます　　　　　　　　　　（二編上）

上の例は十八、九歳の娘二人の会話である。前半は昨夜の酔客の

騒ぎが話題になり、後半は結わせた髪の具合についてことばを交わす場面である。仕事仲間の娘のあいさつとして、丁寧な言い方が続くが、次第に打ち解けると髪の出来具合を見るために「あつちを向いてお見せ」のような命令形も現れている。

　二人の会話には音訛形が現れずに展開されるが、ここに三十代の「おなじ仲間と見える」〈おばち〉が加わるとことばはぞんざいになる。〈たい〉に対しては「お早うございますね」とウ音便を使った〈おさみ〉は、こちらでは「アイヨウ　おばちさんか　お早いの」となり、「それでもおめへのお飯（まんま）は埒があかねへものを」と音訛形で話している。同年代で同じ仕事の仲間だが、会えば話す程度のさほど親密とはいえない仲では、丁寧語として生き残ったウ音便形と非音訛形を用い、待ち合わせて湯屋に行くような親しい間柄では音便形を用いず音訛形で話すという使い分けの構図が見て取れる。ここから作者の三馬が、音訛形と同様にウ音便形の使い分けによって、客商売筋の女性三人の親疎関係を表現していたことがうかがえよう。

（2）中層の商家のおかみ同士〈辰〉と〈巳〉

　　　△巳「お菜がなんだは角だはと。望み好がうるさうございますよ。（略）

　　　△辰「一返どうらくをして堅まつた人だけに。至極わかつて居ますから。大きに仕合。夫婦中も至極ようございます　　　　　　　　　　　　　　　　　　　　　　（二編上）

（3）娘を屋敷奉公に上げたおかみ〈きぢ〉とその知り合いのおかみ〈いぬ〉

　　　△いぬ「それはよろしうございます。踊と申すものは。おちいさい内から御奉公ができてよろしうございますねへ。おいくつからお上なさいましたへ　△きぢ「ハイ。　六ツの秋御奉公に上ました（略）　△きぢ「イエサ。　何ごとも御縁づくでございますから。　かならずお氣ながになさいまし。しかしね。御奉公は有（あり）がたうございますよ。躾るとなしに行義がよくなります　　（二編上）

　　　△いぬ「ホンニちつとおよこし申なさいまし。私どものお

第9章　ハ行四段動詞と形容詞のウ音便形　231

釜に地を彈せて。なんぞお踊（をどん）なさいましな。チト<u>拜見いたしたうございます</u>　　　　　（二編上）

（4）　三才ばかりの小児をつれた母親〈おたこ〉と知り合いのおかみ〈おいか〉

　　　△おいか「おまへさんはどうか存（ぞんじ）ませぬが、私どもは栗より<u>おいしうございます</u>（略）

　　　△おいか「おかみさんヱ　此お子さんには<u>おあつうござい</u>ませうから　水をうめて上ませう」（略）△おたこ「ソリヤ、あつくもなんともない　ネヱ　てうど<u>能うございます</u>　　　　　　　　　　（三編下）

　（2）から（4）は共に中流の上に属すると思われる商家のおかみ同士の会話である。おそらく娘を乳母付きで屋敷奉公に上げられる財力を持った（3）のおかみたちの方が、（2）より上層の階級であろう。（2）の〈お辰〉は娘に対しては「なんだ　お馬か　何しに来た」「チヨツ　やかましい　そんならお弁当にしてやるから　お菜（かず）好はならないよ」のように対し、（3）の〈きぢ〉は娘に「ハイありがたう　コレ　ごあいさつを申しやれ」とごく丁寧な命令形を用いている。会話中では共にウ音便形を用いて丁寧に話をし、家族に対しては言語の切り替え、いわゆるコードスイッチングを行えるような、大きくは崩れない階層の人の描写にウ音便形が使われている。また（4）は奉公人の居る商家のおかみたちであろうが、上二つの例よりは下の階層であろう。子どもや食べ物を話題にしているが、文末の殆どが「ございます」で留められ、音訛も〈おいか〉の「おまへさんがたは、御存（ごぞんじ）もございますめへが」の「まい」が「めへ」に、〈おたこ〉の「色〳〵なことを教（をせへ）ましてどうにもなりません」となる程度である。

（5）　ひとがらよきかみさま（●）と六十ぢかきばあさま（▲）

　　　▲「ハイサ、おまへさんネ　暮におしつめて人手はございませずネ。大きに苦労致しましたが、仕合と<u>輕（かる）う</u>ございまして（略）母親がおまへ御ぞんじの通りネ。疱瘡が<u>重う</u>ございましたから」

　　　▲「さやうさ　今年は余寒が<u>強う</u>ございまして、あのまア

232　Ⅳ　上方語的要素を脱却していく語法

雪を御覽じましな　●「さやうでございます。雪の所
為かして　兎角　　病人が多うございますよ　　（三編上）

　この人柄よきかみさまは、見せ掛けだけ丁寧な「そらをがみにて
詞づかひもあそばせづくしなり」と描かれており、自分も勤めた屋
敷へ娘を奉公にあげたことからは、中上流の商家のおかみであると
察知される。会話場面でのウ音便形の出現は、隠居とおかみの会話
が他者の会話場面に比べて多い。

　　［御隠居］　　軽く、重く、よく（3）、つよく、おめでたく
　　　　　　　　　（挨拶）

　　［ひとがらよきかみさま］　　世話ぜわしく、騒々しく、多く、
　　　　　　　　　　　　　　　　よく、ありがたく、おめでたく、
　　　　　　　　　　　　　　　　荒く、悪く

　三馬が上品さは見せ掛けだけと言ったおかみも、様々な語をウ音
便化させて使っている。これは使用人について愚痴をこぼす場面で
も同様で、「元結油も麁末に遣ひますから、孔方（おあし）の遣ひ
方が荒（あら）うございます」とウ音便形で通している。「なにご
ともあそばせづくし」なおかみは自分が富裕な商家のおかみである
ことを示しつつ、同等もしくはそれ以上の階層の年長者（聞き手）
に対して敬意を示すためにウ音便形を多用したといえる。

　（6）姑と嫁

　　　△よめ「おあぶなうございますヨ。お静に遊（あすば）し
　　　　まし

　　　△よめ「おまへさんにはチトおあつうございませう。弥壽
　　　　か。どうぞの。爰へ水（おひや）を少しお呉

　　　△よめ「モシヱ。お風（かぜ）でもめしてはお悪うござい
　　　　ますから。直にお着物（めしもの）をめさせ申しませう
　　　　ネ。
　　　　　　　　　　　　　　　　　　　　　　　　（二編下）

　上の例は双方向ではなく嫁から姑に向かって語られたことばに現
れた例である。「廿四五のよめらしき女」が「七十あまりのばあさ
ま」に対して、非常に丁寧なことばと態度で接しているようすが描
かれている。嫁は屋敷の奥女中を勤め上げて下女や丁稚を供に連れ
てくるような、富裕な中上層の商家に嫁いだ女性で、屋敷勤めの風

が残っているために「ヤスカ」と呼びかけてしまう人物*9としてのことば使いが要求されている。市井に未だ染まらぬ屋敷勤めをした嫁の言い方にウ音便形と「遊ばしまし」が効果的に使われていて、読者にこの嫁の背景が了解される。

（7）下女のやすと知り合いのおかみ

これも上と同じように一方向のウ音便形の使用である。（6）の若い嫁について屋敷に上がり、奥女中（嫁）の下女として働いてきたヤスは聞き手のおかみがウ音便形を使わず、音訛形で応じてもそのままの丁寧な話し方で接している。自分が音訛形を用いて一段崩れた言い方をしては、主筋である嫁の地位も下げるとわきまえてウ音便形を交えたものと思われる。また（6）の嫁同様、屋敷勤めの風が抜けきらずに屋敷で使っていたと同じレベルでの丁寧なことばづかいをしているとも考えられよう。

いずれにせよ、相手の話し方と関わりなく、身についたことば使いとして丁寧な場面でのウ音便形使用であり、読者たちにも違和感のない設定であったと考える。

　　　▲やす「律義な人の所（とこ）へ参りたうございます△女房「その事さ。當時はモウ。色男よりかせぎ男。それが大丈夫でよいにヨ（略）

　　　▲やす「人聞も悪うございますのさ△女房「そうサ。それが第一の疵さ。女郎買は大概程があるから能（よ）いけれどの。地（ぢ）もの好のぼろツ買といふ者が性悪でいかねへものさ。わたしらもきつい嫌さ　　　　　　　　　　　（二編下）

（8）「本居信仰にていにしへぶりの物まなびなどすると見えて物しづかに人がらよき婦人二人」〈けり子〉と〈かも子〉

　　　　△かも子「何にいたせ。女子であの位な文者は珍らしうございます。

　　　　△けり子「ホンニ怜野集をお返し申すであつた。永〳〵御恩借いたしました。有がたうございます

　　　　△かも子「殊には續万葉に俳諧体と申す体がわかりましたから。無心体の哥もおなぐさみには宜うございます

　　　　　　　　　　　　　　　　　　　　　　　（三編下）

作者の人物評通り、読書好きで古典趣味の二人が湯屋でことばを
交わす場面である。他の女性たちが「ございます」ではなすところ
をこの二人は「ござります」と古風でややしかつめらしい表現＊10
を用いている。ウ音便形も同様に当世風ではない語であり、〈けり
子〉と〈かも子〉が使うような古風で雅やかだが改まりの過ぎた語
と捉えられているさまが察せられる。この二人の会話は冷笑をもっ
て読者に受け容れられたことは想像に難くない。

(9) 俳諧師　鬼角と出入りの商人　点兵衛
　　　　△点「何やら多用でござりまして　御不沙汰仕ります。御
　　　　　　新造さまは御機嫌よろしう
　　　　△鬼「ハイ　忝（かたじけな）うござります。些（ちと）
　　　　　　もし　お手透にお出なさい（略）
　　　　△点「イエサ　お頭（つむり）をお洗（あらひ）なさる所
　　　　　　を見うけましては　私共もどうやら洗たう成ます（四編上）
(10) 幇間〈鼓八〉と放蕩が過ぎて若隠居させられた息子〈衰微〉
　　　　△こ「歌祭文が好だのといふお客は取ようごぜへます。
　　　　　　（略）野幇間（のでへこ）などゝ申すけれど、野幇間でも、
　　　　　　勤ぬける事は難うごぜへます
　　　　△こ「爰が痛うごぜへますから、本町の方へ寄て　（四編中）
(11) 「おはい〳〵のお俳助」とあだ名される男と闇雲屋の吉郎兵
　　　衛
　　　　△やみ吉「さ様でございますネ　兎角残暑がつようごさい
　　　　　　ます
　　　　△やみ吉「それは何より能（よ）うございますネ　（四編下）
(9) から (11) は男性同士の会話中に現れたウ音便形の例であ
る。(9) は双方が使い、(10) は幇間から昔馴染みの客に向かって、
(11) は闇雲屋が過度に「お」と「様」を使う俳助に対してウ音便
形を用いている。(9) (10) は話し手・聞き手が俳諧、遊里での交
友関係があり、加えて添削をする側とされる側、遊里での幇間と客
という上下の関係も重なる。(11) は商人同士だが丁寧過ぎること
ばを使う相手に対して使用している。
　以上のように『浮世風呂』に現れた形容詞ウ音便形は丁寧さが要

第9章　ハ行四段動詞と形容詞のウ音便形　　235

求される場面での使用である。挨拶のことばを除けば、女性は中上層のおかみたちや玄人筋の娘たち、男性は幇間や通人に使われ、一般的な人々には使われていないようすが読み取れる。現れた場面も通常の会話よりも丁寧な場面での使用が主である。さらに、丁寧な使用としての場面は次のようにまとめることができる。

①相手への敬意を表したことば使いをする場面での使用
②自己の品位の保持や自己の教養の披瀝を目的にした場面での使用
③改まり度の高い挨拶場面での使用
④幇間が昔の馴染み客に使うような接客場面での使用
⑤通人の交友場面での使用

ウ音便形がこの時期すでに「丁寧」「階級」「教養」を表現する手段としての用法を確立し、このような使い方に読者は共鳴を覚え、納得しうる設定になっていたことがわかる。

3.1.3　ウ音便形の接続からの分析

『浮世風呂』における形容詞ウ音便形は単独で現れる例は殆ど見当たらない。丁寧な場面での使用として、前後に「お〜」や「〜ございます」等の語を持つ場合が殆どである。現れたウ音便形について前後の接続から整理していく。

挨拶や謝意表明のような固定化した表現を除くと、最も多くを占めるのは「ございます」が下接した57例で、そのうち「お」が上接する例は7例である。「ございます」の元の形である「ござります」は、古風さやしかつめらしさ、無粋であることを想起させるためか使用はわずか2例だが、挨拶語では「お早うござります」など3例が現れる。

道楽が過ぎて隠居させられた元の客にむかって幇間は「ござります」や「ございます」よりもさらに崩れた「ごぜへます」4例を用いている。この幇間は「ございます」の代りにすべてを「ごぜへます」をもって発話し、ウ音便形とは関係のない箇所でも「乗出したもんでごぜへましたが」「よくしたもんでごぜへます」「客人も其通りでごぜへます」と話し、文末には「やす」を多用している。語中

の音訛も多く「参（めへ）りません」「製作（こしれへ）」「おめへ
さんの前（めへ）だが」等が現れている。「ごぜへます」も含め音
訛形を多用し、文末の「やす」などを使うような客商売として丁寧
ではあるが、通人としての要素も兼ね備えた人物と察せられるよう
な技巧が施されている。全体を見ると、一般的な語ではウ音便形の
後ろに「ございます」のみを付す例が圧倒的に多いのに対し、固定
した挨拶や謝意を表す語では上接部分と下接部分を共に持つものが
多かった。一般的な日常の語よりも一層の丁寧さを表すためと解せ
る。以下におおよその整理をしたものを示した。

表1　形容詞ウ音便形のあらわれる表現形式（数字は例数）

		有難う	めでとう	早う	その他	計
①	お～ござります	0	0	3	0	3
②	～ござります	0	0	0	3	3
③	お～ございます	0	4	5	7	16
④	～ございます	4	0	0	49	53
⑤	～ごぜへます	0	0	0	4	4
⑥	～ぞんじ	1	0	0	0	1
⑦	お～	2	1	1	2	6
⑧	（前後なし）	0	0	0	2	2

①「お～ござります」
- どなたもお早うござります（湯屋の番頭→客）

②「～ござります」
- これは忝うござります（座頭→仲間の座頭）
- 文者は珍らしうござります（かも子→けり子）

③「お～ございます」
- おあぶなうございますヨ（嫁→姑）
- すこしお待遊（あす）ばせ（中略）チトおあつうござい
ませう（嫁→姑）

④「～ございます」
- 遣い方が荒うございます（おかみ→老女）

・病人が<u>多うございます</u>（老女→おかみ）

⑤「〜ごぜへます」

・勤ぬける事は<u>難うごぜへます</u>（鼓八→粋人）

⑥「〜ぞんじます」

・ハイハイ　<u>ありがたう存ます</u>（商人体の弟子→俳諧師）

⑦「お〜」のみのもの

・ヲツト<u>おあぶなう</u>（無学な男→丁稚連れの隠居）

・夕（ゆふべ）は嘸（さぞ）<u>おやかましう</u>（常磐津語りの娘
→料理屋の娘）

⑧　前後がないもの

・イエ　どうも　<u>まだむづかしう</u>（鼓八→粋人）

3.2　ハ行四段活用動詞のウ音便形

3.2.1　出現数と使用場面の分析

『浮世風呂』に現れたハ行四段活用動詞のウ音便形は総例数8例、
実質的には「言うて」「使うて」「すれ違うて」の3語である。「言
うて」6例（歌詞1例を含む）、「すれ違うて」と「使うて」が各1
例である。「言うて」の1例と「使うて」1例は歌に現れ、「すれ違
うて」は地の文で使われている。会話文としての出現は医者が隠居
に対して使う「言う」のみである。

〈地の文〉

「ざとの坊かんがよいといふ所をじまんにて　目あきどうぜん
に風呂より出てくるあり　かんのわるい盲人はしばゐのやみじ
あひのごとく　<u>あたまとあたまをすれちがふて</u>出るあり」

（前編下）

〈歌〉

「油まんしゆの孫じやと<u>といふて</u>エ　いふにいはれぬ　伊達なる
男ウ。夏も足袋はくばらをのせきだア」　　　　　（二編上）

〈医者と隠居〉

「俗物も當推量に<u>いふ</u>テナ　膈噎翻胃なる者は　なか〵〳大に
異なるものだて」　　　　　　　　　　　　　　　　（前編上）

238　Ⅳ　上方語的要素を脱却していく語法

「息は鴛棒に似て飛で散乱し　人は膈症にして達て俳諧すとある　すべて病人の息は鴛棒といふて　関羽　張飛が持た　棒を呑だやうなもので」
（前編上）

　ここでは医者と隠居の会話に現れる「言うて」について見ていく。会話中、医者は病気の名前をはじめ至る所に漢語をまじえ、漢籍を引き合いに出すといった、ペダンティックな人物として描かれている。隠居との会話において「言うて」は医者が二度使い、促音便形は見られない＊11。ただし「持つた」「よつて」など他の語については促音便形が使われて、ウ音便の形は「と言うて」のみである。「言うて」はこの医者にとっては権威づけに適当な語であり、本来の彼のことばはウ音便形をとらない形であったと思われる。

3.3　『浮世風呂』における形容詞ウ音便形とハ行四段動詞の使用意識

　以上からは『浮世風呂』に現れた形容詞のウ音便形は丁寧さが要求される場面や自己の品位を保つため、また教養を披歴するために用いられているようすがうかがえる。ハ行四段活用動詞のウ音便形も医者が自己の地位を保持するために利用したもので、作者やよみ手側からは冷笑をもって受け止められているさまが了解されよう。現在行われる「お寒うございます」「お久しゅうございます」等が固定化された「格段に丁寧な言い回し」と意識される兆しがすでに『浮世風呂』に現れていることが指摘できる。それとともに、受け取り方によっては「教養を披歴している」「お高くとまっている」といった冷笑を招くような、使用にためらいを持つマイナス表現になる場合も存在し、これが後の使用の衰退を招いたと考える。

4.　後期咄本に現れたウ音便形の概況と考察
　　形容詞とハ行四段活用動詞

4.1　後期咄本に現れたウ音便形の概要

　前章『浮世風呂』の使用状況を踏まえて後期咄本におけるウ音便形の使用を見ていく。

調査した明和期から明治初年までの咄本からは281例のウ音便形が得られ、うち形容詞連用形のウ音便形は123例、ハ行四段活用動詞連用形のウ音便形は158例である。

　先ず調査した約100年間をおおよそ三期に区切り出現状況を見た。用例の分布は【表2】のようである。本章では生活全般にわたって引き締めの厳しくなった寛政の改革と天保の改革を一つの区切りとし、明和・安永期から寛政をⅠ期（1764–1801）、享和から文政までをⅡ期（1801–1830）、天保から幕末・明治前期*12（1830–1887）までをⅢ期とした。Ⅱ期は前後の期間に比べてわずかに短いが、式亭三馬が活躍し、『浮世風呂』を著したのはこのⅡ期である。調査した作品数はⅠ期が156作品、Ⅱ期が70作品、Ⅲ期が30作品である。

表2　各期における形容詞連用形のウ音便形とハ行四段動詞連用形のウ音便形

【形容詞】	Ⅰ期	Ⅱ期	Ⅲ期	計
用例数	24	55	44	123
出現した作品数	17	13	14	44
【動詞】	Ⅰ期	Ⅱ期	Ⅲ期	計
用例数	57	39	62	158
出現した作品数	21	19	13	53

用例数は会話文と地の文の合計である。

　会話文と地の文の内訳は「4.3ハ行四段活用動詞のウ音便形」で示す。また上記動詞の用例数はⅠ期の序1例、Ⅱ期の文中俳句と短歌3例、Ⅲ期の序1例と歌謡1例を除いたものである。

4.2　形容詞のウ音便形

　調べた咄本のうち、形容詞がウ音便化したものは43語である。一つの時期にのみ現れたもの、三期全般にわたって現れたものなど、出現は様々である。以下に出現の時期ごとに整理したものを示す。二重下線は『浮世風呂』に現れたもの、*印を付した語は擬古文で

書かれた笑話（いわゆる雅文笑話体）の『しみのすみか』（文化2）、
『白癡物語』（文政8）に現れたものである。

〈Ⅰ期のみ〉　いそがしく、小さく、にぎ〲しく、むつかしく、
めでたく（計5語）

〈Ⅱ期のみ〉　あさましく＊、あしく＊、あたらしく、あわたゝ
しく、いみじく＊、うつくしく＊、うるはしく＊、
おそろしく、おとなしく、かなしく、くちをしく、
くね〲しく＊、したしく＊、たのしく、ちかし
く、遠〲しく、はづかしく、むなしく（計18
語）

〈Ⅲ期のみ〉　うつとうしく、うらやましく、ありがたく、やす
く、おもしろく（計5語）

〈Ⅰ期とⅡ期〉　かたじけなく、ほしく、くるしく（計3語）

〈Ⅰ期とⅢ期〉　あぶなく、めでたく（計2語）

〈Ⅱ期とⅢ期〉　めづらしく、よく、すくなく、おかしく（計4
語）

〈Ⅰ期からⅢ期に〉　うれしく、なく、ひさしく、わるく、よろ
しく（計5語）

　上からは一時期のみに現れる形容詞がⅡ期に偏っていることが見
て取れる。ただしⅡ期の作品の中には『宇治拾遺物語』に倣って江
戸小咄を雅文に仕立てた石川雅望作『しみのすみか』や、これに啓
発されて作られた遠藤春足作の『白癡物語』など、共に雅文笑話体
で書かれた作品が含まれている。18語の内、『しみのすみか』と
『白癡物語』に現れた7語、「あさましく」「あしく」「いみじく」
「うつくしく」「うるはしく」「くね〲しく」「したしく」を除けば
Ⅱ期は11語となる。当代のことばではない古語が使われる笑話を、
当時の読み手も、いにしえのことばが使われ、当代よりも以前の笑
話と受け取り、ウ音便形も雅やかで古典的な語として擬古文におけ
る機能を果たしていたことが察せられる。例えば「うれしう」の語
はⅠ期が2例のところⅡ期は6例に増加するがこの6例のすべては
上記の『しみのすみか』『白癡物語』2作品に出現したものであ
る*13。これらの音便形の語は当時の江戸の者には理解できるが使

用はしない理解語彙であったといえる。Ⅰ期からⅢ期にわたって使われたものは「嬉しうございます」「お久うございます」「悪うございました」「よろしうございました」のように現在も使われ続けているものが殆どである。

4.2.1　ウ音便形の接続からの分析

　次に咄本に現れたウ音便形の前後の接続関係を見ていく。先に調査した『浮世風呂』ではウ音便形の前後には接頭辞の「お～」を持つもの、接頭辞を持たない「～ございます」が併せて用いられていた。咄本のウ音便形が『浮世風呂』と同様、次第に挨拶語や丁寧な場面で使用される語へ特化していくことを想定し、ここでも先ず「ございます」「お～ございます」などに接続する場合と接続しない場合とに区分する。以後「ございます」「お～ございます」「ございます」の3タイプを便宜上「ゴザリマス系」とまとめ、「お～ございやす」と「ございやす」を「ゴザリヤス系」に、「ごぜへす」「ごさんす」「ありんす・おつす」は、語尾の「へす」「んす」「つす」もまとめて「～ンス系」と括った。また「存ます」「申し上げる」等は「その他」に分類した。

　この分析にはⅡ期の『しみのすみか』と『白癡物語』の用例は入っていない。咄本の中には幕府を憚って古典を題材とし、体裁も『宇治拾遺物語』などに擬したものがある。寛政の改革の時期に作られた立川焉馬作の『無事志有意』（寛政10）などが、その最もよい例である。

　前述2作品、『しみのすみか』と『白癡物語』もこの流れを汲んだ擬古文として、他の咄本とは語のレベルにおいて性格を異にすると捉え、ここに限って分析からは除いた。

　概観すれば各期ともゴザリマス系に接続するものが最も多い。『浮世風呂』で見てきたように相手への敬意を示す機能や自己の品位保持、改まり度を高める機能といったウ音便自体の持つ性格がゴザリマス系の語と結びついて、一層の丁寧さや敬意の高さを示す役割を担っていたといえる。

242　Ⅳ　上方語的要素を脱却していく語法

表 3–1　ウ音便形の上接と下接（数字は例数）

	Ⅰ期	Ⅱ期	Ⅲ期
〜ござる	3	0	0
お〜ござります	2	1	9
〜ござります	4	10	8
〜ございます	0	1	5
お〜ござりやす	0	1	0
〜ござりやす	0	1	1
〜ござんす	1	0	0
〜ごせへす	0	1	0
〜ありんす・おつす	2	2	0
他	9	10	26
合計	21	27	49

表 3–2　下接する文末表現の割合

	Ⅰ期	Ⅱ期	Ⅲ期
ゴザル	14%	—	—
ゴザリマス系	29%	44%	45%
ゴザリヤス系	—	7%	2%
〜ンス系	14%	11%	—
他	43%	37%	53%

　【表3–1】、【表3–2】からは、Ⅱ期には下接部分にバリエーションが見られ、Ⅲ期は「存る」「申し上げる」「お目にかかる」などの「他」としたもの使用を除けば、ゴザリマス系に使用が集中していることに気付く。またⅢ期には「ヲヤ旦那。おめづらしう。まことにお久しぶりです」（『落語の吹寄せ』明治18）のように「です」の現れる文とともに現れた例も見られる。使用者については後述するが、Ⅰ期の「ござる」は家賃の払えぬ浪人が大家に礼を言う場面、集まった七福神が互いに会話する場面、病人の居る家が医者に往診を依頼する場面である。ウ音便形が「ござる」と接続した例は、金はないが侍の誇りは捨てぬ浪人の物言いや福神たちの正月の挨拶な

ど「格式張るようす」や「新年の改まったようす」にはふさわしい
言い方である。「ござる」が接続するパタンはこのⅠ期のみである。
Ⅱ期と同時期に作られた『浮世風呂』では圧倒的に「ございます」
が多かったのに比べ、咄本では「ございます」はⅢ期にわずかに現
れるのみである。当世を描く『浮世風呂』と保守性を持つといわれ
る咄本との性格の差が、ウ音便形とその接続形式にも表れた結果と
いえよう。

　次に、「ゴザリマス系」と「その他」に分類された語について見
ていく。矢島1986の分類に倣いながら例を挙げると次のようにな
る。なお（　）内の数字は用例の現れた作品刊行時期を表す。

・単独で用いられるもの　　　それはありがたう『落語の吹寄』
　　　　　　　　　　　　　　（Ⅲ）
・形式動詞に接続するもの　　いそがしう成ました『嗚呼笑』
　　　　　　　　　　　　　　（Ⅰ）
・形式形容詞に接続するもの　おとなしうない『富久喜多留』
　　　　　　　　　　　　　　（Ⅱ）、おそろしうはないかと『咄
　　　　　　　　　　　　　　土産』（Ⅱ）
・副詞的に用いられるもの　　久しうおめにかかりませぬ『話句
　　　　　　　　　　　　　　応』（Ⅰ）、同『落語の吹寄』（Ⅲ）、
　　　　　　　　　　　　　　丸うすんだ『年中行事』（Ⅲ）
・順接の仮定条件　　　　　　ところでなうては『梅屋集』（Ⅲ）
・逆接の仮定条件　　　　　　すくなうても三拾両『咄の蔵入』
　　　　　　　　　　　　　　（Ⅱ）

　分類された機能には、時期ごとのバリエーションに大きな差は見
られない。ただし、Ⅰ期とⅡ期ではゴザリマス系との接続が多かっ
たのに対し、Ⅲ期に入るとゴザリマス系や「存じます」などとの接
続形が減じて、後部を説明する修飾語的役割を果たすものや（矢島
1986ではこれを程度副詞相当とし「いこふ　りんす〰といふ女
ごじゃ」を挙げる）順接の仮定条件との接続が目につくようになる。
形容詞ウ音便形が独立して主要な意味を持っていた時期から「久う
お目にかゝりませぬ」や「そのあいさつにて丸ふすんだれば」のよ
うに後部を説明する副詞的な役割へと、その機能が徐々に変化して

いったことによろう。

4.3　ハ行四段活用動詞のウ音便形
4.3.1　各時期における出現傾向
　調査した咄本からは158例のハ行四段活用動詞ウ音便形を得た。現れた作品数は53本で4.1の概要の【表2】に示したように、Ⅰ期に比べⅡ期からⅢ期へと現れた作品数は減り、用例数はⅢ期が最も多くなっている。

　動詞の種類としては「いう」77例（会話文45例、地の文32例）、「おもう」18例（会話文16例、地の文2例）が際立って多い。佐藤亨1988では『醒睡笑』におけるハ行四段活用動詞のウ音便について「て」を下接するものでは会話文、地の文ともに「いうて」（会話文22例、地の文16例）が高い使用数となっていること、さらに「「思うて」の八例、「食うて」の五例が会話文中にのみ用いられている」（p.287）ことの報告がある。「いうて」「おもうて」などの使用度の高さは、これらの基本的な動詞が日常生活において多用されることの反映であろう。

　ではどのような動詞が用いられたか。形容詞と同様、三つの時期に分けて概観すると次のようになる。なお「ふ」は「う」に改めた。（　）内の数字は各期の出現例数、数字は左からⅠ期、Ⅱ期、Ⅲ期の順である。

〈Ⅰ期からⅢ期にわたるもの〉
　いうて（26.16.35）、おもうて（7.4.7）、あうて（3.2.2）、かうて（1.1.4）、ちがうて（1.1.1）

〈Ⅰ期のみに現れたもの〉
　うらなうて（1）、かようて（1）、つがうて（1）、ゆうて（1）、つきあうて（1）、ゑうて（1）、にらみあうて（1）、まようて（1）

〈Ⅱ期のみに現れたもの〉
　いはうて（1）、だきあうて（1）、たべあうて（1）、そうて（1）、むかひあうて（1）、付まとうて（1）、ふるまうて（1）、

〈Ⅲ期のみに現れたもの〉

あしらうて（1）、あらうて（5）、あらそうて（1）、とうて
（2）、うたうて（3）、つかうて（1）
〈二つの期にわたって現れたもの〉
くうて（3.2.0）、うしなうて（2.2.0）、はらうて（0.1.1）、わ
らうて（1.0.1）

　多くの語が一つの時期にのみ現れ、他の時期の作品には現れない。
これは「いうて」「おもうて」のような基本的な動詞と違い、作
品の性格や登場人物の違いによって生じたものであろうか。一方、
一つの作品に複数の種類のウ音便形が現れているものもある。志満
山人作『おとぎばなし』（文政5）では「あふてわかるゝかねのこ
へだ」「川へすてよといふて」「大じんに百両もらふたと」や、林屋
正蔵作『笑富林』（天保4）では「此わけいふて　ほめて」他「い
うて」が7例、「嬉しう思ふてゐたものを」と「思うて」が4例、
「ないせうで札かふて」1例のように複数の種類のウ音便形が用い
られているケースもある＊14。

　次に会話文と地の文を見ていく。内訳は【表3–1】に示したが、
会話文・地の文の中に現れるもののほかに、改まり度の高い口上と
しての序や話中に引かれた俳句・短歌、地口の現れるような文にも
見られる。

・鬼貫の句に「骸骨の上を粧（よそ）ふて花見かな」と申がござ
るが
　　　　　　　　　　　　　　　　　　　　『古今秀句落し噺』天保10
・我レも十面つくろふて　いなめど板本（ふみや）が望（のぞ
み）にて
　　　　　　　　　　　　　　　　　　　　『百面相仕方ばなし』天保13
・春霞棚引そめし朝より　吉〰〰と三笑亭可楽（みたびわら
ふてたのしむべし）とは彼福神の託宣にて　当時流行新説の魁
　　　　　　　　　　　　　　　　　　　　　　　　　『十二支紫』天保3
・今までもぬまづのしゅくのよめいりで　十ぶんくふてはらはよ
し原
　　　　　　　　　　　　　　　　　　　　　　　　『駅路馬士唄』文化11

　用例数の最も多かった「いうて」はⅠ期、Ⅱ期では地の文での出
現が会話文における出現の倍に近く、Ⅲ期になるとその出現数は会
話30例、地の文5例と逆転する。Ⅰ期のはなしは、一話が短く筋
の展開自体を笑い、「オチ」（結末）ではなしを結ぶことが多い。Ⅰ

期における「いうて」の出現傾向は、Ⅰ期の話の中においては「〜というて」で展開し、「オチ」ではなしを終わらせる（下げる）スタイルが多かったことによろう。安永期（Ⅰ期）の作品に現れる「〜というて」の例を次に挙げる。

・「田舎の御客（略）アイひへ物（もん）でござい。御めんなさいといふて入れば　あとにつゞいて田舎者がハイ　喜右衛門でござります」
　　　　　　　　　　　　　　　　　　　　　　『嗚呼笑』安永10

・「はやらぬ開帳　参りはすくなし（略）ちかよつて　御ゑんを結ばれませふといふて　目をひらき見れば　一人もゐず。のしくわんおんさま。」
　　　　　　　　　　　　　　　　　　　　　　『富久和佳志』安永末年

　『嗚呼笑』や『富久和佳志』の例のように地の文での使用から、次第に会話によって話を展開する表現形式が増えると、地の文における「いうて」が減り、会話の「いうて」が増加する。会話自体もⅠ期より長い会話が増える。このような表現形式の変化が「いう」における会話と地の出現数の違いを招いたと捉えることができる。具体的な例として次のようなⅢ期の咄の例がある。

表4　用例内の会話文と地の文の内訳

合計以外は例数ナシを0とはせず空欄とした

期間	Ⅰ期		Ⅱ期		Ⅲ期		計	序．歌．句
会話と地の文	会話	地	会話	地	会話	地		
逢うて	1	2	1	1	1	1	7	
あしらう					1		1	
洗うて	5						5	
争うて					1		1	
言うて	9	17	6	10	30	5	77	
祝うて				1			1	
失う	2			2			4	
歌う					2	1	3	
占う		1					1	
思う	5	2	4		7		18	
買う	1		1		4		6	
通うて	1						1	

喰うて	1	2	1	1			5	短歌1（Ⅱ）
乞うて							0	序1（Ⅰ）
沿うて			1				1	
抱き合うて				1			1	
食べ合うて			1				1	
違うて	1		1		1		3	
使うて					1		1	
つき合ふ	1						1	
付きまとうて				1			1	
繕うて							0	序1（Ⅲ）
問うて				1	1		2	
習うて							0	歌1（Ⅲ）
にらみ合うて		1					1	
払うて			1		1		2	俳句2（Ⅱ）
拾うて			1				1	
迷うて	1						1	
見失うて					1		1	
向かひ合ふ			1				1	
貰うて			1	1	1		3	
結うて	1						1	
酔うて	1						1	
笑うて		1			1		2	序1（Ⅲ）
振舞うて			1				1	

・「此人形はめでたい事このうへなしじや（略）どういふわけだ
　ね。みんなこゝにゐるぞくぶつどもにも　きかせたふござりや
　す「さやうござらば　はなしませう。（中略）十六代応神天皇
　といふて　これも百十一歳までながいきなされて今八まん宮と
　いふは此御子の事　又此ぢいさまが武内のすくねといふて　景
　行天皇より仁徳天皇まで（下略）　　　　『落噺年中行事』天保7

　　上の例は『浮世風呂』よりも少し後の林屋正蔵の咄である。『浮
　世風呂』では医者が尊大に学識を披歴するために用いたが、ここで
　も同様に物知りが「さやうござらば　はなしませう」と勿体ぶった

言い方をする時に用いられている。『浮世風呂』とこれらのはなし
を考え合わせると、Ⅱ期からⅢ期には「いうて」が物知りが自己の
知識を披瀝する際に使うという一つの類型化が進んでいたと推察で
きる。類型化が進むとは、その語が一般的ではなくなったことを意
味しよう。すなわちⅡ期、Ⅲ期になると江戸市内では丁寧さや改ま
り、上品さや知識の披瀝などに一つのマーカーとしてウ音便形を用
い、常は促音便形や非音便形の使用が一般的であったと見なすこと
ができる。例えば「おもうて」は全例で18例であるのに対し、促
音便形の「おもつて」は調査した咄本だけでも60例を超える。「い
うて」で挙例した『落噺年中行事』上・中・下巻には「やくわんと
思ふて」とウ音便形は1例であるのに対し、促音便形は「おまへに
とゞけものがあるから　お目にかけやうとおもつて」「おれにいゝ
ちぐち（ママ）をいはれたとおもつて　そねみやアがる」などと現
れている。

　丁寧さや品位・知識を自慢する人物が使う語であると類型化され
ているのは、ウ音便形使用の一つの側面にすぎない。そこで次に咄
本では他にどのような使用がされているかを場面・人物の側面から
見ていく。

　ここで見たいものはどのような人物が、どのような場面でウ音便
形を使ったかではない。道具や背景を持たない話芸においては、
「話し振り」は聞く者にとって重要な情報源である。聞き手がその
「話し振り」をもって登場人物を類推したとすれば、ウ音便形の使
用にも使用のパタンがあり、聞き手はウ音便を使う人物をこの使用
パタンに当てはめてイメージしたであろう。以下では後期咄本が出
版された時期のウ音便形使用のパタンを見ていく。

4.3.2　ハ行四段活用動詞ウ音便形使用の人物と場面

　話し手と聞き手の関係をおおよそ次のようなグループにまとめ
た*15。

　　a　話し手と聞き手に待遇の差が殆ど見られない、同等の関係
　　　　での使用

　　b　上位から下位への使用

第9章　ハ行四段動詞と形容詞のウ音便形　249

c　下位から上位への使用

d　年寄りの使用

e　夫婦間の使用

　使用が最も多かったグループは同等の間柄である。このaグループの多くは、友人の間か、主語が不明で、はなしの筋から判断したものだが、このような主語の不明なものはⅠ期には少なく、Ⅱ期とⅢ期に多く現れる。すなわちⅠ期には〈植木屋が掛取り〉に、〈娘が姉〉になど話し手の素性が明らかであることが多いのに比して、Ⅲ期では話し手が明確に記されていないものや、記されていても「男」などとする例が増加する。（Ⅰ期27％Ⅱ期31％Ⅲ期42％）Ⅲ期ではすでに自分たちとその周囲ではウ音便形の使用は稀だが、「知らぬ人」が自分たちのことばと異なる上方系のことばを使っても、不自然ではないとウ音便形の使用が許容されていたのであろう。以下の〈　〉内の矢印は話し手から聞き手を表す

・つくばねや一ィ二ゥ三ィ四ゥいつも春　この句にもとづいて
　男「ヲヤおふくさんかへ（略）コレ〜〜〜なぜこのやうに
　わしのおとがいをはらふたのじや（略）これがほんの　あごい
　たじや　　　　　　『百面相仕方はなし』天保13〈男→羽根つきの相手〉

　同等の関係の中にはⅡ期に大黒天が仲間の福禄寿へ、鷺がすっぽんへ用いるなど「人間に非ざるもの」の例が見られる。「人間に非ざるもの」の例には同等の関係以外にも家から追い出される鬼（下位）が家の主人（上位）に使う例（Ⅰ期）や福助が妻の吉祥天にむかって使う例（Ⅱ期）がある。鬼や福神が使い手になるのはⅡ期までだがⅢ期には黒主が小町に使う例があった。当代のはなしを擬人化したり、古い時代に設定を変えたりするのは咄本の常套である。上下関係や夫婦・友人間など多様な関係で用いられているのは、福神や福助、家から追い出される鬼や古い過去の人物には、ウ音便形の使用がさほど違和感のないものと考えられていたからであろう。即ち自分たちは使わないが過去の人物や架空の者なら不自然ではない使用として受け入れられていたことがわかる。

　以上からはハ行四段動詞のウ音便形が自分たちと生活圏を異にする人物や、時間的に隔たりのあるものの使用には許容され得る「使

用語彙ではないが理解語彙である」語だったといえる。

　上位から下位のｂグループは旦那から丁稚・権助（Ⅰ期２例、Ⅱ期１例、Ⅲ期２例）、物知りから長屋の住人（Ⅱ期１例、Ⅲ期３例）、が多く現れる。同様に親父から息子へ（Ⅰ期２例、Ⅱ期２例）語る場面も時期をわたって現れている。ｃグループはこの逆のパタンだが、女郎が客を田舎者としてぞんざいに扱う例（Ⅰ期２例、Ⅱ期２例）も見られ、これはｃに含めた。また夫婦間はａグループとは親疎関係に差があるものとしてｅグループとして別に項目を立てた。

　ここでデータとしては除外したものに林屋正蔵作『百歌撰』（天保５）の大坂の店の主人から下女へ、『笑富林』（天保７）の京生まれの夫から女房へなどのウ音便形の使用もある。これは化政期の『浮世風呂』でウ音便形を上方者に使わせて東西の人物を描き分けたと同様の技法である。後期の市井を描いた作品からは、ウ音便形の会話を見ればおおよそは「上方者の物言い」と理解し、東西の対比を面白がる人々の居たことが知られる。

　全体の会話におけるウ音便形の使用例を見るとａのパタンが約半数（４５％）を占める。上位から下位がこれに次ぐ（２５％）。下位から上位は１８％であった。話し手が年寄りの場合、ｂにも分類されようが、ここでは高齢層の話し振りという観点からｄとした。明らかな年長者から若者への使用例はⅡ期の１例である＊16。

　次に各期における特徴的な例を見ていく。Ⅰ期にのみ現れるものに和尚のウ音便形使用がある。受け手は女郎が１例、檀家が１例である。笑話に登場する和尚は体面を気にするが内実は俗的で、それが露わにされることを笑うはなしが多い。和尚から見て下位にも上位にも使用されていることからは、体面を気にはするが実情は伴わないような、勿体ぶった人物（和尚）は待遇関係とは関わりなくウ音便形を使用すると人々に意識されていたことが察せられる。

・「まことてこさるかといひけれは　おしやう　ぎよつとした顔
　つきして　小声になりたゝ今かみゆふてをりますといはれた」
　　　　　　　　　　　　　　　　『絵本軽口福笑』明和５〈和尚→来訪の檀家〉

　Ⅱ期には前述のように大黒天から福禄寿、福助から妻の吉祥天など「人に非ざるもの」の例がいくつも見られる。

・叶福介と<u>いふて</u>　此ごろ世上でもてはやして　能人に禍福をさづけてこつちの仲ケ間の智と<u>いふて</u>はづかしくない福神でござる」
　　　　　　　　　　　　　　　『福助噺』文化2〈大黒天→福禄寿〉

・「おゆずりの小つちや袋をおもちなされて（略）、おれもそふ<u>おもふて</u>」
　　　　　　　　　　　　　　　同上〈福助→妻の吉祥天〉

　このような擬人化された例として、吉原に繰り出そうと話し合う鷺、すっぽん、泥亀の遊び人仲間の会話もある。Ⅲ期になるとそれまでは殆ど見られなかったbグループの物知りから長屋の住人への場面やcグループの売り手から買い手への場面における使用例が増える。笑いの対象が世俗的な和尚や擬人化されたものから等身大の人間に移り、ウ音便形の使用もそれに伴って変化している。Ⅲ期には、商人が客に対して使う丁寧な物言いや長屋の住人に物を教える博学の勿体ぶった言い方にウ音便形が現れることには違和感がなかったと思われる。非常に丁寧な言い方として今日まで続く面と、その一方でペダンティックな言い方であることによって使用が忌避され、数を減じる面とに分化する様が見て取れる。分化して使用の数が減れば、江戸で多く使われていた促音便形に類推が働き、ウ音便形の使用はさらに減じていく。わずかに残った極めて丁寧な言い方も稀な使用となって、一般には敬遠され、その結果として江戸における動詞のウ音便形は姿を消していったと考えられる。

・ゆめのいちろ兵衛といふものあり　これハ小ふろしきをせおひて、まち〳〵をゆめかハう〳〵とて、わめきあるきけり（略）大おんじまへでおひはぎにあふて、まつぱだかにされて、さむいが身にしミめがさめてかぜをひいたといハれました（略）めがさめると大あせをかきました。いくらでもよし、<u>かふて</u>下さい
　　　　　　　　　　　　　　　『延命養談数』天保4〈売り手→買い手〉

・おめへさんハものしりだからきゝにきやしたが、おうけやいかね。^{ものしり}これハ〳〵お見たてにあづかりいたミ入る（略）又此ぢいさまのだいてゐるうまれ子が、十六代応神天皇と<u>いふて</u>、これも百十一才までながいきなされて今八まん宮といふハ　此御子の事。又此ぢいさまが武内のすくねと<u>いふて</u>、景行天皇より仁徳天皇まで六代きんりさまへつかへた

5. まとめ

『浮世風呂』と後期咄本をテキストにして、現在東京では殆ど使われなくなったハ行四段動詞連用形のウ音便形の使用を検討した。その結果をまとめると次のようになる。

(1) 『浮世風呂』ではハ行四段活用動詞のウ音便形使用はわずかであって、それも使用者が意図的に自己の品位を保持するためや知識の披瀝のために用いることが多かった。

(2) 形容詞のウ音便形も同様に、上層の女性たちとその使用人の女性が丁寧な物言いをする場合や自身の品位を保つために用い、男性の場合も商人が接客の場面に使うか、遊里で仕事をする幇間が仕事上の客に敬意を表すため（言わば相手を持ち上げるため）に使っている。このような自己の品位保持や接客のためのことばとしてのウ音便形の使用が生活語からの乖離を招き、人々に使用を躊躇させて使用数を漸減させたと考えられる。この使用を縮小させた経緯が、現在の東京語における挨拶語や限定された狭い範囲における使用の状況を招いたと考えられる。

(3) 後期咄本に現れた形容詞ウ音便形については、『浮世風呂』で見られた「お〜ございます」がⅢ期に僅かに見られる程度で、Ⅰ期に「〜ござる」が、Ⅲ期に「お〜ございます」が見られた他は殆どが「〜ござります」「お〜ござります」の形である。特にⅠ期の「かたじけなふござる」のようなウ音便形プラス「ござる」の形は古めかしさや格式ばった語感が相乗して働き、咄本をよむ側は一定の人物像をイメージしたと察せられる。例えば長屋の店賃は払えぬが武士の矜持は捨てていない貧乏侍が使用するような例がそれと言える。

(4) 形容詞ウ音便形とゴザリマス系の接続がⅢ期には漸減し、代わって程度副詞相当として働くものや順接の仮定条件節

に表れるものが増加する。ウ音便形の形容詞自体が独立して意味を持った時期から、次第に修飾語としての役割に機能を変えていくようすが見て取れる。

(5) ハ行四段活用動詞ウ音便形の使用の一側面として、『浮世風呂』で指摘したと同様に品位の保持や自己の学識を披歴するための役割を担っていたことが窺える。使用の場面は多岐にわたるが、架空の福神、俗的な和尚や物知り、大店の主人など、日常生活では遭遇することのない場面が多くあった。一般の人々にとっては、それが自分たちとは異なるものの使用と捉えられ、日常に使うことを躊躇させていったさまがうかがえる。一方で商人の商いのことばや依頼の場面での丁寧な言い方からはウ音便形が丁寧な場面で生き残っていくようすも観察された。おそらくハ行四段活用動詞ウ音便形の使用は、丁寧な言い方として固定化し今日まで続く側面と、勿体ぶった言い方として使用が忌避され、数を減らしていく側面とに分かれ、後者の側面が衰退をもたらしたと推察できる。

6. おわりに

以上後期咄本と『浮世風呂』を対象に形容詞連用形とハ行四段活用動詞連用形のウ音便形について見てきた。

咄本は林屋正蔵が『笑富林』の序で「わたくし愚作のはなしは下掛り　いやらしい事は少しもなく　御親子御兄弟の中にても御覧あそばしても　ヲヤいやだよなどと被仰候事は無御座候」と述べるように、当時にあっても先鋭的な所の少ないものであり、使われることばも当代流行のものではなかったと察せられる。

この保守性や前代の話に設定を置き換えたことが、『浮世風呂』よりもウ音便形を多く保ち、当時「ございます」に使用の大勢を移行していた「ござります」への接続を残した理由と考えられる。但し保持されたはずのウ音便形も、上で見てきたように機能を変化させてますます使用を減らしていき、多数派への類推に後押しされて

「極めて丁寧な場面での使用」に限定され、現在に至ったと思われる。

【補い】

　以下に『浮世風呂』に現れた形容詞ウ音便形と対応する原形を列挙する。「～らしく」は形容詞の一部として「男らしく」「馬鹿らしく」等をまとめた。また「よく」は挨拶語以外の語についての用例数である。左数字がウ音便の用例数、右（　）内数字は用例数である。

　　痛く 1（3）、煩しく 1（3）、多く 1（4）、大きく 1（0）、重く 1（1）、難（かた）く 1（1）、汚く 1（1）、小さく 1（8）、騒々しく 1（0）、面白く 1（4）、おとなしく 1（11）、むづかしく 1（1）、めづらしく 1（2）、やかましく 1（6）、暑く 2（2）、おいしく 2（0）、かたじけなく 2（3）、世話ぜわしく 2（0）、～らしく 2（5）、強く 3（2）、危なく 3（1）、荒く 3（1）、悪く 3（18）、よく 25（6）

＊1　J・ロドリゲス原著『日本大文典』1604–1608引用は土井忠生訳版1955による。
＊2　ここでのウ音便形は小松英雄1981の音便の定義をもとに坪井美樹2001が「言語単位体の結合によっておこる変化であり、音節の弱化を契機として、その当該音節が特殊音節化（具体的には母音のイ・ウ及び促音・撥音）する変化である」としたものを指す。
＊3　例として「麦めしも喰ふて見ねへ」（『南江駅話』）や「かつてがちごふたよふだ」（『青楼昼の世界　錦之裏』）他が挙げられている。pp.138–139
＊4　pp.279–280
＊5　『醒睡笑』の形容詞連用形のウ音便化には中田幸子1999他がある。
＊6　動詞が音便化するのは連用形に助詞「て」および助動詞「た」「たり」が下接する場合であるがここでの調査は「て」が下接した場合の連用形に限った。
＊7　願望の助動詞「たい」も便宜上形容詞の項目で扱う。
＊8　本文では「何文字とか豊何とか名告るべき十八九の白歯」と描かれる。
＊9　「常のことばなら、弥壽やとよぶ所なれども、此よめはいまだおやしきの詞うせぬゆる、やすか弥壽かと、かの声によぶなり」（『浮世風呂』二編巻之

下）と三馬は人物を描写している。

＊10　「ござります」については第14章の三笑亭可楽の作品でふれる。

＊11　『浮世風呂』では「言う」の促音便形は「むかし形といふものが流行だらうといつて」（二下）、「鰤の糀漬といふお定りでもあるめへとかいつて」（三上）など全編で8例である。また八行四段動詞促音便形としては「買（かつ）て」20例、「食（くつ）て」10例、「思（おもつ）て」6例、「洗（あらつ）て」4例が見られた。

＊12　明治初年の『雨夜のつれづれ』、明治18年の『落語の吹寄』を含む。

＊13　因みにこの2作品に現れたウ音便に下接するものは中止的用法以外では「おはす」「候」「はべる」「おぼえ」「おもひ」などである。「おもひ」を除けば江戸時代後期の口語としては殆ど見られなくなった語である。

＊14　『おとぎばなし』の中で対応する促音便形は「いつて」が4例、「あつて」「もらつて」は見当たらない。また『笑富林』でも同様に「いつて」が2例で、「おもつて」「かつて」の例はなかった。現れた「いつて」も同一の咄の中では現れない。

＊15　調査では他に上方のもの同士が語る24例、上方の父親が息子へ4例、京生まれの亭主が女房へ5例現れた。これらの例は板元も作者も江戸ではあるが、ここでは分類のグループからは外した。

＊16　ただし「大こく天　だんだん　としもよりければ」とされる七福神や「必ず隠居に沙汰せまいと」など明白に年寄りと知られても上下の関係で分類すべきものは、そちらに送った。

第10章

格助詞「へ」と「に」の使用

座敷芸人の「に」・寄席芸人の「へ」

1. はじめに

　日本語教育初級レベルにおける格助詞「へ」と「に」については、おおよそ「へ」は接続する移動性動詞の方向を、「に」はその帰着点と移動動作の目的を示すことが説明されている。しかし、実際の母語話者の言語行動ではその区別はさほど意識されずに用いられることが多い。

　このような母語話者の使用傾向が日本語学習書にも反映され、移動性動詞の方向や帰着点を示す助詞について「へ」のみを挙げるもの、「に」も使用可能と注記されるもの、「に」のみが挙げられるものなど、その実態は様々である。

　そこで、この現況の使用傾向がたどってきた経過について、日本語教育の現場で学習されていることばの母体と捉えられる江戸語・東京語を中心に考察を試みる。日本語教育で行われる日本語が、現今もっとも基本的であり、ニュートラルなものと考えたことによる。

　ここでは、格助詞「へ」「に」がどのような動詞とむすびつくかという、「へ」「に」の性格について、主に「行く」「来る」を中心にして考察する。

1.1 日本語教科書の「へ」と「に」

　まず、現在行われている「へ」と「に」の使用について、日本語を学習するための初級教科書の解説と例文について、掲載されているものを例として挙げる。ここでは「へ」と対応させるための例文に留め、「に」の持つ他機能の例は省略して抜粋する。

A 『みんなの日本語　初級1』p.218　助詞（一覧）

＊例文の振り仮名は省略した。またテキストに下線があるものはその
ままにした。

[へ] 1) 友達と　京都へ　行きます。（第5課）

　　 2) あの　信号を　右へ　曲がって　ください。（第14課）

[に] E　あの喫茶店に　入りましょう。（第13課）

　　 G　1) 日本へ　経済の　勉強に　来ました。（第13課）

　　　　 2) 京都へ　花見に　行きます。（第13課）

　　 B　『にほんごのきそI』p.166助詞

　　　　 [へ]　1) 横浜へ（に）行きます。（第5課）

　　　　 [に]　2) 友だちに　手紙を　かきます。（第7課）

　　　　　　 4) 友だちに　会います。（第8課）

　　　　　　 7) 食堂へ　御飯を　食べに　行きます。（第13
　　　　　　　　 課）

　　　　　　 8) あの　レストランに　はいりましょう。（第
　　　　　　　　 15課）

　　 C　『日本語で学ぶ日本語　初級』p.100

　　　　 例1　(4) 私は　毎日　九時に　学校に　来ます。

　　　　 例2　(5) ふつう8時40分ごろ　学校に　来ます。図
　　　　　　　　 書室に行きます。

　　 D　『新文化初級日本語　I 』p.49

　　　　 第6課　2.学校へ行きます。

　　　　 1) うちへ帰ります

　　　　 2) 日本へ来ます。

　　　　 3) 会社へ行きます。

　　 E　『JAPANESE FOR EVERYONE』p.259　p.371

　　　　 [e]　direction marker, to, toward

　　　　 [ni]　marker for indirect object, location, time

以上のような教科書について、教師用ハンドブックでは以下のよ
うに解説されている。

a)『技術研修のための日本語　教師用手引』

「来往動詞と結びつく助詞としては教科書では「へ」のみを扱っ

258　IV　上方語的要素を脱却していく語法

ているが、「に」も使えることに触れてもよい。」p.24

b)『教師用日本語教育ハンドブック　文法Ⅰ』
「ある一定の地点・方向をめざす場合は「玄関に集まる。」「玄関
へ集まる。」というように「に」も「へ」も同じように用いられる。
（中略）古くは、「へ」は動詞のあらわす動作の進行する方向を表す
ことに特徴があり、「に」は動作の到達点を表すことに特徴があっ
たようであるが、現代語では「へ」も到達点を表し、「に」も方向
を表すようになってきている。」p.79
「このように方向・到達点を表す「へ」と「に」はたがいにおき
かえることができるが、学習の初期段階では、「へ」だけを不自然
でない限り提出し、それに習熟させる指導法をとることが望まし
い。」p.81

　以上からは「へ」「に」の使用の区分けが、規範性を持つと考え
られる教科書もある一方指導書においても、実際には明確でないと
いうものもあるという状況が見てとれる。
　では、先行する研究ではこの「へ」と「に」はどのように捉えら
れたのか。先行研究における「へ」と「に」についての記載を次節
で見ていく。

1.2　先行研究の「へ」と「に」

「へ」と「に」の格助詞を比較して編年的に詳述したもの［cate-
gory1］に、石垣謙二 1955、青木伶子 1956、1964 がある。これ
よりも古くその性格について言及したもの［category2］としては
山田孝雄 1936、佐久間鼎 1940 他が挙げられる。
　江戸語、東京語における「へ」と「に」の現れ方について［cate-
gory3］は保科孝一 1911、松下大三郎 1930、山田正紀 1936、湯
澤幸吉郎 1954 がある。また佐藤武義 1977 が「諺に“京へ筑紫に
板東さ”とあるように、地方によって違いがある」と指摘するよう
に、その使用傾向を方言地理学的見地から考察したもの［cate-
gory4］には原口裕 1969a 及び 1969b、鸞岡昭夫 1979、小林隆

第 10 章　格助詞「へ」と「に」の使用　259

1992 がある。

　　［category1］

　「之等の諸動詞はすべて甲地点を出発して乙地点へ進み近づく
　意味を荷なつて居り、即ち動作の経由を表してゐるものである。
　（中略）従つて之等の動詞を伴う「へ」は動作の接着性を表し
　てゐるといふ事が出来るであらう。」　　　　　　　石垣 1955 p.58

　「へ助詞は、時代とともにその用法を広げ、またその中の中心
　的な用法たる、移動動作の目標を示す場合には、量的にもニ助
　詞を凌駕するに至っている。（中略）へ助詞ならではの特性は
　①移動性をもつこと、②言語主体から離れた、距離のある目標
　であること、の二点を同時に含んでいるところがあるが、その
　二点を分化せしめ、いずれか一方を捨てる事によってつぎつぎ
　の発展が可能となった。」　　　　　　　　青木 1964 pp.315–316

　青木 1964 では移動性動作の目標を示す助詞「へ」が徐々に勢力
を増して室町末期には全用例の 7 割を「へ」が担い、「に」を凌駕
して「このまま進めばニ助詞を圧倒し去るのではないか」と思われ
たが、次第にその勢力を後退させていったことが報告されている。

　　［category2］

　「「へ」は文語にありてはその動作の進行するその目標所在の方
　向を示すものなり。この動作の進行する目標を示すということ
　は「に」にも存するを以て往々混同せられ易し。（中略）机へ
　載せる。財産を子へ譲る。これは文語にては明らかに「に」と
　いふべきなり。口語のこの現象は正しき用法にあらず。然れど
　も汎く用ゐられてあれば、今これを否定すべくもあらず。然り
　といへどもこの口語の形を文章にとり入れて文語にて「へ」を
　「に」の如く用ゐるものあるは断じて容認すべきものにあら
　ず。」　　　　　　　　　　　　　　　　山田 1936 pp.432–433

　すでに保科 1911 では、「へ」が方向にも場所にも用いられるこ
とが慣例だが、方言によっては「に」が使われることと、東京語で
は普通「へ」が用いられることとが説明されている。この後、松下
1930 では下の記述があり、山田 1936 でも『浮世風呂』『浮世床』
で「「へ」の勢力は「に」の勢力に比して極めて優勢である」

（p.154）ことが報告されている。

　［category3］

「東京語に於ては、進行的意識が顕著な場合には必ず「へ」を用ゐる。「に」は決して用ゐない。東京へ行く。此処へ来る。他処から東京へ移動する。のである。決して「東京に行く」とはいはない。「東京に行く」は文語又は近畿以西の言ひ方である。（中略）依拠物が人や物ならば存在関係として「に」を用ゐ、依拠物が処や部位ならば進行関係として「へ」を用ゐる。」

松下 1930 pp.238-241

「右のごとく江戸言葉の「へ」は、その用法が広くなって、もと「に」で表した場合にもこれを用いるようになった。すなわち地位・方角などの別なく、移動を表す動詞の場合には「へ」を用いるのが普通であった。けれどもその場合に「に」を用いることが全く行なわれなくなったのではないから、「へ」のあらゆる用例を「に」と言いかえることが出来たが、「に」はそれ以外の用法があるので、「に」の用例には「へ」を用い得ぬ場合が少なくなかった。」

湯澤 1954 p.563

　また、口語と文語の文体から両助詞に言及したものに今泉忠義1950と此島正年1966がある。ともに「固い感じのする『に』」「軟い感じのする『へ』」（今泉1950）から保守的な文章には「へ」が全くおこなわれなかったこと、すなわちくだけた口語文体では「へ」が、また保守的で規範意識のある文語文体では「に」が用いられたことが指摘されている。

　次に方言地理学的見地からの論として、原口1969a及び1969bでは九州関係の記録文に九州方言の反映と捉えられる「に」専用が見られることや、これが実用文であったため「に」が一般に使われる地域において、口頭語「に」が無意識に定着したものであることが報告される。

　この口頭語と「へ」「に」の使用傾向については小林1992に次のような指摘がある。

　［category4］

「一旦拡張した「へ」の用法がふたたび縮小をはじめたのは、

新しく獲得された用法（特に「帰着点」以外の用法）が、結局、日常口頭語のレベルにとどまり、規範から逸脱した印象を払拭しきれなかったために、本来の用法に「へ」を引き戻し、あらためて「に」の勢力を回復しようとする反動が生じたからではないかと思われる。」 小林 1992 p.155

　以上先行する研究からは、「へ」がもとは遠隔地へ向かっていくことを示すために用いられたが、次第に「に」の職能の一部である動作の目的や帰着点を示すことにも用いられ、「に」の使用の範囲を侵していったことと、「に」は保守的・文語的な文体に、「へ」はくだけた口語的文体に多く現れ、後には、この文語的、口語的という性質の違いが、再び「へ」を元の用法まで後退させたこととが知られる。以上を踏まえて、江戸期の咄本に見られる「へ」の使用を論じる。

2.　調査の方法と概況

2.1　対象

　江戸期の咄本240作品について移動性動詞の「行く」「来る」「入る」「参る」に前接する「へ」と「に」の使用傾向を見る。全体の出現例数は1214例、うち、江戸板が145作品888例、上方板が33作品263例で、他は板元が不明なものと江戸・京坂以外のものであった。これらを便宜上、延宝～貞享期、Ⅰ期（明和から寛政）、Ⅱ期（享和から文政）、Ⅲ期（天保から明治前期）の4期に分けて観察した。各期における作品数と出板の内訳は下のようである。

【調査作品数】
延宝～貞享期　1673–1688　Ⅰ期 1764–1801　Ⅱ期 1801–1830　Ⅲ期 1830–1887頃

時期区分	延宝—貞享	Ⅰ期	Ⅱ期	Ⅲ期	計
出現例数	139	513	419	143	1214
出現作品数	13	86	66	30	195

2.2 方法

　ここでは代表的な移動性動詞のいくつかを取り上げる。「行く」「ゆく」や「へ」「え」などの表記については区別をしなかった。また調査した動詞の種類は、本調査に先立って数作品を調べ、多く現れた移動性動詞の中から選択した。

3. 接続する動詞と格助詞「へ」と「に」の使用傾向について

3.1 「へ行く」と「に行く」

3.1.1 概況

　先行研究にも指摘されているように古い時代「へ」は移動の方向性を示し、「に」は移動の帰着点および移動の目的を示すために用いられた。そこで本項では、江戸期におこなわれた「〜へ行く」「〜に行く」の例を出現の時期や機能によっておおまかに分類する。

　「へ」、「に」の用例を、移動の方向を示す機能、移動の帰着点を示す機能、移動の目的を示す機能に分けて以下に例を挙げる。現れた部分には下線を引いた。

　○　移動の方向を示す「へ」の例

　・御侍を乗、<u>品川の方へ行</u>（9オ）　　　　　　　　　『大神楽』寛政3

　・<u>よそへ行く</u>とて、かむりかさを出せといふから（2オ）

　　　　　　　　　　　　　　　　　　　　　　　　　『笑話の林』天保2

　○　移動の方向を示す「に」の例

　・まいばん〳〵さんまいとは<u>かのへんに行</u>（1オ）

　　　　　　　　　　　　　　　　　　　　　　　『軽口筆彦咄二』寛政7

　・そのゝち、<u>うらに行ける</u>に、又もとのごとく歯ぬけて居れバ（16オ）　　　　　　　　　　　　　　　　　　　　　『飛談語』安永2

　○　移動の帰着点を示す「へ」の例

　・<u>医者の所へ行き</u>、ねかふに幸な事が御座ります（62オ）

　　　　　　　　　　　　　　　　　　　　　　　　　　『坐笑産』安永2

　・そのやういをせんとて、にわかに<u>あさくさへゆき</u>（13オ）

　　　　　　　　　　　　　　　　　　　　　　　　　『鹿の巻筆』貞享3

○　移動の帰着点を示す「に」の例

・哥なとよまんと直ぐに一蝶のもとにゆき（21オ）

『梅屋集』慶応元年

・直に浪花の町にゆき、座摩の前の古手店にいたり（梅5オ）

『小倉百首類題話』文政6

○　移動の目的を示す「へ」の例

・コレ、きさまハたびへゆくそふだが（10オ）　　『福種蒔』寛政13

・ゆふべ、太子こうへいつたくづれが、女郎かひとでかけて（5
オ）　　　　　　　　　　　　　　　　　　　『百面相仕方ばなし』天保13

○　移動の目的を示す「に」の例

・此大ゆきに、たけのことりにゆかるゝものか（13ウ上）

『延命養談数』天保4

・はなし相手にゆくのもいゝが、芝居と狂歌の天狗だから（18
オ）　　　　　　　　　　　　　　　　　　　　　　　『梅屋集』慶応元年

　この時期江戸で出板された咄本に現れる「〜へ行く」「〜に行く」の状況は次のようである。東京語に反映されていくと思われる江戸板に注目し、上方板については必要に応じて報告するにとどめる。

　調査全体でいえば「〜へ行く」（360例）が圧倒的に「〜に行く」（162例）を上回る。

表1　咄本に現れた「〜へ行く」と「〜に行く」出現例数

	延宝―貞享期	Ⅰ期	Ⅱ期	Ⅲ期
〜へ行く	42	171	109	38
出現作品数	5	57	37	16
〜に行く	17	82	45	18
出現作品数	5	30	25	9

　各期における一作品当たりの使用を見ると、延宝から貞享の期間の「〜へ行く」が突出して多い（8.4例）ほかは、Ⅰ期からⅢ期の「〜へ行く」「〜に行く」の使用はほぼ同様である。つまりどの時期も2例から3例の使用*1であって、一つの作品の中で、何度も繰り返して使用されるような作品はなかったといえる。

264　Ⅳ　上方語的要素を脱却していく語法

3.1.2 専用と併用

　では「へ」「に」いずれかが専用されたもの、または双方が併用されたものには何らかの傾向性があるのかを考える。

　一作品に3例以上現れる作品について調査をしたところ、いずれかが専用された作品は全期を通じ、江戸上方を合わせて37作品、「へ」「に」がともに使用されていたものは68作品であった。このうち「〜に行く」が専用されたものは『花の咲』（享和2）、『蛟蝶児』（文化2）、『俳諧発句一題噺』（嘉永4）の3作品で、残り34作品は「〜へ行く」の専用である。専用された「に」は3作品ともに移動の目的を示すもので、他の機能は担っていない。また「へ」を専用する作品も移動の方向と帰着点を指示する機能を分担し、移動の目的を兼ねるものはなかった。

　次に併用された作品を見ると、移動の目的を示す場合は「に」が、帰着点や移動の方向を示す場合は「へ」が分担する例が殆どであった。そのような中にあって、『鹿の巻筆』（貞享3）や、『小倉百首類題話』（文政6）のように「に」が「へ」と同様に帰着点や方向を示すのに用いられ「へ」と区別なく使われている例も見受けられた。

〈帰着点〉

・拟名主へゆきてみるに、人二三十人なミゐたり（7ウ）

『鹿の巻筆』貞享3

・海士　龍宮にゆきて、めんかうふはいの玉をぬすミにぐる

［前掲3.1］

〈方向〉

・ぬしアとこへ行　金「おらア九段坂へ行（3ウ）

『わらひ鯉』寛政7

・女房いづくに行けん、うちにあらざれは、（中略）となりにゆきて（梅6ウ）　　　　　『小倉百首類題話』文政6

・壱丁あまり南へゆきなんすと、左へゆく道がある（松8オ）

『小倉百首類題話』同上

　上の例からは、『鹿の巻筆』や上方作品にあっては、「へ」「に」の使い分けにはそれほど截然とした違いは見られないことが知られ

第10章　格助詞「へ」と「に」の使用　　**265**

る。本来は「に」の持っていた機能のうち、「へ」が領域を拡げて担うに至った機能を、再度「に」が担った結果なのか、以前からの「に」の機能がそのまま保持されて使われたのかは不明である。

　また次のように、使い分けられた機能が重層的で、明解に分類できないものもある。下例の「へ」は「太子講」という場所（帰着点）の指示か、またはそのような職人の集まりに参加すること（移動の目的）の指示かは明らかではない。おそらくは、双方の意味を重層的に持ったものであろう。次の「葬に行たく」も弔いの場所（帰着点）へ行くことと、（移動の目的）として弔いに参列することを示していると考えられる。同作品の「占しのもとへ行て」では「占い師」の所に行く（帰着点）ことと、占ってもらうこと（移動の目的）の二つの重層的な意味で使われている。

　・ゆふべ、<u>太子こうへいつたくづれ</u>が、女郎かひとでかけて

［前掲 3.1］

　・其となりの者、下の丁の<u>葬に行たく</u>思へども

『軽口大笑ひ』延宝 8

　・<u>占しのもとへ行て</u>、初をハりを語 　　　　　　　　　　同上

3.1.3　作者と使用

　前節では一作品内の専用と併用を見た。そこでここでは特定の個人における「へ」「に」の使用を、用例数がある程度まとまっている作者について見ていく。ただし、「行く」だけでは量的に少なく比較がむずかしいため、ここでは「行く」の他に「来る」「入る」「参る」も含めて概観する。

　作者別の「へ」と「に」の現れ方については、おおよそ三つのグループに分けられた【表2】。

　一つは「へ」と「に」の使用が拮抗して使用されているグループ、二つ目は「へ」が偏重して使われているグループ、三つ目はこれと対極的に「に」が専らに使われているグループである。

　第一のグループには鹿野武左衛門①と、桜川慈悲成②、百川堂灌河③がある。

　鹿野武左衛門は天和から貞享に活躍し、仕形噺の祖といわれた人

物であり、慈悲成も享和から天保に活躍した、いわゆる幇間の祖とされる人物である。彼らは共に座敷咄の名人といわれ、招かれて貴人の前で咄を披露することが多かった。そのようなかしこまった席での笑話では、使われたことばも卑俗な内容の咄の中にあっても、規範的で文語風のことばを採り入れ、改まり度の高いものだったことが察せられる。今泉1950や此島1966が指摘するように「何となく固い感じのする『に』と軟い感じのする『へ』」*2という語感が、座敷咄を元にした咄本にも反映したのであろう。③の百川堂灌河は狂歌をよくする文人で、咄の会を度々主催し、また狂歌を募って狂歌集を編集することが可能な、京都の豊かな書肆である。これも「文語風のもの言ひでは『に』が現れ、砕けた口語風のもの言ひでは『へ』が現れることもあった」*3という「に」と「へ」の使い分けが、自覚の有無に関わらず保守的要素が現れやすい富裕層の文人灌河の内にもあったかと思われる。

　これと対照的な結果になったのが三笑亭可楽⑥と林屋正蔵⑦の「へ」の使用である。高座にかけた咄を編集して出板した二人の作品は、他の作者の文体よりも話し言葉的な要素が強い。この口頭語性が「砕けた口語風なもの言ひ」である平俗な「へ」を用いさせたといえる。

　④の十返舎一九は⑥⑦と同時代の笑話本作者だが、第一と第二グループの中間的位置に存在する。その要因について一九の出自に着目した。彼は駿府の武家出身で、父は勘定方をつとめた上士である。一般的に地方の武家階級は、中央の市井の人間に比して、情報の受け取りが遅れる傾向があり、それ故の保守性を有している。「ます」の命令形について、一九が、当時優勢であった「まし」ではなく「ませ」を使用したと同様の現象*4が「に」と「へ」の使用にも現れたのであろう。この「流行の先端よりは少し遅れる保守性」ともいうべきものが、④を第一グループと第二グループの中間的使用に留めたといえよう。

　第二グループと対極にあるのが「に」を専ら使用した石川雅望⑤である。

　『雅言集覧』の作者でもある雅望は一九や可楽、正蔵とほぼ同様

第10章　格助詞「へ」と「に」の使用　　267

表2　作者別の「へ」「に」の出現数

＊⑤以外は複数の作品における例数の合計

鹿野武左衛門

①	へ	に
行く	14	15
来る	4	6
入る	2	2
参る	5	6
計	25	29

桜川慈悲成

②	へ	に
行く	14	12
来る	4	1
入る	1	5
参る	1	1
計	20	19

百川堂灌河

③	へ	に
行く	10	6
来る	5	5
入る	1	2
参る	0	1
計	16	14

十返舎一九

④	へ	に
行く	13	6
来る	12	4
入る	0	3
参る	2	2
計	27	15

石川雅望

⑤	へ	に
行く	1	1
来る	0	0
入る	0	17
参る	0	5
計	1	23

三笑亭可楽

⑥	へ	に
行く	8	1
来る	2	1
入る	0	0
参る	2	0
計	12	2

林屋正蔵

⑦	へ	に
行く	9	0
来る	2	0
入る	1	0
参る	0	0
計	12	0

①鹿野武左衛門（天和～貞享）2作品
②桜川慈悲成（享和～天保）5作品
③百川堂灌河（享和）京都板2作品
④十返舎一九（享和）6作品
⑤石川雅望（化政期）1作品
⑥三笑亭可楽（享和～文化）4作品
⑦林屋正蔵（天保）4作品

な時期に『しみのすみか』を著した。本作品の中では、作品中「に」が23例、「へ」は「子どもは、ミなかしこへゆきて」（8オ）の1例のみである。彼はこの作品を擬古文として雅文体で書いている。「に」を使うことに対する意図の有無は定かではないが、擬古文を書こうとした作者の志向が「に」の多用に反映された結果と推察した。

3.2 「へ来る」と「に来る」

今回の調査では調査した240作品のうち、「〜へ来る」79例、「〜に来る」68例を得た。うち江戸板は51作品で、【表3】のように使用は拮抗している。これは上方板も同様であった。使用の内容は「に」が「うちはたしにきたかとおもへハ」（『人来鳥』天明3）や「傘をかりにきた時」（『古今秀句落し噺』天保13）のように、ほぼ100％が目的を示すのに対し、「へ」が「芝神明のあたりへ来て」（『笑府商内上手』享和4）「わかもの、きやく人のところへきて」（『昔はなし』弘化3）など、おおよそ方向や帰着点を示す傾向は前節の「行く」と同様である。

表3　咄本に現れた「〜へ来る」と「〜に来る」出現例数

	延宝一貞享期	Ⅰ期	Ⅱ期	Ⅲ期	合計
〜へ来る	3	24	46	6	79
〜に来る	11	25	25	7	68

3.3 「〜へ入る」と「〜に入る」

調査した作品から「〜へ入る」（76例）、「〜に入る」（108例）を得た。うち江戸板は【表4】のような結果である。ここでは他動詞「〜へいれる」「〜にいれる」と自動詞「〜へはいる」「〜にはいる」を分けて調査したが、概ねその傾向に違いは見られなかった。

【表4】からもわかるように「に」（78例）の使用が「へ」（45例）の使用に比して優勢である。これを一作品当たりの使用から見ると、延宝から貞享期では「〜へ入る」が1.5回、「〜に入る」が2.3回と一作品における「〜に入る」の使用回数は増える。Ⅰ期の

み使用の頻度は逆転するが、Ⅱ期とⅢ期は延宝から貞享期と同様に「〜に入る」が作品当たりの用例数は多い。

　これは自動詞における「へ」と「に」、他動詞における「へ」と「に」で比較した場合も同様である。現代語を調査した国立国語研究所の『現代雑誌九十種の用語用字　第三分冊』では「はいる」「いれる」「付ける」などの「結果に重きをおく動詞」は「に」をとる傾向が、「行く」「来る」など「経過に重きをおく」動詞は「へ」をとる傾向があるのではないかという結論が報告されている。「〜はいる」に関しては江戸期を調査した結果と現代の「〜へ入る」「〜に入る」の結果とが呼応する形になる。

表4　咄本に現れた「〜へ入る」と「〜に入る」出現例数

	延宝―貞享期	Ⅰ期	Ⅱ期	Ⅲ期	計
〜へ　いれる	1	5	6	1	13
〜へ　はいる	2	16	8	6	32
計	3	21	14	7	45
出現作品数	2	12	12	11	37

	延宝―貞享期	Ⅰ期	Ⅱ期	Ⅲ期	計
〜に　いれる	0	6	12	6	24
〜に　はいる	7	20	26	1	54
計	7	26	38	7	78
出現作品数	3	20	20	6	49

・そのものもいざりしに、となりの家へはいり（37オ）

『武左衛門口伝ばなし』天和3

・国に着て朝も晩も片隅にはいり（39ウ）　　　『出類題』安永2

・腹のあふた友達なれば、戸を引明て内へ入れる（2オ）

『鳩灌雑話』寛政7

・壱〆目の銀子を財布に入れたまゝ出したら（9ウ）

『落噺千里藪』弘化3

　なお、一例であるが「内へ　へいりねへ」（『嗚呼笑』安永10）のような訛音を含んだ語も見うけられる。発音の容易さもあろうが、

270　Ⅳ　上方語的要素を脱却していく語法

くだけた語に「へ」が用いられた例と考えられる。

3.4 「〜へ参る」と「〜に参る」

「参る」はこの時期、「行く」「来る」の待遇表現の一つとして*5
用いられたと同時に、そこから派生して神社仏閣に「参詣する」こ
とを意味していた。

江戸板と上方板を合わせて「〜へ参る」は78例、「〜に参る」
は53例と、おおよそは「行く」と同様、「へ」の使用が優勢だった。

内容を見ると「〜に参る」は「行く」の意味が最も多く（27例）、
「来る」（15例）「参詣する」（11例）の順である。一方、「〜へ行
く」は「参詣する」の意味で使用されたものが最も多く（43例）、
これと拮抗して「行く」という意味で使用されたものも30例あっ
た。「来る」の意味で使われた「〜へ参る」の例は全体で2例にと
どまる。

また、機能の面から見ると「へ」の8割（78例中60例）が帰着
点を、「に」の用例数の約8割（53例中40例）が目的を示す役割
を担っていて、これも「〜へ行く」「〜に行く」などと同様の傾向
を見せた。

「行く」の意

・きのどくにおもひて、大夫もと<u>へまいり</u>て（12オ）

『鹿の巻筆』貞享3

・ときに小ぞうはどこへ。よみもの<u>にまいり</u>やした（13ウ）

『正月もの』文化3

「来る」の意

・馬をかり<u>にまいり</u>ました（4ウ）　　　『落咄臍くり金』天明9

・小ぞう　みなわたくしのほう<u>へまいり</u>ました（17オ）

『落咄見世びらき』文化3

「参詣する」の意

・あす観世音<u>に参り</u>なバ（23ウ）　　　『しみのすみか』文化2

・江戸もの、川口のぜんくわうじ<u>へまゐる</u>みちにて（18オ）

『俳諧発句一題噺』嘉永4

4. おわりに

　以上「〜へ行く」「〜に行く」を中心に移動性動詞に接続する格助詞の「へ」「に」の使用状況について考察した。

　延宝から貞享期の一作品当たりの使用頻度は「〜へ行く」が「〜に行く」の倍以上であった。この傾向を「へ」「に」の専用と併用、作者別の使用の側面から観察したところ、使い分けの意識はそれほど截然としたものではなかった。ただし、鹿野武左衛門や桜川慈悲成、百川堂灌河では「に」が、三笑亭可楽や林屋正蔵では「へ」が多く使われる傾向は見て取れる。座敷芸という改まった場面でのはなしや、文人として名高い教養層の作品では文語的な「に」が用いられ、寄席で大衆を相手にする噺家たちの作品には口語的で砕けた言い方として「へ」が採られたことを、作者の位相から論じた。

　「行く」の調査の補いとして、「来る」「入る」「参る」などの移動性動詞数種を調査してそれぞれについての傾向性を報告した。

　今後はこの格助詞「へ」がどのような動詞とむすびついていったかを見ていくことで、さらに「へ」の推移を展望していきたい。

日本語教育テキスト

海外技術者研修協会編（1974）『日本語の基礎Ⅰ』スリーエーネットワーク
国際交流基金編（1980）『教師用日本語教育ハンドブック　文法Ⅰ』国際交流
　　基金
国際交流基金編（1982）『日本語初歩　Ⅰ』凡人社
国際協力事業団編（1985）『技術研修のための日本語　教師用手引』
黒羽栄司（1995）『日本語で学ぶ日本語　初級』大修館書店
名柄迪他（1990）『JAPANESE FOR EVERYONE』学習研究所
文化外国語専門学校日本語課程編（2000）『新文化初級日本語Ⅰ』文化外国語
　　専門学校

調査作品

十二支紫、嗚呼笑、間女畑、青楼育咄雀、青楼吉原咄、雨夜のつれづれ三題噺、

一雅話三笑、今歳咄、今様咄、うぐひす笛、梅の笑、梅屋集、梅屋舗、笑顔始、駅路馬士唄、江戸嬉笑、恵方棚、延命養談数、小倉百首類題話、御伽噺、おとぎばなし、落しばなし、落咄腰巾着、落咄福寿草、落噺笑種蒔、面白草紙噺図絵、書集津盛噺、楽牽頭、買言葉、かたいはなし、鹿の子餅、聞上手、戯忠臣蔵噺、草かり籠、口取肴、口拍子、工風智恵輪、古今秀句落し噺、滑稽即興噺、御贔屓咄の親玉、語満在、再成餅、坐笑産、三才智恵、三都寄合噺、仕形噺、鹿の巻筆、自在餅、下司の智恵、室の梅、芝居絵落噺貼込帖、十千万両、熟志柿、春色三題噺、正月もの、正直咄大鑑、しんさくおとしばなし、新作徳盛噺、身振姿、駿河茄子、扇子売、仙女香、落噺即当笑合、太神楽、種がしま、玉尽一九噺、近目貫、珍学問、常々草、出類題、東海道中滑稽譚、当世はなしの本、東都真衛、徳治伝、徳用草紙、独楽新話、年の市、屠蘇機嫌、屠蘇喜言、飛談語、富久和佳志、富久喜多留、頓作万八噺、猫に小判、年中行事、宇喜蔵主古今咄揃、のぞきからくり、俳諧発句一題噺、はつわらい、はなし亀、はなし句応、話句翁、はなし種、はなしのいけ、咄の蔵入、咄土産、花之家抄、花の咲、春興噺万歳、春みやげ、瓢百集一口ばなし、人来鳥、百歌撰、百福茶、大年咄百福物語、拍子幕、評判の俵、冨貴樽、福三笑、福助噺、福種笑門松、ふくら雀、振鷺亭噺日記、武左衛門口伝はなし、臍煎茶呑噺、臍くり金、ますおとし、松の内見世びらき、妙伍天連都、昔はなし、柳巷訛言、山しょ味噌、芳野山、落語の吹寄、炉開噺口切、和漢咄会、話問訥、笑顔はじめ、笑上戸、笑の種蒔、笑の初り、笑話の林、わらひ鯉、笑府衿裂米、笑府商内上手、笑ふ門、笑富林、笑嘉登、絵本軽口福笑、絵本珍宝草、大寄噺の尻馬、落噺千里藪、歳旦話、初春咄の種、新撰勧進話、当世軽口咄揃、当世口まね笑、当世手打笑、鳩灌雑話、花競二巻噺、噺栗毛、噺の魁二編、春咄、一口ばなし、百成瓢、臍の宿かえ、麻疹噺、万燈賑ばなし、山の笑、夜明烏、四方の春、笑の友、頭懸鎖、しみのすみか、山の笑、噺大全、無塩諸美味、七福神、落噺千年草、そこぬけ釜、福茶釜、

＊1　延宝～貞享期の「～へ行く」の一作品における用例数は8例、Ⅰ期3例、Ⅱ期3例、Ⅲ期2例である。また「～に行く」は同様に延宝～貞享期は3例、Ⅰ期3例．Ⅱ期2例．Ⅲ期2例である。
＊2　今泉1950 p.216
＊3　上に同じ
＊4　第13章
＊5　湯澤1954では、もとは下から上への謙譲語だが、江戸期には、へりくだる相手がない場合にも用いられ、単なる丁寧語としての用法もあることが指摘されている。(p.175)

第**11**章
原因・理由を表す条件節
「によって」「ほどに」から「から」の使用へ

1. はじめに

　下は『浮世風呂　二編』（文化7刊）の上方者（「かみ」）と江戸者（「山」）のいわゆる「ことば咎め」のくだりである。これからは化政期にはすでに原因・理由を表すことばが、一般市民の間でも、江戸と上方とでは異なっていると知られていたことがわかる。

　　　あのまあ。からとはなんじやヱ　山「から」だから「から」さ。故といふことよ。そしてまた　上方の「さかい」とはなんだへ　かみ「さかい」とはナ。物の境目じやハ。物の限る所が境じやによつて。さうじやさかいに。　斯した境と云のじやはいな　山「そんならいはうかへ。江戸詞の「から」をわらひなはるが、百人一首の哥に何とあるヱ　　　　　　　　　　　（二編上）

　また安永期の越谷吾山が記した『物類称呼』（安永4）「助語」には、次のような記述がある。

　　　畿内近国の助語に　さかひと云詞有　関東にて　からといふ詞にあたる也からと云詞　故といふに同し　吹くからに秋の草木のと詠るも吹く故ゆへに也　　　　　『物類称呼』（安永4）

　越谷吾山は享保2年生まれの俳人であり、弟子の曲亭馬琴が「学識相応にあり」と評する知識人である。岩波文庫『物類称呼』では東條操が「本書の書き振りが学究的のものでなくやゝ俳人の漫筆といふ趣もあつて相当諸国の好事家に読まれたのではないかと思われる」と解説している＊1。すなわち安永時、サカイは関東ではカラにあたること、ユへと同じ意味であることとが、ことばに関心を持つ人々には捉えられていたことになる。

　江戸のことばから上方語的要素が漸減し、江戸語が独自の姿を取り始めるのは宝暦以降＊2とされるが、これよりのち、次第に江戸

275

では上方と異なる表現が見られるようになる。上記の「から」と
「さかい」の違いもその一つである。

　小田切良知は『明和期江戸語について（一）』の中で、この明和
期という「上方的要素を払拭しつつ東国語的要素に磨きをかけ
た」*3時期における、関東・関西両方言対立を特徴づけるものの一
つに「から」と「さかい」を挙げている*4。

　そこで本章では、明和期以降に出版される後期咄本の原因・理由
を表す条件節について、「ほどに」「によって」「さかい」の衰退傾
向と「から」の隆盛及び「ので」の躍進という消長の要因を考察し
ていく。

　なお、「原因・理由を表す条件節を構成する表現形式」または
「原因・理由を表す接続助詞」を、ここでは「原因・理由を表す条
件節」もしくは「原因・理由を表す表現形式」と略し、本文中の
「から」「さかい」「ゆえ」などはカラ、サカイ、ユヘなどとする。
「ゆえ」は多く「ゆへ」で現れるが異なる表記の「ゆゑ」「故^{ゆへ}」は本
章では、ユヘに代表させる。

1.1　先行研究と調査対象語について

　江戸語における接続助詞については、湯澤幸吉郎1954がカラ、
ノデ、ニヨツテに言及している。それによればカラは「活用語の終
止形に付き、理由・原因を示すに用いられる」と説明され、「江戸
では普通に用いたが、上方ではこれに当るのは「さかい」であっ
た」（p.580）として、上記の『浮世風呂』のくだりが引かれてい
る。

　またノデについては「活用する語の終止形に付いて、理由・原因
を示すに用いる」が「江戸ではあまりこれらを用いなかったようで
ある」（pp.612–613）と記述されている。ニヨツテは「これは古く
からある言い方ではあるが、江戸の作物にも表れる」（p.632）と
して洒落本『遊子方言』（明和7）の例が挙げられている。

　小田切1943ではカラは日本全国で広範に使用されており、それ
自体の源流は古いが、東国的特徴を表す顕著な例としては、比較的
新しいのではないかと指摘している。また古くは西国と同じくサカ

イ、ニヨツテ、あるいはそれ以外の表現があった可能性を示唆し、却ってサカイ系統の語が東国で共存していたのではないかと推測している。

　小林賢次1996では「文献では目にすることのできないさまざまな語形を一望することができ、史的研究との関連においても新たな展開が開けてくる」（p.358）ものとして言語地図上の条件節を表す表現形式を、史的研究と関連付けて論じる。

　彦坂佳宣2006もこれらの地理的分布から考察する。それによれば十返舎一九の『東海道中膝栗毛』（享和2〜文化11）に現れるカラ、ニヨツテ、ホドニ、サカイを調査したところ、江戸者、それも下層階級の弥次郎兵衛・喜多八は主としてカラを使うが、それ以外にもヨツテ*5とホドニの使用も見られるということが指摘されている。さらにカラが遠州、三河以西、京都の人にも用いられていることの言及がある。地理的に眺めて「関東はカラ、それが遠州付近まで断続的に伸びる。駿河・遠州付近にはカラと重なってンデ形があり、主として下層者に使用されている。伊勢付近からはサカイが始まり上方で極めて優勢である。駿河から伊勢、さらに上方に近づく地域で使用されるカラは接客的な丁寧さや逆に威圧的な表現性を帯びて使用される様子があった」（彦坂2006 pp.446–453）としている。

　戯作者の方言形使用については、五所美子1968をはじめとして疑問も呈されてはいるが、おおよそは読み手が納得し得るものであったと思われる。

　ノデやカラ等のいわゆる必然確定条件の表現形式については永野賢1970をはじめとした文法研究、またそこから発展した日本語教育からの研究、地域言語からの研究など多くの蓄積があるが、ここでは後期咄本に関わるものに範囲を限る。

　このうち後期咄本以前の原因・理由の表現については、小林千草1973が中世の口語資料として抄物・キリシタン資料・狂言資料を取り上げている。時期を下るキリシタン資料では抄物において絶対優勢であったホドニが、ニヨツテ・トコロデに勢力を交替させているとことの指摘がある。さらに狂言本において、17世紀中期筆録

第11章　原因・理由を表す条件節　277

の虎明本・虎清本と18世紀末期まで筆録されたといわれる虎寛本を比較すると、これらもまた同様な傾向を示し、ホドニからニヨッテへの勢力の交替が見られることを述べている*6。さらに狂言本に現れたユヘニ・ユヘについては「本来文章語であるものが、舞台用語として、あらたまった口調をもった口語として使われたものと考えられる」（p.31）とし、虎明本、虎寛本に現れたユヘを「物語風な語り場面に使われており、文章語としての性格を示している」（p.32）とその性格を分析する。

　小林千草はまた17世紀中期から19世紀中期までの上方語の資料を調査し、ホドニが次第に意味領域を狭め、命令・依頼に限られていくことで衰退が進み、ニヨッテ系（ニヨッテ、ヨッテ）が優勢になることを指摘する。ただし、これもサカイ系（サカイ、サカイニ、サカイデ）に圧倒されていくという*7。

　吉井量人1977は1700年代から1940年代におけるノデ、カラ、モンダカラ、その他（ユエ、ニヨッテ、ホドニ、サカイ）に分類して調査をおこない、カラが文学作品中の会話文に使用され始めるのは1700年頃からであるとしている。明和期頃から「その他」の使用が激減し、カラが全体の8割を占めるようになることと、1800年前後からノデが散見され、安政期に使用の一定の地位が確立することなどを論じる。

　このほかにも、条件表現形式を絞って論じるものに、亀井孝1936、原口裕1971他がある。亀井1936では元禄期に口頭語としてサカイが大きな勢力を持っていたことを指摘し、江戸板の咄本にもサカイが多数見受けられることから「関東土着の表現として、江戸の地に弘布してゐたと思はれる」（p.34）と江戸のサカイについて記載する。

　原口1971はノデに注目し、ノデがそれまで使用が絶対的に多かったカラを圧倒するのは、明治になってからであるとその推移を指摘している。

1.2　調査方法
以上の先行研究を前提として、本章ではユヘ、ホドニ、ニヨッテ

系（ニヨッテ、ヨッテ）、サカイ系（サカイ、サカイニ、サカイデ）、カラ、ノデを中心的な調査項目に定め、以下のように調査を進める。

調査は江戸で出板された各期20作品を対象とした。おおよそ100年間に出板された60作品である。同一作家の作品も数種加えて考察する。

なお、同時期に出板された上方の噺本を参考として調査に加えた。上方板に関しては、後期咄本の三期とおおよそ同時期に出板された各々の時期の各5作品、計15作品についてユヘ、ホドニ、ニヨッテ、サカイ、カラ、ノデを調べる。

また明和以前の江戸板については、明和期よりも80年ほど溯る天和、貞享年間の鹿野武左衛門の2作品として『武左衛門口伝咄』天和3年（1683）と『鹿の巻筆』貞享3年（1686）、および石川流宣の1作品『正直咄大鑑』貞享4年（1687）を調査の対象とする。

作者の鹿野武左衛門は大坂の出身だが若くして江戸に出、座敷に招かれてはなしを披露し、仕形ばなしの名人として名を馳せた人物である。本人については、のちの山東京伝が『近世奇跡考』（文化元年）において「元禄の頃江戸に座敷仕形ばなしといふ事行はる。長谷川町の鹿野武左衛門といふ上手なり。『鹿の巻筆』といふ笑話本五冊をあらわす」と評している。『正直咄大鑑』*8の作者石川流宣は江戸浅草に住み、浮世絵を多く残した浮世絵作家・戯作者である。

2. 概況と考察

2.1 全体的な考察

調査の結果、後期咄本60作品からユヘ・カラなど総計1101例を得た。これは総出現数を示したに過ぎず、地の文が含まれるユヘと、他の会話文に出現するのものとはレベルが異なる。ユヘの（ ）内の数字は会話中の用例数（内数）である。例えばⅠ期のユヘは出現数が164例であり、その内13例が会話における出現数となる。カラ以降サカイまでは会話部分のみのものである。

時期ごとの使用数の比較ではⅠ期はユヘが45％、カラが48％と

おおよそ拮抗しており、それ以外の表現形式も多様である。言いかえればⅢ期に比べてⅠ期の例数は少ないが、表現形式にはバリエーションが見られるということになる。

ユヘ、カラ、ノデを除くとⅠ期はホドニ・ニヨッテ・サカイのすべての形が現れる。Ⅱ期はホドニとニヨッテになり、Ⅲ期はニヨッテとサカイである。このⅢ期のサカイは後述するが咄本の技巧としてのサカイであって、わざと上方風を装った意図的なものである。

【表1】から見て明らかなことの一つに、古くからのホドニとニヨッテの消失がある。Ⅰ期にはわずかに残っていた上方語的要素を持つ伝統的な言い方が、幕末に向かって消失する状況が見て取れる。また咄本Ⅰ期にあたる安永期の『物類称呼』、Ⅱ期にあたる文化文政期の『浮世風呂』からは、ユヘが東西両地域における共通の理解語彙で、言わばニュートラルな語と捉えられていたことが察せられる。おそらく文章語的性格を有してあらたまった口調を持ったことによろうか。ただしこれも、Ⅱ期以降は36％から26％と使用の割合は減じる。『浮世風呂』では、「「から」だから「から」さ。故（ゆゑ）といふことよ」と「ゆゑ」を上方でも江戸でも了解される語として使われており、当時すでにユヘは東西両地域における理解語彙、言わば共通語であったといえる。

表1　江戸板　時期別出現

	ゆへ	から	ので	ほどに	によつて	さかい
Ⅰ期	164 (13)	174	1	7	11	4
	45％	48％	0％	2％	3％	1％
Ⅱ期	148 (17)	253	2	4	4	0
	36％	62％	1％	1％	1％	0％
Ⅲ期	87 (11)	221	16	0	3	2
	26％	67％	5％	0％	1％	1％

＊各期の上段は出現数、下段はその期の使用割合を示す。以下表2、表3も同様である。

【表1】ではホドニやニヨッテに急激な変化は見られないから、

ユへの使用が衰退したことによって、カラに使用が集中したことに
なる。

　こうしてカラの使用が文化文政期以降、江戸語の特徴的な条件節
を表す表現形式として、その地位を確立したといえる。また、他の
表現形式をおさえて、カラがその使用を67％と増やして絶対的優
勢になるⅢ期には、Ⅰ期にわずかであったノデが急速に増えている
ことも見て取れる。

　では同時期の上方板における使用の状況はどのようであったか。

　Ⅰ期からⅢ期までユへの使用には大きな変化は見られない。カラ
が7％（Ⅰ期）、11％（Ⅱ期）と緩やかに増加し、Ⅲ期に入ってよ
うやく28％と前2期の倍以上の使用になる。Ⅰ期とⅡ期の会話文
中の使用はユへとカラはほぼ同程度である。

　これに比べて、ユへは70％から60％を保つ。江戸板がユへから
カラへと使用を変えていく。上方におけるⅠ期、Ⅱ期のカラの使用
の少なさは、式亭三馬が江戸ではカラを使い、このカラが江戸の言
葉の特徴であるとするのを裏付けるものであろう。

　『浮世風呂』が書かれたⅡ期には、上方ではサカイがカラよりも
多く現れている。ユへとカラの使用を見ると、江戸の咄本は、直接
的な会話が増えて受け答えの当意即妙が喜ばれるようになったため、
口語的性格を持ったカラが増加し、文章語的なユへが減少したと考
えられる。Ⅲ期においてサカイがわずかであった原因は不明である。
調査資料が少なく*9はっきりしたことはいえないが、全国で読ま
れることを意識してローカル色を強く押し出さなかったのか、現代

表2　上方板　時期別出現

		ゆへ	から	ので	ほどに	によつて	さかい
上方　Ⅰ期		43（5）	4	1	1	7	4
		72％	7％	2％	2％	12％	7％
上方　Ⅱ期		84（11）	14	3	1	5	19
		67％	11％	2％	1％	4％	15％
上方　Ⅲ期		43（13）	20	5	1	0	2
		61％	28％	7％	1％	0％	3％

第11章　原因・理由を表す条件節　281

の一般的な出版物がそうであるように、限定された一地域のことば
が使われなくなったためか、今後の課題である。

2.2　後期咄本以前の3作品に現れた原因・理由を表す条件節

　次に明和・安永期をおおよそ90年ほど溯った天和・貞享のいわ
ゆる前期噺本について調べると、原因・理由を表す条件節の使用状
況は【表3】のようである。

　3作品共にホドニが最も多く、ユヘがこれに次ぐ。『鹿の巻筆』
ではサカイが急増し、ニヨッテとおおよそ使用が拮抗する。ところ
が『正直咄大鑑』では拮抗していたサカイが急激に勢力を拡大し、
反面ホドニが減少していることが見て取れる。

　I期の咄本でユヘと拮抗していたカラは、鹿野武左衛門の作品で
は、まだ見当たらない。小林1973では中世の抄物で絶対優勢で
あったホドニがキリシタン資料、狂言資料ではニヨッテに取って代
わられたことが報告されているが、そのような兆しもここでは見い
だせない。

　これは、屋敷に招かれてはなしを披露する者にとって、貴人の面
前で当世風なことばや俗語的表現を用いることには憚りがあったた
めと考えられる。

　語学テキストとしてのキリシタン資料では、すでに使用が廃れた
ホドニが下表の3作品では健在である。ホドニの健在（優勢）とホ
ドニから使用の優勢が交替したといわれるニヨッテが未だわずかで

表3　後期咄本以前の3作品における出現数

	ゆへ	から	ので	ほどに	によつて	さかい	合計
武左衛門口伝はなし（天和3）	12	0	0	17	4	0	33
	36%	0	0	52%	12%	0	100%
鹿の巻筆（貞享3）	10	0	0	23	5	8	46
	22%	0	0	50%	11%	17%	100%
正直咄大鑑（貞享4）	11	7	0	21	4	8	51
	22%	14%	0	41%	8%	16%	100%

あることとは、このような憚りの気持ちがあったためと言えまいか。

　座敷噺にはいわゆる「行儀の良い」保守性があり、噺本の一つの特性となって幕末まで咄本や寄席に引き継がれたと考えられる。

　亀井孝1936では鹿野武左衛門や石川流宣のサカイは、おそらく上方語の流入や影響ではなく「関東土着の表現として」広く使用されていたと察せられる。この土着の、以前から存在したサカイが江戸の噺本にも登場したと捉えるのが自然であろう。

　『鹿の巻筆』、『正直噺大鑑』に現れたサカイの例を以下に挙げる。読み易さのために、わたくしに句読点を加えた。また振り仮名は必要な場合のみ付した。

　　○　なせつぎのぶとはつけたとて、さん〳〵にしかる。きくわう
　　　　きいて、さて〳〵たんなはをろかな事をおしやる。おまへの大
　　　　屋にいられました<u>さかい</u>に、つきのぶと付ましたと申た

店の小僧→筆屋主人『鹿の巻筆』貞享3

　　○　わたくしのも、ついでにしてくだされませ。としよりまし
　　　　た<u>さかい</u>に、またまいりますもたいぎじや<u>ほどに</u>、たのみます、
　　　　寺請をといへば　　　　ものを逆に言う老女→住職『鹿の巻筆』貞享3

　　○　きやくもあきれて、あいさつなしにかへつた。あとにてむす
　　　　子しかりけるハ、おやぢのしらずハしらぬふりがよいに、ゑん
　　　　ハまるいといふ字かととふに、あふといわれゐで、ゑんはいた
　　　　しやとハなにごとじや。あせが出たといへば、そこなたわけも
　　　　の。おれもゐんきよじよハ竹ゑんじや<u>さかい</u>、まろきハかてん
　　　　なれども、ぐわいぶんを思ふて板じやといふた

おやじ→息子『正直咄大鑑』貞享4

　上2例が鹿野武左衛門作、残り1例が石川流宣の作である。

　第一例では頑固な筆づくりの主人と、小僧の会話だが、謹厳な目上のそれも家主である者に対して、慇懃な挨拶と言い訳をして可笑しみを出している。二つ目は住職にむかって、これも丁寧に願い事をする老女のことばである。

　サカイがホドニと同一の文に現れているが、これらの例が上方の影響をうけたことの現れとは考えにくい。かえって機転の利く小僧や、古くからあるホドニを使う時代遅れの年寄りが併用することで、

第11章　原因・理由を表す条件節　　283

ありふれた身近な笑いと受け止められたのであろう。同様に最後の例も、隠居した父親を息子がやり込める場面である。

　上流階級、知識層には属さない一般市民の使用からは、サカイが江戸市中で普通に聞かれる表現であったことがうかがわれる。

　こののち安永期の咄本まで、江戸におけるサカイの使用は不明となる。『正直咄大鑑』が生まれた貞享4年（1687）から『鹿の子餅』明和9年（1772）までの85年間、江戸板と確定できる作品が見つけられなかったことが一因である。こののち明和・安永の小咄の時期に入ると、サカイはわずかだが現れる。しかし、このサカイも新興のカラに押されて、ホドニやニョッテと共に、江戸における使用は消失し、却って上方との相違を示すために使用されるものとなる。

2.3　後期咄本の原因・理由を表す条件節

　ここからは後期咄本に現れた各表現—ユヘ・ホドニ・ニョッテ・サカイ・カラ・ノデ——について個別に取り上げ分析する。

2.3.1　【ユヘ】についての分析

Ⅰ期　a　わつちもせんどから、いなかへいつて居やした。それ
　　　　　できやせなんだ　女房どうりでこそ。マアあがりなさい
　　　　　ホンニおまへがござらぬ<u>ゆへ</u>、毎日御うわさばかり申
　　　　　てゐやした。　　　　　　　店の女房→客『聞上手』安永2

Ⅱ期　b　コレ何ぞなひかな。ハイ。まだ昼まへ<u>ゆゑ</u>できませぬ
　　　　　が、あわびのふくら煮と鮪がござります

　　　　　　　　　　　　　　　　　芝居の中売り→客『笑嘉登』文化10

　　　c　先生さま。けふハお宿にお出かへといふ。これハ隣家
　　　　　の主人、よふお出。今日ハ休日<u>ゆゑ</u>、くわろにぼうつ
　　　　　ういたして居る　筆学読書指南→訪問客『富久喜多留』文化11

Ⅲ期　d　なにがはや、そのなかへ　はちがすをくつて、かぶる
　　　　　ベエとすると、どたまアはちにさゝれもうして、うな
　　　　　つてをりますしぎ<u>ゆへ</u>、さしけへまして、しんきやう
　　　　　げん　いもせ山のふかしたて山のだんを見せます

田舎芝居の口上『昔はなし』弘化3

　例aは玄人筋のおかみが贔屓の客にあいさつをする場面、例bも芝居小屋の中売りが客に丁寧に応対する場面での使用例である。全期にわたって、これらのあいさつ場面や客を相手にした丁寧なことばを使う場面が多数現れる。役者絵の団扇を売る者が、客の娘に向かって「あいにくに今日ハ、だん十郎のがすくなふござりますゆへおきのどくでござります」（『おとぎばなし』文政5）と年若い娘たちにいうのも同様であろう。挨拶のことばとともに、例eのように、口上の部分における使用例も複数見られる。

> e　ハイ、申上升。むかしからござり升　落ばなしの本ハ、短ひばかりで、御なぐさみがうすふござり升<u>ゆへ</u>、わたくしが御座敷へ罷出まするせついたします、ちつともさし合なしのはなしを、此度出板いたし、御高覧にそなへまする　　　　　　　　　　　　『ますおとし』文政9

　このような丁寧な挨拶、口上、客への応対以外に、例cのような学者や衒学趣味の人物が、相手よりも上位の人間であることを作者が示すために用いるものもある。

　浪人が侍の矜持を捨てぬために「サレバ〳〵　そのまちがい<u>ゆへ</u>、身も浪人致した」（『聞上手』安永2）と使うのも、同様に格式ばった改まり感を出すため、文章語的なユヘが用いられたと考える。

　これらとはまた別に、例dのような田舎者が使う例もある。

　例dはⅢ期の幕末の例だが、すでにこの時期には、丁寧で改まり度の高いものという意識以外に、当代的ではない、野暮なものという一面があると受け取られていたのではなかろうか。

2.3.2　【ホドニ】についての分析

Ⅰ期　a　おかよひなされて九十九夜、一夜ばかりハまけにしてあげませう<u>ほどに</u>わたくしにつれまして、お寐間へすぐにまいれ　　　　公家に勤める女→通う男『鹿の子餅』明和9

　　　b　そんならもふ、どのやふな事が有ツてもしかるまい<u>ほどに</u>咄し給へ　　　　　　　　　　友人→亭主『聞上手』安永2

Ⅱ期　c　おふくろの心のやすまるやうにしたがよい。又おふく

第11章　原因・理由を表す条件節　　285

ろもいつまでいきるものてもないほどに、ちとるすを
して、（略）てらまいりてもさせたりして、ごしやうを
ねがハせるがよい　　　　おぢ→おい『おとぎばなし』文政5

Ⅲ期　該当例　無し

ホドニについては、小林1973に中世期にすでに衰退したという
指摘がある。

後期咄本での出現状況を見ると、Ⅰ期からⅢ期までで出現例数は
総例数11例、Ⅲ期は江戸板では見当たらない。これは天和・貞享
の『鹿の巻筆』や『正直咄大鑑』でホドニが使用総数のおおよそ
50％を占めていたこととは対照的である。この天和・貞享からの
85年の間に、ホドニの使用は50％から1〜2％にまで激減する。
『鹿の子餅』の例は当時にあっても古典とされた謡曲の『通小町』
を題材にしたものである。貴族の女房のことばとして「百夜を
九十九夜にまける」というパロディーだが、ホドニを使って、よみ
手に古い時代を想起させたと思われる。用例のcは叔父が甥に向
かって、小言を言う場面であるが、古臭い年長者のことばにホドニ
を用いている。

なお、ホドニが後接するものには動詞以外に、丁寧さを表助動詞
（ませうー）、打消しの助動詞（ぬー、ないー）打消意志の助動詞
（まいー）などが各数例見られた。

2.3.3　【ニヨツテ】についての分析

Ⅰ期　a　きさまハ人がゆくと、よく家来をしかる人じやによつ
　　　　　て、行にくい　　　　　　　　友人同士『聞上手』安永2

　　　b　されバ、もふ黒もふるし。いきな事もしつくしたによ
　　　　　つて、思ひ付でこふでたが、マアどふだろう

　　　　　　　　　　　　　　着道楽の男→友人『聞上手』安永2

Ⅱ期　c　わしにとんだほれをつて、どふぞのちに、よばいにき
　　　　　てくれろといひをつたによつていかふとおもつて

　　　　　　　　　　　　　　　　友人同士『屠蘇機嫌』文化14

Ⅲ期　d　そのゆめハ、どちらへうらしやるといふに、ゆめかひ
　　　　　これハやハらかなゆめじやによつて、内のばく〳〵

おやぢにくハせます　　ゆめ売り→客『延命養談数』天保4

e　身きうにしばゐをいたしたくおもふによつて、いそぎ
　　ひろにハへ　ぶたいをつくらせよ

　　　　　　　　　　　　主人→家来『延命養談数』天保4

　ニヨツテに前接するものには以下のような一般的な動詞、形容詞に直接結びつくものの他に、「た・ニヨツテ」「だ・ニヨツテ」「じゃ・ニヨツテ」の形をとるものが多く見られた。「た・だ」もしくは「じゃ」と結びつくものだけで、おおよそ使用例の半数を占める＊10。

　前後の因果関係を示す表現形式であるから「―た」「―だ」のように過去の内容、断定（指定）の内容を前部が持つことは自然であるが、これに上方語的な言い回しとされる「じゃ」も使用されていることが目をひく。

・形容詞　ふるいによつて　寒いによつて
・動詞　　なくによつて　おもふによつて
　　　　　ある（居る）によつて
・丁寧さを表助動詞
　　　　　ます―　御苦労に被成ますによつて　もつて逃げまし
　　　　　　　　　たによつて
　　　　　まする―　やどがへをいたしまするによつて
・断定（指定）を表助動詞
　　　　　じゃ―　人じやによつて　猿じやによつて　夢じやに
　　　　　　　　　よつて　それじやによつて
　　　　　だ―　それだによつて　裏だによつて
・過去　完了を表助動詞
　　　　　た、だ―　いひをつたによつて　座禅被成たによつて

2.3.4　【サカイ】についての分析

　後期咄本に現れるサカイの例は極めて少ない。Ⅰ期に4例、Ⅲ期に2例のみである。

　そのうちⅠ期のc例は上方者が応じる場面であり、Ⅲ期の例は林屋正蔵が天保4年に西両国の定席で披露した咄を「高座で咄す通り

に作仕候」とした作品中のものである。

　このⅢ期のサカイが現れたのは現行「牛ほめ」で有名な咄である。一話の中に上方の言葉が随所に現れる。江戸者は上方ではこのような話し方が、さもあることと納得して笑ったのであろう。また末尾にあるように「大江戸は不及申、日本国中の御客様方、先々御評判」と他国でも読まれることを意識して、わざと地域色を出した作意の現れかとも捉えられる。

　土着の言葉として天和・貞享の噺本では20％近くの使用を見せたサカイは、後期咄本の時代になって殆どその姿を消す。江戸でも以前は使用されていたという記憶は薄れ、すでに越谷吾山の指摘するように安永期には、もはや畿内の語となっている。

　サカイが笑話本の世界に再度現れるのは、化政期の滑稽本『浮世風呂』の「ことば咎め」のくだりであり、天保期、江戸の作者による『笑富林』である。これらの内容から、サカイが上方特有のものという考えが後期咄本の半ば以降は定着していたと察せられる。用例ｄでは天保期の江戸の噺家、林屋正蔵の作品をすこし長く引用する。

Ⅰ期　ａ　あんなおもしろくもないたのミをゆふ〳〵として居る。あの隙をわしにくれいで、ちよんのまあそびでハたんのうせぬ<u>さかい</u>　　　　　　　大店の手代→友人『楽牽頭』明和9

　　　ｂ　其やふにながい髪もあることかの。ヲヽ成ほど、唐ハ大国じや<u>さかい</u>、千里あるほうきもあるげな

　　　　　　　　　　　　　　　　　仲間同士『聞上手』安永2

　　　ｃ　上がたものにであふて、おめへはかミがたハ、どこにゐなさつたととへバ、アイわしハおならでござります（略）おの字をつけずともよからうにといへバ、アイそれでも、わしがゐどころをとはんす<u>さかいで</u>

　　　　　　　　　　　　　　　　　上方者『聞上手』安永2

Ⅲ期　ｄ　こゝに大坂上町辺に伊勢屋伝右衛門といふ人ありしが、其忰に伝二郎とて、とり所もなきあほう（略）。どふぞこれ、人に賢といハせたいが、親の欲じや。それ〳〵、東の叔父の所で、よう普請がでけた<u>さかい</u>、今

から行て賞て来や。まづ天井が薩摩のうづらもく、座
敷の床の間の掛物ハ探幽の山水、その外あちこち庭廻
り、目につきしだいほめまハり、だい所へ出ると、正
面の柱に節穴が一ツあるハ。おぢきがゑらふ気にかけ
てゐる<u>さかい</u>、おぢさま、何も気にかける事ハござり
ませぬ。座敷とちがふて台所じや。アノふし穴へ御札
を一チまい、はつておかんせ。アノ穴ハ見へませんと
いふて見イ。賢ものじやと賞られます。

父親→阿呆の倅『笑富林』天保 4

2.3.5 【カラ】についての分析

後期咄本中、使用が最も優勢だったものはカラである。

Ⅰ期のカラは総使用例数の約50％近く、Ⅱ期、Ⅲ期は60〜70％
をカラが占める。Ⅲ期にはホドニは消えて、ニヨツテが3例、ノデ
が16例であるのに対して、カラは221例に上る。

ノデについては次項で述べるが、Ⅲ期におけるカラの増加ととも
に、それまで1〜2例に過ぎなかったノデもⅢ期の全使用例数の
5％を占めるようになる。

江戸語から上方的要素が薄れ、上方語系のホドニ他の条件節が廃
れれば、カラはさらに使用を増大させ、その役割も広範に及ぶ。

Ⅱ期以降、カラは式亭三馬がいうように、江戸語の条件節を表す
代表的なものとなったといえよう。因果関係を表現する役割に限っ
ても、カラは行動の原因、事態の原因を表す場合、判断の根拠、発
言の根拠を示す場合など多様な役割を担ってきた。これらのすべて
の機能を果たしてきたカラに対して、次第に文意を明晰にしようと
の力が働き、新しい条件節が必要になる。その結果、僅少な使用で
あったノデが採用され、使用が伸長したと考えられる。

田中章夫が指摘する江戸語の分析的傾向[11]が、このカラとノデ
の関係にも反映されたと捉えられよう。ただし当該期、カラの多用
にはノデがまだ持つことのなかったいくつかの特徴がある。

一つはカラが終助詞的役割を担っていたことである。一般的な会
話の中では、文末をカラでとめて、後件を言いさす場合がある。特

に江戸小咄では、江戸人の気質もあって、文末を省略し、受け手に
イメージを膨らませる技巧が発達した。結末まで長々と説明を加え
ることは野暮であると考えた江戸の好みには、言いさすことが可能
なカラが適当なものであったといえよう。

　　○　土蔵普請　二の足　江戸の水
　　ある人、友達同士にてさゝやくやう、本町の式亭ハ年来江戸の水
　　を売て、大分金をもうけやした。（略）江戸の水といふやうな、
　　意気な物でも売て見なせへ。庫処でハねへ。金持になること、自
　　己が請合だ。うなぎ昇なぞといふのろ〳〵した事でハない。二の
　　足どころか、一足飛鳥飛だハ「ナゼ　夫でも大蔵の建たのハ、三
　　番だといふから。　　　　　　　　友達同士『春色三題噺』元治元

またカラは訛音や粗野なことばが使用される会話にも、結び付い
て現れるようになる。カラは江戸の人々の中で熟し、常用されて
いったことがわかる。

　　○　荒馬のごとくにあれやアがる<u>から</u>、なんだこのねこまためへ
　　　と　　　　　　　　　　　　　　　　　　　　夫婦『百の種』文政8
　　○　そのしれねへ文の所へゆくは「しれねエ<u>から</u>　毎ばん行はさ
　　　　　　　　　　　　　　　　　　　　　　　友達『富久喜多留』文化11
　　○　今の世ハひたひへ毛ぬきをあてねへのがはやる<u>から</u>、ひまで
　　　くう事がならねへ　　　　　　　　　　　　　友達『熟志柿』文化13

2.3.6　【ノデ】についての分析

　現代ではカラと同様に多用されるノデであり、その使用について
は永野賢1970をはじめとして文法研究の立場から多くの論考があ
る。また、史的研究の立場からは、原口1971ではノデがカラを圧
倒するのは明治に入ってからとし、吉井1977では、ノデは1800
年前後から散見され、安政期に使用の一定の地位が定まるという指
摘がなされている。

　田中章夫1993ではノデについて「日常の言葉として「ノデ」と
「カラ」の両方を普通に使っている地域は東京とその周辺だけで、
きわめて限られているようである」（p.259）ことと、『浮世風呂』
のノデの使用が下町町人のぞんざいなことばには現れず、敬語と共

290　Ⅳ　上方語的要素を脱却していく語法

に現れることなどを考え合わせ、カラより折り目正しい言い方ではなかったかと問題を提起している。

　後期咄本におけるノデの使用はⅠ期、Ⅱ期は極めて少ない。Ⅰ期には桜川慈悲成の『顎の掛金』（寛政11）に1例現れるのみである。慈悲成のノデは『顎の掛金』が唯一で、『三才智恵』（寛政9）、『鶴の毛衣』（寛政10）、『虎智のはたけ』（寛政12）、『珍学問』（享和3）、『常々草』（文化7）『屠蘇喜言』（文政9）の30年にわたる作品の中では見当たらない。

Ⅰ期　a　もふおしつけ初音をたすと、たのしんでいる。ある日
　　　　　鴬、ほけきやうと初音を出す。（略）むすこ「ほうをし
　　　　　らぬ<u>ので</u>御座りませうよ　おやじ「ハテこまつたものじ
　　　　　や。ちと、せつ法でもきゝにやれ

息子→親父『顎の掛金』寛政11

Ⅱ期　b　かふろ、べそ〳〵なきながら来り、モシおいらんへ。
　　　　　おめへさんの大事のちやわんを、つひおとして、わり
　　　　　ひした。よふおすは。（略）われちやあ、もふしんだ
　　　　　もどうぜんでおすといへば、しん_{ヲヤ}、そんならあの
　　　　　ひゞたけのうちハ、煩ていた<u>ので</u>おつしやう

しん（造）→花魁『山しよ味噌』享和2

Ⅲ期　c　私も夫_{わし}について妙ナ思つきがある。表門に雷神がある
　　　　　<u>ので</u>、かミなりおこしといふが有<u>から</u>、今度風の神お
　　　　　こしといふのを売つもりダ。

友人同士『面白草紙噺図絵』天保15

　　　d　すきな芝居へもふけいきな<u>ので</u>、久しくごぶさたです
　　　　　「そいつアたいそうごしんほうですね「ナニ、いつて
　　　　　見たいわ　やま〳〵でごせへますが、どこでも惣たい
　　　　　たかくなつている<u>ので</u>、ツイいけやせんのサ「して見
　　　　　ると、なんでもやすく見せなくツちやアいかねへと見
　　　　　へて、ふけいきににあハねへ。どんてう芝居ハ何所も
　　　　　大そうはるといゝ升せ　芝居好き『落語の吹寄』明治18

　　　e　かりそめにも松本錦升といふ名まへをついで居ながら、

第11章　原因・理由を表す条件節　291

物まねへでると八、はなのたかいかうらいやも名物の

　　　鼻をひくゝするといふもんだア「それでもゝんな入り

　　　のあるので、はなを高くしているといゝ升ぜ　　（同上）

　Ⅲ期に入るとノデは急速に増加する。『面白草紙噺図絵』（天保

15）と『一口ばなし』（明治13）が各3例、『東海道中滑稽譚』（天

保6）、『春色三題噺』（元治元）他4作品に各1例、明治18年の

『落語の吹寄』で1作品に6例が現れるようになる。

　Ⅲ期にあたる天保から幕末・明治の20年の間に、出現作品数が

7作品となり、1作品に何回もノデが集中して現れる状況が見て取

れる。意図されてのレトリックとは捉えがたいこの複数の使用から

は、ノデが無意識のうちに徐々に江戸で浸透していったものと考え

られる。

　原口1971はノデとカラが同一の文の中で使われる形について

「江戸期では「―カラ―カラ、―」が定型で、現代語では「―ノデ

―カラ、―」の形を取るようになる」と指摘している＊12。「カラ

による後件の主観的判断の根拠としても、前件中の因果関係は客観

的である方が好ましい」（同頁）ため、「―ノデ―カラ、―」は当然

だが、「―カラ―ノデ、―」の型はその「過渡的状態にある形であ

ろう」（同頁）としている。

　原口が過渡的状態にあるとする「―カラ―ノデ、―」型は今回の

調査では見受けられなかったが、現代と同様である同一文中で使わ

れる「―ノデ―カラ、―」型は、すでに天保7年の『草かり籠』や

『面白草紙噺図絵』（天保15）他に現れている。

　○　一国師といふ主坊てきが、日公におしへたので、法花宗を弘

　　　めるには、ただではいかないから、むやみに外の宗旨を悪く

　　　いふがいゝ　　　　　　　　　　　　　　　　　　『草かり籠』

　○　表門に雷神があるので、かみなりおこしといふが有から、今

　　　度風の神おこしといふのを売つもりだ。　　　『面白草紙噺図絵』

　さらに、ノデの使用者も変化する。Ⅲ期では田中1993が指摘す

るような上層・中層の人間とは異なった層に、使用されるようにな

る。

　Ⅰ期、Ⅱ期では富家の親子の会話、花魁への丁寧な物言いだった

が、Ⅲ期には東鑑を鏡と間違える小僧が「東鑑」を「大方ひげを抜くためだろう」から貸してくれと、隣の学者先生に頼む場面や、芝居好きの町人仲間が、見料が高くなったと愚痴をこぼす場面など、使用は極めて身近なものとなる。

このように次第に浸透していく状況を説明するのに、例えば訛音やぞんざいな言い方とされる語尾を含んだ会話に、ノデの出現が挙げられる。

上の「やま〴〵でごせへますが」(d)、「いけやせん」(d)、「高くしているといゝ升ぜ」(e) 等も下層町人の物言いではないが、親しみを交えた、一段崩れた言い方と捉えることができる。下はともに『落語の吹寄せ』(明治18) の例である。

f　廓のすじの所へも、おいでがないそうですが、取つかれやすぜ「どうして〳〵、此せつハ女郎買所か、場所がはじまつて居る<u>ので</u>、からだにちつともすきのねへやつさ

g　なんでも組んだらふるのが一の矢ですぜ。向うがとふ緋縅とあせる<u>ので</u>、だん〴〵に勢イかぬけ、双方つかれた時分に、行司のわつちが水をいれやす

訛音を含んだ節にノデが使われ始めたということは、ノデの使用が江戸市中において——少なくとも咄本を享受するような人々において——普通の使用語となり、わずかながら使用が優勢になっていくことの兆しといえる。

3. まとめ

後期咄本に現れる原因・理由を表す条件節について60作品を調査し、その表現形式における上方的要素の消失と、江戸語が独自の姿を確立していくさまとを考察した。

端的にいえば、明和・安永から幕末に至る期間のホドニとニヨツテの消失、カラの隆盛、ノデの躍進についてである。

すでに中世において消失したといわれるホドニやニヨツテが、Ⅰ期Ⅱ期の咄本ではわずかに現れる。文章語的な改まった口調のユヘ

と拮抗していたカラが、Ⅱ期にはこれらを圧倒して優勢となり、ホ
ドニ、ニヨツテは消失する。さらにⅢ期にはノデの使用が増加の兆
しをみせる。すなわち、後期咄本においてⅠ期からⅡ期の間に、伝
統的な上方語的表現が消失し、江戸の新興の表現形式がその地位を
確立するという条件節の交替のさまが明らかになった。

　元は広範に使用され土着の語といわれるサカイも、天和・貞享の
作品に現れたのち、後期咄本からは姿を消す。その結果、サカイと
カラがⅡ期には上方語対江戸語の代表例といわれるほどに対立して
いくさまが見てとれた。

　すでに抄物やキリシタン資料、狂言で指摘されたホドニやニヨツ
テの消失現象が、後期咄本では緩慢になりわずかだが残存した理由
として、座敷に招かれて貴人の前ではなしを披露する環境では、当
世的なことばや俗的な表現が慎まれたことによると推察する。

　このいわば「行儀の良い」保守性が、咄本の一つの特性となって
幕末まで引き継がれたと捉えられよう。すなわち、保守的で新奇を
避ける傾向のある咄本に現れたホドニとニヨツテの消失は、これら
の条件節が一般の生活語から完全に払拭されたことを意味し、Ⅱ期
のカラの隆盛は、カラがほぼ常用の語として定着したことを意味す
るといえる。

　さらに、カラ以外の語の使用の衰退現象には、次のような要因も
考えられる。

　古くからのホドニ、ニヨツテには伝統的で改まり度の高いものと
いう使用意識がある反面、当代的ではない、野暮なものという一面
が付随する。ユヘは文章語的であり、改まった場面での使用が多い
ために、軽い笑い話の中の会話には不向きと捉えられたのであろう。

　この古めかしさや田舎臭さが、保守的で変化が緩慢な咄本の世界
からも、ホドニ、ニヨツテ、ユヘの使用を遠ざけたと解せる。

　これらの表現形式が消失もしくは衰退し、カラの絶対的な優勢の
状況の中にあって、Ⅱ期からⅢ期にノデが存在を増し始める。当初
は中層以上が使う丁寧な物言いであったとされるノデも、幕末から
明治期には一般的な語となる。このようすは訛音やぞんざいな話し
方とされる語尾や粗野なことば使いとともに現れることからも察せ

294　Ⅳ　上方語的要素を脱却していく語法

られる。

　これはⅡ期においてカラが成熟し、様々な意味を負担するように
なると、江戸語の分析的な力が働いて、ノデがカラの機能を分担し、
肩代わりするようになったためと解せる。

　ただし、客観的事象を述べるにとどまるノデは、カラの使用領域
に大きくは、入り込むことができず、わずかに使われるだけであっ
た。おそらく会話で笑いを誘う咄本の世界では、客観的な説明をす
るノデの使用場面が少なかったことも、使用を微増に押さえた理由
と考えられる。

　同様に、江戸では最後まで長々と説明をするはなしは野暮と考え
られていたこともカラが重用された一因と考える。江戸人には終助
詞的役割を担うカラで、はなしを留めて言いさすことが好まれたた
めであろう。後件の省略は、当該期には、まだ発達途上の段階で
あったノデが持ちえなかった特質の一つである。

　以上述べてきたような要因によって、後期咄本における条件節は
変遷したと考えられる。

【参考】　調査作品一覧　　後期咄本（江戸板）

Ⅰ期		
鹿の子餅	木室卯雲	明和9
楽牽頭	稲穂（笹屋嘉右衛門）	明和9
聞上手	小松百亀	安永2
今歳咄	書苑武子	安永2
口拍子	軽口耳祓	安永2
飛談語	菖蒲房	安永2
高笑ひ	彡甫先生	安永5
富久喜多留	山堂京天	天明2
柳巷訛言	朋誠堂喜三二	天明3
百福物語	朋誠堂喜三二他	天明8
はつわらい	七珍万宝	天明8
独楽新話	虎渓山人	天明8
福種蒔	石部琴好	天明9
福種笑門松	山東京伝	寛政2
新作徳盛咄	ホコ長	寛政2
三才智恵	桜川慈悲成	寛政9

第11章　原因・理由を表す条件節　　295

無事志有意	立川焉馬	寛政10
鶴の毛衣	桜川慈悲成	寛政10
顎の掛金	桜川慈悲成	寛政11
虎智のはたけ	桜川慈悲成	寛政12

Ⅱ期		
六冊懸徳用草紙	曲亭馬琴	享和2
臍くり金	十返舎一九	享和2
御贔屓咄の親玉	鶏楼五徳	享和2
珍学問	桜川慈悲成	享和3
東都真衛	三笑亭可楽	享和4
常々草	桜川慈悲成	文化7
笑嘉登	立川銀馬	文化10
駅路馬士唄二篇	二世恋川春町	文化11
身振姿	三笑亭可楽	文化11
富久喜多留	立川銀馬	文化11
熟志柿	十返舎一九他	文化13
屠蘇機嫌	十返舎一九	文化14
口取肴	十返舎一九他	文化15
福寿草	紀尾佐九	文政2
はなしのいけす	欣堂間人	文政5
おとぎばなし	志満山人	文政5
屠蘇喜言	桜川慈悲成	文政7
百の種	三笑亭可楽	文政8
ますおとし	林屋正蔵	文政9
一雅話三笑	曼亭鬼武	文政頃

Ⅲ期		
笑話の林	林屋正蔵	天保2
十二支紫	三笑亭可楽	天保3
延命養談数	林屋正蔵	天保4
笑富林	林屋正蔵	天保4
百歌撰	林屋正蔵	天保5
年中行事	林屋正蔵	天保7
草かり籠	司馬龍生	天保7
百面相仕方ばなし	土橋亭りう馬	天保13
面白草紙噺図会	柳下亭種員	天保15
古今秀句落噺	一筆庵英寿	天保15
しんさくおとしばなし	東里山人	弘化頃
昔はなし	司馬龍生	弘化3

落しばなし	五返舎半九	嘉永3
俳諧発句一題噺	空中楼花咲爺	嘉永4
笑種蒔	金龍山人谷峩	安政3
三都寄合話	鶴亭秀賀	安政4
春色三題噺	春㕝家幾久	元治元年
梅屋集	春㕝家幾久	慶応元年
昔咄し	さくら坊光斎	明治3
落語の吹寄	円朝　燕枝他	明治18

上方板

I期		
新軽口初商ひ	不詳	明和頃
絵本初春咄の種	不詳	安永頃
軽口大黒柱	舞蝶亭一睡	安永2
軽口筆彦咄	悦笑軒筆彦	寛政7
欣々雅話	欣ゝ先生	寛政11

II期		
玉尽一九噺	十南斎一九	文化5
花競二巻噺	一九老人・谷十丸	文化11
春興噺万歳	桂文来	文政5
題懸鎖	和来山人	文政7
噺栗毛	都喜蝶	文政13

III期		
はなしの種	安遊山人	天保10
噺の魁　二編	蓬莱文暁	天保15
大寄噺の尻馬	月亭生瀬他	嘉永頃
雨夜のつれづれ三題咄	文福社	明治初年頃
開化新作　一口はなし	永島福太郎	明治13

第11章　原因・理由を表す条件節　　297

＊1　東条操　岩波文庫『物類称呼』昭和16年初版 p.181

＊2　吉田澄夫1935、なお小田切良知1943はこれを明和期とする。

＊3　小田切良知1943　p.697

＊4　小田切は、カラは古くからの東国方言の顕著な特徴とは認められては居ないのではと疑問を呈し、『雑兵物語』を挙げて「少なくともダやその他の東国語的特徴を表はす諸現象より遅れてゐたか」（同 p.700）と記述している。

＊5　作品中に現れるヨッテは「概して丁寧な口調であり」「根拠に明確な感じが伴う場面が多いように感じられる」（p.446）との指摘がある。

＊6　なお狂言本に関しては松尾弘徳2000がある。虎明本・虎清本と同時期に筆録された天理本でもホドニが漸減し、ニョッテが伸長していることが指摘されている。

＊7　小林千草1977

＊8　早稲田大学中央図書館蔵本（ヘ13.01763）では『勝詞記咄大鑑』（石川元宣）とある。

＊9　Ⅲ期上方板には「一口はなし」「はなしの種」「大寄噺の尻馬」「噺の魁」「雨夜のつれづれ三題ばなし」である。念のため「千里の藪」「噺大全」他を調べたがサカイ（さかひ）は見つけることができなかった。

10　この中には「それだによつて」「それじやによつて」の例も含まれる。

11　田中章夫1965初出1959

12　原口裕1971　p.38

V

類型化と使用層の変化

目的とあらまし

　第Ⅴ部では語法のうち、咄本に現れる文末表現（「やす」、「ませ」と「まし」、「ござる」）に着目し待遇表現の観点から考察する。

　江戸期に盛んに使用された文末表現の中には、現代も使用が見られるもの、ひと時隆盛を極めるが後に衰退傾向を見せるもの、語は残るが意味に変化が生じたものなどがある。

　第12章では、上記二つ目の「使用の隆盛と衰退の傾向を見せるもの」として、助動詞「やす」を取り上げる。「やす」は性、年齢、階層などの位相差とは関係なく使用されて「ます」と同様に丁寧な表現とされた*1が、次第に使用場面と使用者の範囲を狭めていく。下層職人や遊里関係者の使用語、または男性語と意識されるようになったことも、使用を衰退させた一因とした。敬意を表すことばが職人層や通人の使用によって、くだけた場面での使用を増加させたことも「やす」の使用を人々に躊躇させた理由の一つであろう。「ます」と共に丁寧な表現とされた「やす」であったが、「ます」に対し、使い手の偏りと改まり意識の希薄な場面での使用が、「やす」の使用の衰退を招いたものと論じる。

　第13章では「ます」の命令形である「ませ」と「まし」について考察する。

　江戸時代後期、「ます」の命令形として「ませ」と「まし」の両形が存在したことや、江戸では「ませ」から「まし」へ使用の移行があったことはよく知られている。

　本章では、「まし」が新興のもの、表現価値が低いものと結びついて、使用範囲と使用量とを拡大させたことが「ませ」から「まし」への交替を引き起こしたと指摘する。江戸で多用された「まし」は、「ませ」を主に用いる上方出身者からは江戸語的特色の強いものと認識されて、その結果「まし」＝「江戸弁」＝「中流以下の使用」という図式が生じ、「まし」の使用範囲をさらに狭めたといえる。作者の分析からはその属性が使用の選択に関わることを明らかにする。例えば「まし」全盛の中にあって、十返舎一九は「ませ」を主に用いている。おそらく彼が駿府の上士の家庭で生育した

300　　Ⅴ　類型化と使用層の変化

という、言語形成期の環境が「ませ」主用の要因と指摘する。

　第14章では江戸語から上方的要素が衰退し、江戸語が確立した時期といわれる化政期に活躍した三笑亭可楽の「ござる」の使用を考察する。

　当初最高の敬意を表した「ござる」は、時の経過とともに侍や田舎者を想起させる類型化された語となって、使用範囲を狭め日常語から消失する。単独の「ござる」は男性の老年層に使われ、階層的には教養層や上層階級とその対極にある田舎者に使用される。使用者の言動は笑いの対象になり、尊大さや田舎臭さと「ござる」が直結していることを明らかにする。また「ござる」の語感が持つ古さや尊大さを中和し、丁寧さを保つために「ます」「やす」を付加し、「ござります」「ござりやす」の使用が加速したと指摘する。

　第15章は前章に引き続き「ござる」を検討する。後期咄本以前の前期噺本における使用意識に着目し、前期噺本の刊行時期に一般的な意味の「ござる」が漸減していく要因と、「ござる」の使用が類型化された人物を描く表現法になっていった事情について考察する。

　尊敬語の「ござ候」は漸減し、上層社会内で同位の者が相互に使う丁寧語へと変化をとげる。登場人物も、上層社会の人々から大衆へと移行すると、一般の人が「ござ候」を使うのは不自然であると感じるようになり、「ござ候」は咄本の世界からは退いていく。「ござ候」が減少し、新たに「ござる」「ござります」が登場するが、「ござる」の使用が男性に限られる一方、「ござります」は広い範囲で男女の別なく使われる。次第に「ござる」は堅い人物、格式ばった場面での使用に特化し、一般的な場面では「ござります」が用いられるようになる。

　また『戯言養気集』以降、補助動詞としての使用が増大したため、「ござる」が文意決定に不可欠な語から、省略や言い換えが可能な語へと変化していったことを明らかにする。補助動詞として複数の意味をカバーした「ござる」はその語である必然性を失い、他の表現に置き換えられて消滅していったと述べる。前期噺本に現れた、この用法の変化、すなわち本動詞としての用法が減り、補助動詞と

301

しての用法が増えたことが、後期咄本において改まった場面での使用から、「年寄り」「田舎者」などを表す役割を次第に担うようになったと考える。

***

＊1　湯澤幸吉郎1954では「やす」は「動詞の連用形に付いて丁寧の意を表す助動詞であって、「ます」とほとんど同様に用いられる。」と説明されている。前田勇1974でも丁寧の意を表すという指摘がある。

第12章

助動詞「やす」の衰退

丁寧語から限られた男性の語へ

1. はじめに

　近世江戸で用いられた助動詞のうちには、共通語としての地位を
確保し今に至るまで使われ続けているものと、当時はさかんに使わ
れていたにもかかわらず、次第にその使用の範囲を狭めて、現在で
は殆ど見られなくなったものとがある。例えば前者には「ます」が、
後者には「やす」が挙げられる。軽い敬意や親愛の意を持ち、丁寧
な言葉遣いであったとされる「やす」が次第にその使用を減じた要
因を考察することが本章の目的である。

　江戸語の実態を観察する資料として、通常は流行を牽引し、その
時々の流行を敏感に反映する洒落本や人情本が用いられることが多
く、咄本はさほど利用されることはなかった*1。しかし、伝統的
で保守的な文芸作品に現れる言語事象は、その語の使用が流行の最
先端ではなく、すでに一般化し定着していたことを意味すると考え
る。「やす」については以下のような先行文献の記載がある。

・湯澤幸吉郎（1954）『江戸言葉の研究』
　「やす」は「やんす」ともいう。動詞の連用形に付いて丁寧の
　意を表す助動詞であって、「ます」とほとんど同様に用いられ
　る。　　　　　　　　　　　　　　　　　　　　　　　（p.500）
・山崎久之（1969）「んす・さんす・やんす」『古典語・現代語
　助詞助動詞詳説』
　初めは、歌舞伎や遊女の世界で使用せられたが、元禄期にはす
　でに遊女以外の女性も使用するようになり、さらに一般男性の
　庶民語となっていった。　　　　　　　　　　　　　　（p.53）
・前田勇編（1974）『江戸語大辞典』
　「やんす」（助動サ変）「あんす」の訛。動詞連用形に付き、丁

303

寧の意を表す。撥音を脱落して「やす」とも。

・小島俊夫（1974）『後期江戸ことばの敬語体系』

おもうに、すくなくとも後期江戸語としての「やす」は、「ます」よりは、話し手相手に対する話し手の敬意もひくく、そのもちいられる〈場〉も、せまくかぎられていたのであろう。

(p.208)

・田中章夫（2001）『近代日本語の文法と表現』

相手に対するごく軽い敬意を表す。おもに男性が用いる丁寧表現。

(p.383)

2. 調査の方法と概況

江戸時代初期から明治前期に至るまでの作品を調べ、139作品から761例を得てこれを分析した。各期における「やす」の出現は【表1】のようである。

表1　各期別　使用例数　数字は出現した例数

	前期	Ⅰ期	Ⅱ期	Ⅲ期	計
出現作品数	2	73	43	21	139
出現例数	3	415	189	154	761
男性使用例数	2	301	163	154	620
女性使用例数	1	114	26	0	141

前期 1623–1764　Ⅰ期 1764–1801　Ⅱ期 1801–1830　Ⅲ期 1830–1887頃

分析にあたっては、便宜上その出現時期を『醒睡笑』元和9年（1623）が編まれた江戸時代の初期から宝暦（–1764）までを前期とし、明和から寛政期（1764–1801）までをⅠ期、享和から文化文政期（1801–1830）をⅡ期、天保から幕末・明治前期（1830–1887頃）までをⅢ期と分けた*2。明治は三遊亭円朝作『牡丹灯籠』明治17年（1884）や二葉亭四迷作『浮雲』明治20年（1887）が刊行された時期を一つの境として、それ以前を明治前期とした。また三遊亭円朝口演の落語の中には多くの「やす」が見られるが、

304　Ⅴ　類型化と使用層の変化

これは改めて報告することとして今回は対象から除外した。テキストにはおおよそ武藤禎夫編『噺本大系』の2巻から19巻を使用した。また出現した「やす」の用例を下に挙げた。なお調査の範囲では連体形の用例は見いだせなかった。

未然形	連用形	終止形	連体形	已然形	命令形
やせ	やし	やす	―	やすれ	やせ／やし

［未然形］
・御替りも御座りやせぬか　　　　　　　　　　　『坐笑産』安永2
・むずかしいことは　はやりやせん　　　　　　　『近目貫』安永2
・なくなるといふことだが、違（ちげへ）ござりやせん

　　　　　　　　　　　　　　　　　　　　　　　『十二支紫』天保3
［連用形］
・くいにげでも　しやしたか　　　　　　　　　　『屠蘇機嫌』文化14
・義太夫を聞やしたが、なるほどおなじ　『面白草紙噺図絵』天保15
［終止形］
・長やの者でござりやす（略）おもてハわるふござりやす

　　　　　　　　　　　　　　　　　　　　　　　『無事志有意』寛政10
・のぞみがありやす　　　　　　　　　　　『おとぎはなし』文政5
・地口を五百ばかり、おたのん申たうござりやす

　　　　　　　　　　　　　　　　　　　　　　　『年中行事』天保7
［已然形］
・七月に成やすれば、盆前の才覚にかゝりやす　『口拍子』安永2
［命令形］（依頼形を含む）
・腰元、鼻の下を随分引のばし、客へ顔を突付て、お茶あがりやせ　　　　　　　　　　　　　　　　　　　　　　　『飛談語』安永2
・付けてくださりやし　　　　　　　　　　『喜美賀楽壽』安永6
・どふぞ　おしへて下さりやせ　　　　　　　『無事志有意』寛政10
・持ていつておくんなさいやし　　　　　　『虎智のはたけ』寛政12
この他、「扨ぞんじやしなんだ」（『売言葉』安永5）、「ばちがあたりやせうぜ」（『臍くり金』享和2）や、「ゐんねんでござりやせ

う」（『種がしま』文化8）など、連用形に「なんだ」の付く形や未然形に「う」の付く形他、様々な例が現れた。

3．各時期における「やす」使用

3.1　江戸時代前期の作品に見られる「やす」

　まず、江戸時代前期のいわゆる初期噺本、軽口本について用例を検討する。小田切良知1943では明和期の咄本について「伝統的滑稽文学形態に立つ咄本は地の文が中心を占めてゐる」（p.695）ことが指摘されているが、それよりも以前の当期の作品ではさらに地の文が中心になる傾向は強く、したがって話しことばとしての「やす」は極めて少ない。その使用例が見いだせたのは享保年間に入ってからである。

　ここで得られた用例数は2作品3例のみであるが、その内1例は隣家への病気見舞いの口上、1例は寺僧に対する知り合い同士の会話である。両例共に使用者の階層は低くはなく、丁寧な場面での使用といえる。後者は出家者の俗化を憂える意識を持つ、いわば知識層の会話で、「聞いて下され」が後接している。

a　あんじたよりおもひの外かるい疱瘡で　きげんはよひと
　　いゝながら　いつせきのひとり子　ゆだんはならぬと　家
　　内が手に足にぎつて（中略）なんと　ぼんが　きげんハど
　　うでやす。ほゝう　よつたハ〜　しつかい　さいのかわ
　　らじや。　　　　　　　〈見舞客→隣家〉『軽口機嫌嚢　二』享保13

b　今時おもてむきハ御出家で、内証は魚ぼん、にくじきをこ
　　のみ　俗よりおとつたがおゝひ。そうでやすとも。しゆつ
　　けといふハすくない。聞て下され。此中もおれが寺へまい
　　つたれば（下略）　　　　　　　　　　　〈知人同士〉（同上）

　また、宝永5年に江戸で出板された『御伽話　かす市頓作』の改題本といわれる『水打花』（享保頃）では、女に化けた狐に「やす」を使わせている。

c　鈴のもりに、ばけ狐すんで　人をまよハしけるに（中略）
　　もし〜女郎さまと　おこしければ　きつねおどろき（中

略）なんでござんすといへば　男おかしく、是池上へはど
うゆきますととへば　かのきつね、わしハいけがみ<u>ハしり</u>
<u>やせん</u>とて又ねた。　　　　〈女に化けた狐→男〉『水打花』享保頃

　cの例は実際の女性ではなく、狐が化けた女性ということで、
却って女性の一典型を表現していると捉えられる。「なんでござん
す」と尋ねた後に「しりやせん」と応じる場面からは、女性が丁寧
な受け答えに「やす」を使うことは不自然でなかったことがわかる。

3.2　Ⅰ期の作品に見られる「やす」

　次に明和期から寛政期までの用例を見ると、当期、「やす」の使
用数は73作品に415例と爆発的に増加している。他期の作品と比
べて話の長さや会話回数などに大差は見うけられないから、この出
現例数の増加は目を引く。また用法も多様化していて、殆どの活用
形が当期に出揃う。これらの用例について、以下では主に使用者の
位相と会話場面について検討する。

　使用者は多岐にわたる。特に、全期を通じて女性の登場が少ない
中で、この時期における女性使用率の高さは注目される。使用数の
多寡は一作品における話数や一話の量（長さ）、人物の登場回数と
それに伴う発話回数などによって左右される。遊里を主題にしたは
なしを除けば、前述のように女性の登場は全期を通じてさほど多く
はなく、その傾向は前期とⅢ期で著しい。したがって女性の発話の
機会自体が少ない前期とⅢ期に女性の「やす」使用が少ないのは自
然なことである。しかし、はなしの長さや発話回数にそれほど大き
な差が見られないⅠ期・Ⅱ期では、Ⅰ期における女性使用の多さは
際立ったものといえる。

　【表1】に示したように、女性の使用総数は141例と、全体使用
総数761例の18.5％に過ぎないが、そのうちの8割がこのⅠ期に
集中している。言い換えれば、急激に増えた女性による「やす」の
使用は、この時期を境に急速に姿を消していったことになる。

　ではどのような女性によって使用されたかを見ると、Ⅰ期では使
用の約半分が遊里関係、残りを商家の内儀やその奉公人、娘、瞽女、
髪結いなどが占める。

第12章　助動詞「やす」の衰退　　307

女性の使用としては遊里社会にかかわるものとそうでないものとに大別できる。後者には商家の内儀、奉公人、武家奉公の女、長屋者、娘と年寄など様々な階層や年齢層が観察され、使用が広範囲にわたっていたことが見てとれる。ｄの例は瓜を売る小商いの女性と客の下級侍の会話であるが、双方共に丁寧なことばで会話している。

　　ｄ　　侍、山の手を通りければ本山瓜を売て居る。「かみさん、壱つむいておくれ。女房「アイわたしが目利で能ひのを<u>あげやせうと</u>、むきかゝれば（中略）随分厚くむいてたもれよ。女房「<u>かしこまりやした</u>と皮を厚くむいて出せば、さむらい「さらばせうくわんいたそふと、手のひらにのせ、まづ皮から

　　　　　　　　　　　　　　　〈瓜を売る女→侍〉『近目貫』安永2

　また同じ作品内で、女房が自分の亭主と掛け取りの商人の双方に「やす」を用いた例もある。

　　ｅ　　大晦日になり　女房「もし旦那へ　米やとみそやが<u>来やしよふよ</u>　亭主「ヲヽサ　年の寄るのはかまわぬが、米やの寄るのがうるさいから　今日の切りぬけよふは　おもひつきがあると　女房に囁。（中略）女房「あれ、あの通り、ほう<u>そふをいたしておりやす</u>　　〈妻→亭主〉〈妻→掛取〉（同上）

　上記ｄ、ｅ例はともに中層から下層の階級による使用例である。ｅの例からは、「やす」が亭主への相談の親密な会話に使えると同時に、掛け取りへの丁寧な応対にも使用できたことがわかる。下のｆの例は、上の2例よりもやや上層の武家屋敷を場面とするもので、屋敷奉公に上がっている女性が女主人にむかって返答した例である。

　　ｆ　　新参の腰元、こくうと先主を誉る。「まづ奥様のお気が結構若殿様お娘様そろつて御器量よし。（中略）奥方「それはお高は何程。「五百石とやら。それでも千石のうへのおくらしと<u>申やす</u>　奥方「地方で何所じや。但お蔵まへか「イ〻エ<u>鳥越でござりやす</u>　　〈腰元→奥方〉『都鄙談語　三』安永2

　年齢層でも他の時期とは違いが見られた。ここでは、年配で小者を雇い、店貸しをする程度の暮らしぶりである瞽女や長屋の中高年層と思われる妻女たち、堅気の娘などが複数例現れており、年齢層の厚さは本期の特徴といえる。

308　Ⅴ　類型化と使用層の変化

g 店請、おしやべりの瞽女の所へ見舞に寄る。ごぜ「これは
　〜よふ御出被成やした。まづどなたも御替りも御座りや
　せぬか。扨〜わたしは御ぶさたをいたしやす。（中略）一
　夜明ますると、三味せんの稽古がはじまりやす。二月に成
　ますると、初午でいそがしう御座ります。三月に成ります
　れは、いくつに成りましても雛をかざりとふ成りまする。
　（中略）七月に成りやすれば　盆前の才覚にかゝりやす。お
　さんヤ。お客様は御出なさるか〈瞽女→訪問客〉『坐笑産』安永 2

h かつを〜と云ながら、うらへ入ル。かみさん出て、もし
　いくらだへ（中略）「もし、むかふのおば様ン。今のかつを
　がこゞといひながら、一ッ本おとしていやした。どうせう
　ねい。「手をつけなさんな。いまにとりにきやせふと評判す
　る所へ隣の亭主が出て、ようごんす〜、塩をして大屋へ
　預る　　　　　　　　〈長屋の妻女・年配の妻女〉（『聞童子』安永 4）

i おまへの処のねこが子をうんだときゝやした。とふぞわつ
　ちにおくれねい「ヲヽおむすのことなら今持って来てしん
　ぜふと　　　　　　　　　〈娘→知り合の男〉『聞上手　二』安永 2

j うつくし娘とわかひ男はなしをしてゐる。（中略）ムスメ
　「はてね、わつちもきつい男ぎらい。一生ていしゆはもちや
　せん　　　　　　　　　　　〈娘→若い男〉『新口花笑顔』安永 4

　gの例からは、この時期には「やす」の専用はあまり見られず、
「なさいやした」「御座りやせぬか」「いたしやす」などと共に「御
座ります」「飾りとふ成りまする」など「ます」形が同時に使われ
ていることがわかる。これは同時期の男性の使用とは異なる傾向で
ある。

　ここまでは、遊里社会以外の女性による使用を見てきたが、次に
残りの半分を占める遊里の女性による使用を見ていく。遊里社会に
属する女性の、全期を通じての使用総数は64例であるが、そのう
ちの8割が明和期から寛政期のⅠ期に集中して現れている。

　使用者はおいらん、下級女郎、廻しの女、禿などである。話し手
と聞き手の関係も女郎と客、朋輩同士など多様であって、下位の者
から上位の者へ、または対等の関係にも「やす」が使われる。また

幼い禿から中高年層に属すると考えられる廻しの女性に至るまで使われていたということは、待遇関係だけでなく、年齢層においても「やす」の使用が幅広いものであったことがわかる。

k　真先神明の茶やへいき、ちよんむだなし、きん〳〵の通り者。（中略）おまへ爰の狐を見なさつたか。いつぞやの、アノおかん様か呼出してわつちや　みたよ。爰へ来るかとこわかつたは。「ハア、わつちや、まだ<u>見やせぬ</u>。おかさん<u>お願申やす</u>　　〈小女郎→朋輩〉〈小女郎→茶屋おかみ〉『管巻』安永6

l　よび出しのおいらん。モシ、此間わつちがところへ、品川のほうの御やしきから、（中略）いさしつて、いひなんせんが、なぜだねへ。　　客「おめへ、それかけせんか「どうも<u>しれやせん</u>　　　　　　　　〈花魁→客〉『吉原井の種』寛政9

m　ある太夫女郎、不快ゆへにくすりをのむ。あのいしやさんのくすりは　あまくてならぬといふ。又かぶろが　御くすりあがれとさし出す（中略）このくすりは塩がからいといふ。それでもおまへ、あまひ〳〵といゝなんすから　醤油を<u>さしやした</u>　　　　　　　　〈禿→太夫〉『富久和佳志』安永末年

n　五六人連にて深川に遊びに来て、（中略）廻しの女が　モシお前がたは何の事で<u>ござりやす</u>。ついぞねへといへば（下略）　　　　　　　　　　〈廻しの女→客〉『無事志有意』寛政10

次に男性の使用状況を見ていく。女性の使用が多かった分、男性と女性の使用数の開きは小さく、次のⅡ期が男性9割・女性1割の使用比率であるのに対し、本時期ではその比が7対3である。

男性の使用者は店持ちや行商（魚売り　植木売り　松売り他）・掛け取りなどの商人と、鳶・大工・きおいなどの職人、および幇間などがおおよそを占めている。

o　六十ばかりのおやぢが、かやば町のやくしへさんけいにいかれけるが（中略）「ハテ　どふぞまけてくだされ「おめへ、よく<u>つもつてみなさんやし</u>。此秋にはもふ金の廿両くらゐは<u>なりやす</u>（下略）　　　　　〈植木屋→客〉『新口花笑顔』安永4

p　松や〳〵とうつてくる。これ松よ。いくらだ。「ハイ、百五十で<u>ござりやす</u>。「百にまけさつせへ「イヽエ、<u>まかり</u>

310　Ⅴ　類型化と使用層の変化

やせんと、かついで行ば「そんなら、もふ廿四文やろう
「ハイ。もふ少しの事だ。<u>おかいなさりやし</u>（下略）

〈門松売り→客〉『百福茶大年咄』天明

q　先へ行さかなうり、あとをふりかへり、何へ　いわしでは
　<u>ごぜへやせん</u>。ひしこで<u>御ざりやす</u>が、それでもよしかへ

〈棒手ふり→屋敷内〉『拍子幕』寛政4

　また次のように、仕事師や長屋者に代表される非知識層が、指南
や師匠、医者などの上位に属する者に対して、依頼をする場面や店
借りの場面など、下層に属する男性が改まった場面で使用している
例が多く見受けられる。上のo、p、q例、下のr、s、t例からは下
層階級における丁寧な場面では「やす」が使われる傾向にあったこ
とが見てとれる。同時にこれらの階層の男性では、「やす」が専用
されていることも目に付くが、これは同期の女性が「ます」と共に
使うのとは異なる傾向である。

r　香しなん所といふかんばん出ている所へ、仕事し通りかゝ
　り、香しなん、こいつはおもしろそうな物と、づいとはい
　り、ちと<u>おたのみ申しやす</u>。御きん所のもので<u>御ざりやす</u>
　が、ちと御しなん、<u>おたのみ申しやす</u>といへは

〈仕事師→香指南〉『わらひ鯉』寛政7

s　コレ寅松、おぬしの所へゆこふとおもつた。あのおらがな
　がやへ、このごろこしてきたいしやぼうずめは、おゝきな
　つらなやつだ。（中略）「アイ。わつちやァこのながやのも
　<u>のでござりやす</u>が、まだおちかづきに<u>なりやせぬ</u>。こり
　やァわたしがともだち。このやろうがやまひをどうぞおめ
　へさま、なをる薬を<u>おくんなさいやし</u>。

〈長屋の者→医者〉『詞葉の花』寛政9

t　コレ八や。此比おらが長やへ、やわらの師匠がこして来た。
　（中略）アイ、<u>おたのん申しやす</u>といへば、先生立出　どち
　らからござつた。ハイ長やの者で<u>ござりやす</u>。どふぞおし
　えて<u>下さりやせ</u>。（中略）モシ先生様。やわらに裏表が<u>ござ</u>
　<u>りやすか</u>。私はおもてより、うらに<u>いたしやせふ</u>。

〈長屋の者→柔術師匠〉『無事志有意』寛政10

第12章　助動詞「やす」の衰退　311

対等な関係での使用場面は、待遇差のある場面（下位→上位）よりは少なかった。

u　これ吉公。江ノ嶋でなにかおもしろいことがあつたげな。さればよ。はなしてきかしやれ。（中略）いそいでしまへ行やした。岩屋へゆくと、娘がこわがりやした。まつくらなたいないくゞりで手を引やした。（中略）そうしてねやした所が娘の親があんまをとらせてねやんせん。それからどうした。やう〳〵ねやした。　　〈吉公→仲間〉『富久喜多留』天明5

v　あるむすこ、ほりのうちへくわんほどきにゆきければぢないのちや屋にて、おゝい〳〵とよびかけるゆへ、ふりかへつてみれば、しる人ふたり。（中略）わたしやおひやくどにまゐりやした。ほんに、よいところでおめにかゝりやした。
　　　　　　　　　　〈むすこ→知合い〉『新作徳盛噺』寛政2

　以上見てきたように「やす」はこの時期、男女、年齢、階層を越えて広範囲に使用されている。場面も下位から上位者への依頼など丁寧さが要求される場面が多く、親しい間柄の会話も、くずれていない言葉遣いの中での使用である。

3.3　Ⅱ期の作品に見られる「やす」

　当期の使用は殆どが男性で、女性の使用は1割程度である。女性の使用も中・下層の一般の女性と女郎・芸者にほぼ二分され、Ⅱ期ほどの多様性は見られない。会話の相手は、夫が6例、隣人が2例で、その他は朋輩同士、母娘の会話などである。

w　「どふだかしら、けふはやすみか。かしら「ちつと仕事のつがうがわるひから、けふはつりにでもゆかふかとおもふ「ときに小ぞうはどこへ　女房「よみものにまいりやした
　　　　　　　　　　　　　〈女房→亭主〉『正月もの』文化3

x　女ぼう、亭主をおこして「モシ〳〵、鼠がかゝつたそふで、舛の音がしやした。てい主「ナニおとかするものか　女房「それでもしやしたハ　てい主「ナアニ今夜はその気つかひはない　　　　　　　　　〈女房→亭主〉『妙伍天連都』文化8

y　おわかさん、おまへはいつでもおかほいろがわるいね。だ

312　Ⅴ　類型化と使用層の変化

れにかこかれてだの。「ヲヤとんだことをいゝなはるよ。
（下略）「ソレナラじきに直る事を、をしへてあげやしよう

〈奉公人→朋輩〉『落咄福寿草』文政2

　女性使用の過半を占める女郎・芸者の使用場面は、そのうちの6
割が客との会話場面、残り4割が仲間内での会話場面である。ただ
し、客との関係もⅠ期のような上下の関係はうかがえず、女性が相
手の男性を相手にせず、揶揄するようなものが多い。

z　つり舟の三ぶはいいしもちを釣りに出て、疫神に逢たりと
　　の沙汰。（中略）さらば鯥を釣に出たらてつきり福神に御め
　　にかゝらんと（中略）今やゝと待つてゐると舳先の方で
　　妙なる声にて　モンシゝといふから、そりやこそ福神よ
　　と平伏すれば、舟饅頭が商売の邪魔になりますから、どふ
　　ぞ外へ漕いで下さりやし。

〈舟饅頭→つり客〉『一雅話三笑』文化頃

A　若い息子ある遊里の芸者と色事にて、互に末は屁も放合ふ
　　といふうまい中なりしが、麻疹の為に芸者は身まかり（中
　　略）備物を食つてしみじみと咄もなく、アレゝ閻王のお
　　迎ひしけし。ハイさようならと立上るを「ヤレ待て小刻と、
　　裾にすがれば、幽魂ちよいと振返り「線香がモウたちやし
　　た

〈芸者→若い息子〉『江戸嬉笑』文化3

B　ひまな女郎と芸者寄合て、女郎　アノわつちは長唄の内でも
　　京鹿子の上がゑんぎがいゝから、いつでものぞみんすよ。
　　芸者　わつちらも京鹿子の上はすきでござりやすが、下と
　　いつちやァ、いつそすかねへよ　〈芸者→女郎〉『山の笑』文化11

　この時期以降、女性による「やす」の使用は激減する。要因の一
つとして、以前に比べて「やす」を使用する階層が狭まったことが
挙げられよう。遊里社会や下層の女性に使用が限られていくと、
「やす」は遊里の女性や下層の女性に使われるという一般的な認識
が生じる。そのような認識が普通の女性たち、例えば堅気の娘や中
層、上層の階級に属する人々に使用を敬遠させる。これが「やす」
の使用を激減させた要因と考える。次に男性の使用を見る。

716例中620例を占める男性の使用では、仲間同士の場面が増大することと、職人、通人などの使用が過半を占めることとが目立った。

C　千好、けふはいろがわるひの。千「二日ゑひで、大きにわるしさ。喜太郎、きゝねへ。きのふ友だちの所で、酒が<u>はじまつていやした</u>。（中略）ぐつと五合ばかり<u>やりやした</u>。

〈友人同士〉『珍学問』享和3

D　よつやあたりのつうじん、かうじ町のもみじふろにきたり、きのふはモシ大きに<u>しやれやした</u>。おやぢのまへは両ごくに花の会があるとうまくいつはつて　うちを出の（中略）とゞのしまいが政という字のついた内へいきの、夜明かし大さわぎを<u>やりやした</u>。　　　〈通人同士〉『種がしま』文化8

E　夕陽西にかたむくころより立出て、かうしをぞめきのすぐ<u>上りときめやせう</u>。かみ「おもしろし〜朕も其心とふより有さ。（中略）<u>すぐに行やせう</u>。しかし、舟もめんどうだね。君買に行時は駕を待ずして行だ。おかぶらで<u>出かけやせう</u>。いな「よう<u>ムりやす</u>。　　　〈友人同士〉『笑話草かり籠』天保7

Eは雷と稲妻が会話している咄だが、「格子をぞめきのすぐ上り」や「おかぶら」など通人ぶった会話の中に「やす」が用いられる。

3.4　Ⅲ期の作品に見られる「やす」

天保から幕末・明治前期に刊行された咄本10作品から77例の「やす」を得た。

この時期はすでに咄本自体が衰退期に入っていて作品数は少ない。ただし10作品に現れた用例は77例と1作品当たりの例数は全期を通じて最も多い。また使用者は男性のみで女性の使用は見あたらない。

会話場面は仲間内の会話（77例中28例36.3％）、幇間と客の旦那（同12例15.6％）、無学な者と「物知り」（同11例14.3％）などで全体の7割が占められていた。

F　「やみの夜もよし原ばかり月よかなとは、よく<u>いゝやした</u>。（中略）いつでも歩いて行くせに「とふして〜女郎買にゆ

くに、歩行でいつたことはついぞねへ。ハゝゝ、それじや
簀にでも、のつて行のか。「ナニ、いつでもおんぶで行やす

〈友人同士〉『三都寄合噺』安政4

G　ある人、友達同士にてさゝやくやう、「本町の式亭は年来江
　　戸の水を売て、大分金をもうけやした。所で此度大そうな
　　庫をたてるさうだが（中略）江戸の水といふやうな意気な
　　物でも売て見なせへ。庫どころではねへ。

〈友人同士〉『春色三題噺』元治元

　Hの例では幇間が客に対して、専ら「やす」を用いている。当
時の一つの類型として「いわゆる男芸者といわれた幇間のような職
種の人間は「やす」を使う」ことがあったのではなかろうか。少な
くとも、読者が幇間の「やす」の多用を不自然に感じない当時の使
用傾向を窺うことができる。

H　「イヤ、是は若旦那、お久しふりでごぜへやしたナ。「誰か
　　と思つたら、たいこの欲八か。久しく逢はなんだがいつも
　　たつしやでいゝナ。「イヤ達者斗りで、ふけいきなのはまこ
　　とにこまりきりやすて。トキニ旦那。久しく廓のすじの所
　　へも、おいでないそうですが、取りつかれやすぜ「どうし
　　て〼（中略）そいつァすてきでごぜへやすね。すまふと
　　聞いちゃこてへられやせん

〈幇間→若旦那〉『落語の吹寄』明治18

　上の会話では、この後もさらに「しらせやす」「はなれやせんぜ」
「うかれやすから」「ちとつらいが高見山でおりやすァ」と「やす」
が続けて使われていく。同様にIの例でも無学な男が端唄の歌詞の
不審を物知りに尋ねるところで、連続的に「やす」が用いられてい
る。ここでは無学な男が「おめへさま」「ごぞんじで」「おきき申し
に」と高い待遇表現を用いながらも、「オマエサマ」ではなく「オ
メエサマ」、「マイリ」ではなく「メエリ」と音訛の形を多用してい
ることが目につく。幇間の例と同じく、このような、「改まった場
面でも音訛を使う人物には「やす」が使われる傾向がある」と一般
には思われていたと考えられる。

I　「ヘイ、今日は。「ヲヤ八さん、おいでなさい。「ヘイすこし

第12章　助動詞「やす」の衰退　　315

おきゝしたいことがあつてめへりやした。「ハア、人別かネ。「イ丶エ、人別はあれでおさまりやしたが、おめへさんはなんでもごぞんじだからお聞もふしにめへりやしたが、（中略）心のたけをおんさつしといふもんくがありやすが、ありやなんのこつてごぜへやせう。

〈無学な男→物知りな男〉『落語の吹寄』明治18

4. おわりに

　以上、咄本に現れる「やす」について考察した。当初、男女・年齢・階層・職業などに関わりなく使用されていた「やす」が、次第にその使用場面と使用者の範囲を狭めていったようすがわかる。「やす」が下層の職人や遊里関係者に使用されることば、または男性の使用することばであると意識されるようになったことが、その使用を衰退させていった一因であろう。また、当初敬意のあったことばが職人層や通人の使用により、くだけた場面での使用をふやしたことも「やす」の使用範囲を狭めた要因の一つと察せられる。丁寧な表現として「ます」と大差なく使われた「やす」であるが、使用者層の偏りとそれに伴う改まり意識が稀薄な場面での使用という使用範囲の狭さのために、広範囲に使用でき、丁寧語としての認識も高かったと思われる「ます」に、その使用範囲を侵食されていったと考えられる。

　今回は「やす」使用の衰退要因を使用者や使用場面から考察したが、音訛や敬意表現との関係など文体面からの観察によって、さらに使用衰退の要因を探ることを次の課題としたい。

＊1　小田切良知1943 p.695。この他にも咄本の資料的価値については湯澤幸吉郎1954、武藤禎夫1965、池上秋彦1996他がある。
＊2　通常称するⅢ期よりはわずかに幅をもたせた。

第**13**章

「ませ」と「まし」の交替現象
「まし」の流行と「ませ」への回帰

1. はじめに

　いわゆる後期咄本*1の成立から衰退に至る安永年間から天保年間（1800年前後の約80年間）は、江戸語の形成過程から見ても重要な時期である。安永・天明期は江戸語が共通語としての勢力を確立していった時期であり、そのような江戸語の形成に関わった武士や上流町人は、後期咄本を供給し、受容する階層でもあった。江戸語形成のイニシアチブを握る人々の使用することばは、一部の上層から江戸市民全体に下降・拡大していく。後期咄本においても、当該期は職業的噺家が生まれた時期であり、彼らを書き手とする咄本の内容も、知識階級のサロンの話題のようなものから、庶民の身近な出来事へと変容した時期である。江戸語の形成を推進した人々の意識は、様々な形で後期咄本にも反映されたであろう。この時期に使用の優勢を交替させる「ませ」と「まし」を考察することは、江戸語が形成される過程において、ことばが変化していく要因を知るために有効と考える。

　「ませ」「まし」については江戸後期、両形が使われていたこと、この時期に「ませ」から「まし」へ使用が移行したこととは湯澤幸吉郎1954をはじめ辻村敏樹1968、小島俊夫1974、宮地幸一1980、小松寿雄1985ほかの調査に詳しい。しかし、現代では『日本国語大辞典』の記載*2にもあるように「「まし」よりも「ませ」が共通語と感じられている」状況が観察され、いったんは「ませ」から「まし」に移行しながらも、再び「ませ」が使用されるようになって、その使用を優勢にしていく逆転の傾向が観察される。辞書の記載は、江戸の地を対象とした先行文献と範囲を異にするにしても、江戸の地で隆盛を極めた「まし」が全国的な広がりを確立せず

317

に、使用の範囲を狭めていったようすがうかがえる。

　本章では先行研究が指摘する「ませ」から「まし」への移行期とほぼ重なる時期に板行された後期咄本を対象にする。

　「ます」の命令形については宮地1980によって「安永年間から登場する「〜まし」は蜀山人・万象亭の作品でその数を増し、京伝・振鷺亭・清海舎主人・鸚鵡斎貢・関東米・山旭亭主人などの天明・寛政年間を経て、塩屋艶二の寛政・享和年間には、「ませ」を圧倒する観がある。」（p.517）という報告がある。また小松1985では「ナスッやマシは、連母音の音訛などに比べて、訛りという卑しい語感は少ないが、いかにも江戸語らしい印象を与えるものである。これらが明和には皆無ではないが、まだ少なく、化政期へ向けて増え続ける」（p.99）という指摘がある。

　使用意識については「ませ」のほうが「まし」に比べ「丁寧なようで」（湯澤1954 p.493）あることや、「まし」は「ませ」よりも「軽い語調であろうか」（宮地1980 p.559）という指摘がある。辻村1968には『浮世風呂』における「ませ」と「まし」の使用について以下のように記述される。

> 命令形は「まし」が圧倒的に多く、「ませ」は（どうぞ御覆蔵なくおつしやつて下さりませ〈風呂・四編上〉）という例もあるが、極端にその数は少なく、他に上方者の言葉に一例（仰付られませ〈風呂・四編下〉）、古文調の言葉をしゃべる女和学者に一例（御覧なさりませ〈風呂・三編下〉）計三例を数えるのみである。このことから推すと、当然屋敷言葉でも「まし」であったと考えられ、この点、今日山手は「ませ」下町は「まし」と区分されているのと趣を異にする。　　　　　（p.248）

　上の記述からは、『浮世風呂』が書かれた文化期には、「まし」が広範囲に使用されていたこと、「ませ」が上方者や学者などの、一部の層に使われていたことが知られる。

2. 調査の概要

安永年間から幕末までの後期咄本から214作品を調査し、そのうちの123作品から「ませ」216例、「まし」123例の計339例を得た。調査対象の中には名古屋・京都・大坂の出板（以下「上方板」と略す）が61例あったが、ここでは江戸で刊行されたものに限定して、上方板は必要に応じて取り上げるにとどめる。断らないかぎりは江戸で出板された105作品278例が対象となる。各時期における用例数は3.1.1の【表1】に示した。用例のおおよそは都立中央図書館加賀文庫、東京大学文学部国語研究室、東京大学霞亭文庫、早稲田大学中央図書館他の所蔵本と影印、マイクロフィルムで確認し、出典一覧を本章末尾に付した。対象とした咄本は20丁から40丁前後、1作品1話の長話から1作品40話以上のものまでその形態は様々であった。用例の中には話し手、聞き手が不明なもの、「被成」に振り仮名が施されていないために、接続の形が不明なものなどもあったが、それらも用例に含めた。作品に現れた「ませ」「まし」は全例が平仮名字体で、読みの不明なものはなかった。挙例については、仮名遣いはそのままとし、適宜句読点を施したところがある。振り仮名は必要と思われる場合のみ残した。また、話し手と受け手の呼称はできるだけ本文に即したが、不明なものは文意から推して示した。なお『　』内は作品名、〈　〉内は作品に収められている噺の題名である。

3. 考察

3.1 全体の使用傾向

3.1.1 時期別の使用状況

この時期全体の「ませ」と「まし」の使用の変化を概観するために、出現した用例と作品の割合を【表1】にまとめた。各期における使用総数を母数にした出現数比率をプロットしたものが【図1】である。対象とした105作品の中には、「ませ」と「まし」が併用されていた資料が安永6、天明5、寛政3、文化1、文政1、天保3、

嘉永1の計20作品あったが、1話の中で双方が使われるのは〈鬼娘〉（安永8年刊『寿ゝ葉羅井』）と〈八月放生会〉（天保7年刊『落噺年中行事』）の2話だけである。

【表1】と【図1】からは、Ⅰ期（安永から寛政）に使用が優勢であった「ませ」が次第にその使用を減らし、Ⅱ期（享和から文政）にほぼ拮抗し、Ⅲ期（天保以降明治前期）には「まし」が優勢となる傾向を観察することができる。これは滑稽本や洒落本の傾向と類似する。宮地1980では安永年間に登場する「まし」が享和には「ませ」を圧倒していくことが報告されているが、後期咄本全体から見ると【表1】、【図1】からもわかるように、その移行時期はやや遅く、Ⅰ期では、使用数の比が「ませ」106例「まし」48例と、圧倒的に「ませ」が多い。宮地1980では『甲駅新話』（安永4）や『深川新話』（安永8）などの洒落本で「まし」主用とされる大田南畝も、咄本の『蝶夫婦』（安永6）、『はつ鰹』（安永10）では「ませ」を使用している。同一作者、同一時期のこの相違は、小田切良知1943、池上秋彦1996で指摘されるように、口語資料としての噺本が洒落本・滑稽本に比べて、上方語的、文章語的であることによろう。すなわち、一方が当代の遊里を通行の語で描こうとした洒落本であり、他方の咄本は、際物を題材にしたものを除けば当代性の必然が少なかったというジャンル差によるものと解した。

安永、天明期の咄本は学識豊かな武士や好学の富裕な町人によって本業の傍らに編まれたものが多く、寛政の咄の会にしても、富裕な教養層のサロン的な雰囲気があったといわれている。このような中で生まれた作品の文体は、保守的な色彩の濃いものであったことが察せられ、これが咄本の「まし」の優勢化を遅らせる一つの要因

表1 「ませ」「まし」の時期別使用状況（江戸板）

	安永	天明	寛政	享和	文化	文政	天保	弘化	嘉永	安政	元治	慶応	明治	計
ませ例数	52	18	36	0	28	10	11	1	2	0	0	0	2	160
作品数	22	14	14	0	12	6	4	1	1	0	0	0	1	75
まし例数	18	9	21	11	20	6	19	4	3	2	2	2	1	118
作品数	7	6	9	4	6	3	8	1	2	1	1	1	1	50

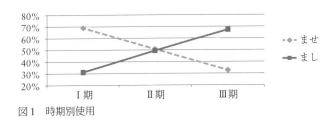

図1　時期別使用

になったといえる。

　江戸板以外の咄本は、61例18作品のうち「まし」は弘化3年の『千里藪』1例と文化頃成立の『無塩諸美味』4例のみで、他はすべて「ませ」であった。このうち「ませ」1例、「まし」4例が併用された『無塩諸美味』は名古屋の出板である。上方板の「ませ」の多用傾向について、先に引用した辻村1968の「ませ」の観察を敷衍すると、『浮世風呂』に現れた「ませ」の使用者は俳諧、狂歌、古典籍を愛好する（その振りをする）知識人や上方者であり、読者もこのような人々が「ませ」を使うことを肯定する状況があったと考えられる。

3.1.2　男女別の使用状況

　話し手の性別では、男性の発話が「ませ」123例、「まし」91例、女性の発話が「ませ」30例、「まし」23例であった。他に発話者として天狗など性別不明のものもある。「ませ」「まし」の発話者の階層、職種を以下に列挙したが、その階層、職種は多岐にわたっていて、使用層の偏りは見られなかった。

　　男性…商家の旦那や権助、町人の息子や父親、植木屋や髪結などの職人、殿様、家来、法印、法華宗徒、医者、雲助、船頭、座頭、乞食、遊郭の男衆など
　　女性…商家のおかみや子守り、町人の娘や女房、遊郭の花魁や仲居、茶屋の婆など
　　他……天狗、化け物、擬人化されたみそこし・すりこぎなど

3.2 出現例から見た分析

3.2.1 語構成からの分析

　ここでは、場面と使用者の二つの観点から「ませ」「まし」がどのような語と結びついているかを、語形上の特徴からその使用差を考える。

　接続のパタンはいくつかに分類される。出現数が多かったものにはＡ「くださる」、Ｂ「なさる」、Ｃ「あそばす」、Ｄ「御覧じる」があり、Ｅ「あがる」、Ｆ「つかはさる」なども見られた。不明としたものは「被成」などが前接するために読みが確定できないものの数である。各グループには【表2】のようなバリエーションが見られる。

表2　前接の接続パタンよる分類

	A–1	A–2	A–3	B–1	B–2	B–3	B–4	C–1	C–2	D	E	F	他	不明
ませ	5	55	0	45	6	0	0	1	2	20	5	1	5	16
まし	7	25	4	9	25	19	3	0	0	14	1	0	4	6

A–1：くだされ、A–2：くださり、A–3：ください、B–1：なされ、B–2：なさり、B–3：なさい、B–4：なせへ、C–1：あそばされ、C–2：あそばし、D：ごろうじ、E：あがり、F：つかはされ

A–1　<u>御直し下されませ</u>と、短冊を出しける

〈乞食→狂歌師〉『一雅話三笑』

A–2　御前も御ぞんじのこつたから、（中略）かならず<u>知らせてくださりまし</u>　〈粗忽な店子→横丁の隠居の家族〉『喜美賀楽寿』

A–3　だうぞ東鑑を<u>おかしなすつて下さいまし</u>

〈丁稚→隣の先生〉『面白艸紙噺図会』

B–1　ずいぶん　きをしづめて<u>おうけなされませ</u>といふ

〈法印の家の者→祈祷の客〉『新作徳盛噺』

B–2　なんぞ　きうな御用ならは、云<u>おいておいでなさりまし</u>

〈小僧→年礼客〉『鶴の毛衣』

B–3　ひどいめにあわして<u>おやんなさいまし</u>　〈女房→旦那〉『身振姿』

B–4　あさかほ、はんひらきになりて、「<u>あさつておいでなせへまし</u>

〈見世物の朝顔→見物客〉『笑種蒔』

C–1　彼は（中略）ことごとくぞんじておる故、是を御召、御聞_{おんきゝ}被遊_{あそばされ}ませ

〈家来→殿様〉『無事志有意』

C–2　モシ、だんなさま、（中略）おそふにをおいわいあそばしませといわれて

〈下女→万福長者〉『百の種』

D　おまへさんもかんがへて御らうじませ

〈番頭新造→花魁〉『笑嘉登』

E　てうどよひ所だ。サアあたゝかな所を上りませ

〈茶屋→客人〉『柳巷訛言』

F　廻しかたが（中略）「御脇指も遣されませ

〈廻しの男衆→侍客〉『気のくすり』

他1　この戸棚の中にしのんでござらつしやりまし

〈伝吉→弁長〉『東都真衛』

他2　もふ弐百文かの、いれさしやりませ

〈おたすけ→あるじ〉『嗚呼笑』

「おかしなすつて下さいまし」（A–3）、「ひどいめにあわしておやんなさいまし」（B–3）、「あさつておいでなせへまし」（B–4）では「ませ」が見られなかったこと、A群では「ませ」が多くB群では「まし」が多かったことが注目される。

「下さいまし」（A–3）、「なさいまし」（B–3）、「なせへまし」（B–4）はともに「下さり」「なさり」などから音変化によって生じた形であり、「おやんなさい」「おあがんなさい」など音訛を含む例も、後に続くのは「まし」のみである。また「なすって」のような形も、あとには「くださいまし」をとっていて、「ませ」が接続した形は見られない。宮地1980には、滑稽本などにおける「おいでなされます」が「おいでなされます→おいでなさります→おいでなさいます」と次第に移行する傾向にあること（p.771）、および『浮世風呂』に現れた「なされます」は古風な言い方、「なさります」は改まった言い方、「なさいます」は一般通行の言い方である（p.640）と指摘されている。「なさい」のような新興の語形に結びつくものとして、新興の語形が選ばれるのは自然なことと考えられ、この選択に「まし」が採られたことはその口語性を示すものといえよう。

第13章　「ませ」と「まし」の交替現象　　323

一般に音変化が生じた場合、変化後の形はもとの形よりも待遇価値の低いもの、崩れたものという意識がある。これを前提とすれば、「まし」よりは「ませ」のほうが改まった言い方であったと考えることができる。

　このように「まし」は、「ませ」の接続しない形とも結びついて、使用範囲とその量とを拡大していったことがわかる。しかし、この新興のもの、音訛形などとの結びつきが、再度「ませ」「まし」の使用を逆転させ、丁寧な語と認識された「ませ」の使用を劣勢から優勢に引き戻した可能性は高い。使用が量的にも、また使い手の範囲においても最大になると、「まし」は改まった場面や、「ます」を学習によって習得した発話者の使用においては、「普段、あらゆる場面で皆が使っている」と感じられる「まし」は避けられ、「ませ」への使用が増加したといえる。「ませ」を主に用いる上方からの外来者にとって、江戸でさかんに使われる「まし」は江戸語的特色を持つものと感じられ、「まし」＝「江戸弁」＝「中流以下の使用」という図式が成立していったために、「まし」はその使用の範囲を次第に狭めていったといえる。

3.2.2　女性の使用する「ませ」と「まし」

　女性の「ませ」「まし」の使用を（イ）から（ホ）の場面（話し手と聞き手の関係）に分類すると、【表3】のようになる。「ませ」の（ハ）「遊郭の女性から客への会話場面」と「まし」の（イ）「妻から夫への会話場面」における使用が目につく。表からは、「ませ」は遊郭などで客を相手にした丁寧な物言いに使われ、「まし」は家庭内の打ちとけた場面で使われるという傾向をうかがうことができる。この「改まった場面」と「打ちとけた親しみのある場面」という差が女性において「ませ」「まし」の使用意識の差を表している

表3　女性の場面別使用

	（イ）	（ロ）	（ハ）	（ニ）	（ホ）	他	計
ませ	4	5	9	2	0	10	30
まし	9	2	5	4	1	2	23

（イ）妻から夫へ
（ロ）使用人から雇い主へ
（ハ）芸者、仲居などから客へ
（ニ）訪問先の家人から客へ
（ホ）朋輩同士

と考えられる。

3.2.3 使用場面による分析

以下では「ませ」「まし」が出現する会話場面を大まかに分類する。最も多いのは売り買いの場面で、これが全体の3割（83例）にあたる。次に主人と使用人の言いつけとそれに応える場面（54例）、依頼の場面（53例）がつづき、以下あいさつ語（4例）を含めた訪問時の会話場面などがあった。例が少ないため、ここでは取り上げなかったが、家族間の会話や医者と患者の場面などにも見られた。

分類の結果は、おおよそ三つのパタンにまとめられる。まず（a）使用の優劣が逆転しないもの：[客と訪問先の主との会話場面]、以前「ませ」が劣勢であったものが優勢になったために、使用の割合が逆転したもの、そのうち、(b-1) 逆転の時期がⅠ期からⅡ期の間にあったもの：[売り買いの場面]、(b-2) 逆転の時期がⅡ期からⅢ期の間にあったもの：[雇い人と使用人の場面]、[依頼の場面]が見られる。

(a) 使用の優劣が逆転しないもの

湯屋での先客に対するあいさつ語が「ませ」「まし」ともに各2例含まれる外は、訪問者と訪問先の主人との会話である。Ⅰ期、Ⅱ期、Ⅲ期の順に「ませ」14、9、4例、「まし」2、5、3例の出現数であった。おおよその傾向はⅠ期、Ⅱ期、Ⅲ期ともに「ませ」の優勢傾向を見ることができる。

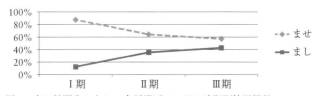

図2　客と訪問先の主との会話場面における時期別使用推移

用例の多くが上層階級であって、客を迎えて、もてなすので

きる階層での会話場面であり、折り目正しい会話が続いている。上層階級が、改まった場面では丁寧度が高いと考えられる「ませ」を使用することに不自然さはない。訪問・接客という限られた場面における「ませ」使用の優位がみとめられる。

　○　ある人の所へ見舞いに（中略）よふこそ御出（中略）マア〳〵御上りなされませ。さんよ。御茶もってこい。御多はこ盆と、おくそこもなき挨拶に　　　　　　　　　　〈お内儀→客〉『新玉箒』
　○　大黒様へしつかり御馳走申せといへば、イヤ、モウ何も喰れぬ。ハテ（中略）どうぞめしあがつて下さりませ
　　　　　　　　　　　　　　　　〈給仕→大黒〉『しんさくおとしばなし』

(b) 以前劣勢であった形式が**優勢**になったもの
(b-1) 逆転の時期が I 期から II 期の間にあったもの

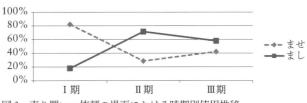

図3　売り買い・依頼の場面における時期別使用推移

　逆転の時期が I 期と II 期の間にあったものには「売り買い」「依頼」の場面があった。
　○　ハイ　米やでござります。御払を被下まし
　　　　　　　　　　　　　　　　　　　　〈米屋→亭主〉『落咄人来鳥』
　I 期に82％と圧倒的に優勢だった「ませ」が II 期には「まし」に逆転され、「ませ」29％、「まし」71％という使用傾向を示している。大勢は III 期も殆ど変わらないが、わずかに「ませ」が増加し、「まし」が減少している。話し手の多くは八百屋、肴屋、米屋などで、受け手は客、旦那と記される人たちである。売り買いの会話は咄本の題材として取り上げられることが多く、世相を最も反映しやすい会話場面での「まし」の選択と解釈できる。また売り手から買い手への頼みも同様である。 I 期から II 期、 III 期にかけて、咄本の

享受層は上流知識層から一般市民層へと裾野を拡大していった。読み手の多数を占める大衆読者は、自分たちと同類の登場人物が使用することばとして、新興の「まし」を歓迎したのであろう。

（b-2）逆転の時期がⅡ期からⅢ期の間にあったもの

主従関係の会話場面、使用人と雇い主の会話場面とは、家来と若殿などの身分的上下関係における場面や手代・権助などと旦那との会話、加えて「家主は親も同様、店子は子も同様」といわれる店子と家主の会話場面等を指す。

「ませ」の出現数はⅠ期18例、Ⅱ期11例、Ⅲ期1例、「まし」はⅠ期12例、Ⅱ期6例、Ⅲ期6例であった。この会話場面は、売り買いに次いで用例が多いが、【図4】からは、使用の逆転が売り買いの場面より遅れたことが見てとれる。売り買いの場面の方が、流行に敏感で新しいものの取り入れも早かったが、一方の使用人と雇い主の会話場面は、それよりも改まり度の高い、保守的な側面が保持されたことが売り買いの場面との遅速の差を生みだした一因と考えられる。

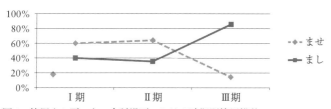

図4　使用人と雇い主の会話場面における時期別使用推移

○　いなか者になつて　お買なされて御らうじまし
〈けらい→旦那〉『馬鹿大林』

○　どふもなりませぬ。ちとおしかりなされませ
〈番頭→主人〉『屠蘇機嫌』

咄本では上位者の失敗を下位者が笑う内容が多く、時代がくだるにつれてその傾向は強くなる。堅苦しさのない通行の語としての選択が、Ⅲ期にあって「まし」を多用させていったと考える。これと

は逆に「ませ」「まし」の使用について、逆転現象が見られなかったものに訪問客と訪問先の主人の会話場面がある。このような使用には改まりの意識や、上層階級の使用という要因が考えられよう。

4. 作者からの分析

本項では表現結果としての作品から、表現者としての咄本作者に視点を移し、複数の作品のある作者を対象にする。対象とした作者には烏亭焉馬、朋誠堂喜三二、大田南畝、三笑亭可楽、桜川慈悲成、十返舎一九、林屋正蔵などがある。これらの作者群には、「ませ」または「まし」のいずれかを専用するもの（A群）と、同一の作者が作品ごとに「ませ」「まし」のいずれかを専用しているもの（B群）、併用のもの（C群）とに分けられる。

調査作品の中でユレが存在する場合は、使用意識に差がないことに起因する無意識的な併用と、ある種の表現効果を目的とした意識的な併用とが考えられるが、このような観点から作者の専用、併用の要因を考えた。

「ませ」を専用とする作家には烏亭焉馬、朋誠堂喜三二、大田南畝が、「まし」を専用とする作家には春廼家幾久があった。これらA群では話者の属性や噺の内容に関わらずいずれかを専用していて、表現技巧としての使い分けは見られない。このうち焉馬は寛保3年大工の棟梁の家に生れ後に幕府小普請方を務めている。南畝、喜三二はともに武士階級、明和以前の生まれで、言語形成期は「ませ」が優勢な時期である。これらからは、その言語形成の時期や生育環境が彼らの「ませ」の使用に大きく影響していたものと判断される。

同様に、幾久の「まし」専用傾向についても、幕末、大伝馬町の大店出身という、「まし」が優勢な環境下における生育が影響していたと指摘できる。明和・安永期以降に言語形成期が重なるものにはB群の桜川慈悲成（宝暦12生）や、三笑亭可楽（安永5頃生）がいる。調査対象外ではあるが「まし」を専用とする式亭三馬も安永4年生れで、成長の時期的環境と「まし」の専用とは符合する。

彼らの基盤となったものはこれら、自身の言語形成期における「ま
せ」「まし」の優勢・劣勢の状況にあったと考えてよかろう。

　次に、B群について見ると、一九（明和2生）は同時代の作品の
多くがすでに「まし」が優勢の時期にあって、洒落本、滑稽本を含
めて「ませ」が専用であったことは、宮地1980にも「異色」
（p.518）なことと報告されている。一九の生い立ちについては諸
説あるが、三田村鳶魚1976に「一九子、姓は重田、字は貞一、駿
陽の産なり（中略）若冠の頃より或侯館に仕へて東都にあり、其後
摂州大阪に移住し」（p.246）と『続膝栗毛　五編』の記載が挙げ
られ、同様の報告が林美一1977にもある。これらからは、彼が駿
府の上級武家出身で、元服頃まで家族と共に在府していたことにな
る。

　当時の駿府における「ませ」「まし」の使用状況は不明だが、『浮
世風呂』の観察や、『東海道中膝栗毛』における「まし」の使用が
今村の建場*3のくだりまでで、それ以西は殆ど現れないという
一九自身の使用状況*4からは、読み物という虚構世界の記述を前
提としても、彼の言語を形成する環境が「まし」を専用とするもの
ではなかったことがうかがえる。また、上士の家庭における使用語
に地元のことばよりも江戸の、それも時期を少しさかのぼる時期の
武士階級のことばが温存されていたであろうことと考えると、一九
の「ませ」は南畝や喜三二と同根のものと見ることができる。同時
代の書き手たちと一九との使用の差は、このような生育や出身、短
くはあるが上方での生活などによるといえよう。

　B群の作者には、慈悲成のように「ませ」を専用する作品「笑の
初り」1作品1例、「まし」を専用する作品「鶴の毛衣」他7作品
24例、「ませ」「まし」併用する作品「虎智のはたけ」1作品各2
例といったケースも見られた。このような違いは統一や修正を必要
としない程度のものだったと推測される。慈悲成のケースから咄本
に限定していえば、おおよそ寛政期は、「なさりませ」「なさりま
し」などの併存が無意識的に現れる移行の過渡的時期であったと位
置づけることができる。

　次にC群の林屋正蔵における使用を検討する。彼は一作品内併

用（『落噺年中行事』）と「ませ」専用作品（『笑富林』）、「まし」専用作品（『笑話の林』）を持つ。暉峻康隆 1965 b によれば、初代林屋正蔵は文才にたけ、本所林町に住して文化 3 年には三笑亭可楽に入門し、天保 13 年 62 歳で没している。三馬や、師匠の可楽とはほぼ同時代の人と考えられるが、彼らが「ませ」を殆ど使用しないのに比べ、『笑富林』では 4 例、『年中行事』では 5 例の「ませ」が使用されている。正蔵は「まし」を女房から夫への会話や、幇間が旦那に話すくだけた場面などに用い、「ませ」は武家の妻から夫、息子から父親へ頼みごとをする場面、物売りなどの会話に使用している。

　○　北のかたのひたひへ、角が一本半見へやすが、是にもだねへ（中略）北の方のやくのか花だね。そしておかミさんの角ハ、薬屋て直をよく買やす。たんとためて売ておやりなさりまし

〈幇間→旦那〉『百歌撰』

　○　西の国にて百万貫御取あそばす御方、（中略）「御かぞうのやうすを承はりました。（中略）おめでたう存じます。此歓びついでに（中略）捧て下さりませ　　　〈武家の妻→夫〉『落噺笑富林』

　○　いざさらは梅見に繞るところまで。香にさそはれてうか〳〵と、庵の主はしらねども（中略）小女が、名物の梅干をおめしなされませ　　　　　　　　　　　　　〈売り手→客〉『落噺笑富林』

　上の例からは、正蔵が西国の武家や郊外の茶屋の物売り女を描く場面に「ませ」を用いたようすがうかがえる。「ませ」が一種の表現技巧として使用されるということは、享受側もそのことを了解していることを意味する。一作品内に併用が認められた『落噺年中行事』でも、彼が表現効果をねらったと推測できる使い分けが見られる。天保 7 年刊のこの作品は月ごとの行事に因んだ噺を並べ、市井を描く様々な工夫が施されている。「ませ」と「まし」が併用された〈八月放生会〉でも双方を使い分けて、鳩杖売りの商人と買い手の老女を描写したのであろう。

　○　今はむかし、八月十五日の八まんのまつりには、いづれの神社にても、はとのつゑとてうりひさぐものありしが、今はたゑたり。（中略）それではたかい。もうちつとおまけな「まァつけて

330　Ⅴ　類型化と使用層の変化

<u>ごらうじませ</u>「かうと、六十一文にはならんか「おかしい<u>直段</u>の
おつしやりよう。（中略）丁度におかひ下さりませ（中略）お女
中がたはごぞんじないが（中略）<u>百におかひ下さりまし</u>。（中略）
「こんなせうばいをいたしますからとしよりふけて見へますが、
<u>あてゝごらうじませ</u>

〈鳩杖売り→買い手の老女〉〈八月放生会〉『年中行事』

　鳩杖売りが、丁寧な物売りとして「ませ」を使う接客態度を保持
しながら、次第に、商い慣習を知らぬ年寄りに焦れて、人馴れた態
度で「まし」を使うようすが見てとれる。「今はむかし」と時を過
去に設定して、古風さを描くためにも「ませ」の使用が有効であっ
た。

　このように、正蔵における両形の併存は表現技術としての意図的
な使用と考えられ、当時の江戸では、「ませ」はすでにある程度固
定化された丁寧さや古風さを持っていたと思われる。

5.　まとめ

　以上見てきたように、使用の優勢・劣勢の交替には、次のような
様々な要因がある。

1)　後期咄本における「ませ」から「まし」への使用の優勢の
　　交替は、おおよそ天保以降である。この移行の時期は洒落
　　本や滑稽本に比して遅い。これは洒落本や滑稽本が当代を
　　通行のことばで写そうとしたのに対して、咄本には当代を
　　写す必要がなかったためと解せられる。後期咄本の初期の
　　作者は知識層に属する武士や富裕な商人であり、享受する
　　側もサロン的な雰囲気の中にあったので、以前からある
　　「ませ」の選択は自然なことと捉えられる。

2)　後期咄本の時期、おおよそ上方では「ませ」が、江戸では
　　「まし」が専用されている。江戸以外の地の出板18作品61
　　例のうち「まし」の使用は2作品5例にとどまる。その内、
　　1作品は名古屋板で「まし」4例「ませ」1例の併用である。

3)　語構成の面からは見ると、音訛形と結びつくのは「まし」

のみである。「下さり」「なさり」の音変化によって生まれた「ください」「なさい」や、「おやんなさい」「おあがんなさい」のように音訛形と結びつくものは「まし」のみであった。「なされます」や「なさります」より後に生まれた「なさいます」に続く形も、新興の「まし」が選択されたことは自然なことであり、このことからは「まし」の口語性が指摘できる。

4) 「ませ」から「まし」へ使用の優勢が交替したにも関わらず、再度「ませ」が形勢を逆転させたことには、使用者の意識の変化がある。「まし」は表現価値の低い形と結びつくことで、使用量とその範囲とを拡大させ、「ませ」から「まし」へと使用の優勢は交替する。ところが「まし」が「あらゆる場面であらゆる人が使う」改まり度が希薄な日常語として認識されると、改まった場面での使用からは避けられ、選択された「ませ」は形勢を逆転させて再度優勢となる。

5) 「まし」が使用範囲を狭めた要因の一つに「まし」＝「江戸弁」＝「中流以下の使用」という図式が成立していったことが挙げられる。上方からの外来者にとって、江戸で盛んに使われる「まし」は江戸語的な特色を持つ語と捉えられた。その結果「まし」は特徴的な「江戸弁」であり、中流層以下が使うものと認識されてその使用範囲を狭めていく。

6) 「まし」が女性の使用では、打ち解けた親しみのある場面に現れる一方で、訪問や接客の場面では男女を問わず「ませ」が優勢になる。これは「ませ」が他家を訪問することや接客場面などの改まった場面で使用されることとの違いである。使用者の意識の差が打ち解けた親しみのある場面では「まし」、改まった場面では「ませ」と使い分けが可能であったと考えられる。

7) 使用が逆転せず、「ませ」が常に優勢であるものには訪問の場面がある。訪問する側も、迎える側も「ませ」を専用している。このことからは、当時「ませ」が折り目正しい丁寧なことばと理解されていたことがわかる。

8) 化政期に使用の優勢の逆転が見られるものには売り買いの場面がある。売り買いの場面は世相を最も反映しやすい。読み手が上層階級から一般市民に移行したことにより、その反映として自分たちの日常語である「まし」が多用されたといえる。天保以降幕末に逆転があったものとしては、上下関係にある者同士の会話場面がある。売り買いのことばには新しいものが取り入れられ易いが、使用人と主人のような改まった場面では、保守的な「ませ」が好まれて、交替が遅れたと考えられる。

9) 使用を作者の属性から見ると、「ませ」を専用するもの、「まし」を専用するもの、およびこれらを併用するものとの3グループに分けることができる。「ませ」を専用するグループは武士、もしくは武士に準ずる階級の出身で、明和期以前に生まれたものが多く、「まし」の専用は幕末の大店出身者である。グループの特性からは「ませ」「まし」の使用には言語形成の時期や生育環境が影響しているといえる。

10) 「まし」が優勢な中で、十返舎一九が「ませ」を主用にした理由として、駿府の上士の家庭で生育したことや、一時期上方に暮したことが挙げられる。さらに地方の上級武士の階層では当代より以前のことばが温存されていた可能性も指摘できる。一九の「ませ」は安永・寛政期の大田南畝や朋誠堂喜三二の「ませ」と同根のものと考えられる。

11) 「ませ」「まし」の両形を使用する林屋正蔵は、西国の武家や江戸郊外の茶屋の女を描くために「ませ」を使っている。正蔵が一種の表現技巧として「ませ」を用い、それを読み手も了解していたといえる。「ませ」が化政期にはすでに「江戸以外の土地のことば」「丁寧なことば」「古風なことば」と捉えられていたことが知られる。

6. おわりに

本章では「ませ」使用の優勢が「まし」に取って代わられ、再度

形勢が逆転して「まし」の使用が劣勢に転じ、「ませ」が優勢となる要因を考察した。

　古風で改まった表現と思われたことばは、新興の表現に取って代わられる。ところがその隆盛のゆえに、目新しかった表現は日常的な誰もが使うものと認識されて、表現効果を低下させる。以前からあった「古風で改まった」語が丁寧なことばと捉えられて、使用が引き戻された過程とその要因を論じた。上方的な要素が漸減し、江戸語が独自の発達を遂げた江戸時代後期のことばについて、その推移の一側面を明らかにできたかと考える。ただし、語法としては項目は微々たるものである。江戸語における可能動詞の成立やアスペクト表現の在り方など、語法の問題点は極めて多い。江戸語の語法に関わる考察とその展開は今後の課題としたい。

　「ませ」「まし」用例出典一覧
【ませ専用】＊数字は刊行年
茶のこもち安永3、富来話有智安永3、蝶夫婦安永6、春袋安永6、さとすずめ安永6、譚嚢安永6、春笑一刻安永7、今歳笑安永7、福の神安永7、気のくすり安永8、金財布安永8、万の宝安永9、笑長者安永9、初登安永9、はつ鰹安永10、豆談義安永年間、笑顔はじめ天明2、話間訥天明2、柳巷訛言天明3、話句翁天明3、百福物語天明8、千年草天明8、下司の智恵天明8、室の梅天明9、うぐひす笛天明頃、新作徳盛噺寛政2、笑の初り寛政4、青楼育咄雀寛政5、梅の笑寛政5頃、滑稽即興噺寛政6、即当笑合寛政8、詞葉の花寛政9、吉原井の種寛政9、無事志有意寛政10、福種蒔寛政13、松の内寛政13頃、福助噺文化2、蛺蝶児文化2、亜良井粉文化9、百生瓢文化10、笑嘉登文化10、おとし譚富久喜多留文化11、山の笑文化11、落咄熟志柿文化13、落噺屠蘇機嫌文化14、口取肴文化15、一雅話三笑文化頃、恵方棚文政2、咄の蔵入文政3、工風智恵輪文政4、百の種文政8、ますおとし文政9、落噺笑富林天保4、しんさくおとしばなし弘化頃、雨夜のつれづれ三題咄明治初年頃

【まし専用】

喜美賀楽寿安永6、独楽新話天明8、拍子幕寛政4、鶴の毛衣寛政10、意戯常談寛政11、顎の掛金寛政11、馬鹿大林寛政13、太郎花寛政頃、一口饅頭享和2、珍学問享和3、福山椒享和3、東都真衛享和4、譚話江戸嬉笑文化3、落噺常々草文化7、駅路馬士唄文化11、身振姿文化11、笑ふ門文化頃、はなしのいけす文政5、落噺屠蘇喜言文政7、笑話の林天保2、十二支紫天保3、延命養談数天保4、笑語草かり籠天保7、古今秀句落し噺天保15、昔はなし弘化3、俳諧発句一題噺嘉永4、落噺笑種蒔安政4、春色三題噺初編元治元、梅屋集慶応元、昔咄し明治3

【ませ・まし併用】
新口花笑顔安永4、はなし亀安永4、管巻安永6、乗合舟安永7、寿ゝ葉羅井安永8、いかのぼり安永10、落咄人来鳥天明3、富久喜多留天明2、福茶釜天明6、はつわらい天明8、落噺笑種蒔天明9、花之家抄寛政2、新玉箒寛政10、虎智のはたけ寛政12、落咄見世びらき文化3、おとぎばなし文政5、百歌撰天保5、落噺年中行事天保7、面白艸紙噺図会天保10、落しばなし嘉永3

---

*1 咄本の定義については、序章で述べたように「『鹿子餅』が出刊された明和九年を境として、前期・後期に大別し、各期をそれぞれ三つの時期に分けることにした。すなわち前期噺本〈元和から明和〉（中略）後期咄本〈安永から慶応〉とにわけた。」(pp.4-5)とする武藤禎夫1965に拠った。
*2 第二版12巻 p.396
*3 現在の愛知県安城市
*4 宮地1980の記述（p.559）によると、今村の建場以西での「まし」の使用は、淀川の夜船の中で弥次郎兵衛が使う「少しくださいましな」（六編上）の1例のみである。

第14章

三笑亭可楽作品の「ござる」
古臭さ・尊大さを表すために

1. はじめに

　近世、江戸で使われたことばには、今日までその使用が続いているものと、当時は頻繁に使われていたにもかかわらず、徐々に使用が減って現在では稀にしか用いられなくなったものとがある。本書第12章および第13章では助動詞「やす」と「ます」をその例として挙げ、「やす」の使用の漸減と「ませ」から「まし」への交替及び「ませ」の復活の事情を考察した。ここでは同じような使用の移行が見られる「ござる」を取り上げる。

　発生当初は高い敬意を持っていたとされる「ござる」[1]であるが、江戸時代後期には「敬語としては男性の使用が圧倒的に多く、堅いまたは古くさい語感が出てきた」[2]ことや「ござる」が「独立で現れてくるのは専ら男性のことばに多く、女性の使用例は全体の約一割にすぎない。しかも、男と言っても、医者、隠居、俳諧師、和尚等のどちらかといえば古いことばのとび出しがちな人達の口から聞かれる」ことが辻村敏樹1968（pp.241–245）において指摘されている。江戸時代の後期、すでに「古くさい」と感じられ、限られた人たちによって使われた「ござる」であるが、今では戯画的使用が殆どで、いわば化石化した形で残存するばかりである。

　「ござる」から派生した「ございます」もほぼ同様であって、「ございます」から転じた「ございます」が改まり度の高い場面で使われるにすぎない。そこでここでは、使用が大きく変容した「ござる」「ございます」「ございます」について、江戸時代の後期における使用の推移を考察する。

　江戸後期の戯作者である式亭三馬は『狂言田舎操』文化8年（1811）の中で「ござる」について、江戸者の人形遣い〈でく蔵〉

337

にこう語らせる。

　　　○　ハテ江戸訛といふけれど。おいらが詞は下司下郎で。ぐつと
　　　鄙しいのだ。正銘の江戸言といふは。江戸でうまれたお歴〳〵の
　　　つかふのが本江戸さ。これは又ほんの事たが。何の国でも及ばね
　　　へことだ。然様然者。如何いたして此様仕りましてござる。な
　　　どゝいふ所は。しやんとして立派で。はでやかで。（下略）

巻ノ上12オ＊3

　三馬は「此様仕りましてござる」のようなことばは「然様」「然
者」などと同じレベルで使われるものであり、「江戸生まれのお歴
〳〵」すなわち武家旗本＊4が使う「しやんとして立派」なことば
だと認識していたようである。

　次に「ござる」について先に研究されたものの概略を見る。

　嚆矢とされるものに『浮世風呂』・『浮世床』を資料とした山田正
紀1936がある。そこには「「ござる」は単独では武士医者など特
殊階級に行はれてゐるのみで、一般の対話語ではその連用形が、こ
れに助動詞「ます」の連つた「ござります」といふ形で用ひられて
ゐる。」（p.82）とある。その後湯澤幸吉郎1954において「補助動
詞としての「ござる」は「ある」「いる」の丁寧語になり、次のよ
うに用いられる。（中略）右諸例は、医者・武士や町の老人などの
ことばとして現れ、一般の人々はこれを用いなかったようである。
現在の東京語では「ござる」は必ず「ます」が付くのであるが、そ
の傾向がすでに江戸の人々の間に現れていた」（pp.208–209）と指
摘されている。さらに1968年には辻村敏樹『敬語の史的研究』が
著わされ、前掲のように『浮世風呂』における「ござる」の単独例
が、専ら男性しかも医者、隠居、俳諧師、和尚など古いことばを好
む層に使われたことが報告される。

　個別の作品を考察したものとして、十返舎一九の滑稽本における
「ござる」を対象とした神戸和昭2006a、2006bがある。神戸
2006aでは文化10年から天保5年にわたって刊行された合巻『金
草鞋』について、「「ござる」の使用は田舎詞中に現れるものと江戸
語中に現れるものとの大きく二つの場合がある」（p.513）こと、
2006bでは『金草鞋』以外の一九の4作品（『江之島土産』『六阿

弥陀詣』他）について、丁寧語用法は当時の特権階級から教養層町人に広く使われ、それらの使い手の殆どは年輩者であることが報告されている。そこには使い手側の要因、すなわち尊大さや横柄さ、古くささや時流に遅れた野暮ったさが「ござる」の衰退を招いたという指摘もある。

　洒落本・黄表紙・滑稽本を調査したものには長崎靖子2006がある。「歌舞伎台帳、洒落本、黄表紙までは「でございます」しか見られなかったが、文化文政期の『浮世風呂』『八笑人』では「でございます」が使用されており、時代とともに徐々に「でございます」より優勢になっていく」（p.24）という報告がある。

2.　対象とした作品と方法

　本章では調査の対象として三笑亭可楽の咄本を取り上げる。可楽の咄本はすでに報告のある三馬や一九の作品とほぼ同様な時期に江戸の板元から出版されており、比較が容易である。また刊行も享和2年（1802）から天保13年（1842）にわたっているため、40年間の作品を検討することができる。各作品の概要は2.2に後述する。第10章、第11章でも指摘してきたように、咄本は貴人の座敷に招かれての披講や、不特定な聴衆を対象にする話芸の延長線上にあるため、穏当で流行の先端からは遅れたものが多い。例えば林屋正蔵　天明元年～天保13年（1781–1842）は自身のはなしの中で、家族で楽しむことができる穏当さを、次のように記している。

　○　「当年も相かはらず新作を高覧に入ます。わたくし愚作のはなしは、下掛り、いやらしい事は少しもなく、御親子御兄弟の中にて御覧あそばしても、ヲヤいやだよなどと被仰候事は無御座候」　　　　　　　　　　　　　　　　　『笑富林』（天保4）の口上

高座でのはなしは木戸銭を払って聞きに来る不特定の客を相手に語るため、聞き手が納得し易い類型化された人物の登場と、それに見あったことばの使用とが期待できる。またその使われたことばで聞き手にイメージや笑いが共有されたと考えられることからは、もはやそのことばが通人など一部の突出した人々にのみ理解されてい

たのではなく、一般的なものとして市民の間に馴染んでいたと捉えられる。これは不特定多数の様々な階層の人物を対象読者とする咄本でも同様であったろう。すなわち高座や咄本の中に現れたことばは、当時すでに定着した、大衆に納得されるものであったといえる。

本章ではとくに三笑亭可楽の各作品についての分析をおこなう。

2.1 作者 三笑亭可楽について

可楽安永6年～天保4年（1777-1833）は本名を京屋又五郎といい、江戸日本橋馬喰町の櫛細工職人であった。大坂から下ってきた岡本万作の寄席興行に触発され、寛政10年（1798）下谷稲荷に山生亭花楽の名で講席を開いた。当初は持ち咄の不足などで頓挫したが、文化元年（1804）三笑亭可楽と改名して臨んだ三題噺が当たり、職業落語家としての地位を確立したと言われる*5。可楽はまた、『浮世風呂』『浮世床』などで銭湯や髪結床に集う人々を描いて好評を博した式亭三馬とは、互いがその名を作品中に挙げるような仲であったといわれる。このような交友関係にある可楽の高座での咄が『浮世風呂』や『浮世床』に影響を与えたことは以下からも知られる。

　　○　「中をれのぞうり下駄で、三馬が所のはみがきをつかいながら、かみゆい床の障子をあけて」

　　　　　　　　　　　　　　　　「談笑家に成はじめ」『身振姿』（10ウ）

　　○　「煎湯の趣向は、本町二丁目ゑんしゆ丹の主人、浮世風呂にうがちすへたれば、爰には　一寸ばあさまの身ぶりをお目にかけます」　　　　　　「とぼけた婆ァさん小桶の一ッ曲」『身振姿』（21オ）

　　○　「夘のとしは三笑亭の七つめ、文化子のとしは、三題ばなしのほつたん、むかしばなしのつたはりて、今なをさかりなるを思へば、はなしするうさぎはおろかきく人のみゝにもおちをとりのはつはる　式亭三馬即賛」　　　　　　　　　　　　　『百の種』口上

　　○　「一夕歌川豊国のやどりにて三笑亭可楽が落語を聞く　例の能弁よく人情に通じ　おかしみたぐふべき物なし」

　　　　　　　　　　　　　　　　　　　　　　　　　　　　『浮世風呂』大意

2.2　作品の概要について

　ここでテキストとした咄本は享和の始めから天保の末までに出板されたもので、殆どが中本である。作品により、分量に多寡はあるが2000字から9000字ほどである。話数は全部で75話、咄は会話形式で展開し、殆どが話し手と聞き手の明らかなものである。

表1　作品一覧

作品名	刊年	丁数	書形	話数	半面字数
山しよ味噌	享和2	7丁半	中本	9	8行20字詰
東都真衛	享和4	19丁	小本	7	8行18–22字詰
新作おとしはなし	文化6	32丁半	中本	1	8行18字詰
種がしま	文化8頃	22丁	小本	15	7行20字詰
身振姿	文化11	24丁半	中本	8	8行16–18字詰
百の種	文政8	11丁	小本	11	8行20字詰
十二支紫	天保3	17丁半	中本	17	7行22字詰
新作可楽即考	天保13	7丁半	中本	7	8行20字詰

3.　調査結果

　「ござる」が単独で現れたものと、「ござる」に「ます」や「やす」が接続して現れたものとについて調査した結果、総数139例の用例を得た。このうち「ござる」が単独で現れたものは11例で、それ以外は「ござる」に「ます」や「やす」が付いた形、および「ごぜえます」「ごぜえす」「ございんす」などであった。「ござります」は「ござる」と同様に「行く」「来る」「居る」の尊敬語としての意味、「ある」の丁寧語、補助動詞「ある」「いる」の丁寧語としての「ござる」をさらに丁寧に言う場合他の用法があるが、語法からの分析は各作品の検討の際に必要に応じて取り上げることにする。テキストでは「御座り」「ござり」「ムり」など、複数の表記が見られたが、用法に大きな影響は与えていないと考え、ここでは問題にしない。以下に出現形を整理した表と具体的な用例の一部を挙げる。

表2　作品別接続例数

作品名	ござる単独	ござります	ございます	ござりやす	ございやす	その他	合計（用例数）
山しよ味噌	1	1	0	0	0	0	2
東都真衛	4	15	0	1	0	6	26
新作おとしはなし	0	11*	0	38	0	4	53
種がしま	2	10	0	4	0	0	16
身振姿	0	13	7	1	0	0	21
百の種	0	2	0	0	0	1	3
十二支紫	2	12	0	1	0	0	15
新作可楽即考	2	0	0	1	0	0	3
合計（用例数）	11	64	7	46	0	11	139

＊「ござる」＋「まする」の2例を含む。「ごせえす」「ござんす」等は「その他」に括った。

(1)「ござる」が単独で現れた例

○　おぼしめしはかたじけなふござるが

〈田舎の親父→医者〉『種がしま』17オ

○　おためしのうへ（略）きたいのめうやくじやとあつて、御用とござらば　大門通り田所町紫屋のとなり、高原尚賢と申すが本元。

〈神玉水を用いて、口中の爽やかになった男→その場の人々〉『新作可楽即考』6オ

○　なすびハ紫若、粂三郎は親にも二鷹、ふじ山は半四郎じやびしや門「そりや又なぜ　寿ろう「ハテ日本一の、おやまでござる

〈寿老人→毘沙門〉『十二支紫』14オ

(2)「ござる」に「ます」が付いた例

「ござります」の形で現れたもの

○　さん＊6はおめへさん、国に言名づけがござります

〈年礼に来たきをい＊7→年礼先の娘〉『身振姿』3オ

○　「招　これはしたりその川口じやァねへやげんぼりの川口よ「治　あそこに川口と申所か御ざりまするかね

342　Ⅴ　類型化と使用層の変化

〈田舎出の下僕→主人の客〉『新作おとしはなし』9ウ

○　こくぼたんはおもしろう御ざります

〈方丈→主人の未醒〉『新作おとしはなし』30ウ

「ございます」の形で現れたもの

○　ネエ、おぢやうさん。エゝ、うそでございます〜

〈年礼に来たきをい→年礼先の娘〉『身振姿』3オ

○　大きにありがたふございます

〈料理茶屋の娘→贔屓客〉『身振姿』6オ

(3)「ござる」に「やす」の付いた例

○　あんまり恩をしらぬやうでござりやすから

〈丁稚弥作→番頭伝吉〉『東都真衛』15ウ

(4)「ごせえ（ま）す」「ござんす」などの例

○　おめへさんがたのめへではゞかりなもふしぶんでごぜへやす

けれども　　〈いさみの吉五郎→句会の参加者〉『新作おとしばにし』18オ

○　その時わつちがやらかした句が　ナニサ気にいらぬあじもあ

ろうにうなぎかな　こいつはどうでごせへます　　　　　　（同上）

○　ぉ七「この世のゑんはうすくとも、かならずみらいはみやう

とでござんすぞへ　　　　〈お七→寺侍吉三郎〉『東都真衛』19ウ

【表2】からは「ござる」の例は各作品ともに少なく、「ござりま
す」「ござりやす」が殆どを占めていることがわかる。注目される
のは、今日多く用いられる「ございます」の出現が1作品のみで
あって、「ござります」「ござりやす」が圧倒的に優勢なことである。
同様に、「ございます」に対応する「ございやす」の形は対象とし
た作品の範囲内では見つけることができなかった。

なお女性の使用が後述のようにわずかであったため、表中では男
女の使用を分けて現していない。したがって表中からは女性の使用
数は読み取れないが、使用は2作品に2名（発話した女性の総数は
調査した作品全体を通して18名）、出現例数11例と使用例全体の
1割に満たない。女性の使用についての詳細は作品個別の分析の際
に報告する。

また「ござる」に前接する助詞「が」「に」「て」「で」「では」は以下のように現れる。

　　「しやう事が御ざりません」

　　　　　　　（『落しはなし』などの「が」が10例）

　　「あらましかよふにごさります」

　　　　　　　（『東都真衛』などの「に」が5例）

　　「どふいふゐんねんで御ざりやしやうね」

　　　　　　　（『種がしま』などの「で」が73例）

　　その他「さよふでは御ざりましやうが」

　　『落しばなし』のような「では」や「では」の融合化した「じゃあ」の形が11例、「じゃあござりやせんか」など）

　今回の調査では本動詞としての用法が23例（「有る」の意味が18例、「居る」の意味が5例、「行く」「来る」の尊敬語用法は見られない）で、他は補助動詞としての用法であった。

　また形容詞（出現総数22例）は「うれしうござんす」「おもしろう御ざります」「うまう御ざりやした」などで、現れた全例がウ音便形である。

4. 作品ごとの検討

　以下では調査で得た用例について作品ごとに使用者の属性や使用場面などの観点から検討していく。〔　〕内の呼称は作品に現れた話し手の人物名をそのまま示したものである。用例はできるだけ原本の姿をとどめるようにしたが、例文中の振り仮名は省略した。

4.1 『山しよ味噌』の出現例

　享和2年刊の『山しよ味噌』は7丁半、9話と短く、したがって「ござる」「ござります」が各1例ずつと出現数も最少だった。そのうち「ござる」が単独で現れたのは茶の湯の席で、主人が茶杓を自慢する部分である。「この茶杓ハ、せんの利久が作でござるが」と半可通の〔物しり顔な男〕へ自慢の品を披露するが、相手が歌舞伎の『助六』に登場する「意休」と主人の言う「利久」を取り違えた

ために生じた笑話である。聞き手の〔物しり顔な男〕に対し、富裕な商人が勿体ぶった態度で話す場面に「ござる」が使われている。これは先行研究に指摘される、「ござる」が尊大で勿体ぶった語感を持ち、上層階級の年配の者に使われるということと一致する。またそのような使われ方からは、「ござる」がすでに勿体ぶった、裕福な商家の主人をイメージするのに有効な指標になっていたといえる。

　　○　主人「この茶杓ハ、せんの利久が作でござるが、今拾五両なら、たれでもほしがります。せんの利久なぞは、おしひことを

（略）　　　　　　　　　　（茶の湯の席の主人→物しり顔な男）7オ

他の1例は芝居の名寄せの献立を出す料理屋で、客と料理番とが会話する場面である。

　　○　三芝居名寄せ献立御料理といふかんばん出ければ（略）まづ大谷広ぶた、坂東三津物付、同京鹿子娘どぜう汁、（略）はま焼にすればいゝといへば、りやうりばん、そこが沢村宗十郎でござります

　　　　　　　　　　　　　　　　（芝居茶屋の若衆→客）8オ

芝居茶屋に上がった客に対して、役者の台詞がかったことばで応える料理番が「ござります」の使用者である。客あしらいのうまい料理屋の使用人のことばとしては「ござります」が受け容れ易かったのであろう。「ござる」の堅苦しさを避けつつ丁寧さを維持し、且つ柔らかさを付加した表現として「ござります」が使われたと考える。

4.2 『東都真衛』の出現例

『東都真衛』は見開き挿絵1図、19丁の小本で、得られた用例数は25例である。「ござる」単独の例は4例現れたが、単独の例が出現総数で11例であるから、その半数近くが本作品で現れたことになる。また、調査した8作品のうち「ござります」から転じた「ござんす」が男性ではなく、若い女性によってただ1例使用されていることも目を引く。使用された「ござる」は単独の例を除くと「ござります」が14例、「ござりやす」が1例、「ごぜえます」1例、「ごぜえす」2例、「ござんす」3例だった。用例のあった咄は9話

第14章　三笑亭可楽作品の「ござる」　　345

中3話である。

　第一場面は見物客を前に商人が口上を言う咄で、「さて、これに
ござりますは、けいせいこくよりわたりましたる女里のさいけんで
ござります」(『諸国珍物』)との口上で始まる。不特定な聞き手の
前で話さねばならない口上には、聞き手の地位や年齢が確定できな
い分、一対一の対話形式よりも一層の丁寧さが求められる。商人が
口上を言う場面において、最も敬意のある語として「ごさる」では
なく「ござります」が選択されたことは、当時の「ござります」が
すでに「ごさる」よりも尊大さのない分、丁寧さにおいては上位に
位置するものと捉えられていたと考えられる。

　第二場面は〔とのさま〕に答える用人〔三太夫〕の使用場面であ
る。

　　○　とのさま仰らるゝは、コリヤ三太夫。異国の人には髭がある
　　ときいたがかれハひげはいかゞいたした。三太夫「御意にござり
　　ます。(略)との「そのほう、ぞんじておらば、いち〳〵つうじ
　　をいたせ　三「かしこまりましてござります。かれが国におきま
　　しては、(略)あらましかよふにござります。(下略)

(三太夫→殿様)9オ

使用された場面は上で見るように、極めてかしこまった場面であ
る。また使用者の〔三太夫〕という名は、家事や家計を任されてこ
れを取り仕切る、頑固で忠義一途の用人を類型化した際によく使わ
れる名である。この咄の読み手には〔三太夫〕という名だけで、忠
義者だが頑固な年寄りがイメージできたであろう。このような人物
の発話の中に、咄本の読み手が納得し、さらにイメージを支える表
現として「ござります」が選択されたと考える。

　第三場面は「八百屋お七」を高座での長話に仕立て直した咄であ
る。お七と恋仲の寺侍吉三郎を中心にお七の父八百屋久兵衛、番頭
の伝吉と丁稚、お七に横恋慕する吉祥寺の〔どふらく僧〕弁長と金
貸しの釜屋武兵衛が登場人物である。以下は理不尽な掛け取りに訪
れた武兵衛を、お七の家の番頭伝吉が音訛の混じったことばで軽く
あしらう場面である。

　　○　伝「コリヤァたれかと思つたら武兵へさんかへ。アゝいつも

346　Ｖ　類型化と使用層の変化

おうるはしいおかほばせね　武「やかましい、伝吉。けふはおぬ
しがしやれをきゝにやァこねへ。（略）わるくじやまをすると、
われにもいゝぶんがあるぞ　伝「よふごぜへス。いゝぶんがあら
ば　きゝやしやう。武兵へさん。何もおめへがそう　地かねになん
なさるこたァねへ。（略）あんまり中の字をいはずと、おくで
だんなとおはなしなせへやし　　　　　　（番頭伝吉→武兵衛）14 ウ

　伝吉は商家の番頭としての丁寧さは保ちつつも、借金のかたにお
七を要求する武兵衛に「地かねになんなさるこたァねへ」「だんな
と　おはなしなせへやし」と音訛の混じったことばで応じるが、こ
の時に「よふごぜえす」が使われている。

　湯澤1954では「ごぜえす」について「「ごぜえます」「ごぜえ
す」「ござんす」―これらはすべて「ございます」から転じた語で
あって、言葉として上品なものではない」*8と解説がされている。
また『浮世風呂　四編』の跋にも「ごぜへすの結交。敬して闘ざけ。
來玉への招待。辞して到らず。」とあり、すでに当時「ごぜえす」
が一部の勇み肌が使う語と認識され、一般的には用いられる語では
なかったことが知られる。

　ところがこの伝吉は盗みを働いて出奔している弁長との会話では
「そのご子息ともいわるゝ人が」「出家に立かへらつしやる所存は」
と武兵衛の時よりも敬意のある語を使っている。この両人の会話の
中に「よふごぜへます。売てしんぜませう」と「ごぜえます」が現
れるのだが、このことからは「ごぜえす」「ごぜえます」は相手に
よって使い分けることが可能であり、聞き手との待遇の関係（伝吉
から武兵衛に・伝吉から弁長に）から「こぜえす」に比べ「ごぜえ
ます」の方が高い待遇表現であったことがわかる。この弁長に対す
る敬意は後に出てくる「この戸棚の中にしのんでござらつしやりまし」などの表現からも了解できる。

　では伝吉が「様」づけで丁寧に応対する弁長はどうかというと、
「いんぐわなことじやござらぬか」「これ伝吉どの、わすれはおかぬ。
うれしうござるが、其世話ついでに」と「ござる」の単独形が用い
られている。元は「何の何がし」といわれる名家の出身だが今は悪
事を働いて零落している〔どふらく僧〕のありさまを際だたせるよ

第14章　三笑亭可楽作品の「ござる」　347

うに「ござる」が使われた例である。

またこの伝吉と丁稚はともに「やす」を多用しており、丁稚は「あんまり恩を知らぬやうでござりやすから、まいられやせん」と番頭の伝吉に報告している。使用人の間でも上下関係がある場合、下位（丁稚）から上位（番頭）への物言いに「ござりやす」が使われている。待遇表現としては決して低くはない「やす」について、公の場面ではなくとも、上下関係が存在する会話場面では「ござりやす」が適当と思われていたようすが見てとれる。次に『東都真衛』に現れた女性〔八百屋お七〕の使用例を見る。

○　ぉ七「申、吉三さん、今とゝさんのおはなしでは、わたしをあの武兵へづらが所へよめらすとのこと。とてもおまへとそわれずは。たつた今おまへの手にかけて、ころして下さんせいな」
吉「そりや此吉三郎とても同じ事。（略）いきてかひなき二人リが中、かくごきわめてお七どの「エゝうれしうござんす、吉三さん。この世のゑんはうすくとも、かならずみらいはみやうとでござんすぞへ　　　　　　　　　　　　（商家の娘→恋仲の男）19ウ

恋仲の吉三郎と添い遂げられず、心中を持ち出す若い商家の娘に「うれしうござんす」「みやうとでござんすぞへ」が使われている。上記湯澤1954で「上品なものではない」とされた「ござんす」だが、ここでは器量の良い、年若で世慣れぬ娘、使用人を抱える中流商家の娘という設定の中で使われる。「若さ」「女らしさ」といった使用者の内的な要素と、緊張した会話場面という外的な要素の双方から、大衆は「かならずみらいは　みやうとで　ござんすぞえ」がここではいかにもふさわしい言葉遣いと捉えたのであろう。

4.3 『新作おとしはなし』の出現例

本文37丁という長さを持つ本作品は、句会を催す風流人たちと無教養に駄洒落を連発する〔いさみの　のうてん吉五郎〕の会話を軸に展開していく。「ござる」の使用は医者で句会に参加する〔錦川〕と、会の主催者〔未醒〕、「はいかい大しうしんで今日附合の席をみたい」とやって来た〔吉五郎〕、この3人の使用例が全体の7割を占める。「ござります」の専用は〔未醒〕の下僕である〔治助〕

348　Ⅴ　類型化と使用層の変化

のみで、これは主人の客である〔招留〕との会話場面で使われる。耳の遠い年老いた下僕の〔治助〕は江戸の世情に疎いためか聞き間違えては〔招留〕を面食らわせる。無知な田舎出身の年寄に、律儀で丁寧な応対をさせる場面に「ござります」「ござりまする」が使われている。この〔治助〕の「ござります」は神戸2006aにある「「ござる」が類型的な田舎詞としての性格をもつ」(p.513) ことと同一線上にある。時流に乗り遅れた田舎者が使う「ござります」は、次第に使い手の持つ田舎くささや古めかしさのゆえに「ございます」に取って代わられる要素を内包していたのである。

○「治 なんの御用でござりますね「招 コウおやぢどん　おめへ喜八をしつているか「治 喜八と申まするは　ねづみのちをすいたがるものでござりませう「招 ゐんにやよそりやァいたちだ 大坂喜八よ「治 そんじまぜ（ママ）ん「招 そんなら川口はしつてゐるだらう「治 そんじております　王子から二リほどさきで御ざります「招 これはしたり　その川口じゃァねへ　やげんぼりの川口よ「治 あそこを川口と申所か御ざりまするかね（略）どうりでそのこつちらに善光寺様が何かござります「主 なにさ　あれはこんぴらだ　　　　　（下僕の治助→客の招留）8ウ

「ござります」に対して、話し手が「ござりやす」のみを使用する例は見あたらない。「ござりやす」が「ござります」と同一人物によって共に用いられていることから、一見「ござりやす」も「ござります」と同様な待遇価値を持つ表現かのように見受けられる。ところがここで注目されるのは相手が方丈の場合、〔吉〕も〔未醒〕も共に「ござります」を用いていることである。これからは、すでにこの時期、「ござりやす」より「ござります」が丁寧さにおいては一段上と感じられていたことが認められる。1例のみの発話で比較はできないが、方丈自身も「こくぼたんはおもしろうござります」と〔未醒〕に語っており、「ござります」が礼儀正しさを表す一つの指標になっていたと考える。

方丈にむかって行儀の良い話し方で接した〔吉五郎〕は、他では「ござります」「ござりやす」以外に「ごぜえやす」「ごぜえます」などを使っている。

○　わつちらんほうのとうきりまちにまごといふやろうが<u>ごぜへ</u>
<u>やすが</u>
　　　　　　　　　　　　　　　　　　　　　（吉五郎→主人未醒）13ウ
　　○　おめへさんがたのめへで、はゞかりなもふしぶんで<u>こぜへや</u>
<u>すけれども</u>
　　　　　　　　　　　　　　　　　　　　　（吉五郎→句会の皆）18オ
　　○　こいつはどうで<u>ごぜへます</u>　　　　　（吉五郎→主人未醒）18オ
　　○　ゐんきよしていたのじゃァ<u>ござへせんかね</u>

　　　　　　　　　　　　　　　　　　　　　（吉五郎→主人未醒）10オ

　〔吉五郎〕には上記の4例以外に「ござりやす」26例、「ござり
ます」1例が使われる。作者は〔吉五郎〕に句会の席での初対面の
相手に「わつちゃァ吉五郎と申やすが　ぶてう　ほふものでござり
やす　ヲツコロやすふおたのみもふしやす」とかしこまった挨拶を
させ、句会に集った人々と「ござりやす」で会話を進行させる。

　教養人の催し事に関心があり、集まる教養人と対等に会話するこ
とにためらいのない人物に対して「ござります」「ござりやす」や
「ごぜえやす」などの語を各場面で使い分けさせている。つまり
「いさみ」と呼ばれるような、いわばアウトローの人物であっても、
丁寧さを心がける場面には通常「ござりやす」を、さらに一段上の
丁寧さを心がけねばならない時には「ござります」を使い、会話が
進んでうち解けてきた場面では「ごぜえやす」などの語を使うとい
う、使い分けされる表現であったことが察せられる。

4.4　『種がしま』の出現例

　本文22丁半15話の小本から16例の用例を得た。「ござります」
「ござりやす」が現れた場面は、息子から父親、店の小僧からその
店の隠居、遊郭の男衆から客、売り手から客への場面、及び医者と
田舎の親父の対話場面で使われるものなどである。話し手の一方の
みに「ござる」の単独例が現れるものと、年中田舎ばかりを廻る
〔やぶいしや〕と〔田舎者〕のように、双方向に現れるものとがあ
る。場面は大きく分けて親子や授受関係、主従関係などの下位から
上位へのものと、画の由来や患者の病状を尋ねるなど、話し手に相
手の社会的地位や年齢などへの配慮がさほど感じられないものとに
二分される。これらの関係で用例を整理すると、対等な場面では

「ござりやす」が、上下関係のある場面では「ござります」が使われる傾向のあることが見てとれる。

「ござります」

○　今ハむかし。浅草御蔵まへの辺に、いせや何がしのいんきよ、いたつてこよみ好にて（略）ゐんきよ、いろ〳〵にかんがへても一ト色たりぬよふだといへば　小ぞう「それでてうど、よろしうござります　ゐん居「ナゼ　小ぞう「おとし玉が、ねずみはん切でムります
（小僧→隠居）4ウ

○　コレ、そのひようばん記ハ上下いくらじや、ハイ。廿四文でござります。てい主　見て、「この松本幸四郎をうなぎとハ、どういふ見たてじや。ハイ。江戸まへで、いつたいのすじかよろしう御ざります（略）○それハ丸にいの字をつけますゆへ、かながしらで御ざります
（流しの評判記売り→芝居好きの亭主）15オ

「ござりやす」

○　つかねへ咄だが、モシ柳子さん。一丁目の袖うらが、すそへいくじやァござりやせんか。
（通人→通人仲間）2ウ

○　なんともし、大屋さん。夜ばいにいつたやつを（略）どふいふゐんねんで御ざりやしやうね。
（〔忠っぱら〕→家主）6オ

○　いさみな男、百人一しゆの本を見て、モシだんな。このうへにかいてある画ハ、なんてごさりやすね。主人「夫ハ六玉川さ　いさみ「此うちに、すじかへの玉川なんぞも、はいつておりやすかね（略）
（〔いさみ〕→だんな）9オ

「ござる」が単独で現れたのは「山井陽仙といふ　やぶいしや」が患者を尋ねて田舎の親父のところに来た場面である。ここでは田舎ばかり廻る藪医者と、その医者を相手にせず、田舎ことば丸出しで会話する人物に「ござる」が使われている。

○　ねん中、いなか斗あるいている山井陽仙といふやぶいしや、ある百性のところへ来り、きさまのむすこ殿が、気がちがつているといふ事じやによつてたづねて来ました。（略）ハイ〳〵。おぼしめしハかたじけなふござるが、ハアなをりました。いしや

「いつたいどういふ気ちがいでござるな田舎「ハイ。チトハヤ、
（略）むまれつきてムりましたが、この正月、フトしたこんで
小よみにしようべんのう、しかけましたところが、あにがはや、
きうに万ざいのまねべエしました。　　　　（田舎の親父―医者）17ウ

　ここでも「ござる」が見かけ倒しの医者の尊大さと、田舎ことば
丸出しの人物の野暮ったさを描写する場面で使われている。また医
者という社会的には特権階級に属する者の使う「ござる」と田舎者
の使う「ござる」が一つの場面に使われているが、ここに共通する
のは両者に対する冷笑的な笑いである。当時すでに冷笑されるよう
な人々が使用するものとして「ござる」は認識されていたといえる。

4.5 『身振姿』の出現例

　本書は題名からも知られるように、登場人物をその身振りや口振
りで演じ分けて一話完結に仕立てた作品である。一人の演者が、出
入り先に年礼に来た〔きをい〕や料理茶屋の娘、たいこ持に八百屋
の婆様、辻君など8人の人物を演じ分けるためには、聞き手がそれ
とはっきり了解できるような話し振りや身振りが必要である。大衆
が納得する類型化された人物のことばが期待できる作品だが、「ご
ざります」「ござりやす」「ございます」が現れたのは9話（口上1
話を含む）のうち「たいこ持」（たいこ持同士）、「きをいの年礼」
（年礼に訪れたきおい→旦那とその家族）、「料理茶屋の娘」（料理茶
屋の娘→贔屓の客）、「談笑家に成はじめ」（咄家→髪結床仲間客）
の4話21例である。

　　○　時にもし、此間御蔵びらきにハ、甚孝と羅月さんが上りまし
　　たそうでございます。（略）なまゐひと申ものハ、どうもかんし
　　んでございます。　　　　　　　　（たいこ持ち同士の会話）口1オ
　　○　ヘイ、だんな。あけましてハけつこうな春でございます。
　　（略）うなぎと申す字でございますネ。エ、、奴と申字かね、そ
　　れでもすわ町のうなぎ屋ののれんに、こんな字が書てございます。
　　　　　　　　　　　　　　　　　　　　　　　（〔きをい〕→旦那）2ウ
　　○　イ、エ、おまへさん。二かいで騒いておるなァお客じやァご
　　ざいません。みんな内のものでございます。（下略）

352　Ｖ　類型化と使用層の変化

（料理茶屋の娘→客）6ウ

○　金さん。でへぶねむそうの尺八ときているね。きのふ大師さ
までお見かけ申したつけ。今おかへりかへ。（略）おかみさんが
チト、つのだいしでござりやしよう。　（咄家→髪結床仲間客）12オ

幇間の会話は巻頭の口上であって、これは読者へのあいさつにあ
たる。一話全体が「いただきましやう」「すがた八景と申スのをあ
んじましたが」と丁寧な語で通されている。

　本文は「きをいの年礼」からであるがここで三十四、五才の〔き
をい〕が年礼に行き、そのあいさつに「ござります」を使っている。
〔きをい〕は主筋の旦那だけではなく、その家の、凧を買い与える
ような歳の子供にも「ござります」で接している。出入りの中年の
職人が年始の挨拶に訪れた、かしこまった場面での使用である。た
だしこの「ござります」は出入り先の子という階層差から生じたも
のではなく、旦那やその店の者たちがいる所で丁寧な挨拶場面を継
続させる、もしくは自己の品位（丁寧さ）を保持するための使用で
あろう。〔きをい〕はこの家の少女に対しては「国に言名づけがご
ざります」など「ござります」を使う一方で、一例「うそでござい
ます﹅」と「ございます」の形も使用している。

　これは可楽の作品で「ございます」を見い出した初めての例であ
るが、「ございます」が現れるのは、この〔きをい〕の1例と、料
理茶屋の娘が、店へ来ることが間遠になった贔屓客に使う5例の計
6例のみである。双方に共通している点を整理すると、相手の一方
は出入り先の商家の娘、他方は贔屓客である。相手に対する態度と
しての共通の要素は、丁寧な物腰のやわらかさであろう。料理茶屋
の娘は接客用の丁寧語で接しているが、その中には一種の媚びが含
まれ、相手への親密さや甘えが見られる。

○　マアどふなさいましたへ。きついお見かぎりでございますね。
さぞおまへ様　嘆をなさいましたろう。（略）ほんに高尾じやァ
ございませんが、わすれねバこそ思ひいだささずそうろうさ。アレ
まァ、あんなにくい事を。　　　（茶屋の娘→常連の贔屓客）5オ

年礼に訪れた〔きをい〕の場合も話し手と聞き手の心情的な関係
は、料理茶屋の場面に類似している。〔きをい〕は「さんをつれて

第14章　三笑亭可楽作品の「ござる」　353

いつちや　おいやかね」とこの少女をからかっているが、二つの場
面の共通点は、親しい間柄の会話であっても丁寧さは崩さない態度
といえよう。これからは「ござります」と同等の丁寧さは保持しつ
つ、一層の親愛や会話の柔らかさを表現することばとして「ござい
ます」が選択されたことがわかる。長崎2006では『浮世風呂』
『八笑人』における「ございます」の多用、それも女性による使用
が報告されている。『浮世風呂』とほぼ同時期に活躍した可楽の作
品の中で、調べた8作品では、わずかに本作品のみが「ございま
す」を使用している。ことばの使用について鋭敏な三馬*9が銭湯
に集う女性たちに「ございます」を頻繁に使わせることに比べ、可
楽の「ございます」はいささか保守的な物言いである。

　最後の「おかみさんがチト、つのだいしでござりやしよう」は咄
家のことばである。当時「やす」はすでに通人や職人による使用が
増加し、くだけた場面での使用が多くなったことは第12章で指摘
した。また小島俊夫1974では「後期江戸語としての「やす」は
「ます」よりは、話し相手に対する話し手の敬意もひくく、そのも
ちいられる〈場〉もせまく限られていたのであろう」（p.207）と
いわれている。このような性格の「やす」と結びついた「ござりや
しよう」を咄家に使わせることで、敬意は高くないが気の置けない
仲間による髪結床での談笑場面が、容易に想起される。

　他5話（「朝がへり」、「談笑家に成はじめ」、「おかみさんに成は
じめ」、「とぼけた婆ァさん小桶の一ッ曲」、「辻君の身ぶり」）はお
およそが仲間内のくだけた会話であって、登場人物も八百屋の年寄
りや下層の女郎など、「ござります」「ござりやす」の使われる場面
や機会は少ない。このことが用例の少ない理由の一つである。例え
ば「朝がへり」では稽古所に朝帰りのまま立ち寄った男が、集まっ
ている仲間たちに「水あさぎたァいかねへの」「とんと薬かんに目
鼻をつけたよふだ」「大ざつまでも出よふといふなりだ」と話しか
け、今は大店のおかみだが、元は女郎という設定（「おかみさんに
成はじめ」）では「てめへハ火の焚きよふがへたゞ」「だれにいふ口
上だ。口のはたァつめられやがんな」と粗野なことばが使われてい
て「ござります」や「ござりやす」が使われる余地はなかったとい

354　　Ⅴ　類型化と使用層の変化

える。

4.6 『百の種』の出現例

本作品は武藤禎夫によって「江戸落語中興の祖、可楽の噺本であり、高座の口演よろしく、サゲの個所を際立たせて書いた点や、伜亦三郎の咄を載せたことも興味がある」＊10とされた咄である。「ござる」は「なぞ合」に2例、「地口のかけ取」に1例現れている。

　○　いや、これはかんしん。内はどこだ。ハイ、わたくしの内とかけて、寝おきのおならサ。フウ、してその心ハ。ハイ、浅草でムります

　　　　　　　　　　　　　　　　　　　　　　　　（ご用聞き→客）8ウ

　○　さても〳〵はつめいな。こういふ子ぞうを御用の奉公させるとは。して、おぬしが両しんハ、じつのおやたちか。私の両しんとかけて、紅葉の名所。フウ、して心は。ハイ、真間でムり升

　　　　　　　　　　　　　　　　　　　　　　　　（ご用聞き→客）8ウ

　○　くどいようじやか　おいへさん、ゑうていふのじやござんせん。越後屋二合の酒のんで、けんくわしま屋で沢の井の、さわぐこゝろハみぢんもない　　　　　　　（掛け取りの地口）11オ

1話に2例現れた「なぞ合」はご用聞きの小僧が謎かけをして客が意味を問う形で咄が進む。雪の降る日に注文をとりに来た小僧が、謎かけの意味を答える時に「ござります」が使用されている。奉公に出された継子で、雪がふってもご用聞きに回らねばならない境遇だが「さても〳〵はつめいな」とその頓智をほめられる下層使用人の描写にあてられる。くり返しの使用からは時と場をわきまえた行儀のよい受け答えの一つの型として「ござります」が了解されやすい語だったと判断できる。

　一方、掛け取りの地口で〔となりの上かた者〕が語る「ゑうていふのじやござんせん」は地口を七五調でつないで進められる中に現れる。「ゑうていふのではござりません」では調子も乱れてしまう上に、この洒落た場面には不適と思われたのであろう。江戸者が作った類型的な上方者のことばは、読み手に不審や違和感の抱かれない語であったと考える。

4.7 『十二支紫』の出現例

干支を題材にした本作品は武藤1979によれば「本文末の明記で三笑亭可楽の作品とされるが、実際は江戸茶番の同好会紫連の同人の作を可楽が選び巻末の「御しうぎ」以下を可楽作として添えたもの」のようである＊11。「ござる」の出現は「御しうぎ」以前が「ござります」7例、「ござりやす」1例、「御しうぎ」以降が「ござります」4例、「ござる」2例である。「御しうぎ」の前と後とでは前半を除外するほどの大きな差は見あたらない。選者の可楽に違和感を与えなかったものと解して可楽自身のものと一括して扱った。

「ござります」の使用は道具屋から買い手の隠居、高価な掛け軸を見る訪問客から掛け軸の所有者、〔布袋〕から対話の相手などで、「ござる」が現れたのは、〔寿ろう〕がその話し相手の〔大黒天〕や〔びしや門〕に話す場面である。

　　○　わたくしどもの見世で、此たばこ入れのやうな口の遠いのはござりません。御いん居さん、御覧じて下さりまし

（道具屋→買い手のご隠居）9オ

　　○　ハヽア、此お掛軸の画ハ崇谷でござりますナ。とんとモシ生てをるやうでござります　ナントモシ旦那。此猪があれるときには、人を牙でかけると申升が、さやうでござり升カナトはなしてゐると　（略）

（客→旦那）12オ

ここで咄の結びを整理すると、オチに「ござる」が多用されていることが注目される。『十二支紫』に現れた17話のうち、咄のオチに使われた「ござります」と「ござる」の例が6例、すなわち6話は咄の結末を「ござる」や「ござります」で留めていることになる。他は「ます」「ました」などが4例、名詞に文末詞「サ」を付けて留めたもの2例（「かとう（火燈）サ」「苧サ」＊12）、「薪が能」「火が出る」「かべにされる」など終止形で言い切りにしたものであった。いくつかの例を挙げる。上2例が「ござります」「ござる」の使われているオチ、下2例はそれ以外のオチの部分である。

　　○　諫鼓苔ふかうして鶏おどろかずとは申せども、その方のさい工にハ驚き入た。とさかが猩〳〵緋で、爪が琴の糸とハかんしんじや。シテシテ、その尻のほうの長い羽根は　さいく人「ヘイ、

そこハを<ruby>亭<rt>てい</rt></ruby>でござり升 　　　　　　　　（細工人→殿様）11 ウ

○　まだそのうへに三人の寿命を祝したものじや。ナゼトのたま
へ、○なすはせんざいでござる 　　　　　　　　（寿老人→聞き手）13 ウ

○　あまり大そうをぬかすと生捕にするぞトいふから、ふり向い
てみたら、<ruby>火<rt>か</rt></ruby><ruby>燈<rt>とう</rt></ruby>サ 　　　　　　　（今戸焼の仲間→張り子の虎）6 ウ

○　そんなことをいつてくださんな。おらア、顔から火が出る
　　　　　　　　　　　　　　　　　　　　　　　　（石のいぬ→職人）12 オ

　多くの場合、咄のオチは笑いの結末を咄家が聴衆に向かって語る
最終の句であると同時に、退出の際のことばでもある。「ござる」
はこの結末を語ることばとして重々しさを現すために、また「ござ
ります」は引き際の丁寧さを出すために使用されていると見ること
ができる。

　次に音訛形と「ござりやす」が結合した用例を取り上げる。

○　あほう「アノネ、本とうの兎に十五夜の月を見せると、なく
なるといふことだが、違（ちげへ）ござりやせん。（略）天とう
さまァ見せたら、きえてしまいやした。 　　　　　（あほう→聞き手）7 オ

思慮の足りぬ男が聞き手に「やす」「やした」で話をする場面で
あるが、ここでは「違い」の音訛形を「ござりやせん」が承けてい
る。音韻が変化した後の語は、変化する前の語よりも待遇価値は低
い。これに当時その待遇価値を低下させていった「やす」が結びつ
いたことは、小島俊夫1974にあるように「ひとつの語が言語史の
ながれからすがたをけすときには、はじめに、そのもちいられるは
ばがせまくかぎられ、つぎには、他の、消滅せんとする語とむすび
つきをつよめ、それがかえって、その消滅をはやめるという傾向が
あるのではあるまいか。」（p.208）という指摘と合致する。このよ
うにして「ござりやせん」「ござりやす」も一般的には使用が避け
られる語になり、次第に使用が見られなくなったのであろう。

4.8　『新作可楽即考』の出現例

　本作品に現れた「ござる」は「やす」が下接する「るすでござり
やす」と、当時流行した化粧水、「神玉水」の効能について語る場
面に使われる「ござる」2例の計3例である。

○　神主の家にめしつかはるゝしもべ　五へい「おらが内じやァ、見さつせへ。（略）つるぎのめへでも、はじまるだんべい　きく人「そのやうにしやれちらかして、よくやかましく、たれもいはねへの　五へい「そのはずさ。十月いつぺい、かみ（神）さまァ、るすでござりやす

（神主宅の下僕→聞き手）2オ

○　通り一ッへんの売薬とはちがふ。もしもおためしのうへ、なるほどこれはきたいのめうやくじやとあつても御用とござらば、大門通り田所町紫屋のとなり、高原尚賢様と申すが本元。その外諸方に取次もござる

（神玉水を用ひて、口中の爽になつた男→聞き手）6オ

咄のオチに使われた「そのはずさ。（略）るすでござりやす」は神無月の神が居ないとおかみさんの留守を掛けた笑話だが、使用者は田舎出身の下層奉公人である。洒落を言い散らすがそのことばの端々には「めえ（前）」「しめえにやあ」などの訛や「おらが内」「はじめるだんべい」などの田舎ことばが現れている。丁寧な言い方はしたいが「ござります」ではその田舎者の粗雑さが表現できない。そこでここでは「ござります」の代わりに、一段低い表現になった「ござりやす」が使われたのであろう。

次は〔神玉水を用ひて、口中の爽になつた男〕が「ござる」を使う場面である。その場に居た人々に対して「神玉水」は「通り一ッへんの売薬とはちがふ」ものであるとその効能を説く時、品物を信用させる権威や重々しさが必要になる。この重々しさを表現する場面に「ござる」が選択されたと解する。

5．考察

単独で現れた「ござる」の使用者について、位相は次のようにまとめられる。すなわち、性差・年齢差では男性や老年層による使用が、また階層差としては教養層や上層階級の使用、およびその対極にある田舎者による使用が認められる。

僧侶や富裕な商人は咄を享受する一般の市民とは隔たりがあり、自分たちが実生活で使うことばとは異なるものとして「ござる」の

使用が了解されたのであろう。また咄に登場した藪医者や田舎者は
いわば「笑い」の対象であり、尊大さや野暮と「ござる」が直結し
ているようすが見てとれる。

　このように可楽の作品においては先行の研究と同様「ござる」が
古くささやしかつめらしさ、野暮ったさの指標として機能していた
ことがわかる。使用層や場面が限定され、使用の幅が狭められてい
けば、一般の人々は「ござる」の使用を敬遠していく。そのように
して「ござる」の使用の衰退が進んでいったといえよう。また「ご
ざる」が場面や人物描写の描き分けに、指標として有効に機能して
いることからは、この時期、すでに「ござる」「ございります」「ござ
りやす」「ございます」の持つ性格が類型化した形で一般化されて
いたと解釈できる。

　類型化された堅苦しさや古めかしさ、男性に限られる使用などの
「ござる」のマイナスのイメージを中和し、丁寧さというプラスの
イメージだけを保つために、「ございります」「ござりやす」の使用が
加速したと考える。長崎2006では、洒落本や黄表紙では「ござり
ます」が専用され、滑稽本『浮世風呂』『八笑人』になって「ござ
います」が、しかも一般女性による使用が増加したことが報告され
ている。この変化には、マイナスイメージを薄め、プラスイメージ
を添加する中和作用が一つの要因として働いたと考えられる。

　当初「ます」と同等の待遇価値を持っていた「やす」が次第にそ
の地位を低下させたため、「やす」のイメージに引かれて「ござり
やす」も「ござります」より一段低い場面で使用されるようになっ
た。その結果「ござります」の使用場面が拡大し「ござりやす」の
持つ親しみや気軽さを「ございます」が機能分担したといえよう。

文献

三笑亭可楽作品　所蔵先と函架番号
東京都立中央図書館（加賀文庫）『東都真衛』函架番号　加賀107-10
早稲田大学中央図書館『新作おとしはなし』函架番号　へ13-01984-0012

東京都立中央図書館（加賀文庫）『種がしま』函架番号　加賀108-7
早稲田大学中央図書館『身振姿』函架番号へ13-01984-0026
東京国立博物館『十二支紫』函架番号8531
東京国立博物館『新作可楽即考』函架番号3512
東京大学付属図書館（霞亭文庫）『百の種』函架番号557

式亭三馬作品　所蔵先と函架番号

早稲田大学中央図書館『狂言田舎操』函架番号　へ13-01749
早稲田大学中央図書館『浮世風呂四編』函架番号　へ13-3474-13

＊1　小松寿雄1971では「「ござる」は室町時代に多く、江戸時代には一般に「ござり（い）ます」になった。「ござる」は室町時代最高の敬意を表したが、江戸時代には「ござります」がこれにかわった。」（p.349）と指摘される。

＊2　『日本国語大辞典　第二版』「ござる」項目　補注

＊3　調査、参考に用いた資料の所蔵、函架番号は本章末尾に記す。ただし『山しよ味噌』は板本未見のため、『噺本大系』第14巻によった。

＊4　「江戸でうまれたお歴々」については中村通夫1948に「三馬のいう「本江戸―「正銘の江戸言」―と申しますものは、江戸生まれの武家旗本などの言葉をさしたのではないかと見られます」（p.206）とある。

＊5　三笑亭可楽については武藤禎夫1965、暉峻康隆1965ab、中込重明2003に詳しい。

＊6　さんは下女（特に飯炊き女）の通名

＊7　きをいはここでは任侠、侠客の意

＊8　湯澤1954 p.212

＊9　三馬の言語感覚とその使用法については中村通夫1957、佐藤武義2006に詳しい。

＊10　武藤禎夫『噺本大系』第15巻所収書目解題 p.352

＊11　武藤禎夫『噺本大系』第16巻所収書目解題 p.355

＊12　咄のオチとして、「加藤清正のカトウ」と「火燈」、「牙」と「木場」など振り漢字でオチの説明をしているものが多く見られた。オチと振り漢字については第I部第3章ほかに言及。

第15章

前期噺本の「ござる」
文意を決定する本動詞から代替可能な補助動詞へ

1. はじめに

　前章第14章では「ござる」「ござります」が改まり度の高い場面での丁寧な表現だけでなく、次第に「年寄り」「田舎者」「尊大な態度をとる侍」などの類型化された人物を描くためにも使われるようになったことに着目し、近世後期における「ござる」が担った意味の変化と「ござる」の消失を指摘した。ではどのような過程を経て、この「ござる」や「ござります」が本来の意味から、「年寄り」や「田舎者」が使うというような、類型化された使われ方をするに至ったのか。

　ここでは視点を江戸時代前期に遡らせ、「ござある」から「ござる」「ござります」へと使用が移行する状況を観察し、その過程から表出される噺本の性格を考察する。なお、「噺本」「咄本」等の用語については武藤禎夫1965に拠った。

　さて、江戸中期の洒落本や咄本の中には「新五左殿」「新五左衛門」という勤番侍を揶揄することばがしばしば現れる。例えば刊年は不明だが狂歌や咄本の作者であった大田南畝*1の作品には『世説新語茶』という「シンゴザ」を題名に冠し、序には「浅黄裏」のもじりを入れた洒落本も見られる。「シンゴザ」とは花柳界で野暮な勤番侍を指し、蔑称として使われるが、この「シンゴザ」が噺本に初めて現れたのは『鹿の子餅』（明和9）や『口拍子』（安永2）、『千里の翅』（安永2）あたりであろう。「シンゴザ」は「ブザエモン」「ブザ」*2と同様に、勤番侍の代名詞として使われ、江戸者の笑いの対象とされている。「シンゴザ」の語源は未詳だが「シンゴザドノ」「シンゴザサマ」は「御座る」を使う勤番侍を、江戸の人々に連想させたのではないだろうか。

361

○「新五左殿」

　誹名なくて為になる客と来て居るお国の御家老　たま〳〵家内
引つれ　江戸への出府出入の町人　芝居ふるまい　翌日機嫌きゝ
にまいれば（中略）いやはやよい人品　何を言つけても　つとめ
兼まい男　いかうさしはたらき　分別もあると見うけ申した　そ
れにつけてもあの音八郎のたわけは　　　　　　『鹿の子餅』(17オ)

○　新五左様　戸口へ立より　コリヤ〳〵若いもの　狂言はまだ
はじまつたかと尋られ、札うりなぶると思ひ　わざと　イヤまだ
初りましたと云　　　　　　　　　　　　　　　　　『口拍子』(61オ)

『鹿の子餅』の「新五左殿」は芝居の筋を知らずに恥をかく国家
老のはなし、『口拍子』は横柄な態度をとる侍が芝居小屋の札売り
に軽くあしらわれるはなしである。

　松井定之1941では江戸以前の滑稽説話が小咄として成立する条
件に固有名詞の離脱、教訓からの独立、オチの確立を挙げているが、
「新五左衛門」もすでに固有名詞から離脱して、大衆の理解が得ら
れる勤番侍の代名詞として扱われていることが察せられる。「熊公」
や「八つぁん」の人名だけで、受け手は「無知で粗忽な長屋の住
人」を容易にイメージできるのと同様の効果が見込まれたのである。
上のはなしからは明和期にはすでに類型化された「ござる」の使用
が行われ、「新五左衛門」の名を聞く側が登場人物のイメージを想
起できたことがうかがえる。『鹿の子餅』や『口拍子』が生まれた
明和・安永期には、この「ござる」がすでに「田舎者」や「格式
ばった使用」、「年寄り」などを連想させるいわゆる「役割語」*3と
しても、大衆に受け取られつつあった可能性が高い。

　そこでこの明和・安永期以前と以後との使用におおよその境界線
を引き、本節は慶長から明和・安永初年までの「ござる」や「ござ
ある」、「ござります」などについて考えていく。

2. 先行研究

「ござる」「ござります」の先学による考察は、前章に記したので
ここでは省略する。

本章で取り上げた作品よりも早い時期に著されたロドリゲス『日本大文典』慶長9〜13年（1604–08）では、「ござる」の解説に多くの紙数が割かれている。これは17世紀初「ござる」とその活用形の使用が広く見られ、「ござる」が日本語を理解もしくは使用するために重要な語であると位置づけられていたことによろう。例えば「ござる」「ござある」については次のような記述がある*4。

　以下の引用頁数は土井忠生訳　ロドリゲス『日本大文典』の頁である。

　○　Gozaru（ござる）は Gozaaru（御座ある）であって、居る、ある、来るの意味をもってゐる　　　　　　　　　　　　　（p.592）

　○　Gozaru（ござる）、vogiaru（おぢゃる）を何々であるといふ意味に使って、自分自身なり　身分の低い者なりに就いて話し、話し対手やその座に居る人に対して敬意を払ひながら謙遜し丁寧でることを示す。例へば、Vareraua Christamde gozaru, nite gozaru（われらはキリシタンでござる、にてござる）　　（p.593）
　また広範に使われていたことをうかがわせる記述としては下のようなものもある。

　○　「‘関東’（Quantô）では Nu（ぬ）の代りに助辞 Nai（ない）を使ふ。―略―　さうして、あらゆる地方に通用してゐる Gozanai（御座ない）、Vorinai（おりない）、Vonnai（おんない）は、Aguenai（上げない）等とその構造を異にしてゐるけれども、同類のものかと思はれる」　　　　　　　　　　　　　　　　　　（p.559）
　次に、本書で扱ったテキストとおおよそ同じ時期、もしくはそれに先立って現れた*5キリシタン本と狂言本の「ござる」についての先行研究を見る。

　なお先行論文に使用される「御座ある／ござある」「御ざる／御座る／ござる」などの表記については、論文引用部分以外は統一して「ござある」「ござる」とした。キリシタン本をテキストとしたものには、まず金水敏2005がある。『天草版平家物語』に現れる「ござる」は「空間的存在文」*6では殆どの用例が尊敬表現であり、それ以外では丁寧表現が殆どを占めることが報告されている。また「ござる」の尊敬表現が「いる」系に置き換えられ、さらに「ます

第15章　前期噺本の「ござる」　　363

（る）」と結びついた結果、丁寧表現化が促進したことの指摘がある。これよりも前に発表された川口敦子2002では、「ござある」は尊敬用法が主で丁寧用法は少なく、やがて「ござる」に至って丁寧用法が発生したことが確認されている。またロドリゲスの『日本大文典』や『日葡辞書』には「ござある」の語形が見られないことから「16世紀末にはすでに「ござる」の方が一般的であった」（p.39）との言及がある。

狂言本に現れた「ござる」を論じたものには亀井孝1980（1942成稿）、蜂谷清人1957、佐々木峻1970、大倉浩1987ほかがある。

亀井1980では狂言のことばが室町時代の言語を反映するとの通念に疑問を示し、そこに現れたことばは「狂言語といふ（略）人工的舞台口語」（p.257）＊7であるという立場で「ござる」を観察している。そこでは『虎清本』には古形「ござある」が存在すること、「単に表現を丁寧にする」ために広く使われるようになったのは「「ござある」が「ござる」に移行して行つたころ」（同上）と指摘し「かゝる「ござる」をもつと丁重に言はうといふ時代の要求は、やがて口語のうちに「ござります（る）」の新形を発生せしめた」（同上）とする。

蜂谷1957には、『虎明本』では「ござある」「ござる」に使用の区別がなく、同場面での併用も見られるが、対話場面では「ござる」がやや優勢であって、『虎寛本』では「ござる」のみであることが報告される。また打消しの形も、『虎明本』は「ござらぬ」も見られるが、多くは「ござない」であるのに対し、『虎寛本』では「ござらぬ」が殆どで、「『虎明本』に見られる両者併用の現象は、江戸初期の用法を示すもの」であり「『虎寛本』に於て「ござらぬ」のみ用いられている事も又、書写当時の用法を反映している」（p.56）と論じられる＊8。

大倉1987では、天理図書館蔵『狂言六義』（以下天理本と略す）と同時代筆録の大蔵流狂言本とを比較して、天理本上巻前半部分における「ござある」の集中傾向について「天理本筆写当時の話ことばにおける、新しい語形「ござる」の勢力の強まり・定着」（p.96）を示すものとする。この状況と大蔵流二種を比較した結果、『虎清

本』は「ござある」が、また『虎明本』は新形「ござる」が優勢で
あって、この二者の相違は用語選択意識の相違によると考察してい
る。佐々木1970も同様に『虎清本』が古態「ござある」を伝承、
残そうとするのに対し、『虎明本』は当時使われていた新しい形
「ござる」を積極的にとり入れ、用語の統合・整理を図った結果で
あるとする（pp.103–104）。なお『虎明本』や『天理本』よりも古
くに成立した『祝本』では「ござある」は139例中1例のみで、
残りは「ござる」であるとの指摘が坂口至1997によってなされ、
「より近世的な、くだけた口語を積極的に採用した結果」（p.365）
であると論じている。

　以上を踏まえ、江戸時代前期の噺本に現れた「ござある」「ござ
る」を見ていく。

3．調査資料の概要

　いわゆる前期噺本といわれる*9ものの中から代表的な作品12
種（【表1】）を調査対象にした。また比較のために、後期咄本の2
種（表中二重線以下）を加えた。作品成立年の間隔は大きく隔たら
ないよう心掛けたが、『醒睡笑』と『宇喜蔵主古今咄揃』では55
年の隔たりが生じる。この間の作品として以下を調べたが、用例が
極めて少ないため今回の報告からは外した。

　　『わらひ草』（1656）10丁［ござ候2例　ござる3例］
　　『百物語』（1659）60丁［ござ候1例のみ］
　　『私可多咄』（1671）64丁［ござる2例のみ］

　各作品については武藤1965の解説、同1976–79の解題、岡雅
彦1974、鈴木棠三1983の解説、宮尾與男1992他を参考にした。
テキストの所蔵先などは本章の末尾に記したが、検索には武藤禎夫
編『噺本大系』および国文学研究資料館作成の噺本大系データベー
スを利用した。作品の詳細は後述するが、『武左衛門口伝噺』『鹿の
巻筆』『正直噺大鑑』『軽口福徳利』および参考資料として挙げた後
期咄本2種が江戸の出版である。吉田澄夫1935には、宝暦以前は
江戸語の「未完成時代」（p.30）であって資料も極めて少なく、上

方語と江戸語の明らかな対立が見られないことの指摘がある。本調査でも宝暦以前の「無資料の時代」（同上）における適当な資料が見いだせず、上方板と江戸板を分けた調査はできなかった。『戯言養気集』『昨日は今日の物語』の正確な刊年はわかっていないため、ともに慶長から元和頃、元和から寛永頃との説によった＊10。テキストの丁数は512丁から24丁と様々であるが、第14章の中本と異なり、大半が大本か半紙本である。調査した語は「ござる」の前身である「ござある」と、後には書簡文で専ら用いられた「ござある」の丁寧語「ござ候」、および前節で扱った「ござる」「ござります」とその活用形である。【表1】の下にテキストに現れた用例を挙げる。句点も原本に付されているもののみ表示した＊11。なお、『正直噺大鑑』には一部句読点が黒点で記されている。本書ではその部分を「．」とした。また話し手（矢印左）、聞き手（矢印右）の人物名はできる限り本文によったが、筋から推したものもある。テキストでは「御さある」「ござ有」「御座候」「ござ候」など様々な表記が見られたが、ここでは論旨に大きな影響を与えないものと考え分類をしなかった。

表1　作品概要

作品名	作者	成立	書型	話数	本文丁数・半面行数字数
寒川入道筆記	未詳	慶長18（1613）	大本	4話	51丁10行　約18字詰
戯言養気集　下	未詳	慶長・元和頃	横本	46話	40丁11行　約13字詰
昨日は今日の物語	未詳	元和・寛永頃	半紙本2巻	142話	69丁10行　約20字詰
醒睡笑	安楽庵策伝	元和9序（1623）	大本8巻	1039話	512丁9行　約18字詰
宇喜蔵主古今咄揃	未詳	延宝6（1678）	中本5巻	30話	45丁8行　約19字詰
武左衛門口伝はなし　上	鹿野武左衛門	天和3（1683）	大本2巻	30話	24丁14行　26字詰
鹿の巻筆	鹿野武左衛門	貞享3（1686）	半紙本	39話	66丁11行　約22字詰
正直噺大鑑	石川流宣	貞享4（1687）	半紙本5巻	52話	63丁12行　約20字詰
軽口星鉄炮	未詳	正徳4（1714）	半紙本5巻	75話	51丁10行　約18字詰
軽口瓢金苗	如毫	延享4（1747）	半紙本3巻	32話	35丁9行　約11字詰
軽口腹太鼓	八木ひれすけ	宝暦2（1752）	半紙本5巻	60話	34丁9行　約23字詰
軽口福徳利	故応斎玉花	宝暦3（1753）	半紙本5巻内4巻	35話	35丁10行　約20字詰
鹿の子餅	木室卯雲	明和9（1772）	小本	63話	59丁7行　約16字詰
口拍子	軽口耳�	安永2（1773）	小本	86話	57丁7行　15字詰

366　　Ⅴ　類型化と使用層の変化

a「ござある（ござない）」

○　おそれながら申たき事か御座ある　かなへさせられは申さう

（よ三郎→おかたさま）『昨日は今日の物語』11ウ

○　ただ世上に殿様のおひげを見る者ことに。からものと申さぬ
者は御座ないと申あへり　　　　　（客→大名）『醒睡笑』巻一−5オ

○　手をつかねて　湯は御さるが。づけか御座なひと申したるに
ぞ。どつとわらひになりにける　　（賄い→大名）『醒睡笑』巻一−5ウ

○　社参の衆も　めてたふ御座あるとて　樽酒をは持て参れとも

（若党→秀次公家臣）『戯言養気集』3オ

b「ござ候」

○　九州に御座候大名衆に逢て　文盲なる者の申やう　東の果て
に御座候ゆへに　存知なから御見廻も申あけぬといふた

（読み書きのできぬ者→大名）『寒川入道筆記』26オ

○　かんにんつかまつり候やうにと（略）御悔の御使者にて　御
座候ほどに御返事申あぐるは

（亭主→大名家来）『武左衛門口伝はなし』40オ

○　おもひのほか　かごちん高く御さ候て　ろせんみなになした

（奈良大仏→京都大仏）『宇喜蔵主古今咄揃』14ウ

c「ござる（ござらぬ）」

○　殿の御さらねは　御やかたあれて　ところ〳〵しゆりにむか
ふて候　　　　　　　　（ある人→館の者）『昨日は今日の物語』32ウ

○　下人大きに笑ひそれで夜明がしれるものなら　おらはよひか
ら　夜があけてござるといふた　　　（下人→親方）『軽口腹太鼓』12ウ

○　いなかもの　打うなつき　扱はこちらのは　堂三郎てこさる
べいといふた　　　　　　　（田舎者→手水売）『軽口福徳利』4ウ

d「ござります」

○　こゝにおひるか御さりまするか　九つをうつたらは　こしめ
せと　申をいて

（ゑいさんのこほうし→御ちこさま）『昨日は今日の物語』13オ

○　此中は久しく御意をゑませぬ　御きげんにござりまするかと
といければ

（こつじき→かしらぶんのこつじき）『武左衛門口伝はなし』39ウ

○　お姫様のといやう．あきびとのこたへやう．おもしろくの給ふ．どこ言葉でございますといふ　乳母→行商人『正直咄大鑑』（8オ）

○　いやわたくしは先日のきつねでございます。（略）こよひまた御隙にございますなら。何とぞゑりをぬいてくだされませ

（きつね→かみゆひどこのわかいもの）『軽口福徳利』二―17オ

4. 全体的な傾向と考察

　調査の結果、475例を得た。【表2】では本動詞と補助動詞を合算して表し、区別したものは【図2】に送った。各作品における内訳は【図2】のようである。

　詳細は各項にまわすが、【図1】から各作品における「ござある」「ござる」などの占める割合を見ると、『醒睡笑』までの「ござある」の優勢と『武左衛門口伝はなし』以降「ござある」が衰退し、代わって「ござる」「ございます」が急増していくようすが目をひく。これは、1642年に書写された『虎明本』やそれ以前の成立といわれる『祝本』がすでに「ござる」の使用を専らにしているのに比べ、噺本では「ござある」の優勢な時期が長く保たれていたことを示しており、当該期における噺本の保守性をうかがうことができる。また『寒川入道筆記』から『宇喜蔵主古今咄揃』まではわずかだった「ございます」が『武左衛門口伝はなし』以降増え始め、「ござある」「ござ候」から「ござる」「ございます」へと優勢な語形が変わったことが指摘できる。さらに『鹿の巻筆』では「ござる」と「ございます」の2種類のみの使用となり、以後おおよそその2種類が主になっていくといえる。

　次に【図2】で、これらの「ござる」や「ござある」の本動詞としての使用と補助動詞としての使用の構成比を見ていく。

　グラフ帯上の囲み数字は使用の実数を表す。例えば『寒川入道筆記』では11例のうち7例が本動詞として使用され、4例が補助動詞として使用されたことを表す。『戯言養気集』以降、本動詞と補助動詞の使用は逆転し、補助動詞としての使用の増加が見て取れる。

　ただし、作品ごとに登場する人物の位相が異なり、作者の意図す

るテーマも違うため、単純に増減を比較していくことはできない。次節で各作品を個別に考察していく。

表2　語形ごとの例数

作品名	ござある	ござ候	ござる	ございます	合計
寒川入道筆記 1613	5	6	0	0	11
戯言養気集 1610年代	21	4	1	0	26
昨日は今日の物語 1620年代	13	10	6	1	30
醒睡笑 1623	38	7	15	0	60
宇喜蔵主古今咄揃 1678	3	10	5	2	20
武左衛門口伝はなし 1683	0	2	5	11	18
鹿の巻筆 1686	0	0	16	8	24
正直噺大鑑 1687	0	0	55	16	71
軽口星鉄炮 1714	0	1	45	19	65
軽口瓢金苗 1747	0	0	7	12	19
軽口腹太鼓 1752	0	0	7	10	17
軽口福徳利 1753	0	0	12	15	27
鹿の子餅 1772	0	0	25	36	61
口拍子 1773	0	0	7	19	26

＊　数字は例数を示す。「ございまする」と「ござんす」は「ございます」に、「ござない」は「ござある」、「ござらぬ」「ござるべい」は「ござる」に含めた。

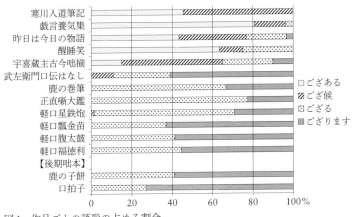

図1　作品ごとの語形の占める割合

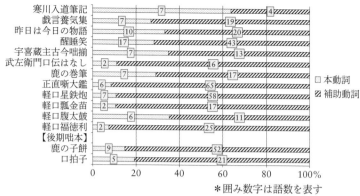

図2　本動詞と補助動詞比

　本動詞としての使用が減って補助動詞としての使用が増大するということは、「ござある」や「ござる」が文意の決定に不可欠な要素を持つ語から、次第に補助的な役割を担う語へ、言い換えれば他の語に置き換えても支障のない語へと移行していったことを意味する。語としての存在価値が低くなれば語形の変化や省略が許容され、分担の範囲も広がらずに、単純な丁寧形へと拡散することは自然である。複数の意味をカバーするようになった語はその語に使用を特化する必然がなくなるため、「いらっしゃる」などの他の語に置き換えられて、ついには消滅したと考えられる。または本来の機能とは別の機能を持ち、元々の尊敬や丁寧の意味と類型化された意味の二つの側面を有するようになったことも十分考えられる。次節では全体的な考察から明らかにした内容を、各作品について検討する。

5. 作品ごとの検討と考察

　本節では調査で得た用例について作品ごとに見ていく。用例はできるだけ原本の姿をとどめるようにしたが、例文中の振り仮名は省略した。

5.1　『寒川入道筆記』の「ござる」

　現れたものは「ござある」と「ござ候」の2種のみである。5例

現れた「ござある」のうち肯定形の「ござある」は1例のみで、他は「それさまは歌道者にては御座なひか」「かきりが御座なひと申す」など打消しの形で使われている。また「ござある」が現れたはなしの直前にほぼ同様の内容・使用者・場面で「ござ候」が、共に主筋にあたる聞き手の奥方や若君、「かみ様」や「わこう様」に対する尊敬の意味として使用されている。

○　会席の躰を主のとはれたれは　其に　わこう様や　かみ様の
御座候程に　申すまひと斟酌せらる

　　　　　　　　　　（読み書きのできぬ者→高知行をとる人）20オ

○　風呂をはたかれぬと申　なせにと問へは　それにかみさまの
御座有程に分は申すまひ　　　（あはうの六尺→話の相手）20ウ

尊敬語（本動詞）で用いられた例には「九州に御座候大名衆に逢て」（26オ）や「いつかたへ御座候そと」（26ウ）他が見られた。はなしの殆どが文字の読めない者、学識のない者を笑うはなしであって、登場人物の紹介も「右のあはうにましたる程のウツケモノ近所にあり」「天下無双のうつけもの」「一段と文盲なる人あり」で始まっているものが多く見られる。これらの人物が「ござない」「ござ候」をその話し相手に対して使用し、「うつけ者」が真面目に答えた内容の荒唐無稽さを笑っているはなしが殆どである。

5.2　『戯言養気集』の「ござる」

本作品所載の『噺本大系』（第一巻）「書目解題」では「本書収録の多くの咄は『昨日は今日の物語』に採られており、両書の直接的関係が知られる」（p.312）と指摘される。

例えば、両書所収の類話のうち「ござ候」が現れた例を挙げると『戯言養気集』では「おはしまし候ゆへ」が『昨日は今日の物語』では「御座候か」になっている。「里心御座候故」と「さと心御座候ゆへ」は「里／さと」、「故／ゆへ」の書き換えである。『昨日は今日の物語』の「御座候か」については「おはしまし」と読むならば表記レベルの異同だが、「ござ」と読むのであれば「おはしまし候」から「ござ候」への改変とも捉えられる。噺本に求められるものは、厳密な書写ではなく、粗筋を写し、同様の笑を伝えていくこ

とである。本例においても推敲した結果の書き改めという可能性は低い。

　噺本における「御座候」のよみが未調査なため改変と断言はできないが、「ござ候」の可能性を踏まえた上で「ござる」他の語の使用を見ると、その割合が次のように変化している。すなわち、『戯言養気集』では「ござある」が81％、「ござる」が4％であるのに対し『昨日は今日の物語』では前者が43％、後者20％と使用の差が縮まる。(【図1】参照) これは「ござある」が衰え、「ござ候」や「ござる」の使用が拡大していくようすを現す例として注目されよう。

　　○　小ちごの間は　いまだ里心御座候故　武家のりはつ　さいかく身にも心にもつきそふて　おはしまし候ゆへならんか

　　　　　　　　　　　　　　(聞き手→高僧)『戯言養気集』6話

　　○　このあひたは　いまた　さと心御座候ゆへ　ふけのりはつさいかく身につきそふて御座候か

　　　　　　　　　(さくけん和尚→信長家来)『昨日は今日の物語』25ウ

5.3　『昨日は今日の物語』の「ござる」

　142話の中から30例を得た。前二作品と同様、登場人物は僧侶や高位の武士が過半を占める。「殿の御さらねは　おやかたあれて」(前掲p.6) のような尊敬語の用法の他に、親から子へ、侍同士、僧侶同士など丁寧語としての用法が増えている。また以前には見られなかった「ござります」が1例現れて、以後の「ござります」を使用する傾向につながっていく。

　　○　ゑいさんのこほうし　山へ行さまに　御ちこさま　こゝにおひるか御さりまするか　九つをうつたらは　こしめせと　申をいて

　　　　　　　　　　　　　　　　　　　　　(小法師→ちご様) 13オ

　本動詞、補助動詞の機能面では、本動詞としての使用と補助動詞としての使用が『寒川入道筆記』では前者が7例、後者が4例、『戯言養気集』では同様に前者7例、後者19例、『昨日は今日の物語』で前者10例、後者20例である。第4節で指摘したように本動詞としての使用から補助動詞への移行は、文意を決定するための

必須な語から、補助的役割の語への移行を意味する。

　すなわち補助的役割へその語が立場を変えていったということは、その語に特化する必然性を低下させ、金水2005で指摘されているように「いる」系への置換や省略を可能にしたということである。さらに本来「ござある」が持っていた「行く」「居る」等の意味を示す表現を他の語形が代わって担うことで、「ござある」は一層その使用を減らしていったといえる。

5.4 『醒睡笑』の「ござる」

　調査した作品の中で最もボリュームが大きかったため、得られた用例も60例と他の作品に比して多い。本作品では「ござある」の例が38例あった。これは使用構成比で63％を占めるが、その一方、「ござ候」が12％（7例）と今までの作品に比べて少なく、代わって「ござる」が増加している。今までの3作品では「ござ候」は「高知行をとる人」「宰相」「上人」など高位の者が使用し、相手も「大名衆」「光厳院殿」「関白」といった上層階級の人々である。つまり今までの「ござ候」は上層階級に所属するもの同士がその会話の中で互いへの尊敬語として用いていたのに対し、本作品では僧や上層武士の使用は少なく、大名家の料理人や町衆、幸若舞の舞手など階層的には低い階層の話し手から、三位中将、板倉伊賀守などに対してというように、広範囲に使用されている。下位から上位への敬意はあろうが、それよりも使用場面における丁寧な言い方として捉えられる例が多かった。

　江戸時代初期の笑話は僧侶が布教目的のために法話に差し挟んだものや、お伽衆が支配層の武士の徒然を慰め士気高揚を目的としたものが多い。当初は上層武士や僧侶、医師が使用者の殆どであったものが、時が下り、支配者階級に属さない大衆がこれらのはなしに接するようになると、上層の人々の話し方はこのようであろうかという認識が生じた。その結果、限られた階層内では普通に用いられた「ござ候」が、後人の目からは一つの定型として受け取られ、限られた人々の使用という類型化が生じたと推測できる。『醒睡笑』は安楽庵策伝が京都所司代板倉重宗に献じたものだが、下情を知悉

第15章　前期噺本の「ござる」　　373

する必要のあった所司代職のために、一般的な町衆のことばは不可欠なものになる。そこで支配者層の話題だけでなく、所司代が接せねばならない町衆の話題が盛り込まれ、大衆を登場させる必然性が生まれたのである。

このように見てくると、以前の作品で多く登場した高僧や大名衆の減少と「ござ候」の減少傾向とには関連性が指摘できる。すなわち当時すでに「ござ候」を一般の町衆に使わせるのは不自然という意識が作者の策伝や享受する側にもあって、作品中に現れる使用者の減少がその使用する語の減少を招いたと考えることができる。その一方で「劣等者・地方人に対する優越者の笑い」（武藤1965 p.2）や無学な者への笑いの伝統は残り、支配層の使用が衰退した後も笑話を導き出す滑稽な人物像を表現するために、田舎者や無学な者が「ござる」他の使い手として残り続けたのであろう。下例は「大なる」名を望む者が自分の望む名より大きな名を持つ「とう左衛門」という人物に敬意を払いながらも、直接的には目前に居る東堂に丁寧さを表すため「御座候」を用いた例と捉えた。

　　○　いろはをもしらぬ。こさかしき俗あり。ある東堂の座下にまいり。われ〳〵年もなかばふけ。我名にてあらんもいかゝに候。何とそ。左衛門か右衛門と。（略）さらは日本左衛門と。つきたきよし申けり。（略）あまり大なる名とは存候はす。とう左衛門とつきたるさへ御座候は　　　　　（こさかしき俗→東堂）巻一–2オ

5.5　『宇喜蔵主古今咄揃』の「ござる」

完本が見いだされないため、刊年・体裁には諸説があり、これについては武藤1975の書目解題に詳しい。早稲田大学中央図書館所蔵の板本と写本を比べると板本に「吉田（よしだ）のゑんこうで御座（ござ）るか」（「俄分限者の事」）とあるものが、写本では「よしだのゑんこうで御ざるか」（「にはかぶげんしやの事」）に写されているなど一見して表記の違いがわかる。板本、写本の校合と考察は稿を改めて報告するが、まずは「ござる」に比して常に使用が優勢であった「ござある」が本作品で劣勢に転じ、以降「ござある」は姿を消していくようすが見て取れる。『宇喜蔵主古今咄揃』の中には、「ござある」

は見られず、出現形はすべて打消しの「ござない」である。小林賢次 1971 では『醒睡笑』の「ござない」専用および『昨日は今日の物語』における「ござない」の優勢傾向（p.62）について言及がある。それによれば、『虎清本』『虎明本』『虎寛本』*12 を比較して、「仮名草子の恨の介・竹斎（中略）などでは「ござ（あ）る」系統の用例自体がほとんど見られないのであり、醒睡笑などは、擬古的な文語文とは性格が異なるわけであるが、口語資料としてはやはり限界があると言えよう」（同上）と指摘されている。

近世初期すでに「ござない」が文語的性格を持っていた（p.63）にも関わらず、噺本では「ござある」の衰退後も「ござない」がなお用いられていることがわかる。「ござある」の衰微は既に固定化したが、「ござない」は古いがゆえにかえって丁寧な表現として残存したと察せられる。下例は松尾大社の神に向かって狼が窮状を訴える場面である。

○　いかにも証拠御座候とて、古き懐紙のミつ物を取出し、是御覧あそばされ候へとて、指上る。（略）是ほとなる証拠ハ御座なきとて、兒をあかめて申上る　　　　　（俳諧師→上方衆）巻一6ウ

○　時に狼共。松尾へ参りなげき申様。只今野山に我〳〵の食物御座なきゆへに。里に出て人を取申に。かやうに明神のとがめゆへ。人を取事もならず。何とも食物に迷惑つかまつり候と申上る。

（狼→松尾の明神）巻一–10ウ

5.6　『武左衛門口伝はなし』の「ござる」

本作品は江戸落語の祖といわれた鹿野武左衛門の作品である。作者は塗師から職業噺家に転じて、「この比大かた世にもてはやるゆへ　こゝかしこと御伽に召るゝ」（『武左衛門口伝はなし』序）座敷咄の名人と評された人物である。

『宇喜蔵主古今咄揃』が刊行されてわずか5年後の作品だが、出現形の種類や「ござある」「ござる」他の使用の割合などは本作品の前後で大きく異なる。それまでの作品は寺社を舞台にしたものや信心・死後の世界に関連する内容であって、俳諧師・僧・田舎者の登場とそれらの人を笑うはなしが大方だったが、ここでは芝居小屋

や商売の店先を場面とした言語遊戯的な笑いが増える。おそらくこれは本作品以前の作者が高名な僧や俳諧師などの知識層であったのに比べ、本作品以降は知識人ではあっても高位ではなく、聞く側も特定の上層階級に属する者から不特定多数の聴衆へと移行したことが一つの要因であろう。

　はなしを享受する者たちに合わせて、はなしの場面や登場人物は選択される。場面や登場人物が変われば、笑いの内容や使用される語が変わるのは当然であろう。さらに作者の創作意識の変化も出現形や内容に変化をもたらした要因の一つに挙げられる。宮尾1992では作者の鹿野武左衛門が江戸の「咄の会」での指導的役割を果たしていた（p.42）ことが指摘されているが、新しい笑いへの創作意欲は、古形「ござある」よりも大衆が受け入れ易い「ござる」「ござります」の積極的な選択を促したと考える。

　また『鹿の巻筆』と比較すると、同一作者であるにも関わらず「ござる」に比して「ござります」の使用が多いが、これはおそらく登場人物の位相差であろう。すなわち、本作品で使用の少ない「ござる」を使うのは焼き場で死者の埋葬を生業とした者がその依頼主に向かって「やけたるしにんは　やきちんか　たかふ御座る」（37ウ）と使う場面や薦被りが「わたくしもいたしましてござる」（5ウ）と年賀の句を披露する場面である。使用者や内容に反し、格式ばった重々しい言い方を選択することで、そのコントラストを笑うことが意図されたための使用と解せる。

　○　めん〳〵のさいたんうけたまハり事てござる。なにもそんじませねとも、りよぐわいながら、わたくしもいたしましてござる。

（こもかふり→歳旦の句仲間）6オ

5.7　『鹿の巻筆』の「ござる」

『武左衛門口伝はなし』と同一の作者によるが、使用傾向は『武左衛門口伝はなし』よりもむしろ後の作品に通じており、本作品以降、出現形は「ござる」「ござります」の2種類のみとなる。はなしの内容も劣等な者への「優越者の笑」は減って、言語遊戯に類するものが増加する。使用場面では「ござる」「ござらぬ」は田舎者

が道を尋ねる場面や念仏を唱える者が三途の川の鬼に使う場面、医者が訪問客に使う場面や、賭場での会話などに使われる。一方「ござります」は吉原の奉公人（妓夫）が座敷の客に使う場面や表具屋が客に使う場面など接客場面が主になる。すでに接客場面のような、より一層の丁寧表現が求められる場合には「ござります」が選択される傾向があったと考える。

　○　わたくしは、はる〳〵とをき水戸からまいつたものでござる。（略）いや、それてはござらぬ。さてはかゝみや　はりまのかみかととふに、それでもござらぬ。まつときつくさすものじやといふ。　　　　　　　（水戸から出て来た者→若い男）巻一 18 終オ〜18 終ウ

　○　なに、むさとすてませう。すきと、ひとつにして樽につめておきまする。それがなにゝなるととふに、是をうる酒やがござります。（略）せん七が屋敷に、酒やが二間までございます。

（ぎゆう→しわき客）巻三 15 ウ〜16 オ

5.8　『正直噺大鑑』の「ござる」

　浅草に住し筆耕画作を生業にした石川流宣の作品である。宮尾 2003 に「武左衛門の指導による成果とみられる」（p.49）とあるように武左衛門主催の咄の会で創出されたはなしらしく、前年に刊行された『鹿の巻筆』同様「ござる」の優勢傾向が見てとれる。一方で本動詞・補助動詞の割合では『鹿の巻筆』によりも後の『軽口星鉄砲』、『軽口瓢金苗』に似る。すでに補助動詞への移行が進行しており、「ござる」が本動詞としての機能を消失させ、それと共に使用数をも減じていく過程を示したものであろう。時代がくだるにつれて「ござる」の表現効果は薄れ、時代は一層の丁寧表現を求めて「ござります」という新形を採用する。「ござる」が本動詞から代替可能な補助動詞へ用法を変化・拡大させたことは、時代が歓迎する「ございます」の使用の優勢を加速させたことの反映と捉えられよう。

　「ござる」は僧や小僧が檀家に、田舎者が宿の主人に使う場面および知識層が集まって名前の蘊蓄を語る場面などに集中して現れている。一方「ござります」は細工職人が客に使う場面と田舎者が医

者に使う場面で複数例現れた他は、無筆や浪人、盗人、乳母、遊女など多様な人物によって使用されている。「ござる」の使用が偏ったグループに集中して現れるのに対し「ございます」は男女や職業を問わず、広い範囲にわたるようすが見て取れる。

　○　さてまたちくしやうの名をつかしつたがござる　佐目牛殿
猪熊殿　是はとうしたものてこざる（略）けだ物の名てござると
云た　　　　　　　　　　　　　　　　　　（寄合の仲間同士）16 オ
　○　さりながら　ごらんなされませい（略）日月之憐とかいてご
ざります　それでぬすむと。ゑかふをいたしますといふ。

　　　　　　　　　　　　　　　　　　　　　　（盗人→山伏）17 ウ

5.9　『軽口星鉄炮』の「ござる」

使用傾向は 27 年前に刊行された『正直噺大鑑』と同じく「ござる」が全体の 7 割を占めるが、本作品では『武左衛門口伝はなし』に 2 例現れて以降、『鹿の巻筆』『正直噺大鑑』ではすでに見られなくなった「ござ候」の打消し「御座なく候」が 1 例現れる。今回の調査で「ござ候」が現れた最後の例になる。本例は「やぶ医者」へ娘の容態を伝える書状に使用されたもので、書簡用に使われたものの例である。

　○　あるやぶ医者の所へ　権右衛門といふ人　状をやられける
文ていに　此中は久敷御出も御座なく候　随而我等むすめりん
此中わつらい申候　　　　　　　　　　　（権右衛門→やぶ医者）7 ウ

5.10　『軽口瓢軽苗』の「ござる」

今回の調査ではこの『軽口瓢軽苗』（京都板）以降、大坂板『軽口腹太皷』、江戸板『軽口福徳利』と共に、「ござる」「ございます」の使用の割合がそれまでと逆転して「ございます」の使用が優勢になる。同時期に出板された三都の作品が同じ傾向を見せるということは「ござる」や「ございます」が広く使われ、これらの語に限れば、地域による使用差は殆ど見られなかったといえる。三都の三作品のうち、登場人物に非人（原本に現れる語をここでは言い換えずそのまま使う）が現れるのは本作品のみで、大坂、江戸の二作品に

378　Ⅴ　類型化と使用層の変化

は見られない。前代まで多かった非人や乞食を笑う古典的設定の名残であろうが、内容自体は下位の者が上位の者の家をほめるもので、特に非人を登場させる必然のない単純な丁寧表現である。「ござります」はこの非人以外には弟子から師の僧、手代から主人、骨董屋などに使われ、「ござる」は風の神、なまぐさ坊主、竿竹屋、「遠耳鏡」を求める骨董屋の客などである。「ござる」の使用の中には作話上案出されたと思われる、言わば現実離れした使用者によるものも散見される。

　○　ある所に竿竹屋秋右衛門といふ人　何事を思ひ付てか　兵法の指南と大看板を出しけるを（略）亭主　小声になって　此比ふ用心なと申すゆへ　おどしの為でござるといわれた

（竿竹屋→近所の者）12 オ

　○　長者の門に非人たへずとかや（略）^{非人}おも屋はどこで御ざります　^{旦那}二三町上ミの大きな家じや（略）^{非人}大きな御家でござります　^{旦那}のこらず檜の木作りじや　^{非人}結構な御普請でござります

（非人→長者）中−7 ウ

5.11　『軽口腹太皷』の「ござる」

　京都で興隆した出版産業は大坂に拡がり、本作も書肆で賑わったといわれる心斎橋での刊行である。「ござります」が女性の使用も散見されるのに比べ、「ござる」の使用者は和尚やおやぢ等の中高年層か飛脚、田舎出の下人等で全例が男性の使用である。槍の名人と間違われた「六十ばかりの在所もの」の使用は歌の類であって話しことばとはレベルが異なるがこれは調子を整えるための「ござる」である。同じように「ござる」を「来る」の意味で用いたものに、和尚から娘へ「そもじの心にかゝるならば　方丈へござれ」と使う場面や、弟子が漢学の師に堅苦しい口調の中で「居る」の意味に用いた例などがある。

　○　弟子になりたか大和へござれ　　おらはよしのゝ鮎突じや

（六十ばかりの在所もの→若侍衆）3 オ

　○　おろ〳〵なみだにていふは　かねてうけ給はる七尺さつて師の影をふむなと　それに最前先生の庭にござるをしらず　そのか

第15章　前期噺本の「ござる」　　379

げをふみたり　　　　　　　　　　　　　　　　　（弟子→師）12 オ

5.12　『軽口福徳利』の「ござる」

「ござる」は12例を7人が、また「ございます」は15例を12
人が使用している。一人あたりの使用回数ではわずかに「ござる」
が多く、これは『正直噺大鑑』と同様の結果である。特に「ござ
る」は医者、俳諧師、碁打に幾度も使われる一方、「ございます」
は下のように裃を付けた猫や人を化かす狐など人間以外のものから、
医家の読み書きのできない弟子、浪人が訪問した先の女房や商家の
小間使い、新参者や三助など多様な人物によって使われている。

　　○　泥右衛門といふおとこ　ねこのなくまね　えてもの　又とな
　　き上手なり（略）ねこ四五ひき一やうに　上下をちやくし。どろ
　　ゑもんかまへにきたり（略）おしろとげいには。御きとくでござ
　　りますといふた　　　　　　　（裃を付けた猫→猫の鳴声名人）7 オ

このように「ござる」は知識層や高年層と田舎者に使われ、「ご
ざります」はもう少し広い範囲での使用というのが三都に共通する
「ござる」・「ござります」の使用傾向である。「ござります」が男
女・貴賤を問わず使われる一般的な語である一方、すでに「ござ
る」が限られた層や場面、例えば俳諧仲間のあいさつなどの使用語
としてイメージされていたことがうかがわれる。

　　○　徳入とかやはいかいずきのらくぼうず。ある夜おなじ友二人
　　とつれだちて会よりかへりけるが（略）あいつはひさしゐすきも
　　のなれど。いかひ下手でござるのといへば。つれもさやうでござ
　　るなどあひさつする　　　　　　　　（俳諧好きの仲間同士）7 オ
　　○　いまは徳入ひとりになりて下人にいふやう。（略）いづれが
　　上手じやとおもふぞ。六介きゝ　わたくしはなにもぞんじませぬ
　　が。とかく人より跡にのこつた御かたが御上手でござりませふ
　　　　　　　　　　　　　　　　　　　　　　（下人→俳諧好き）7 ウ

5.13　『鹿の子餅』の「ござる」

「落し咄しの本も多し、小本に書きしは、卯雲の鹿の子餅をはじ
めとして、百亀が聞上手といふ本、大に行れたり、其後、小本おび

380　Ⅴ　類型化と使用層の変化

たゞしく出しなり」と大田南畝が『奴師労之』*13に記したように、『鹿の子餅』は江戸小咄本の祖といわれ、書型も小本の体裁をとり、知識層ではなく広く大衆を読者としたようすがうかがわれる。また半面が7行16字詰めと以前の作品よりゆったりとしたものになり、識字能力の低い層にも読み易い体裁になっている。この『鹿の子餅』をもって、武藤禎夫は江戸の笑話を前期噺本と後期咄本とに区別するが、「ござる」「ござります」の使用は『軽口瓢金苗』以降と同じ「ござります」の使用の優勢が見られ、この「ござります」の使用の優勢は固定化したと捉えることができる。

「ござる」「ござります」両形の使用者とその使用場面を見ていくと「ござる」は剣術指南、料理指南所の取次、俳諧師、非番の侍によって使われている。剣術指南と俳諧師の話し相手は不明だが、料理指南所の取次は弟子志願の者へ、非番の侍は道連れに対して各々使用している。変わったところでは猿が桃太郎に向かって「ござる」を2例続けて使う場面がある。

○　むかし〳〵の桃太郎は　鬼か嶋へ渡り（略）件の団子ぶらつかせ行過るを　猿よびかけ　おまへ　どこへござる「おれか　おれは鬼がしまへ　たからを取りにゆく「腰につけたは何でござる「是は日本一のきびだんご　猿　うかぬ皃にて　こいつ　うまくないやつだ　（猿→桃太郎）11ウ

一方「ござります」の使用は商人が客に使う場面が殆どである。見舞いに来た「北佐野三五右衛門」という聞き手の笑いを誘う名の侍と、その訪問先の使用人が互いに「わたくしは無筆でござります」「拙者も無筆でござります」と言い交す場面や下例のように尊敬すべき人物ではないが丁寧な応答は必要と考えた町人が隣家の浪人に向かって使う場面などである。

○　おなじ裏借屋の牢人原減右衛門　用事有て出かゝり（略）コリヤ各〳〵　大勢つれ何用有て早朝に　此裏へは這入らるゝぞと小むづかしく問れて　みな〳〵もみ手に　もじ〳〵として　イヤちとこの裏に見ます物がござりまして　アイ　まいりましたでござりますと　みんなが皃を見あわせていへば

（見物の客→長屋の浪人）38ウ

『鹿の子餅』の読者が桃太郎の猿と会うことがなかったと同様、剣術や料理の指南とことばを交わしたり、それらの人々の会話する場面に遭遇したりすることは皆無に近かったであろう。

すでに本作品の段階で、格式ばった場面やかたい人物が勿体ぶった態度ではなしをする場面では「ござる」の使用が納得され、より一層の丁寧さが求められる場面や自分たちと同様の生活を営む人物たちの会話場面では「ございます」の使用が適当と意識されていたことが察せられる。『鹿の子餅』がもてはやされた時期にはすでに「ござる」が一般の人々の常用語から、イメージの世界の語となりつつあったといえる。

5.14 『口拍子』の「ござる」

86話の中から26例を得た。『鹿の子餅』よりも大部であるにも関わらず出現数は少ない。これは「ござる」「ございます」に代わる表現手段が増えたためといえる*14。『口拍子』の方が『鹿の子餅』と比較してはなしが短く、会話も短い。結末のオチを「つらの皮があつい」「虫がつかいでよい」など形容詞でとめるものや、「コウハラナ　今度は鯛」「これはきついてつほう」など名詞でとめるものが目立つ。動詞でオチを付ける時も「ソレデたすかる」「竹に酔た」など言い切りで終わることが殆どである。使用者では「ござんす」「ございます」などの使用において、女性によるものが複数例見られる。噺本では女性の登場は少なく、したがって発話も多くはない。今回の調査では「ござる」「ござ候」などの調査語が女性の使用語ではなかったこともあろうが、用例は稀で、全体でも26例に過ぎない。このような中で「ございます」の音変化した「ござんす」が一般の女性に使用されていることは変化形が生まれるほど「ございます」が常用化したことを表すといえよう。

　　○　どうぞとゝ様　ゆもじにめづらしひもやうを染て　ほしうござんす　それはやすい事何がよからふ　ソレ〳〵　いてうがよい　イヤ　わたしや　いてうはいやでございます　（娘→父親）無丁オ
今回調査対象から外したが、『鹿の子餅』に2例現れた「ごんす」もまた同様に「ございます」が一般的に使われるようになった結果

の出現と捉えられる。

6. まとめ

　本章では初めに全体の考察をおこない、これを作品ごとに検証する方法で「ござある」「ござ候」「ござる」「ござります」使用の変化をたどった。

　見てきたように江戸初期の笑話集『寒川入道筆記』や『戯言養気集』では「ござある」「ござ候」の使用が多数であったが、次第にこれに「ござる」が加わって「ござる」・「ござります」へと使用の主流が移行していくことがわかった。噺本に限っていえば、『鹿の巻筆』以降、「ござある」「ござ候」は姿を消し、明和期に入ると、もっぱら「ござります」が用いられるようになる。このようにして17世紀初頭から18世紀末に至る「ござある」から「ござります」までの使用の推移を明らかにしたが、これはキリシタン資料や狂言本の推移と比較して、緩慢な変化といえる。すなわちこの変化の遅れは当時の噺本の保守性を表すものと指摘できる。

　さらに【図1】と【図2】を併せて眺めると、語形の変化と本動詞から補助動詞への移行には関連性があることがわかる。意味を左右する内容語としての本動詞から、補助動詞への移行が、語自体の使用数に関わっていることが察せられよう。特に「ござる」における補助動詞としての使用が「ござる」の使用数そのものを減少させていくようすがうかがえる。使用が本動詞から補助動詞に変化するということは、文意の決定に必要だった語から、代替や語形の変化が許容される語への変化ということができる。代替や語形の変化が許容されればその語であることの必然性は薄れ、使用の衰微はおのずと明らかである。さらに「ござある」から「ござる」、「ござる」から「ござります」への移り変わりには登場人物の変化や笑いの対象の変化が関わっていることがわかる。日常社会から消えていく登場人物が「ござる」を使うことによって、遭遇しないであろう上層の人々の会話や、堅苦しい場面では「ござる」のような語が使われるという固定化したイメージが生じていった可能性が指摘できよう。

第15章　前期噺本の「ござる」　383

7. おわりに

　調査したもののうちの数作品に写本と板本による語形や表記の違いが見られた。一方が「ござある」であるのに対し、他方は「ござる」になっているものや「御座る」・「御ざる」などの表記の違いが見受けられる。書写レベルでの異同であろうが、使用意識や語義の薄れとの関連性も考えられ、今後の課題である。同様に今回肯定形と区別しなかった「ござない」「ござらぬ」などの変化についても精査が必要である。たんに打消しの形が文意として多かったのか、それとも「ござる」に使用の優勢が移り、「ござある」の衰退後も打消しとしては「ござない」が残り続けたのかについては後日の報告とする。ここでは本動詞から補助動詞への移行を「ござある」が衰退していった原因として論じてきたが、いうまでもなく本動詞から補助動詞への移行だけが衰退の要因ではない。もともとの尊敬語としての用法が次第に薄れ、機能を拡張させて丁寧語に変化していったことが「ござある」や「ござ候」の衰退を招いたと考えられる。今回言及できなかった尊敬語から丁寧語への移行という内容面からの精査も必要と考える。

文献

所蔵先と函架番号
国立国会図書館『軽口福徳利』858–67
早稲田大学中央図書館『宇喜蔵主古今咄揃』へ13–1917　へ13–04246
早稲田大学中央図書館『軽口腹太鼓』へ13–01315
早稲田大学中央図書館『口拍子』へ13–1984
早稲田大学中央図書館『鹿の巻筆』へ13–1960
早稲田大学中央図書館『正直咄大鑑』へ13–01736
早稲田大学中央図書館『武左衛門口伝はなし　上』へ13–02983
早稲田大学中央図書館『世説新語茶』へ13–01963–0020
東京大学霞亭文庫画像『軽口瓢金苗』0505

以下の作品は影印を用いた。
『きのふはけふの物語』（勉誠社文庫81）、『醒睡笑』（笠間影印叢刊72）、
『鹿の子餅』（大東急記念文庫善本叢刊6）、『戯言養気集　下』（天理図書館善本
叢書64）

＊1　大田南畝　寛延2–文政6
＊2　「武左」は「武左衛門」の略で「新五左」同様、武骨な田舎侍を指す。「武
左が悪洒落、新五左がさへぬ演説（せりふ）」と『中洲雀』（道楽山人無玉作
安永6刊）に並べて用いられる。
＊3　役割語については金水2003に「ある特定の言葉づかいを聞くと特定の人
物像を思い浮かべることができるとき、あるいはある特定の人物像を提示され
ると、その人物がいかにも使用しそうな言葉づかいを思い浮かべることができ
るとき、その言葉遣いを「役割語」と呼ぶ」（p.203）と定義づけされている。
＊4　以下の引用頁数は土井忠生訳　ロドリゲス『日本大文典』の頁である。
＊5　『天草版平家物語』1592、『虎明本』1642、『虎清本』1646、『虎寛本』は
後期咄本と同時期の1792年の成立。
＊6　金水2005では空間的存在文について「ある条件を備えた対象が世界に存
在するか否かということの判断を示す文である」（p.22）と定義づけられてい
る。
＊7　頁は『能楽全書』第5巻掲載の頁数。
＊8　狂言本の打消しについては小林賢次1971に詳しい。
＊9　武藤1965では江戸期の笑話本を『『鹿子餅』が出刊された明和9年を境と
して前期噺本（初期噺本／軽口本／後期軽口本）と後期咄本（江戸小咄本／中
期小咄本／後期小咄本）に大別」（p.4）するが、ここでは比較のために翌年の
安永元年に刊行された『口拍子』を加えた。
＊10　岡雅彦1974、武藤禎夫　岡雅彦1975
＊11　句点の付くものは『醒睡笑』『宇喜蔵主古今咄揃』『正直噺大鑑』『軽口福
徳利』である。
＊12　小林1971では三本を『虎清本』は「ござない」専用、『虎明本』は「ご
ざない」「ござらぬ」共存、『虎寛本』は「ござらぬ」への統一とその固定化、
と位置付ける。
＊13　『燕石十種』（岩本活東子編　安政4年〜文久4年）所載。文化15年（文
政元年）、大田南畝の自序があり文化文政期に記されたものといわれる。
＊14　金水2005では近世の中央語では有生物主語の空間的存在文では「いる」
が占めるようになり、「ござる」の尊敬表現も「いられる」「いらっしゃる」等
に置き換えられていったことが指摘されている。（p.28）

終章

1. はじめに

　本書は明和期から幕末・明治初期に刊行された後期咄本に着目し、前期から受け継がれた言語事象が次世代にどのように受け渡されたか、または新興の勢力によって以前からのものがどう衰え、消失したかを表記・語彙・語法などの観点から考察したものである。

　前期から受け継がれた江戸語とは、すなわち上方語的要素を持つ江戸語のことである。後期咄本はこの上方語的要素が漸減し、江戸語が江戸語としての独自性をもって確立したのと、おおよそ同時期に生まれた笑話集である。したがって、そこに現れた言語事象の変化は、この江戸語の変化の投影と見ることができる。

　言いかえれば、後期咄本が〈古典的なもの・上方語的なもの〉から、〈新興のもの・江戸語的なもの〉へと移行するさまは、江戸語が上方語的要素を多分に持つものから、独自性を持つものへと変化する過程を反映したものということができる。

　終章では、この後期咄本における「古いもの」から「新しいもの」へ、「上方語的要素の強いもの」から「江戸語としての独自性を持つもの」へという変化について、読み手が咄本に要求したものと、咄本の書き手がその要求に応じ、配慮したものという面から再構築を試みる。序章で記した先学の説く江戸語の変化を、咄本の読者と作者の要求や必要という観点から捉えなおし、変化の要因を検討したいと考えている。

　まず後期咄本の刊行時期において、元は盛んに使用された語の漸減と消失を大まかなパタンに分け、それぞれの傾向をつかむ。いうまでもなく漸減・消失の傾向は多岐にわたり、複雑に絡み合って一つのパタンに当てはめることは難しい。これは漸減・消失の要因を、

読み手の要求、書き手の配慮から分類する試みも同様であろう。

　読み手が要求して書き手が応じる場合と、書き手が読み手の要求に対して、先んじて配慮する場合とがあると考えられる。以上を前提にして、第2節に衰退・消失のパタンを整理し、第3節で変化に影響を及ぼした読み手の要求と書き手の配慮を軸にして述べる。

2.　衰退・消失のパタン

（1）類型化が進み、使用の範囲が限定されて消失したパタン
—　「年寄りじみている」「格式ばっている」「尊大である」「下層の者が使う」などという類型化が進み、使用が避けられて消失したパタン—ヤス〈第12章〉、マシ〈第13章〉、ゴザル〈第14章〉、ハ行四段動詞と形容詞のウ音便形〈第9章〉

　このパタンの中には、以前から存在する古典的な、多分に上方語的な要素を持つものが「古くさい」「年寄りじみている」「侍が使う」「遊里社会で使われる」などの使用意識を持たれるようになり、類型化が進んだものが括られる。類型化された使用はその使用範囲を狭めて衰退し、消失の道をたどる。

　助動詞のヤスとマスとは、元は同様に丁寧な語であったが、後者は現代まで使用が継続するのに対し、前者のヤスは江戸時代後半には使用が減じ、消失していく。江戸時代前期、ヤスは、教養層が病気見舞いに行く場面や、女に化けた狐が使う場面などに用いられ、丁寧で改まった語として認識されている。特に狐が化けた女性の使用からは、女性の丁寧語の一典型と捉えられていたことがわかる。明和から寛政期になるとヤスの使用は爆発的に増加する。使用層も多岐にわたるが、特に遊里社会での女性の多用が顕著になる。この遊里の女性の使用がのちに、「ヤスは遊里の女性が使う語」と認識されて、堅気の娘や中層・上層の女性の使用からは姿を消すことになったと考えられる。

　一方男性の使用は下位（仕事師や長屋の住人）から上位（香指南、師匠）への依頼など、改まった場面が多かったが、天保以降には幇

間のような、いわゆる男芸者とよばれる職種の人々の使用が目立つ
ようになる。そのために、女性ばかりでなく一般の男性からも使用
が避けられていく。幇間が客に「おまへさま」「参りました」等の
高い待遇表現を用いる際に、一段崩れた音訛形の「オメエサマ」
「メエリヤシタ」がヤスと結びつけられている。依頼などの改まっ
た場面でも、音訛形を使うような人物は、マスよりも敬度の低下し
たヤスを使う傾向があると、一般的には思われていたのであろう。
限られた狭い範囲でしか使用されなくなって衰退を早め、消失を招
いたパタンである。

　助動詞「ます」の命令形であるマシ〈第13章〉もヤスの消失と
類似の道をたどり、マセが現代まで継続して使用される一方で、マ
シは使用を減衰させて現代ではほとんど消失する。安永から寛政期
に優勢だったマセは享和から化政期に使用量が逆転し、天保以降は
マシが優勢になる。当初は古風な「なされませ」や改まった「なさ
りませ」だったマスの前部成素が「なさいー」へと一段崩れた形を
とると、この新興の形には新興の表現的価値の低いマシが結びつき、
下層でのマシの使用範囲とその量を拡大させる。ところがこの新興
のもの、表現の価値が低いものとの結びつきが「あらゆる場面で、
あらゆる人が使う日常語」と認識され、マシの使用は劣勢に傾く。
江戸以外の外来者には江戸で盛んに使われるマシは江戸語的特色の
強いものと捉えられ、「マシ」＝「江戸弁」＝「中流以下の使用」
と意識された結果、マシはその使用の範囲を狭めて衰退する。

　ゴザル〈第14章〉は、勤番侍や富裕な町人（多くは高齢者）の
使用によって「田舎者」「尊大」「年寄り」などを想起させる語とな
り、一般的な使用の消失を招く。

　類型化による消失の一つのパタンである。またこのゴザルは前述
のヤスと結びつくことが多かった。すでに使用が減衰しつつあった
ヤスとの結びつきは、ゴザルの減衰をも加速させたと考えられる。
すなわち小島俊夫1974にあるように「ひとつの語が言語史のなが
れからすがたをけすときには、はじめに、そのもちいられるはばが
せまくかぎられ、つぎには、他の、消滅せんとする語とむすびつき
をつよめ、それがかえって、その消滅をはやめるという傾向がある

のではあるまいか。」（p.208）と指摘されるとおりである。

　ハ行四段動詞と形容詞のウ音便形〈第9章〉の使用にも類型化による使用の衰退・消失のパタンが見られる。ただしこれは表現効果の低下による消失パタンではなく、類型化によって限定された使用となり、江戸での広範な使用からは消失したものと解することができる。

　上方系の表現形として、初期の江戸でも広範に使用されたウ音便形は、相手への敬意を示す場面や改まった挨拶場面などで、上層、多くは教養層の者に使われた。この丁寧さが接客場面での使用の他に、自己の品位保持や教養の披瀝にも利用されるようになる。例えば、「ものしり」が自己の知識を得意げにはなすために「さやうござらばはなしませう。（中略）十六代応神天皇といふてこれも（下略）」（『年中行事』天保7）と尊大な言い方として使用する例などは咄本読者の冷笑の的になったであろう。このような使われ方が意識されると、江戸での日常的使用からは乖離していったと察せられる。「それはお聞きすみ。かたじけなふござる」（『書集津盛噺』安永5）、「ついでに来るやうで　わるふございます」（『比文谷噺』天明9）のように敬度の高い「ござる」系と接続することで、さらに「旧式」「格式ばった言い方」と意識され使用されなくなったケースも見られる。

　以上の例は、頻用がその語の表現効果を下げ、またその偏向した使用が類型化を招いて一般的な使用が避けられたて、消失傾向を見せたパタンである。ウ音便形では、表現としての価値は高いが、それが狭い範囲での使用に限定されたことで、江戸での使用の消失が見られたパタンと考えられる。

（2）表現効果の低下によって消失したパタン
―　頻用されたために表現効果が低下し、一般的な口頭語、もしくは俗語と見做され、使用が衰退した結果、消失したパタン―
ヒボ〈第5章〉ゴザナイ〈第15章〉

　ヒボ〈第5章〉は江戸時代初頭、『日葡辞書』（1603–1604）に

ヒモと共に記載される語であるが、化政期の『浮世風呂』では文章語的性格を持つヒモよりも広範に使われている。それまで文章語的性格を有したヒモは、丁寧で上品な語から日常語へと地位を下降させて使用範囲を拡大する。ヒモが優勢になったために、ヒボは外側に押し出されてさらにその地位を低下させる。ヒボは他国の者や山出しの下女などに使用され、次第に消失の過程をたどったと考えられる。

これとは反対に古い語と意識されたことで、却って「伝統的であるがゆえに丁寧な言い方である」と思われ、ゴザアルが消失した後も生き残ったものにゴザナイがある。

ゴザアルは古くさいととられて一般語としては姿を消すが、反面、古典的なものとして「伝統的で由緒正しい」「丁寧である」と認識されて否定形は残存する。否定形によって生じる相手の不快感を、「丁寧さ」によって緩和するためのものといえる。ただしゴザラヌからはゴザルに付随する田舎侍の使用、尊大な言い方という記憶がぬぐえず、ゴザアルの対としては、ゴザラヌではなくゴザナイが採られたと考えられる。近世初期すでにゴザナイが文語的性格を持っていたにも関わらず、噺本ではゴザアルの衰退後もゴザナイがなお、用いられる。肯定形ゴザアルの消失、否定形ゴザナイの残存という消失・残存の二つの側面を持つパタンといえる。

（3）機能の変化によって、不可欠なものからなくても用が足りるものとなって消失したパタン
―　一つの語が本動詞から補助動詞へ移行することで、その語の代替や省略が可能になり、消失の途をたどったもの
―前期噺本のゴザル〈第15章〉ハ行四段動詞と形容詞のウ音便形〈第9章〉

前期噺本『戯言養気集』以降のゴザルは、本動詞から補助動詞へとその機能が移行する。以前は本動詞としてのゴザアル・ゴザルが文意の決定に重要な役割を果たし、不可欠なものであったが、「ほしうござんす」のように補助動詞になったものや「いらっしゃる」

終章　391

のようなイル系の語に置き換えが可能になったものが現れる。すると本来ゴザアルが持っていた「居る」「行く」等の意味を他の表現によって表すことが可能となり、その重要性は低下したといえる。

このように機能が変化するのに伴い、不可欠なものから、なくても用は足りるものへと意味が移行し、日常語からは消失していったと思われるのがこのパタンである。

ウ音便形をとる形容詞は現在では挨拶や極めて丁寧な語として使用されるのみで、広範な使用からは姿を消している。咄本の中でも「久うお目にかかりませぬ」（『落語の吹寄』明治18）「丸ふすんだ」（『落噺年中行事』天保7）のように程度副詞相当の語として働くものが増加する。この結びつきによって、ウ音便形の形容詞は独立した形容詞から修飾語に機能を変化させ、ついには丁寧語の構成要素へと役割を縮小して、江戸語からは消失したパタンといえよう。

（4）他の意味が付加されたことで一般的な使用が敬遠されて消
　失したパタン
― 限られた意味が付加されたことによって、一般的な使用が避けられたもの―　トボス〈第5章〉

「灯」は中世、トモス、トボスの両形併存が推定された語*1であるが、前者が後期咄本刊行の全期にわたって使用されるのに対して、後者はその使用の9割が安永から寛政期に集中する。トボスが早い時期に優勢だった記憶から「古めかしい」「旧式だ」と思われて使用は漸減する。トボスにはまた、点灯以外に性行為を表す意味を有していたことが知られている。このような限られた特殊な意味を持ったことによって、一般的な使用からは敬遠され使用が消失したパタンである。

（5）本義に対する記憶が薄れたため、消失が加速したパタン
― 表記がマ行音とバ行音の交替現象を反映して変化し、その際本義の記憶が薄れてその語自体の消失が加速した―　サブライ　カブロ〈第5章〉

「侍」は、松本1965によってm＞b＞mという変化が推定される語である。後期咄本では「さむらい」（56作品中本行仮名49例、振り仮名50例）と「ふをむと読む」いわゆる「読み癖」によった表記の「さふらい」（29作品中本行仮名17例）の2通りが見られたが「さぶらい」と表記される語は2例のみである。「侍」の本義が、貴人に伺候する意味であったという記憶が薄れることによって、「さふらい」と表記される語の消失が加速されたパタンと考えられる。同様に「禿」も安永・天明期には「かぶろ」が優勢であったが、寛政以降は「かむろ」へと使用の優勢を変化させる。頭髪のスタイルであった「かぶろ」は、幕末には太夫に仕える童女の意味になり、髪形としての「かぶろ」の語は記憶の支えを失って消失したパタンといえる。

3. 変化に読み手側の要素が介在したもの

以上は、後期咄本に現れる言語事象の減衰や消失のパタンを見てきた。ここでは読み手の側の要因が言語事象の変化や傾向に影響したと捉えられるものについて述べたい。第1節でも記したように、咄本に現れる変化は読み手・書き手のどちらか一方のみに因るとは、おおよそ考えられない。ここからは、書き手が読み手に配慮したことが変化や傾向に影響を及ぼした場合と読み手の要求に書き手が応えた場合とを大まかに整理し検討する。

（1）読者層の変化
― 装飾性から読み易さという効率性を求める読者層〈第1章〉―

近世、整板技術が飛躍的に向上し、特権階級に占有されていた読書は、大衆に開かれていく。咄本もそれまでは知識人の趣味的会合で仲間内に披露されたものから、安価で大量に手に入る大衆の読み物へと変化する。この知識層から非知識層という読者層の変化により、紙面には装飾的優美さよりも、仕事の合間に読んで笑うことのできる平易で、読み易いものが求められるようになる。すなわち見

た目の視覚的な美しさよりも、誤読の防止や読解の補助に眼目が置かれるようになったといえよう。装飾性が排除され読み易さという効率性が重視されると、複数あった字体は単純化し、促音の表記や拗音の語頭仮名の字母の使い分けなど、機能分担も見られるようになる。読者の変化は、作者へ読者に対する配慮を促し、表記にも影響を及ぼすといえる。

(2) 笑いの対象の変化
—　笑いの対象による漢字使用量の変化と誤読の防止〈第2章〉—

　漢字使用の量的な違いは、その笑話の種類や登場人物によって異なる。この差異は、通時的なものではなく、個々の笑話のテーマや人物による違いである。例えば武家やその使用人、僧侶や公家の失敗を笑うはなしでは、固有名に「権田原大納言」「喜撰法師」と漢字が多数使用される。一方卑近な人物の日常的な笑い話では、登場する仲間内は「仙（公）」「久（さん）」と呼ばれ、漢字の使用はわずかになる。

　漢字表記語に誤読防止の役割を担わせる場合もある。誤読を防ぐために、語頭に主用される仮名表記がある場合は、仮名書きで用が足りる。例えば「しる」（知る）はほぼ全例が「志」を語頭に持つため、誤読のおそれはない。しかし「見る」や「申す」は格助詞の「を」や「と」をとることが多いため、上接の助詞と紛れぬように漢字表記を採用する必要が生まれる。これらは読み手の誤読を防止する配慮が、漢字使用に影響したものと捉えられる。

　同時に、誤読の危険性が高い「木」や「火」のような一拍語や同音異義語には漢字が使用され誤読が防止されるとともに、埋もれも回避できたと考える。大衆を読み手とした咄本の作者は、第一義である「読んで笑ってもらう」ために、漢字表記を活用したのである。

　読み手の馴染み度が、表記の使用に影響を及ぼしたものに固有名の漢字表記、交ぜ書きがある。咄本に現れる店名、地名・神社名等は仮名表記のみで、人名は漢字表記・交ぜ書きの傾向がある。店の名（「いせや」）や地名（「めぐろ」、「みめぐり」）は生活の中でよく

使われるため、咄本の読者も音声で認識することが多かったであろ
う。漢字が使用されなかったことは、読者が漢字表記に接する機会
が少なかったことに因る。一方、それほど使用頻度の高くない
「累」や「道信」は漢字で表記するか交ぜ書きで表記する必要が
あったと考えられる。

（3）非教養層へ拡大した読者とそれに対応する作者
― 識字能力が推測できない読者層への対応〈第3章〉―

　当初、後期咄本は文人武士や富裕な町人という、いわゆる教養層
が同好会的な集まりで享受したものである。このような仲間内の会
合では、読み手の識字能力を察することができたが、読者層が一般
の庶民（非教養層）に下降して広がると、識字能力を推し量ること
ができなくなる。そこで作者は安全策として漢字に振り仮名を振る
ようになり、時期がくだるに従い振り仮名の付記率は増加する。こ
れは読者層が変化したことに起因していよう。
　加えて作者はこの振り仮名を表現技巧に利用するようになり、さ
らに読者を取り込むようになる。振り仮名の使用は、明和・安永期
に2割程度であったものが幕末には9割近い付記率へと増加する。

（4）読書の楽しみの変化
― 筋のおかしさに留まらない視覚を媒介にした読書の楽しみを求
めて〈第3章〉―

　読解補助を主な目的として使われた振り仮名は、次第に作者の表
現技巧の手段へ発展する。後期咄本の刊行された初期には富裕な教
養層に限られていた読書の楽しみが、より広範な人々に享受される
ようになり、読書の楽しみも広がる。読書の多様な楽しみを知った
大衆は、ストーリーのおかしさとともに、表記を媒体にした視覚的
楽しみをも要求し、歓迎していく。
　このような役割を担った振り仮名に「媒介（なかうど）」「全快
（よく）は」のような熟字訓がある。また音訛形を傍訓とした「帰

（けへ）り」や「手前（てめへ）」のようなものも見られる。自分た
ちと同じ口調で語る人物の登場に納得し、またそのような音訛形で
話しをする人物という類型化によって登場人物の背景を知ることも
できたのである。読者の変化は咄本の振り仮名にも影響を与えたと
いえる。

（5）読み手への配慮―『鹿の巻筆』
―　不特定な大衆を読者の対象とした刊本・識字能力が察せられる
読者を対象とした写本〈第4章〉―

　対象の違いにより、表記に明確な差異が見られるものに『鹿の巻
筆』の刊本と写本がある。『鹿の巻筆』は貞享3年に鹿野武左衛門
が著述した噺本だが、筆禍事件により板木が焼失した後も再板が出
回るほどの人気を博したとされる。文久2年、「無物子」なる者の
所蔵本が二世柳亭種彦によって書写される。1冊は自身のためのも
の（早稲田本）、他1冊は貴人の所望によって書写されたもの（国
会本）である。これらの刊本と写本、写本間でも様々な相違が見ら
れる。例えば地名と固有名は刊本が平仮名表記であるのに対し、写
本は2冊共に漢字表記に改変される。振り仮名も刊本では26語に、
写本は早稲田本で1語に、国会本で10語に付され、圧倒的に刊本
が多い。不特定な大衆を対象にする刊本と、読み手が限定され識字
能力が察せられる写本とでは、表記に大きな差が現れる結果となっ
た。さらに刊本と国会本が平仮名であるところを、自身のために書
写した早稲田本だけに漢字表記されたものが21語ある。これは書
写者が読むのに煩わしい仮名表記を避けて、漢字表記にしたもので
あろう。また「けむり」（国会本）と「けむ」（早稲田本）、「うりあ
りく」（刊本と国会本）と「うりあるく」（早稲田本）のように、早
稲田本に、より口語的特徴の見られる例もある。これらは写本を見
る者、つまり早稲田本を書写した種彦本人と、国会本の「一部ほし
とのたまふ」貴人それぞれに対する配慮の差と見ることができるで
あろう。
　このような書写態度が顕著に現れるものには、他に写本2冊の頭

注がある。国会本には、自分以外の読者を想定した解釈の違いや自己の推測が注記されている。一方早稲田本は参考の心覚えが注記される傾向がある。写本間の異同は、口語的特徴の表れ方と同様、その写本を見る者が、書写者当人か他者（ここでは上位の者）かによって変わると考えられる。

（6）読者の興味や関心の変化
──　語彙の傾向〈第7章〉表現技巧としての「日にち」〈第8章〉──

　語彙の調査は、当時の読者がどのようなことに関心を持ったのかを知るのに有効である。例えば洒落本では［体の類］が極めて多く、遊里社会の役割や容姿、道具類を表す語に集中することが報告されている＊2。これは当時の洒落本読者が、遊里社会の様々な事物に大きな関心を持っていたからであろう。では咄本読者の関心はどうであったか。

　まず語種から見る。和語・漢語・混種語の百分比では、一般的に言えることだが、和語と漢語の差が延べ語数に比べ、異なり語数で縮まる＊3。すなわち、和語は同じことばが繰り返し使われるのに対し、漢語では使用回数は少ないが、種類は多い傾向を見せる。

　次に咄本に現れる特徴的な語を見ると、調査した作品にまんべんなく現れる語として、時や位置を示す語（「今日」「時」「上」「ここ」）、身体名称（「口」「目」）のほか「声」「酒」等がある。洒落本では「酒」が遊里での飲食場面で使われるが、咄本では酔った失敗や金のない者のささやかな楽しみを描くために用いられる。はなしの中では僧侶や侍の不体裁や田舎者の言動、上位者の失敗で形勢が逆転することを笑うことが多い。そのため［用の類］では「申す」「くれ」のような待遇表現に関わる語や、無筆を笑いの種とするための「書く」等の語が特徴的に使われる。洒落本の読者とは関心が異なるために、異なった語彙が選ばれたといえよう。

　次に筋の展開に必要な「時」を表す語彙について見ていく。特に日にちを表す語彙＊4について、読み手の関心の所在という観点に注目して考察する。

「けふ」「きのふ」が突出して多い*5。これは直近の話題を読み手が知りたかったための「時」の使用ではなく、はなしの導入のために置かれた結果であろう。次に多いのは「あす」「あした」の語で、東西で対立をなす「おとゝい」「おとつひ」はわずか数例に留まる。また地域によって意味が逆転するといわれる*6「しあさって」「やのあさつて」の用例は調査範囲内では見られない。つまり咄本の読み手にとって、日にちの語への注目・関心は「一昨日」から「明後日」までの短期間であることがわかる。理由の一つには咄本に取り上げられる笑話は卑近な日常のそれも刹那的出来事が多いため、長期的観点から必要になるような語は現れないことに因ろう。

　また読書を楽しむ者の中には、際物を織り込んだはなしに楽しみを見い出す者も居る。かれらにとっては日付より「神田川出水に」（『鹿の子餅』明和9）、「七つから起きて　琉球人を見物に」（『青楼育咄雀』寛政5）、「吉原の女郎　善光寺の開帳へ」（『寿々葉羅井』安永8）のような現実の事象と、それを踏まえた笑いに関心があったと考えられる。咄本は、このような読者を想定したために、日にちを表す語彙の種類が少なかったものと察せられる。日にちを表す語のうち、特徴的なものとして「明後日　御出」や「明後日　来い」、「一昨日　来い」「一昨日　参内」というような慣用句がある。「明後日おいで」「明後日来い」はあてにならぬ約束の時に用いることばで、染物が天候に左右されるため、仕上がりの期日が不定であったことに因る。この期日の不確定さから「いつか来い」の意になったのであろう。「おとゝいこい」も同様に「来るな」という強い表現を婉曲表現にして、不可能な「一昨日」を用いたといわれる。下に使用例を挙げる。

　・「亭主　又手をたゝき　しぼりはどうじやといへば　朝がほ
　　ふり帰りて明後日　御出」　　　　　　　　　『茶のこもち』安永3
　・「なむさん、あらハれたりとおもひながらも　ぬからぬかほ。
　　ころげた　いゝだこをとつて　そとへほうりだし　おとゝいこ
　　い」　　　　　　　　　　　　　　　　　　　　『笑種蒔』安政3

笑いは刹那的であるため、過去の出来事や、遠い未来のことは現在からの期間が長すぎて、テーマには扱いにくい。ところがこの過

去と未来を日にちの語彙で表し「有りえない」ことのたとえとして
笑う表現法がある。これらの慣用的な使用の方が通常の意味での使
用を上回っており、読者は特定の日にちとしてよりも、このような
慣用表現として日にちを表す語彙を用いていたことがわかる。

（7）読み手の階層や気質の変化
―　読み手の階層や気質の変化が影響を及ぼす―ホドニ、ニヨッテ
の漸減、ノデの漸増　言いさし表現としてのカラ〈第11章〉

　原因・理由を表す条件節であるホドニ、ニヨッテは室町末から江
戸初期には、抄物、キリシタン資料、狂言本から消失したことが小
林千草1973に詳述されている。
　一方咄本ではホドニは化政期まで、ニヨッテは幕末までわずかだ
が使用され続ける。この理由の一つに咄本の保守性が挙げられる。
江戸時代初期の噺本が生まれた時期は、座敷芸として噺家が貴人の
邸宅に招かれ、笑話を披露していたといわれる。このような環境の
中では当世風なことば使いや流行語は慎まれ、穏やかで保守的な話
芸が好まれたと考えられる。また幕府の取り締まりから逃れるため
に、高座でのはなしも自ずと穏便なものになったのであろう。林屋
正蔵はこれを『笑富林』（天保4）で「当年も相かハらず新作を高
覧に入 まする。わたくし愚作のはなしハ、下掛り、いやらしい事ハ
少しもなく、御親子御兄弟の中にて御覧あそばしても、ヲヤいやだ
よなどと被仰候事ハ無御座候。御みやげ物等ニ沢山御求メの程、奉
願上候」と口上で述べる。読み手側の求める穏便さ、すなわち読み
手側の保守性に起因するといえる。
　カラが多用されると、これに多機能を持つ語を単純化しようとす
る力が加わり、ノデは今までカラが担ってきた機能の一部を分担す
るようになる。ただし、客観的事象の陳述に用いられたノデは咄本
の笑いにそぐわず、使用は微増に留まる。また、はなしを結論まで
言うのは野暮とする江戸の人々には、はなしを言いさす終助詞的役
割のカラが適当だったと推察できる。江戸人の性向がカラを多用さ
せたと捉えられる。

4．板元や書き手側の意向が反映したもの

（1）板元の要請が漢字使用量に影響したもの
― 漢字使用率と経済効果〈第2章〉―

　咄本を大衆に向けて供給するには、安価は必須である。時期が下ると精緻な絵入の咄本が編まれるが、挿絵にスペースを割くと丁数が増え単価は上がってしまうが、内容は削減せずに、丁数を減らすためには、字を小さくする必要がある。しかし画数の多い漢字は印刷時に潰れて、読みにくくなるため、漢字使用はどうしても必要なもののみに収斂していく。例えば、林屋正蔵の『ますおとし』（文政9）の漢字表記語使用比率*7は46％であるのに対し、同作家の『百歌撰』（天保5）は挿絵が多いために、その比率は40％にダウンする。この違いは内容や読み手の事情とは異なった、板元側の経済効率という事情が影響したものである。

（2）読書の楽しみを提示することが振り仮名使用に影響したもの
― 振り仮名の使用　言語遊戯的な表現〈第3章〉―

　振り仮名は元来、読解補助を主な目的として使われたものである。ところが振り仮名の機能が拡大すると、読者は熟字訓のような、本行の漢字と振り仮名の双方で意義と読みを理解できる言語遊戯的な表現を歓迎するようになる。咄本では正月の娯楽に供した読み物として、目出度さを表す当て字も出現する。例えば『身振姿』には「賀家寺（かやでら）」「栄鯛（ゑいたい）」のように榧寺、永代の地名に「賀家」や「栄」、「鯛」を用いている。これは作り手が読む側に新春の賀を提供したものであろう。

（3）仮名遣いに影響を与えた作者の位相
― 「笑話本集」の仮名遣いは3グループに分けられる　歴史的仮名遣いの遵守・類推と誤用の継承・発音に即した表記〈第6章〉―

江戸期の仮名遣いが混沌としていたことは湯澤幸吉郎1954に詳しい。「かれらは仮名遣いについては、全く無関心であって、行きあたりばったり、どんな方法であっても、その音が現れさえすればよいのである」というような状況である。このような中で、早大本笑話集の作者たちはいくつかの傾向性を持って/i/を表す仮名を用いたと考えられる。すなわち（a）規範意識が高く、いわゆる歴史的仮名遣いをほぼ遵守する作者群、（b）形容詞語尾を類推、または誤用の継承によって「ひ」とした作者群、および（c）動詞・形容詞ともに発音に即した「い」を用いる作者などに分けられる。特に職業噺家の三笑亭可楽は自身の咄本において、ハ行四段動詞・形容詞ともに発音通り「い」を使用している。これに対し「読ませる」ための工夫を主眼とした滑稽本作家の式亭三馬は、発音に即した仮名遣いを志したが*8、これを果たせなかった。一方、三馬とは旧知の仲だが「聞かせる」ことを念頭においた噺家の可楽は、自身の咄本では、発音通りの「い」を用いており、書き手個人の意識（志向）が仮名遣いに影響したと考える。

（4）社会的要因（幕政の圧迫が影響したもの）
— 　作者や文体に影響を与えたもの「語彙の傾向と特徴」〈第7章〉—

　後期咄本に現れる言語事象の変化は読者と作者のみに因ったのではない。幕府の取り締まりと作者側の自粛や禁令をかわす方便も、咄本に変化を及ぼした。

　後期咄本の初期の作者は、多くが文人武士であり、支援者や享受者も、同様に武士階級とその周囲の富裕な市民層だったが、彼らの多くは幕府の取り締まりによって、大きな打撃を受ける。文人武士の作者の中には、寛政の改革により、自ら洒落本の筆を折る者（大田南畝）、藩命により咄本の世界から身を引く者（朋誠堂喜三二）等が現れる。さらに南畝の後援者だった旗本の土山宗次郎は死刑、板元の蔦谷重三郎は財産の半分を没収される。武士作家らの退場後、取り締まりは富裕な市民の集まりにも及んだ。規模が拡大した「咄の会」は弾圧され、会を主催する立川焉馬らは、幕府の目を逃れる

終章　401

ために、会の名目を古典の披講とする。ここで生まれたのが『宇治拾遺物語』のもじり『無事志有意』（寛政10）である。幕府の取締りによって書き手も読み手もともに、上層階級から一般市民階級へと下降し、拡大を見ることになった。

　ここまでの安永期から寛政期の小咄と、それ以降の咄本を比較すると、寛政期以降の咄本に表現の冗漫さが指摘される*9が、これは書き手と読み手の層を変化させた為政者の圧迫も一因である。すなわち、初期の後期咄本を支えてきた教養層 ── 文人武士や富裕な市民── から、庶民を相手にする職業噺家へという作者の変化は、咄の内容も変えていく。

　その具体的な例として、［体の類］と［相の類］の語彙量の増加が挙げられる。Ⅰ期の安永から寛政期に比べ、化政期を中心としたⅡ期、天保以降のⅢ期における［体の類］の使用比は54％から56％に増加している。

　この［体の類］の増加は、作者が意図した内容や文体の変化に因ったといえよう。短く簡潔な行文を、木戸銭のとれる長話にするには、［体の類］とこれを修飾する［相の類］を駆使することが必要になったのである。一話が5行から8行と短い安永2年の『口拍子』では「ばかな娘が有た」と端的に描写するところを、文化11年の三笑亭可楽作『身振姿』では一人の女性の姿形を「つらが芋だらけ」「鼻が団子のよふだ。あいつは　おゝかたお月さまの告子だろう」と数行を割いて描いている。

　社会的な要因（為政者の抑圧）は書き手を上層（教養層）から市民層に変化させ、読み手もサロンの同好の士から一般的な庶民層に変えた。この書き手・読み手の変化が咄本に現れる語彙にも影響を与えたといえる。

（5）小咄から長話への移行は固有名を増加させる
── 複雑なストーリーの理解や具体的なイメージを共有できる固有名と明快な表現手段のための［体の類］の使用〈第7章〉──

　簡潔な小咄から長話への変化は、咄本における固有名を増加させ

る。安永期から寛政期のような短いはなしであれば、固有名がなく
とも一読すれば、はなしの筋はすぐに理解できるが化政期以降の長
話では、筋が錯綜し複雑な展開になる。これを明快にし、冗漫にな
り易い話に緊張感を持たせるため、固有名は必然的に増加したと考
えられる。

　また読者が不特定多数になるため、具体的なイメージを共有し得
る固有名の使用は不可欠になる。このような小咄から長話への変化
は［相の類］にも同様な影響を与えたであろう。以前は簡潔に「醜
い」「田舎臭い」と［相の類］を用いれば充分であったものを、『身
振姿』では「夏芝居の累といふもので、とふなすやかぼちやにめは
ながついているやうだ」「いつれを見ても山家そだち、菅秀才のお
身かわりに立てよふといふ首は一つもない」と、［相の類］の代り
に［体の類］を用いて描写されている。読み手は醜いという一言よ
りも、具体的な「夏芝居の累」「とうなす」をイメージして、顔を
ほころばせたと察せられる。読者が「綺麗だ」「醜い」などの［相
の類］よりも、明快さを求めた結果、具体例として［体の類］を歓
迎した様子が見て取れる。

　以上、後期咄本に見られる言語事象の変化を衰退・消失のパタン
という側面から再構築を試みた。中には分類に含まれないものもあ
るが、これによって、咄本に現れた言語事象の変化要因から江戸語
の変化要因の一端を考察できたかと考える。変化のパタンも、また
その要因も、単一に括れるものはない。これは序章で述べたように、
江戸語が幾層にも交錯した問題を抱えているからであろう。衰退・
消失についても、江戸語が複雑に交錯しながら上方語的要素を漸減
させるさまとその要因を、後期咄本の中に見ることができた。江戸
語が江戸語として確立した後も様々な力が働き、取捨選択を繰り返
して整理され、江戸語は現在使用される東京のことばへとつながっ
ていったといえよう。

　今日の東京のことばも、後期咄本に見られたと同様のパタン、同
様の要因に類似した道筋をたどって、さらなる変化を遂げていくと
考えられる。

終章　　403

＊1　松本宙 1965

＊2　彦坂佳宣 1982

＊3　和語・漢語・混種語の順に、延べ語数の百分比 ［82.2:14.8:3.0］ 異なり語数の百分比 ［73.9:20.2:5.9］ となる

＊4　明後日から一昨日。

＊5　「けふ」は後期咄本全期を通して 585 例 （58％）、「きのふ」は 185 例 （18％）、続く「あす」は 121 例 （12％）、翌日の意味の「あしたは 53 例 （5％） である。

＊6　徳川宗賢 1979 p.36

＊7　漢字表記語使用比率とは総延べ語数に対する漢字表記語数（延べ語数）の割合

＊8　『浮世風呂』三編　自序仮名「婦女子の読易きを要とすれば、音訓ともに仮名づかひを正さず」と自身の仮名遣いを記すが、『浮世風呂』では該当例は見受けられない。

＊9　武藤禎夫 1965　pp.46–47

付章

目的とあらまし

　第Ⅰ部から第Ⅴ部では後期咄本に現れた様々な言語現象について、その変遷の諸相と要因について述べた。そこで付章では、ここまで見てきた言語事象の変化が、一人の作家の作品どのように反映されたかを知り、後期咄本の江戸語としての資料価値を述べたい。取り上げるのは、江戸語が江戸語として成熟した時期に活躍した三笑亭可楽とその作品である

　ここでは三笑亭可楽の長話『新作おとしはなし』を問題にする。登場人物には音訛形の使い分けが可能な者と、使い分けができない者の存在がみとめられる。前者が同レベルの仲間に使う音訛形は、くだけた表現で親しみを表すための使用と捉えられる。

　前期では音訛する人物、例えば田舎者の失敗を笑いの対象としたのに対し、本期では「ヒシャク（柄杓）」と「シヒャク（四百）」—「ヒ」と「シ」の混乱といった音訛現象そのものを笑いの対象とする傾向が見られるようになる。字が読めない者や世情に疎い者、すなわち「人」を笑うことから、卑近な現象、つまり「事」を笑うという笑いの変質が見て取れる。連母音融合やヒとシの混同といったいわゆる江戸訛が、上方語とは異なる、江戸市民のことばの特徴と意識されるようになったと指摘する。

　形容詞ウ音便形が非教養層にも使用され、「ございやす」「ございます」と結びついて固定化した表現となる。固定化した表現は、挨拶語をふくむ丁寧な表現として、東京語に引き継がれていった可能性を述べる。

　丁寧語としての「ます」と「やす」は、場面によって使用が切り替えられるケースや偏用されるケースがあり、これがのちの使用の消長に関わる要因と考える。

　会話場面での命令表現では、意図をもちかける際の強い響きを和らげるために、一般動詞の命令表現や禁止表現よりも、補助動詞や助動詞、終助詞が多く使われたことがわかる。また、その命令表現に訛音を用いることで、命令に伴う強制力や改まりの意識を弱め、相手との間隔を縮めるといった工夫がなされた可能性を指摘する。

406　付章

なお付録として対象テキストとした早稲田大学中央図書館蔵本『新作おとしはなし』（蔵書検索システムでは「おとしはなし」。詳細は付章参照）を翻刻し、これに注釈を加えた。本テキストは文化6年に出板された笑話本である。ボリュームは半丁8行、1行約18字詰、本文は37丁一話の長話である。オチはほとんどなく、各所に「くすぐり」の笑いが見られる程度で、作品としての秀逸さは見受けられない。ただし、階層差のある複数の登場人物によって会話が構成されるため、江戸語としての多様な言語事象を得られるものと評価できる。

三笑亭可楽作「新作おとしはなし」における江戸語

1. はじめに

噺本＊1の江戸語資料としての価値については、すでに小田切良知1943、池上秋彦1996他による多くの指摘がある。例えば、明和から安永期の咄本についてはすでに小田切1943によって、「伝統的滑稽文学形態に立つ咄本は地の文が中心を占めてゐる」ため「文章語的であって、口語的要素が少なくなる」ことや「地の文か対話の部分か判別のつかぬ部分が多い」こと、「直接話法か、さうでないのか区別がつかない場合が亦頗る多い」（pp.695–696）ことなどから、その資料としての扱いの難しさが挙げられている。また武藤禎夫1965では噺本全般における嗣足改題再板の容易さが論じられるが（p.55）、その容易さが成立時期を確定しにくく、資料使用上の困難さを招来したとする。また、明和から安永期の咄本のほとんどが小本の大きさで、【図1】のように所載の一話が見開き程度と短いため、会話も一話に数例現れるだけといったことが、待遇表現の観察と比較を困難にし、咄本に現れる事象の普遍化を妨げる要因となったと考える。

しかしながら寛政以降寄席で木戸銭をとる職業噺家、滑稽本や黄表紙の作家が作者集団に加わることによって、咄本はその内容や体裁を次第に変化させる。会話部分が明確になり複数の会話例を持つ作品も見られるようになって、一話の長さも変化していく。書形も洒落本と同様な小本から、滑稽本に見られると同じ中本が増加の傾向を示すようになる。このような流れの中で三笑亭可楽の作品は産まれ、受け容れられていった。式亭三馬と親交があり＊2（【図2】・【図3】）、初代林屋正蔵を弟子とする職業噺家の彼の作品は後期咄本の一つのスタイルを知る手掛かりになる。

ここでは可楽が活躍した化政期のうちの文化6年刊『新作おとしはなし』をテキストとして取り上げ、彼の製作スタイルから化政期の咄本の傾向について、その一端を見ていく。
　そのために、ここでは考察の手順を二部に分けた。一部では後期咄本の流れを見る。次に二部では一部をもとにして、一人の作者の一作品を分析するという手順を踏むことにする。
　本章末尾の【参考1 時期別一覧】はこの後期咄本の盛行期である明和から、可楽の次の世代に至る幕末までの作品17本について、体裁を量的側面から見たものである。江戸期の咄本の出板が一千余りといわれる中では、ごくわずかな抽出ではあるが、明和から幕末に至る時期のおおまかな体裁の流れは知られよう。
　なおテキストの『新作おとしはなし』には『新作』に振り仮名がつくがここでは振り仮名を省いた。

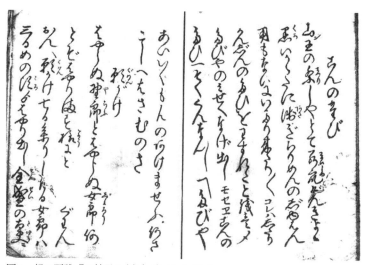

図1　軽口耳祓『口拍子』（安永2）70ウ71オ

2．後期咄本の体裁の変化

　先ず流れを見るために本時期を便宜的に三つの期間に区分した。明和から寛政をⅠ期、享和から文化・文政期をⅡ期、以降幕末あた

りまでをⅢ期とした。Ⅰ期はいわゆる江戸小咄本といわれる作品が爆発的に刊行された時期であって作者の多くは武士階級の出身で狂歌もよくする文人たちである。例えば大田南畝、木室卯雲は幕臣であり、後に述べる朋誠堂喜三二は秋田藩の上士である。この時期の作品の多くが学識のある武家作者によってつくられたもので、当初は営利を主目的としない、いわゆるサロン的雰囲気の中で享受されたものであろう。ところがこれらの作者による作品が好評を博したため、明和年間を通じてわずか20余種であったものが「安永2年一年間だけで20数点、同3年からは毎年15、6冊が出板される程の盛行」(武藤1965 p.11)を見るに至ったといわれている。書形もほとんどが小本で、半面の行数は6、7行ほど、一行あたりの字数も15字前後とゆったりとしている。(前掲【図1】)挿絵も見開き図が多く、Ⅲ期のような精緻さには欠ける。比較のために【図4】にⅢ期の作品を掲げた。極端な例ではあるが半丁あたりの行

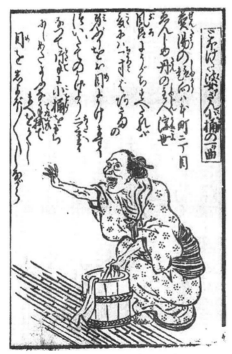

図2　三笑亭可楽『身振姿』(文化11) 21オ

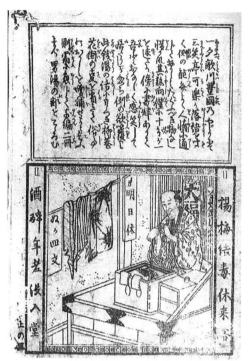

図3　式亭三馬『浮世風呂』（文化6）上の五

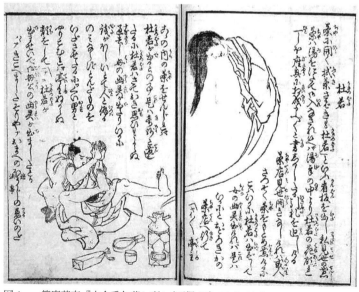

図4　一筆庵英寿『古今秀句落し噺』（天保15）10ウ11オ

数・字数、口絵、挿絵、すべてにおいてⅠ期と大きく異なる様が見て取れる。

Ⅱ期は享和から化政期の期間であって、作者は武士階級から次第に富裕な市民と支配層・富裕層に接する機会の多い座敷芸人などに移行していった時期である。

例えば朋誠堂喜三二は、秋田藩留守居役の役職にあったが、同時に黄表紙作家、狂詩作家でもある。しかし黄表紙『文武二道万石通』（天明8年刊）が寛政の改革を揶揄するものとされ、彼は幕府を憚る藩命により筆を折る。

Ⅰ期末の寛政期は武家作者が戯作から退く時期であり、主導権は市民層の振鷺亭主人や曲亭馬琴に移っていった時期ということができる。ただし、振鷺亭主人や馬琴は市民層といっても知識層であり、噺はあくまでも余技であって生業は他に持つ層であった*3 ことに変わりはない。しかもこれらの作者たちの咄本はあくまでも「他の分野で一家をなした有名人が余技として」（武藤1965 p.49）作ったもので、咄本としてのスタイルに革新を与えるものではなかったようである。当期の咄本は文人武士、咄の会を主催できる富裕な市民と、曲亭馬琴、桜川慈悲成などのように、読本・滑稽本ですでに

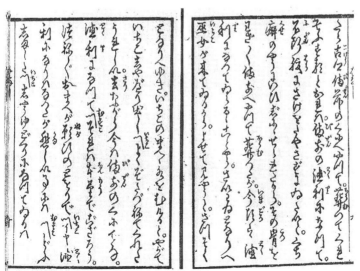

図5　十返舎一九『口取肴』（文化15）9ウ10オ

名声を博した戯作者や座敷咄を得意とする座敷芸人など、様々な階層や職業を背景に持つ者たちであったことが見て取れる。

Ⅱ期はⅠ期とⅢ期の中間期であるだけではなく、一行あたりの平均的な字数や話数もほぼ中間に位置している。【参考1時期別一覧】と【表1】からは本文丁数と話数がⅠ期よりも減少し、一行あたりの字数が増えたため紙面が密になるのがわかる。また話数自体が減ったために一話は見開き一話の前期Ⅰ期よりも長くなっているようすが見て取れる。寛政の改革により文人武士や、咄の会の同人作家は活躍の場から次第に後退し、その後退をうけてⅡ期になると桜川慈悲成や三笑亭可楽のような座敷咄を専らにする幇間や、木戸銭を取ってはなしを聞かせる職業噺家が誕生していくのである。

Ⅲ期はⅡ期よりもさらに本文丁数・話数が減り、一話あたりの字数は増加する。つまり中本という紙面サイズの拡大があっても、なおもⅠ期、Ⅱ期より紙面の密度は濃くなり情報量は増えているということになる。

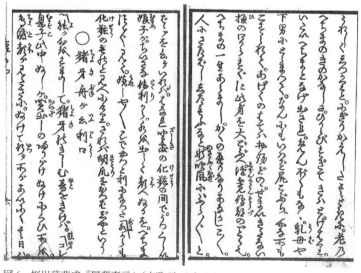

図6　桜川慈悲成『屠蘇喜言』(文政7) 5ウ6オ

次に、三笑亭可楽の作品が時期的に、また構成的にどのような位置にあるかを【表1】、【表2】から見ていく。可楽の作品について

は享和から天保期までの代表的な7作品を調べた。その内、本章で
テキストに扱う『新作おとしはなし』はⅡ期のものである。作品7
種の詳細については【参考2】に示したが、7作品のうち本章で取
り上げる『新作おとしはなし』を除いた6作品の平均値（A）と
『新作おとしはなし』（B）を比較すると次のような結果になる。一
話あたりの行数や字数について、後者がとびぬけた値を示すのは
『新作おとしはなし』が37丁1冊1話の長話であることによる。こ
れは資料のボリュームが増えたことを示すもので、【表1】のⅡ期、
Ⅲ期と比較すると、可楽の7作品は半面の行数や一行あたりの字数
についてはほぼ同様である。また『新作おとしはなし』を除いた
（A）では本文丁数、話数、一話あたりの行数にも大きな違いは見
られない。

表1　時期別平均

	半面行数	字数／行	本文丁数	話数	行数／一話	字数／一話
Ⅰ期	7	15	40	43	21	356
Ⅱ期	8	20	16	19	19	391
Ⅲ期	8	24	19	16	23	520

数字は実数。行数や字数、丁数、話数他を表す。【表2】も同様

表2　テキストとの比較

	半面行数	字数／行	本文丁数	話数	行数／一話	字数／一話
6作品平均値（A）	8	20	16	10	28	563
新作おしはなし（B）	8	18	37	1	592	10656

　ここで『新作おとしはなし』をテキストに取り上げた理由の一つ
に、そのボリュームがある。今までのはなしは一話ずつが短いため、
登場人物の会話例も一話数例にとどまる。この用例数の少なさが言
語事象の傾向性を観察する上で困難をきたしていたが、その欠点を
補うものとして長話は有効である。一話が37丁という本作品は傾

三笑亭可楽作「新作おとしはなし」における江戸語　　415

向性を知るためには十分な量である。また長話では登場人物が定まっているため、位相差のある人物群が固定した関係で繰り返し会話する筋立ては待遇表現の傾向性を見る手がかりになる。これらの登場人物相互の会話を通して、場面差や待遇差が音訛に与える影響を観察することも可能といえよう。また作者の三笑亭可楽（安永6生）自身も江戸の出身で、元は馬喰町の櫛職人であったが、岡本万作の寄席興行に刺激をうけ、下谷柳の稲荷境内で講席を設けたといわれる。地方巡業の後江戸にもどり、三題噺を創始して名声を博し、木戸銭をとって噺をする職業噺家の嚆矢となったことが知られている。以下ではこの『新作おとしはなし』に現れた様々な言語事象について分析し、後期江戸語を知るための資料的価値を考察していく。

3. 概況

3.1 テキスト

　テキストには早稲田大学中央図書館所蔵『新作おとしはなし』（文化6年刊）を用いる。本作品の詳細は『早稲田大学中央図書館蔵「新作おとしはなし」翻刻ならびに注釈』で述べる。

　体裁は半丁8行、一行約18字詰、本文は37丁一話の長話である。それまでのおとしばなしと比べ、明快なオチは見られない。滑稽本に似た形式をとっており、のちの寄席話の前駆的作品といえる。短い笑話、小咄では木戸銭をとって話すはなしとしては間が持たないため、「くすぐり」としての笑いを随所に挿みながら、一話を完結していくスタイルの必要性が生まれてきたためであろう。

　待遇関係や位相差を観察するために複数回、会話をした登場人物を略記すると以下のようになる。登場人物は俳諧を催す会場の主人で画師の「未醒」、句会の仲間として医師の「錦川」や、「五風」、「十雨」、「招留」が登場する。彼らは半可通で、俳諧の催しを開いては飲食を共にするという、比較的余裕のある町人階層の人物である。ここにいさみと呼ばれる「吉五郎」その友人の「孫」が加わる。他、未醒宅の下僕「治助」と「孫」が連れてきた付き馬、未醒に画を注文していた方丈の計10人が登場し、それらの人々の会話に

よって話が進められる。

以降、用例では順に「主、錦、五、十、招、吉、孫、治、馬、方」と略し、相手が特定されず、複数の相手が想定される場合は「皆」とした。例えば〔5オ／吉→主〕はそれぞれ、出現箇所5丁表、話し手（吉五郎）→聞き手（主人）を表す。

3.2 考察

ここでは考察対象を（ⅰ）連母音の音訛現象（ⅱ）形容詞ウ音便形（ⅲ）語末表現「ます」と「やす」（ⅳ）命令形の4項目に絞った。

噺家は舞台に立つ役者とは異なり、幾人もの登場人物を会話表現のみで演じ分けなくてはならない。木戸銭を払って聞きに来る不特定多数の客を相手にするため、その表現による演じ分けには、多くの人々が共感し納得する「典型的な話し方」が要求される。すなわち侍は侍を、年寄りは年寄りを髣髴とさせるような話し振りが当然話し手に求められることになる。また「見ることができない」分、その人物の性格や背景も話し振りに頼らざるを得ない。会話表現の中で「典型的な話し方」が表現手段として用いられやすいのは音訛

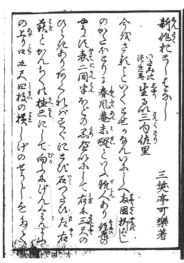

図7　三笑亭可楽『新作おとしはなし』（文化6）7ウ8オ

の現象と、待遇関係が現れやすい文末表現であろう。音訛では連母音の音訛を、また上方とその使用に大きな差があったいわれるウ音便形を観察し*4、ついで語法的側面として「ます」「やす」の文末表現、および命令表現を取り上げる。

（i）音韻現象　連母音の音訛

　式亭三馬の『浮世風呂』が化政期の言語資料として優れた価値を有し、多くの先学によって発音上の特色が調査研究されていることは言を俟たない。三笑亭可楽作の本作品においても三馬が工夫したと同様に発音上の特徴を用いて、人物を描き分けようとしたようすは各所で見て取れる。テキストに現れた音訛現象としては、おおよそ一語の内部で行われるものと語の連接上に現れるものがあるが、ここでは前者のうち連母音の音訛現象を取り上げ、可楽が音訛形を用いて表現しようとしたことがらを明らかにする。

　この連母音の音訛については『浮世風呂』の二編巻之上で上方の女性が江戸語を揶揄する次のような場面でもその対象として挙げられており、当時から目をひくもの、耳につくものとして人々に認識されていたことがわかる。

> 「へゝ関東（くわんと）べいが　さいろくをぜへろくと。けたいな詞（ことば）つきじ
> やなア。」　　　　　　　　　　　　　　　　　　　　　　　　　　（27ウ）
> 「ぞこねへ。じやない。云（い）損（ひそこ）じや。ゑらふ聞（きゝ）づらいナ。芝居（しばゐ）な
> ど見（み）るに。今が最期だ観念（くわんねん）何（なん）たらいふたり。大願成就（だいぐわんじゃうじゅ）忝（かたじけ）ねへ
> 何（なん）の角のいふて。万歳（まんざ）の才蔵（せへぞう）のと。」　　　　　　（28オ）

　松村明1957では江戸の音訛の中でも、とくに「もっとも目につく現象は〔ai〕の音訛である。」（p.209）とし、「この現象は、五十音図のほとんど全部の行にわたって、実例が見られ」（p.213）、男女を問わず町人階級で広範におこなわれていたことが指摘されている。また小松寿雄1985では江戸訛りという意識を方言的対立と江戸語内部における階層的な対立から生じるものと捉え「ベイの場合、江戸訛りという意識は、上方語対江戸語という方言対立および江戸語内部の階層的対立という二つの契機によって成立し、江戸の人も

ベイは訛りだという強い意識を持っている。連母音のアイの音訛の訛りとしての性格は、ベイに近い。しかし、ベイほど蔑視されることはなく、江戸のいろいろな階層に広く用いられた」（p.194）と、連母音アイの音訛についての観察がある。上の「階層的対立」とは待遇関係、もしくは待遇意識が音訛に影響をもたらすということであろう。そこでここではまず連母音の音訛の出現を整理し、次にこの出現を登場人物の関係から見ていく。

　テキストに現れた連母音の音訛形は156例で、そのうちの8割（128例）が、いさみの吉五郎によって使われている。また音訛が現れた連母音は［ai］［ae］［oi］［ui］の四種である。最も多いのは［nai］から［ne:］への54例、最も少ないのは［roi］から［re:］への2例である。テキストに現れた音訛形を一部下に挙げたが、ここからは松村1957で指摘されるように［ai］の音訛現象が各行にわたっていることが見て取れる。このうち音訛形のみが現れたものには「＊」をつけた。例えば「俳諧」は「はいかい」と「へへけへ」双方が現れるため無印だが「別世界」は音訛形「べつせけへ」のみの出現であったため「＊」をつけた。

［kai］→［ke:］	へへけへ（俳諧）べつせけへ（別世界）＊　すじけへ（筋交い）＊
［gai］→［ge:］	げへぶん（外聞）＊
［sai］→［se:］	お聞きなせへ（おききなさい）
［zai］→［ze:］	ごぜへます（ございます）＊
［tai］→［te:］	ありがてへ（有難い）
［nai］→［ne:］	しらねへ（知らない）＊うまくねへ（美味くない）＊　気がねへ（ない）＊
［hai］→［he:］	へへエつて（入いる）へへけへ（俳諧）
［pai］→［pe:］	いつへエ（一杯）
［mai］→［me:］	あるめへ（あるまい）やめへ（病）めへる（参る）＊
［rai］→［re:］	さんきれへ（山帰来）＊5＊　このくれへ（くらい）
［kae］→［ke:］	けへる（帰る）＊　ぶつくるけへした（ひっく

三笑亭可楽作「新作おとしはなし」における江戸語　419

り返した）＊

[sae] → [se:]　　もみぢにせへ（さえ）

[mae] → [me:]　　おめへ（前）さん　てめへ（手前）＊　わりめ
　　　　　　　　　　へ（割前）ひとりめへ（一人前）＊

[rui] → [ri:]　　わりい（悪い）

[roi] → [re:]　　おもしれへ（面白い）

　次に音訛した形が多く現れた吉五郎のケースを見る。上で見られ
る音訛形のほとんどは彼の使用によるが、音訛しない形が保持され
た例も数例見られる。

　十雨と方丈に対して「おねがいがござりやす」「おねがいもふし
やす」のように上位者への依頼場面では「おねがい」は音訛しない。
また「大おん寺まへ」「くらまへ」「たいしさま」のような固有名詞
も、形を崩すことによって、例えば「（大おん寺）メー」「（くら）
メー」「テーシ（さま）」のように意味が不通となりかねない場面も
音訛していない。一方出現例の全例が音訛するものに「ナイ」があ
る。吉五郎はどのような場面、相手であっても「うかばねへ」（友
人の孫へ）、「見るもんじやねへ」（野次馬へ）、「ありそふもねへ」
（錦川へ）、「なんにもしらねへ」（句会の客　五風へ）と音訛した形
を用いている。この「ナイ」から「ネー」への変化は音訛した出現
例中最多の54例＊6だが、吉五郎の使用した40例の他に主人や招
留が吉五郎や治助に対して使う場面が、複数回あった。主人は吉五
郎に対しては音訛しない形で6例、音訛した形で4例を使用してい
るが、音訛形は吉五郎をたしなめるような場面での使用がほとんど
だった。下僕の治助に対しても同様に音訛した形で応じている。

・「何か　招留さんが御やうがあるとおつしやる（中略）しやう
　りやうさまじやァねへ　招留さんがおたのみなさりたいと」

〔8オ／主→治〕

・「これはしたり　その川口じやァねへ　やげんぼりの川口よ」

〔8ウ／招→治〕

・「もし　きぬかつきのいもをくつておならをしちやァ　どふで
　ござりやせう」「何サ　そういふわけじやァねへ」

〔20オ／主→吉〕

上からは多用される「ナイ」のような語であっても、上層階級に属する者たちは相手や内容によって音訛形と非音訛形を使い分けていたことが知られる。

　それでは吉五郎以外の者がどのような場面で音訛形を用いていたのか。吉五郎以外の使用は30例ほど見られたがほとんどが上位（主人や俳諧の客たち）から下位（吉五郎や治助）への使用である。これらは待遇関係から選択された使用で丁寧に話す必要のない場面、つまり自己の品位保持が必要ではなく、規範意識の枠組みから外れた場面での使用と考えられる。ただしわずかだが同等の階層レベルで使用された例が句会の仲間同士の会話場面で見られた。

　・「なるほどからっけつはありがてへどうもいけねへ」〔14オ／皆〕
　・「なるほどまたべつせけへだ」　　　　　　　〔14オ／十→皆〕
　・「そばからもちやけられてもありがてへねへ」〔19オ／五→十〕

これらは気の置けない仲間内での会話であって、くだけた場面では互いの親密さを表すために音訛した形を使うという、場面描写上の技巧と考える。すなわち、表現手段としての音訛形の使用は発話者の階層や待遇関係を読み手に知らせるト書きのような役割を果たすとともに、親しい友人間の会話に使って「気の置けない仲間内のはなし」という場面設定を表現する役割をも担っていたのである。読み手は、普段は非音訛形を使用する階層の者が互いに音訛形で談ずるさまから、その場の雰囲気や仲間同士の親密さを了解したものと思われる。

　なお「俳諧」のように吉五郎は音訛形「へへけへ」を、他の錦川や主人の未醒、十雨、方丈が非音訛形「はいかい」を専用しているものなど、専用者に偏りがある一方で、「入る」「前」などのように一個人に併用されるものもある。併用の中には「おごりてがありやァ　おごりてのあるやうにたべるし　わりまへならわりめへのよふにあとでしよくしやうするまで」（27ウ／吉→主）と同一の場所で用いられた例もある。ここでは併用の例として挙げたが、吉五郎もしくは当時の人にとっては「両方使う」のではなく、どちらが正しいか使用者が混乱している例とも捉えられる。料理屋への注文が折半かどうかという露骨な話しを、始めは行儀よく言っていたはずが、

三笑亭可楽作「新作おとしはなし」における江戸語　421

つい混乱して「わりめへ」と言ってしまい、「お里のしれる」話になったという笑いが差し挟まれているとも解釈できる。この混乱の模様は多くの読者が共感し得るものであったろう。

　式亭三馬がそうであったように江戸後期の戯作者の多くはこれらの音訛現象を登場人物の出身階層や人柄などの背景描写の手段として利用してきた。可楽も同様であるが、加えて音訛形が現れる場面の雰囲気や人物たちの親密さなども音訛形を通して表す工夫をしていたようすがうかがえる。江戸語史研究における音訛現象の視点は多くその成り立ちや待遇関係・位相差との関わりに重きが置かれてきた。本書でも吉五郎の出身階層や対話者との待遇関係を音訛形の出現から見てきたが、作者もそれを意図して吉五郎の無教養さや治助の無知を音訛形によって表現し、音訛形に人物の説明や場の雰囲気の説明を担わせている。言い換えれば戯作者の多くは音訛形を「道具」とし、研究の多くもこの「道具」を通して言語事象を見てきたといえる。しかし次第に江戸の人々の関心も「道具」であったはずの音訛形から音訛した語自体に移り、音訛形を笑いの種にしたようすがうかがえる。

　これは音訛形が江戸語の特徴と認識され、定着したことの一つの証左といえよう。江戸の人々は「わりめへ」ということば自体に苦笑することが作者に予測され、軽い「くすぐり」として挿入されたのである。このような音訛形自体を笑いの対象として利用することは本作品の筋書きの中にも表れる。作品の前半は身分不相応に句会に参加したいという無教養な人物がひきおこす笑いだが、後半は遊里で遊んだ金の返済のために金を貸してくれと迫る孫と吉五郎の会話のやり取りに笑いが移行する。金を貸せと言う孫に対してそのような金があったら「へへけへをやつつけちゃァいねへ」と言う吉五郎に対し、いつもは「うかばねへ船ゆうれい*7をみたよふに四百かせ〳〵といふじやァねへか」と応酬する場面がある。これは「シヒャク（四百）」と「ヒシャク（柄杓）」が混乱してしまうことが当時の人々に意識されていたため、「シヒャク貸せ」を「ヒシャク貸せ」に掛けて江戸市民の自嘲的な笑いを目論んだ「くすぐり」であろう。音訛形が笑いの対象に用いられた例であり、このような音訛

形が使用者側にも自覚され、多くの人に知られていたことが知られる。

（ⅱ）形容詞ウ音便形

　テキストには上記の音訛現象以外にも特徴的なことがらが多く観察できる。目をひくものの一つに形容詞連用形の原形とウ音便形の併用がある。江戸語におけるウ音便形の使用を小松1985では「上方語では、専らウ音便形を使用するので、両形の併用は江戸語の特色」（p.124）であると位置づけ＊8、明和期の洒落本の調査によって、形容詞連用形のウ音便の減少と原形との併用傾向が報告されている。しかし時の経過とともにその併用傾向も次第に薄れ、現代東京語においては、ウ音便形の出現は極わずかな丁寧な物言いに限られていく。ここでは化政期のウ音便の使用について本テキストの実例を報告するにとどめ、江戸後期の咄本全体におけるウ音便の出現傾向については第9章で論じた。

　『新作おとしはなし』に現れた形容詞連用形は22例、うちウ音便の形をとったものは12例「うもう（美味い）」「わるう（悪い）」「おもしろう（面白い）」など6種類、原形は10例4種で音便形、原形共に「良い」が最も多かった。数例を以下に挙げる。

- 「よふござりやす　そこがふうりうで」　　　　　〔3ウ／主→錦〕
- 「おさむしうござりやせう」　　　　　　　　　　〔4オ／主→錦〕
- 「ヲツコロやすふおたのみもふしやす」　　　　　〔10ウ／吉→皆〕
- 「すいぶんうまう御ざりやした」　　　　　　　　〔11ウ／吉→皆〕
- 「げえぶんがわるうござりやす」　　　　　　　　〔26ウ／吉→主〕

　発話者は吉五郎が6例と出現したウ音便形使用の半数を占め、続いて錦川が4例、主人と方丈が各1例である。対応する原形が用いられた例は見当たらなかった。また現れたウ音便形の11例が「ございりやす」「ございります」に接続し、残る1例も「おたのみもふしやす」に連なる。あわせて動詞音便形の状況を観察したが、テキスト中には促音便形24例＊9が現れ、ウ音便形は吉五郎が盃を早くまわすように催促した「おはやくおたのう申しやす」が1例であった＊10。

動詞ウ音便形は小松1985の調査によると上層階級の男性に多く使用される傾向があり、飛田良文1964ではチェンバレンのA Handbook of Colloquial Japanese（二版　明治2刊）に「東京でも、教養のある人々は、しばしばウ音便形を用い、特に公衆の前で話す時に用いる」という記載があることや、『怪談　牡丹灯籠』*11のウ音便が僧や武士によって使われていることが指摘されている。なお、人情本や滑稽本を調査した小島俊夫1965ではその結果から、「人情本・滑稽本・会話書・語学書などに見られるハ行四段活用動詞のウ音便形の使用者を、「教養ある人々」と断定することは、困難である。ウ音便形を使用しない者を、「教養のない人々」と断定することは、不可能である。」（p.62）と飛田1964とは異なる見解を示している。『新作おとしはなし』の主人公吉五郎は無教養だが俳諧という上層の人々の嗜好することに興味を持ち、「わっちらんつらで　おめえさんがたのなかまにへへつて　へへけへをやらかそうというのは」分不相応だと承知している人物として描かれている。【表3】（後出）から見ても、場面によって待遇表現を切り替えることができる人物とは考えにくく、その出身階層も非上層階級である。このような人物が形容詞ウ音便を用いていることからは、現れた形容詞ウ音便の使用が上層階級の語や高い待遇表現の形式としての選択というよりは、吉五郎のその場に適した丁寧なことば遣いをしようという、社交上の表現であろう。前掲小松1985にも、形容詞ウ音便の使用は高い待遇表現に連なるときに多く現れ、軽い敬語に連なる場合は原形が優位であると指摘する。宮地裕1971は現代敬語を「場面に応ずる相対敬語であり、社交敬語であり、受恵敬語である」（p.371）と特色づけ、階級差による敬語の色彩が薄い「社交上の人間関係のわきまえとしての社交敬語の性質をより強く持つもの」（p.378）とする。吉五郎のウ音便使用は無教養だが上層志向の強い人物が敬意とは別に、社交上の人間関係を維持しようとした表現という点で現代敬語に共通する要素を有するといえる。

　では吉五郎の待遇表現は特異なものであったのか。これを見るために、安永から明治期までに出刊された江戸板の94本について、テキスト中でウ音便形をとった形容詞6種に「嬉しい」「悲しい」

「羨ましい」などを加えた形容詞20種を対象として補充調査をした。ここでは詳細は省くが安永から寛政期までの形容詞ウ音便中、挨拶を主とする社交場面に使用されたウ音便形は、44本71例中10例（14%）、文化期から明治期までは50本35例中20例（57%）だった。調査した形容詞は限られたものではあるが、テキスト成立時期をふくむ化政期以降、形容詞ウ音便形は全体的には使用を減らしていくにもかかわらず、挨拶の場面（社交場面）では漸増傾向がうかがえる。また安永期から寛政期のウ音便が商人、武士を主要な使い手としたのに対し、化政期以降はこれらの人々以外に遊郭の客（通人）、商家出入りの町人の使用がみてとれる。以下に寛政期から明治期半ばまでの数例を挙げる。

・手いつぱいで拾両かさふ　ハイ拾両ではどふもくめんがわるう
　ございます　　　　　（借金をする父親→女郎屋主人）『喜美談語』寛政8

・此あひだハお遠〳〵しうございますト内へ這入る
　　　　　　　　　　　　　　　　　　　　（商人同士）『笑嘉登』文化10

・モシおじょうさんへ。此まくがあきますと　御ひいきの羽左衛門が出ます　おうれしうございませう
　　　　　　　　　（芝居茶屋→見物の娘客）『百面相仕方はなし』天保13

・いそがしいことをかんがへますと　子のないかたが　ほんとふに　うらやましうございます
　　　　　　　　　　　　　　　（おかみさん同士）『落語の吹寄』明治18

・これは旦那　久しうお目にかゝりませんナ「イヤ　たれかと思つたら　唐物屋の番しうホンニ久しうあひません
　　　　　　　　　　　（商家旦那と他店の番頭）『落語の吹寄』明治18

　吉五郎のウ音便形の使用は今日東京語で用いられる「お寒うございます」「うれしゅうございます」のような定形の挨拶語・社交敬語のさきがけをなすものとして注目される。

　形容詞ウ音便形は非上層階級であっても「ございやす」や「ございます」と結びついた形で、容易にその場面に適合した丁寧な物言いができる。形容詞ウ音便形は固定化された挨拶語をふくむ丁寧な言い回しとして階層を越えて使用され、江戸語から東京語へ引き継がれていったといえよう。

（ⅲ）語末表現―「ます」と「やす」

　ここでは、文末に最も多く使われ、待遇表現差や階層差が現れることが予測される「ます」と「やす」を取り上げる。「ます」と「やす」の後期咄本における使用の傾向は第12章で述べた。そこでは「やす」が当初「ます」と同等の地位を保って幅広く使われていたが、次第に使用が偏り、女性の使用が激減するとともに、男性も通人や下層階級の使用に限られていき、ついにはほとんどその使用が見られなくなったことを指摘した。このような「やす」が本テキストでは「ます」を上回る結果となったことに注目し、その使用傾向を見ていく。

　観察する上で「ござり―」のつく形は一般的な「ます」「やす」と待遇表現において差があることを考慮し、分けて観察したが、結果的には「ござり―」の付かないものとほぼ同様であった。したがって、考察は原則として「ます」「やす」に一括した。また、以後「ます」「やす」の活用語尾である「ませ」「まし」「やせ」「やし」などは、必要な場合を除いて「ます」「やす」で括って代表させる。

　「ます」と「やす」については湯澤1954ではともに「動詞式活用の連用形に付いて、丁寧の意を表わす」（p.488、p.500）が「表す意味も「ます」はいくらか丁寧であるように思われるが、大体同じである」（p.503）とする。また小島1974では「おもうに、すくなくとも後期江戸語としての「やす」は、「ます」よりは、話し相手に対する話し手の敬意もひくく、その用いられる場も、せまくかぎられていたのであろう。」（pp.207-208）と待遇表現としての使用差が指摘されている。以下にテキストに現れた「ます」の用例を活用形ごとに挙げる。

　「ませ」（未然形）の例
・「目はわるしみゝはとをくなりますとんと人さまをヨウおぼへませ<u>ません</u>」　　　　　　　　　　　　　　　　〔29ウ／方丈→錦〕
・「てへきでも^{ハヤ}しやう事が御ざり<u>ません</u>」　　　　　　〔9ウ／治→錦〕

426　付章

「まし」（連用形）の例
- 「よくおいでなさりました」 〔28ウ／主→方〕
- 「さよふでござりましたかな」 〔29オ／方→錦〕

「ます」「まする」（終止形）の例
- 「つかいがふじゆうでとんとこまります」 〔9オ／主→皆〕
- 「川口と申まするかね」 〔8ウ．9オ／治→主〕

「まし」（命令形）の例
- 「チトお上りなされまし」 〔29オ／主→方〕

「やせ」（未然形）の例
- 「おもしろ山のほとゝぎすとふるくいたしやせう」〔6オ／招→皆〕
- 「吉のやろうはおりやせんかね」 〔32ウ／孫→主〕

「やし」（連用形）の例
- 「ゑのしまのほふへまいりやした」 〔4オ／主→錦〕
- 「はなしで御ざりやした」 〔4オ／錦→主〕

「やす」（終止形）の例
- 「めまできいろくなりやすぜ」 〔11オ／吉→錦〕
- 「ぶつたそふで御ざりやす」 〔37オ／吉→方〕

「やし」（命令形）の例
- 「おはじめなさりやし」 〔12オ／吉→主〕
- 「おきゝなせへやし」 〔13オ／吉→主〕

これらの他に「ごぜへす」「ごぜへせん」の用例が見られた。

- 「もふしたのでごぜへすがね」 〔13オ／吉→主〕
- 「したのじアごぜへせんかね」 〔10オ／吉→主〕

連体形、仮定形の例は見当たらなかったが、丁寧な表現としての

三笑亭可楽作「新作おとしはなし」における江戸語　427

「ます」28例、「やす」53例を得た。

次に待遇表現としての使用分布を【表3】から見る。

まず、方丈と治助、付き馬が「ます」の使用に偏り、同様に吉五郎が「やす」に使用が偏っていることが注目される。孫は1例のために不明だが、吉五郎の「ます」3例の中には「どうでごぜへます」があり、これは音訛形が現れたぶん、「ます」としてはややくだけた表現といえる。

主人や俳諧仲間は「ます」「やす」を併用するが、「ます」を使う場合の相手は方丈、主人、錦川までで、仲間同士の気の置けない会話場面では「やす」が使われている。これらの状況からは先行論文に指摘されるように、当時は「ます」のほうが「やす」よりもやや丁寧な用法であったといえる。

また下僕の治助と遊里の使用人である付き馬が「ます」の専用であることは、雇用関係、金銭の授受関係からくる待遇表現であり、方丈のそれは年齢差もあろうが社会的地位からくるものであろう。

表3 ます系・やす系使用

		聞き手							
		方丈	主人	錦	招	五・十	吉	孫	皆
話し手	方丈	*	△6	△6					
	主人	△5	*	△1●9	●1		●2		△2●2
	錦	△2	●4	*	●1				●1
	招			△1	*				
	五・十		●1	●1		*			△1
	吉	△2●8	△1●35	●4		●1	*	●1	●21
	孫		●1					*	
	治		△5	△1	△6				
	馬						△4		

△＝ます系、●＝やす系。表中の数字は例数を、空欄は会話のなかったことを表す。

以上からは、『新作おとしはなし』に現れた「ます」「やす」はともに丁寧な表現として用いられたが、敬度は「ます」のほうがやや高く、「やす」は親しい間柄において使用されたことがわかる。ま

た社会的地位が高い方丈は「ます」を用い、いさみのような階層では、ほぼ全場面において「やす」が使用されるといえる。

ただし、社会的に下位に属するものだけが「やす」を使用するのではなく、中流町人層であっても、階層という規制を外れた親しい間柄では「やす」を使い、場面によっては「ます」に切り替えるという使い分けがあったことも明らかである。第12章で指摘したように「やす」の使い手は、はなし家、幇間、俳諧師、万八（ほら吹き）、無筆、居候などが大部分を占める。また場面的には友人間などの他に、はなし家、幇間がお座敷で旦那に使う場面や、女房が亭主に使う場面などの会話場面が多い。

『浮世風呂』（文化6-10刊）でも同様な調査結果で、場面としては将棋仲間の会話や喧嘩相手に啖呵をきる場面など、使用者は親しい間柄以外ではいさみや通人の例が多い＊12。この結果は本テキストの結果と符合する。

以上から、「やす」の使用は通人が集まる俳諧の催しのような改まり意識の希薄な場面、言い換えれば社会的規範の枠外での場面が多く、使用者もいさみやきおいと呼ばれる中流以下の町人（多くは職人や行商などの零細な商人）や通人、はなし家や幇間などの、社会的規制をあまり受けないもしくは受けることの少ない階層に好んで使われる傾向のあったことが裏付けられる。このような「やす」の使用も、読み手にとっては吉五郎や他の登場人物とその場面からごく自然なこととして、了解されたと察せられる。

（iv）各種の命令表現

ここでは田中章夫1957の定義に従って「相手に、行動による反応を期待する言語表現」（p.42）を命令表現と呼び、肯定の命令と否定の命令に分けて観察する。（i）で見てきたような待遇関係や位相差の中にあって、依頼・勧誘を含む命令表現がどのような使用傾向であったかを見ていく。依頼・勧誘には丁寧な命令表現といわれる「なされまし」等も含める。

登場人物の設定や作品のテーマにより命令形出現の頻度や種類の変動は予想されるが、『新作おとしはなし』に現れた命令形は23

例で、禁止の形は「そんなことをいふな」〔17ウ／吉→孫〕1例の
みで、他はすべて肯定の命令表現である。なお、23例の中には
「なんぞくへる物をよこせといってくだせへ」の「よこせ」のよう
に、眼前にいない相手にむかって発せられる命令要求が7例含まれ
ている。

　現れた命令表現形には一般動詞命令形の他に、補助動詞、助動詞、
終助詞の「―なせへ」「さっせへ」「―せへ」「―くれ」「―まし」
「―やし」「―な」があった。

一般動詞の命令形
　・「なんぞくへる物を<u>よこせ</u>と」　　　　　　　〔9オ／招→治（料理屋）〕
　・「なんぞおつりき＊13 なものを<u>よこせ</u>と」〔9オ／招→治（料理屋）〕
　この2例はともに料理屋への言づけで、治助への直接の命令要求
ではない。直接対話における一般動詞の命令形は本作品では見あた
らない。

補助動詞の命令形
A「下さい」「下せへ」
　・「くへる物をよこせといつて<u>下せへ</u>」　　　　　　　〔9オ／招→治〕
　治助への直接的な働きかけ「下さい」には一段崩れた音訛形を用
いており、非音訛形の例は見あたらない。「ください」の音訛形を
補助動詞に使うことで、命令の強制力は失せ、意図を持ち掛け依頼
する表現になったと考える。おそらく、直属の主人である開催主に
配慮したことによろう。

B「なさい」「なせへ」
　・「まじめにかんがへ<u>なせへ</u>」　　　　　　　　　　〔21オ／主→吉〕
　・「そのあとをまあお<u>聞なせへ</u>」　　　　　　　　　〔14ウ／吉→主〕
　・「ゑんりよなしにお<u>あがんなせへ</u>」　　　　　　　〔25オ／招→皆〕
　・「まづチト<u>お上りなされまし</u>」　　　　　　　　　〔29オ／主→方〕
　・「<u>おきゝなせへやし</u>」　　　　　　　　　　　　　〔13オ／吉→主〕
「なさい」、「なせへ」には動詞に単独で接続する場合（a）と接頭

語の「お（御）」が伴う場合（b）、「お（御）─やし」、「お（御）
─まし」のように接頭語と助動詞に挟まれる場合（c）に大別され、
これらのスタイルが命令表現中最も多く使われている。「なせへ」
の例が6例あったが吉五郎から主人への2例と招留から皆への1例
は「お─なせへ」である。「お上りなされまし」や「おきゝなせへ
やし」のように「なされ」「なせへ」それ自体には命令の強い意志
はないが、依頼・勧誘の丁寧な命令形の例としてここにあげた。

　招留の例は「食う」の敬体「上がる」がはさみこまれており、高
い敬意を持つ勧誘表現と捉えられる。主人の未醒は吉五郎に対して
は音訛形で、方丈には非音訛形で意図のもちかけを行い、表現を使
い分けている。「お上りなされまし」は主人の方丈に対する敬意の
表現であろう。吉五郎の「くだせへ」「なせへ」の専用には、一段
くずれた言い方として訛音を用い、改まりの意識を弱め、強い響き
を和らげて話し手と受け手の距離を縮める意図が感じられる。同様
に主人や招留のように、場面で音訛を切り替えることが可能な人物
たちには、命令の強制力を弱めるために音訛した表現が利用されて
いることがよみとれる。

　C「くれ」
　・「四本さんだんしてくりやな」　　　　　　　〔34オ／孫→吉〕
　これは「くれる」の連用形「くれ」に助動詞「やれ」の縮約形
「や」が接続して拗音の形になったものへ終助詞「な」がついた例
である。多くの場合は「くりゃれ」で現れることが多く、調べた安
永期から明治までの123本中、「くりゃ」は5作品12例、「くりゃ
れ」32作品34例だった＊14。「くりゃ」12例の中には可楽作『身
振姿』の〈おかみさんになりはじめ〉で女郎上がりのおかみが丁稚
に向かって使う「おちゃアくりや」「あしのうらをふいてくりや」
4例など、可楽の作品中に現れる例が3割程度含まれている。

　D「さっせへ」「っせへ」
　・「しづかにさつせへ」　　　　　　　　　　〔35ウ／吉→付き馬〕
　・「さんきれいでものまつせへ…とうじにでもいかつせへ」

三笑亭可楽作「新作おとしはなし」における江戸語　　431

〔11 ウ／錦→吉〕

「さっしゃる」の命令形「さっしゃれ」から変化した「さっせへ」と「しゃる」の命令形「しゃれ」から変化した「っせへ」が各2例あった。

　付き馬をたしなめる吉五郎の例以外は間接的な会話の例である。命令の受け手がその場にいないため、対峙する人間関係に配慮する必要がない場面では、一般動詞「よこせ」や禁止「いうな」および「さっせへ」「っせへ」が選択されている。このような使用の状況からは、「よこせ」「いうな」などの表現形式が、強い響きを持って普通には使用が避けられる表現形式と見なされていたことがわかる。

　E「やな」「ねへ」
　・「めかりをきかせてものを<u>いやな</u>」　　　　　　　〔32 ウ／吉→孫〕
　・「よくつもつて<u>みやな</u>」　　　　　　　　　　　〔35 オ／吉→孫〕
　・「ヤイ見るもんじや<u>ねへ</u>、みんな<u>いりねへか</u>」〔35 ウ／吉→野次馬〕
　助動詞「やる」の命令形「やれ」からくる「や」だが、「やれ」や「や」単独の形は見られず、現れた3例はすべて終助詞「な」が後接する「やな」であった。「やる」は湯澤1954では「尊敬の意を表わす「ある」の転じたものであるが、江戸言葉では敬意が薄らいでむしろ親愛の意を表わすと見るべきである。」(p.503) と説明されている。ここでは他の命令表現に見られる婉曲な依頼・勧誘の意図は希薄で、いささか怒りのこもった直接的な働きかけに用いられている。同階級に属する仲間への表現であるため、「や」だけの強い響きを和らげる目的で「な」が付加されたものと考える。

　上2例は「周囲を見て、ものを言え」「よく考えてみろ」の意である。

　「よこせ」「いうな」などの存在しない相手への命令表現を除けば、テキスト中最も強い命令形は吉五郎が「みんないりねへか　こいつァ水をぶっかけるぞ」と野次馬を去らせるために用いた例である。「なさる」から派生し「元来は尊敬の意を表わす語であるが、敬意が薄くなって打解けた者の間に行われ、上品な語ではない」(同上 p.459) という性格を持つ「なる」の命令形「ない」がさらに音訛

したもので、待遇表現としては最下位に位置するものである。特殊な例ではあるがこのような使われ方もされたようである。

以上見てきたように、当該テキストの命令表現には待遇関係や持ちかけの強さによって各種の表現がとられている。一般動詞の命令形や一般動詞に「な」がつく禁止表現はほとんど見られず、補助動詞や助動詞、終助詞を用いることで強い響きを和らげ、待遇表現に微妙な差違をつけるなどの工夫がされるようすがうかがえた。また、このような響きの和らげや、微妙な待遇関係を表現するために、「なさい」「ください」ではなく、「なせへ」「くだせへ」のような音訛した形を採用する場面も観察できた。

4．おわりに

化政期に活躍した職業噺家、三笑亭可楽の『新作おとしはなし』について、現れた言語事象を考察した。そこには音訛形の使い分けが可能な者と、使い分けができない者の存在がみとめられた。前者が同レベルの仲間に使う音訛形は、くだけた表現をすることで親しみを表す手段としての使用と考えられる。また前代では音訛する人物、例えば田舎者などを笑いの対象としていたのに対し、次第に「ヒシャク（柄杓）」と「シヒャク（四百）」の混乱といった音訛現象自体を笑いの対象とするようすもうかがえた。字が読めない者や世情に疎い者を笑うことから卑近な現象を笑うようになるという、笑いの変質が見て取れる。連母音融合やヒとシの混同といった音訛現象が、自分たち江戸市民の特徴と意識されたことの表れであろう。

形容詞ウ音便形が非教養層によっても使用され、「ございやす」「ございます」と結びついて次第に固定化した表現となる。固定化した表現は階層の枠を超えて用いられるようになり、挨拶語をふくむ丁寧な表現として、東京語に引き継がれていった可能性がある。

丁寧語としての「ます」と「やす」は場面によってその使用が切り替えられるケースや偏用されるケースなどが見られ、のちの「ます」と「やす」の使用の消長に関わる要因になったと考えられる。本作品は複数の登場人物によって構成されるため、待遇差が生じる

会話場面が多く見られた。そのような会話場面での命令表現では、意図をもちかける際の強い響きを和らげるために、一般動詞の命令表現や禁止表現よりも、補助動詞や助動詞、終助詞が多く使われた。また、その命令表現に訛音を用いることで、命令に伴う強制力や改まりの意識を弱め、相手との間隔を縮めるといった工夫がなされた可能性も指摘できる。

　以上、ここでは化政期の一作品を対象に、音韻・語法に関わる事象のいくつかを取り上げた。対象が一作品であるために、得られた結論が個別の域を出ないこと、調査項目が少ないことなど今後の課題は多い。しかし「2. 後期咄本の体裁の変化」で見たように本作品はおおよそ当時期の平均的な咄本であって、得られた結論も同様にこの時期の平均的な姿と捉えることができる。また作品に現れた様々な言語事象が、単に当時の市民の会話を写すにとどまらず、表現技巧として利用されていることもわかった。

　話し手が明確で、独立した会話部分が多くを占めること、複数の人物が登場することで待遇差が明らかなこと、作者と刊行年がはっきりしていることなど、明和・安永期の咄本とは性格を異にすることが知られる。このように化政期以降の咄本は、江戸語にアプローチする多くの手掛りを有するといえる。

　なお、早稲田大学中央図書館蔵「新作 おとしはなし 翻刻ならびに注釈」は本書末に配列した。

参考1									
時期別一覧									

作者	作品名	刊年	書形	半面行数	字数／行	本文丁数	話数	行数／一話	字数／一話
木室卯雲	鹿乃子餅	明和9	小本1	7	16	59	63	13	210
軽口耳抜	口拍子	安永2	小本1	7	15	57	86	9	139
大田南畝	鯛の味噌津	安永8	小本1	6	10	52	45	14	139
朋誠堂喜三二	柳巷訛言	天明3	小本1	8	15	27.5	52	8	127
振鷺亭主人	噺手本忠臣蔵	寛政8	小本1	6	12	26	21	15	178
曲亭馬琴	新作塩梅余史	寛政11	小本1	8	20	21.5	5	69	1376
桜川慈悲成	馬鹿大林	寛政13	小本1	8	16	38	30	20	324
三笑亭可楽	東都真衛	享和4	小本1	8	19	19	7	43	825
立川銀馬	富久喜多留	文化11	中本1	9	25	13丁半	19	13	325
十返舎一九	口取肴	文化15	小本1	7	18	16.5	16	14	260
曼亭鬼武	一雅話三笑	文化頃	小本1	7	18	33	43	11	193
晴幹堂主人	七福神落噺	文政12	中本1	8	22	10	10	16	352
花山亭笑馬	東海道中滑稽譚	天保6	中本1	8	16	32	20	26	410
三笑亭可楽	新作可楽即考	天保13	中本1	8	20	7.5	4	30	600
一筆庵英寿	古今秀句落し噺	天保15	中本1	8	25	16.5	15	18	440
春硯家幾久	春色三題噺	元治元	中本3	8	25	15.5	10	25	620
春硯家幾久他	梅屋集	慶応元	中本1	10	32	24	29	17	530

参考2									

三笑亭可楽作品詳細

作品	刊年	書形	半面行数	字数／行	本文丁	話数	行数／一話	字数／一話	挿絵
東都真衛	享和4	小本1	8	19	19	7	43	825	2
新作おとしはなし	文化6	中本1	8	18	37	1	592	10656	見開4＋半
種がしま	文化8	小本1	7	20	22.5	15	21	420	3
身振姿	文化11	中本1	8	20	24.5	8	49	980	9
百の種	文政8	小本1	8	20	11	11	16	320	見開1＋半
十二支紫	天保3	中本1	7	22	13	17	11	236	1
新作可楽即考	天保13	中本1	8	20	7.5	4	30	600	なし

図表はすべて早稲田大学中央図書館所蔵本

図1　口拍子（ヘ13–1984–1）

図2　身振姿・図4古今秀句落し噺（合冊）（ヘ13–1984–26）

図3　浮世風呂（ヘ13–3474–1）

図5　口取肴（ヘ13–1984–20）

図6　屠蘇喜言（ヘ13–1984–19）

図7　新作おとしはなし（ヘ13–1984–12）

参考3 「やす」の使用

式亭三馬『浮世風呂』一編〜四編

（文化6-10刊　早稲田大学中央図書館所蔵　へ3.3474.1〜16）

　　将棋仲間2例

　　江戸の女→上方の女へ2例

　　おしゃべりなかみさまが悪態をついて7例

　　通ぶった男→大商人の息子へ3例

　　中っ腹（いさみ）の年増→悪ふざけをする娘達に啖呵をきって
1例

　　中っ腹の男→むかしのきおいといわれる年寄りへ5例

　　　　　　　　　　　　　　　　　　　　　　　等計47例

　また本文からは乞食を指す語に「おやんなさいやしが来たよう
だ」（二編下ノ三十一ウ）のような用法があったことが知られる。
立川銀馬作文化11年刊『富久喜多留』では「だんな、一文おくな
さりやし」があり、物乞いのことばとして当時常套句とされていた
ものであろう。

＊1　ここで使用する噺本、咄本の語については序章参照。

＊2　式亭三馬は『浮世風呂』の中で「一夕歌川豊国のやどりにて三笑亭可楽が落語を聞く。例の能弁よく人情に通じておかしみたぐうべきものなし」と可楽の名を挙げ、可楽もまた『身振姿』の中で「本町二丁目えんしゆ丹の主人」と三馬の薬店広告を作品の中に織り込んで応じている。

＊3　比留間尚1957では「寛文見聞記に今の噺家とて落し咄しする者は、寛政の頃は稀にありし。堅川の談洲楼焉馬又はからく夢楽抔いふ者ばかりなりしが、夫々に昼は家業ありて、夜計り咄しする」(p.33)との『燕石十種』五輯（p.119）の記事が引用されている。

＊4　音便形は音韻論的にも形態論的にも多様な現象を含むであろうが、ここでは一応音訛現象の現れに連なるものとして取り扱った。

＊5　「山帰来」（さんきらい）の音訛形。肝、胃の生薬として古くから使われた。

＊6　[ne:]に音訛したものは打消しの助動詞13例（知らない、離れない、浮かばない他）と形容詞の例である。

＊7　海で死んだ者が亡者となって、他の船を沈めようと海に漂い、柄杓を欲しがるため、船中の者が柄杓を海に投げ込むとその柄杓で海水をくみ上げて船を沈めるという言い伝えによる。

＊8　江戸期のウ音便については湯澤1954、松村1957、坂梨1987他に言及がある。

＊9　促音便形は「言って」「知って」「食らって」などである。

＊10　安永から明治期までの噺本を概観した中では、「おたのみ申」や「地口を五百ばかり、おたのん申たうござりやす」（林屋正蔵作天保7年『落噺年中行事』）などの「おたのん」の例のみで「おたのう」となる例は見あたらない。同時代の滑稽本『浮世風呂』『東海道中膝栗毛』も同様の結果である。

＊11　三遊亭円朝　文久年間作。飛田1964の調査は明治19年の文事堂本五版に拠る。

＊12　『浮世風呂』の結果は章末の【参考3】に示した。

＊13　「りき」は「おつ（乙）」に洒落て添えた語。普通と違って一種の洒落た趣があること。土橋りう馬、扇好作『百面相仕方はなし』（天保13）には「なんでもあいつはおつりきだ　ヤレおめへさんは　しよけへのやうじやねへ」

＊14　「くりゃ」出現作品中上方板は1、「くりゃれ」は2作品が上方板である。

438　付章

*215 てをもひ（手重い）ものものしい、容易ではない。めんどくさい。ここでは、そんな御大層なものではないという程度の意。

*197　こかァ　「ここは」の音訛。
*198　すじけへ　「すじかい」の音訛。すじかいに。斜めに。
*199　うすげえぶんがわるい　げえぶんは「がいぶん（外聞）」の音訛。いささか外聞がわるい、の意。
*200　らしやうもん　羅生門河岸。「新吉原をめぐる総堀に面した場所の一つで京町二丁目の南にある河岸をいふ」（喜多村信節『嬉遊笑覧』文政一三）羅生門河岸の名は茨木屋という遊女屋があったから名づけられたとも、下等の女郎が客を離さないさまを鬼にたとえてともいわれる。「いずれも頼光四天王の一人、渡辺綱に退治された羅生門の鬼茨木の故事に懸けている。」（浜地）
*201　やみと　むやみに。やたらと。しきりに。『わらひ寛政七―　「いなかはぞろつへいでおもしろい。やみといろ事ができる」
*202　いつきん〳〵やなにか　一斤とは酒一升のこと。酒肴として、台のものをとることを言ったか。『東海道中膝栗毛三下』文化元―　「マアひらのちうさんなら、片じまいで壱分弐朱、茶屋が壱分か、芸者が一トくみで又壱分、そして一斤でもとれば、その代が弐百ヅヽかヽるぶんのことさ」
*203　でいりよ　「でいり（出入り）を」の音訛。
*204　わりをつけて　仲裁をつけて。
*205　こんた　こなた（此方）の意。あなた、お前。『無事志有意』―　「コレおりんどん。こんたに無心が有〳〵」
*206　ふしやう　不肖・不承　不満足だがそれで我慢するこ

と。辛抱する。十返舎一九作『東海道中膝栗毛　五上』文化三―　「なるほどそふすればよかった。不肖してのればのるものヽ、もふ〳〵道中馬にはあきはてた。」
*207　ふなゆうれいをみたよふに…四百かせ　海上に現れ、船を沈める船幽霊。杓子を要求するが杓子の底をぬいて貸さないとその杓子で水を掛けられ船が沈められる。「ひしやく」と「四百」が懸けられる。
*208　たてひき　けんかや交渉、義理の立て合い等の意に用いられるが、ここでは心意気を見せるために支払いを代わってやる、用立ててやるの意。
*209　けひき　罫引きのことか。
*210　そけへ　「そこへ」の音訛。
*211　よくつもつて（みやァ）　「よくつもつて（みやな）」の音訛。よく考えてもみよ。推量してみよ。『通言総籬』―　「よくつもつておみなんし」
*212　まごが馬をつれて…　附馬を連れてきた吉五郎の仲間の「孫」と「馬子」を聞き間違えて言ったもの。以下のはなしの内容はこの聞き間違えから生じた会話の行き違いを描く。
*213　十ねんでもさづければ　十念はもと浄土宗・時宗で僧が南無阿弥陀仏の名号を信者に授けて結縁させることだが、ここでは、方丈がいさみに十念をさづければきつねがおちると言っている場面である。
*214　千部　千部経。または経典千部。ただし、ここでは千部と附馬に返す金を掛けており、「壱歩（程）さずければ」ついている馬ははなれるというオチをつける。

*178 たい師さま 山下に近い大師としては上野両大師堂のことであろう。両大師をまつる両大師堂は、寛永寺御本坊に隣接し、慈眼堂又は、開山堂といわれた。「ここから出す角大師・豆大師といわれる慈恵大師の影像を刷った守札は魔除けとして家々の戸口や雨戸などに貼られた。」(浜地)

*179 山した 名称は東叡山の下にあったために山下と呼ばれた。見世物や土弓場などが設けられ上野広小路とともに繁華な場所であったといわれる。

*180 こなから (小半) 四半分の意。一升の四分の一、すなわち二合五勺。(前)「二合半」と書く時も。馬雄作『雅興春の行衛一 喜見城』寛政八「独り住みの働人…命也けり小半酒、ごまめは金平せはいらず」。『浮世風呂 三上』─「例所へ行てももんぢいで四文二合半ときめべい」

*181 けふら 今日等。(らは接尾語) 今日あたり。今日なんか。

*182 せうるさんの御ちそうなら… 「招留」と「精霊」の地口から、精霊のご馳走ならば、蓮葉の飯でもすればよいの意か。

*183 おこるへへけへ久しからず 「おどる平家久しからず」に懸けた地口。

*184 ちうの字をならべ 「中っ腹を並べ」に同じ。太平楽・大言壮語を吐くことを言う。

*185 くゝりずきん 老人用。(前) 頭の形に合わせて丸く作り、縁を括った頭巾。

*186 釜じめ 毎月晦日に、巫子などが民家をまわり、竈の御払いをして、しめ縄をはった。またはその人を指していう。

*187 お玉が池て… お玉が池「神田浜町絵図には、神田川に架かる和泉橋の南方、松下町一丁目代地の一角に「玉池イナリ」とあり、傍らに小さな池が書かれている。神田お玉が池というのがすなわちこれである」。(江戸学)この池の付近には、当時有名人が多く住んでおり、文化人らによって様々な会が開かれていた。

*188 菫酒不免山門入 多く禅宗の寺の門前に立つ結界の一つ。「不許菫酒入山門」と立つ。

*189 こくぼたん 牛の異名。「唐劉訓者京師富人、春遊以牡丹為勝賞訓祓客賞花。乃繋水牛累百迦門人指曰、此劉氏黒牡丹也。」(諺語)

*190 猿をよふこ鳥 「よふこ鳥小鳥の友をよへは也又猿を云といふ説有」(里村紹巴『匠材集第二』慶長二)

*191 こちかぜに こむそうを… 共に出典未詳。

*192 梅を好文木 中国晋の武帝が学問に励んでいる時は梅の花が咲き、学問を怠った時は散りしおれたことが「晋起居注」にあるとの故事から梅を好文木という。「梅の異名。晋起居注、晋武好文則梅開、廃学則梅不開」。(諺語)

*193 てんげへな 「たいがい(大概)な」の音訛。

*194 せうべへ 「しょうばい(商売)」の音訛。

*195 とをりもの 通人、粋人のこと。

*196 めかり 気を利かせること。場所を見定めて機転をきかせよ、わきまえよの意。

*164 火なは箱　火縄に火をつけて入れておく引出し付きの木箱。船中で煙草の火を付けるのに使う。…舟やどの来火縄入れの為に作られしにあらじ。舟頭の手提用箱なり。今の手提金庫同様のものなり。火縄を引出しへ挟み置く。便利ゆへ…」（砂）『客衆肝胆鏡』京伝作。…舟頭の手提用箱下たる図あり。此箱元

*165 ときわづ　常磐津節のこと。「宮古路豊後掾の高弟文字太夫が延享四年に独立して常磐津と称したことに始まる。主として歌舞伎の舞台に出演し、多くの傑作を残した。」（江戸学）

*166 あたな　あだ（婀娜）な。『通言総籬』―「長崎屋でぶんきようさんが、おひろめなんしたのでおす。いつそあだで、ようすよ」

*167 とみもと　富本節のこと。「宮古路豊後掾の高弟　初代小文字太夫が寛延元年に一世を風靡したが、後続の清元節に押されて衰退、幕末ごろにはその生命力は失われたといっていい。しかし一時は流行をきわめ江戸城大奥の女中の採用資格に富本の教養が問題であったほどである」（江戸学）

*168 かさいと申ても…　かさい（葛西）は地名。「恋」と「下肥」にかけたもの。「江戸で排出される糞尿は周辺の農村で使用する重要な肥料であった。…この下肥を収集するのに西部農村は馬、東部から北部にかけて河川輸送路の発達したところでは、舟が使われ、俗にこれを葛西舟といった。古川柳でも「葛西船堀へ付るもこひの道」等の句がある。」（江戸学）

*169 山のいもがうなぎに…　山芋が鰻になるという俗言は当時広く、流布していたようで、『浮世風呂　前上』にも田舎者のはなしの中に現れる。

*170 三ッ物　三品の組合せ料理。料理茶屋では吸い物、口取り、二つ物、刺身と続く。

*171 なんきんの五すのはち　呉須焼。中国明朝末から作り始めた染付け焼きの陶磁器を言うが、江戸時代は庶民の生活具であったらしい。談洲楼焉馬序、談洲楼銀馬作『富久喜多留』文化十一―「江戸もの、あり合呉主（ごす）茶碗おつとり酒をつぎ呑むといへば亭主、…イヨ咽の守呑（のみ）つね公」

*172 なるとだい　鳴門鯛　鳴門海峡の鯛はとくに味がよいことから、真鯛を称していう。

*173 ふきみそあい　蕗味噌和え。

*174 くま坂長半　牛若丸に討たれた盗賊、熊坂長範のこと。ここで、「せうろといふやつァたんとくうと口が松やにくさくなつてなんの事ァねへくま坂長半の…」とあるのは、熊坂長範が美濃国にある大木の松にのぼって、東西を遠望し、部下に旅人を襲わせたというはなしに拠るか。

*175 夕立にあつた山伏…　夕立にあった山伏が法螺貝を頭にかざしたところから「かいかぶり」と地口を言ったものか。

*176 くらまへの天王ばし　蔵前通り鳥越橋の俚俗名。（浜地）

*177 ひぢやき　陶磁器の焼き方の一つ。釉に細かいひびをあらわすように焼くこと。

箒」寛政十「ヲ、、それならばあゆばつし。アイ。いきやしやう

*149 なまが一本 なま＝現金を云。（三好）一本＝一文または四文銭をつないで銭差し一本の意で百、または四百文のこと。（守）の巻五「鰻屋」では「江戸ハ…一皿価二百文トス。必ズ山椒ヲ添ヘタリ」とあり、ここでは、四百文のことであろう。初めは芝居通語であったが寛政より一本に一般化した。

*150 うをも北うらのうをで 北うらとは霞が浦の東岸。鰻蒲焼は江戸前を最上として、他所で獲れた鰻を旅鰻といって一段軽く扱った。本文も、江戸前の鰻ではなく、一段品質が劣ったものとして「北うらのうをで」といったものであろう。「江戸前と旅鰻ということについては平賀源内の中にも…書いてありますから、大分前から言ったものと見えます。…この江戸前という言葉は宝暦以来鰻のために繰り返されている。江戸前という言葉は、鰻によって出来たのかと思われるぐらいでありま
す。」（『三田村鳶魚全集 十』「天麩羅と鰻の話」）

*151 すけねが 「すけねいが」。「すくない（少ない）」の音訛。

*152 びせいさん 「みせい（未醒）さん」に同じ。

*153 おもて（・うら） 連歌、俳諧で二つに折った懐紙の表と裏。またそこに記した句。一巻三十六句のものでは懐紙の表つ折りにして第一面に六句書いてこれを「表」六句といい、以下の一二句を裏面に書いて「初裏」という。（俳文）

*154 執筆 会席において宗匠の下で連衆の出す句を懐紙に書いて記す役。単に句の記録だけでなく句の指合の有無などを検討して記す宗匠の裁定を助け一座の興を高めて滞りなく興行を終えるよう司会する。（俳諧）

*155 ゑいそう （詠草）詠作した和歌や俳諧。またそれを書きつけた草稿。

*156 春秋は三句つづく 連歌・和漢連句・俳諧等では、単調、冗漫を避けるため、様々な連続の形式、隣接忌避の定まりがあった。

*157 ずだ（頭陀） 頭陀は梵語。行く先々で食を乞いながら伝道修行すること。（三好）

*158 つりかねんなつから しゅもくをもって『京鹿子娘道成寺』の「鐘入り」で鐘を引き上げると白拍子が蛇体の鬼女（＝般若）になって現れる場面から「行脚」と「般若」を掛けて言ったもの。

*159 かうじ町のけだもの屋 「江戸ハ麹町ニ一戸アルノミ。…三都トモ獣肉賣店ニハ異名シテ山鯨ト記ス」（守）

*160 鹿のことをもみぢ 「三都トモ獣肉売店ニハ異名シテ山鯨ト記スコト専ラ也」。又猪ヲ牡丹、鹿ヲ紅葉ト異名ス。（守）

*161 なんぶん 「なにぶん（何分）」の音訛。

*162 道哲 土手の道哲ともいい、浅草鳥越橋南の橋詰にあった弘願山専称院西方寺のこと。

*163 高尾のお寺 前項西方寺は吉原に近いため、新吉原の遊女の投込寺となり、また、二代目高尾太夫の墓があるといわれるのでこの名がある。

常陸国水戸藩士岡野重寿の次男。三世湖中。(俳諧)。東博本では「湖十」の後入れがある。

*133 得器 俳諧高点付句集「五万才」の撰者(俳文)もの。

*134 きつい 甚だしい、ひどい、強い、すばらしい、などの意味があるが、ここではすごいものだ程度の意。ホコ長『新作徳盛噺』寛政二—「アノてんま丁のだし、しうげつとやらのがさいくだそうだが、きついもんだ。」

*135 つけへた 「つかれた(疲れた)」の音訛か。

*136 ぐわんにんぼうずの初山じゃァねへが 願人坊主は僧形の物乞い、初山は年頭の山仕事の仕事始めの行事。不体裁な様子か。

*137 はてへて 「はたいて(叩いて)」の音訛。

*138 土手でいもをやいてる 当時江戸では焼芋が流行した。「江戸ニテハ…焼甘藷ヲ専ラトス。…阿陌番小屋ニテ賣之。価京坂ヨリ賎シ」(守)

*139 梅若さま 墨田区木母寺にある梅若塚のこと。謡曲「隅田川」で有名な梅若塚があり、参詣をかねた行楽客でにぎわったといわれる。

*140 たほ 若い女や芸者等をさして「たぼ」という。十返舎一九『東海道中膝栗毛 初』享和二—「いゝたぼでもあつたら、此むすこをだしぬくめへよ」

*141 梅かゝに 芭蕉『炭俵』元禄七—「むめがかにのつと

日の出る山路かな」

*142 六七のかや 縦横がおのおの六幅、七幅の蚊屋。六畳もの。蚊帳に関する咄は多く、「チツ、ふけへきなかやだぞ。…ほうらい山とやらを見たやうだ。つると蚊めがまふは」(土橋亭りう馬・扇好作『百面相仕方ばなし』天保十三)というのもある。

*143 だてう ダチョウのことか。江戸の見世物の中には、「ロバ、鸚鵡、孔雀、駝鳥」等の舶来のものが人気を集めたことが知られている。

*144 芝居のでんぼう 「無銭ニ見物スル人ヲ云テハ斯云カ。今俗ハ多ク「デンボウ」ト云也。今モ芝居ニモ云」(守)

*145 どけいでも 「どこへでも」の音訛。

*146 おきてみつ 「おきて見つ寝て見つ蚊帳の広さかな」伝加賀千代女(元禄十六〜安永四)作。

*147 うなぎ屋 「古ハ鰻蒲焼ト云名ノアルハ、鰻ヲ筒切リニシテ串ニサシ焼キシ也。形蒲穂ニ似タル故ノ名也。今世モ三都トモ名ハ蒲焼ト称スレドモ其製異ニシテ名ニ合ズ…大小トモニ串ヲ異ニシ一皿価二百文…江戸ハ専ラ鰻一種ノ店ノミニテ他物ヲ兼ズ」(守)

*148 あゆびやな 「歩ぶ」《自バ五》行く。赴く。命令・勧誘に用いるのが普通。「あゆびやァがれ」「あゆべ・あゆびな」などと使われる。談洲楼焉馬『詞葉の花』寛政九—「わりやアどふするつもりだ。ヲヽサ。なんでもおれしたにしてあゆびやれ」墨洲山人『新玉

*114 りやうり茶屋　文化期以降、江戸に現れた即席料理の店。客の人数に応じて簡便にみそ吸物、口取り肴、二つ物、刺身、澄まし吸い物あるいは茶碗物、最後に一汁一菜の飯を出す。本格的な料理屋から煮売屋に近いものまであった。(新潮古典集成『浮世床　初上』頭注)

*115 おつりき　「りき」は「おつ(乙)」にしゃれて添えた語。普通と違って一種のしゃれた情趣があること。土橋亭りう馬、扇好作『百面相仕方はなし』天保十三―「なんでもあいつはおつりきだ、ヤレおめへさんはしよけへのやうじやねへ」

*116 おてへぎ　「おたいぎ(御大儀)」の音訛。滝亭鯉丈『八笑人　初一』文政三―「てへぎながら例の所へ」

*117 ゆうきもめん　結城地方で産出された木綿縞織物。

*118 ひろ袖　袖口を袖丈いっぱいに開いた袖。

*119 めくらじま　結城織の衣類に小倉の帯、盲縞に真田の紐の前垂れというのは当時商店の番頭の最も一般的な様子であったことが『絵本江戸風俗往来』に描かれている。

*120 両こくの亀や　「亀や」は不明。両国橋の東詰、西詰はともに繁華な場所であったが、ここでは西詰の両国広小路(日本橋)を指すか。

*121 ねずみのはんぐつ　「半沓」革足袋。足首より上までの筒のあるものに対して半という。鹿のなめし革作りに染色したもので足袋の上からでも穿く。

*122 ふじくらぞうり　藤倉ぞうり。『麻裏価、上精製ノ物、二百五六十銭』此草履ノ麻裏ヲ不用物ヲ藤倉草履ト云。価

五六十銭』(守)

*123 そろばんしぼり　算盤玉をならべたような形。手ぬぐいの柄に多く用いられた。

*124 向じまにゐんきよしていた　五世市川団十郎(白猿)の俳名。明和五に五世を襲名。文化三歿。

*125 ヘヱッて　「はいって(入って)」の音訛。

*126 ヘヘけへ　「はいかい(俳諧)」の音訛。

*127 ヲツコロやすふ　ヲツコロは「おこころ(心)」の音訛。お心安く。

*128 しゞみのつゆでも　蜆は昔から黄疸の薬とされるがここでは錦川の黄色い声を揶揄していう。

*129 此人而有此病だ　『論語　雍也』の「伯牛有疾。…斯人也、而有斯疾也」から。ここではどんな人でも病(大執心)の一つはあるというくらいの意。

*130 さんきれい　「さんきらい(山帰来)」の音訛　ユリ科のつる性低木。地下の塊根を土ぶくりょうといい瘡毒の薬にする。貝原益軒『大和本草　六』―「土ぶくりょう中夏より来る。

*131 一つ目…天神　ともに遊女の格。ここでは、連歌の点取りと、宗匠の順位をこれになぞらえたものであろう。天神は太夫の次位で揚代が二十五匁からはじまる。唐来参和『莫切自根金生木』天明五―「明神の百枚も天神の五十枚も一つ目の七十枚も」

*132 湖中　俳諧師。安永五〜天保二　岡野重成、別号野雀。

*101　松坂じま　松坂付近で織り出される縞木綿。江戸時代商家の使用人の仕着せなどに用いた。「江戸ハ結城島ヲ第一トシ…蓋京坂モ河内モメンハ最下ノ服ノミ、丁稚等仕着ト名ケ、戸主ヨリ給フノ服ニ用之。江戸ニテハ仕着セニ松坂島ト云テ、勢ノ松坂織ヲ専ラトス。松坂島ハ美ニシテ久ク堪ヘズ」（守）「勢州松坂ニテ織出す木綿の、縞ある地太の木綿は、丁稚小僧の仕着なりしなり。三河木綿と同じく強き木綿なりときく」（砂）

*102　いわつきこくらの帯　岩槻木綿は地質が強く暖簾、風呂敷等に用いられる。小倉帯は普通使用人、職人の男帯として用い、白地・紺地が多いといわれる。ここでは治助の実直さを描く小道具の一つとして使われている。

*103　いわへて　「ゆわえ（結わえ）て」の音訛。

*104　せうりやうさま　せうりやう／しやうりう／せうる。「招留」ならば「せうる」が、「精霊」なら「しやうりやう」のかな遣いが正しい。「精霊」と登場人物「招留」を言い間違えてはなしを混乱させた。

*105　大坂喜八　未詳。

*106　川口　薬研堀の川口のことであろう。両国薬研堀にあった会席料理屋の川口忠七のことであろう。中山芳山堂『江戸食物独案内』飲食部　文政七に記載がある。

*107　王子から二リ　川口は日光街道の駅で江戸より三里十五町のところにある。（浜地）によれば川口善光寺は江戸から船便があるので参詣客も多かったといわれる。

*108　やげんぼり（薬研堀）　東京都中央区日本橋付近の堀。御米蔵築地移転にともない、明和八年には埋めたてられたが、その名は付近一帯の地名となった。この地にあった不動尊は薬研堀不動といわれ縁日の賑わいは江戸屈指であったといわれる。

*109　三みせんひきの可良　河東節の三味線弾き山彦可良のことであろう。

〈山彦可良〉「本郷菊坂生れで、本郷日蔭町に住したのち両国薬研堀に移った」『新撰大人名辞典』昭和十二）三代目可良（文化十一年歿）のことか。

*110　どうりで…善光寺様が　治介が誤って言ったのは、荒川に臨む川口村渡し場北にある「川口善光寺」。

*111　こんぴら　「虎の門外の京極家の金毘羅神、新橋の外京極家の邸内にある。…一般の参詣を許すようになったのは文化の末で、金毘羅大権現として創建してからのことであったらしい。」（浜地）本書が書かれた頃はまだ、登場人物らの参詣は許されていなかったかと思われる。

*112　横山町の魚文　魚文は不明。横山町は中央区日本橋のものか。同可楽の作品、『身振姿』文化十一にも「九ツ過ぎまで魚文にのんで居たァ」とある。実在の店であろうか。

*113　金を二タ切れ　一分金を数えるのに用いる。枚または個の代わりに使われる。式亭三馬『四十八癖 二編』文化十には「何の何がしとかいふ料理茶屋へ往つて見さつし。おれ一人りでも二分や三歩はまたゝく内だ」（後18ウ）とある。当時の金二切れ（二分）は料理茶屋の一人分費用。

*86 花かいらぎ 東南アジア原産の鮫の皮。あらい地粒の中に花形の大粒が混じっている。刀剣のさや柄を巻いたり装飾に用いた。『通言総籬』―「花かいらぎのわきざし。かみはよし原ほんだ」

*87 おもしろ山のほとゝぎす 何々山という通人用語。（注一〇〇「ありがた山の」も同様である）。『姿八景』―「これはこみ山三丁目だの」十返舎一九作『東海道中膝栗毛 四上』文化二―「宿はどふでもいゝからたばのありそふな内にしやれ」「のみこみ山く」

*88 みやうけん 妙見堂「柳島橋の西詰、日蓮宗妙見山法性寺の境内にある。俗に柳島の妙見様と呼ばれる。」（浜地）『春色梅児誉美』巻一―「今朝は妙見さまへ参りに来たつもりで宅を出ましたヨ」。亀のがくは未詳。

*89 てやい 「てあい（手合）の音訛。（前）では「あいて（相手）」の倒語という説がある。十返舎一九『臍煎茶呑噺』寛政十一―「おなじ万八ばなしのすきなてやい、けふもこゝによりあつまり」

*90 大おん寺まへ 下谷竜泉寺町にあった大音寺の門前をいう。『通言総籬』―「蚊はねへかのと、大音寺前のどぶじゃアあるめへし」

*91 おちが 結果が。挙句が。

*92 鶏舌楼 未詳。

*93 八百松 枕橋のたもとと水神の森にあった幕末の有名な料亭（浜地）。『粟田口霑笛竹』―「向島の土手伝いに帰って

参りますと・・・・ただ今は八百松という上等な料理屋ができましたが、その時分、あの辺は嬉の森といいまして、樹木が生い茂りて薄暗うございます。」

*94 イヌといふ字が 似て非なるものの接頭語として用いる。イヌタデ、イヌイチゴなど、多く草木名に用いる。

*95 栄三 歌舞伎役者 尾上栄三郎（尾上梅幸の前名）。嘉永二年に六十六歳で没した三世菊五郎が初世栄三郎を名乗っており、該当するか。

*96 源のう 式亭三馬『浮世床 初上』文化十には、「源之（げんの）」松助、真っ平御免」とあり、本書の「源のう」と『浮世床』の「源之」は同じ沢村源之助のことを指すと思われる。源之助は和事の立役で文化八に沢村宗十郎を襲名しており、文化六の本書成立時は最盛期と考えられる。

*97 梅花のあぶら 梅の花に似た香りのする水油。ごま油の中へ龍脳・麝香・丁子などをあわせてつくった頭髪用の香油。

*98 酒といふつはもの 出典未詳。

*99 下戸ならぬこそ 『徒然草一』―「声をかしくて拍子とりいたましうするものから、げこならぬぞそのこはよけれ」

*100 ありがた山 「ありがたい」の意をしゃれていう語。近世主に江戸でおこなわれた。「有難山」に「時鳥」の他「寒烏」「鳶烏」「宝心丹」等を添えた。また「有難山吹……」「有難山猫」などとも使われた。司馬龍生作『新作昔はなし』弘化三―「きみが代や、ありがたやまの古たぬき」

津村正恭『譚海』寛政七─「もうるは国の名也、緞子と繍珍
の二品に似たるものなり。…五色の糸を用いて織。飛金をあし
らいたるを金もうるという」

*70 黒なこ 魚子織りの略。数本ずつの縦横の糸を平織り
にしたもので打違いに粒状の織り目がある。山東京傳『通言総
籬』天明七─「下着はみな黒なこのうらゑり」

*71 すがぬい 紋所を菅糸で刺繍すること。『春色梅児誉美
巻六』天保三─「上着ははでな嶋七子上羽の蝶の菅縫紋」

*72 かましき梅ばち 紋所の名。六つの輪を組合せて梅の花
をかたどったもの。(守)では梅鉢紋の説明に「礼服ニハ女モ
コレヲ用フレドモ、略服ニハ釜敷形ノ梅ヲ用ヒシコトアリ」と
ある。

*73 一トつぶかのこ ごく小粒の鹿の子(絞り)。

*74 書画のくわい席 文人墨客が集まって、話を交わし、即
席の筆を揮って相互に楽しみあう会合だったが、化政期以降は
参加料を目当てにした、酒肴を主とした懇親会的なものへと変
わったといわれる。

*75 京傳や三馬 山東京傳(宝暦一一〜文化一三)と式亭三
馬(安永五〜文政五)のこと。なお、三馬と可楽は互いに自己
の作品に実名で登場させるなど、親交があったことがうかがわ
れる。

*76 しやりん玉 一生懸命にすること。現在では「大しやり
ん」が多く使われている。

*77 こくう むやみとやたらに。

*78 よこくわへ 片はしだけ心得ていること。なまかじり。

*79 まき(巻) 俳諧・雑俳用語。狭義には百韻・歌仙など
の完成された作品をいう。

*80 けい物 景品のこと。

*81 ふれい (不佞)才知・口才のないこと。転じて男性自
称代名詞。医者・学者・文士などが使ったといわれる。和来山
人作『落噺顎懸鎖三』文化九では、気取った藪医者が「さやう
〜不佞は絵にいたしましたじや」とつかっている。

*82 仲町 江戸深川の町名。仲町(深川)とは富岡八幡宮の
別当寺である永代寺門前仲町(現在の門前仲町一丁目)の略称。

*83 あついたのとつかり形 厚板は絹の練糸を縦に、生糸を
横に織ったもの。とつかりはアイヌ語のおっとせいを指すが、
ここでの意は不明。

*84 ちやんば (占城)インドシナ、南ベトナムにあった
チャム族の国名。ちゃんぱ織の略称にも用いられるが、ここで
は鮫皮の一種の意。少し長くなるが、刀の様子を説明した円朝
作品を以下に引く。

三遊亭円朝『粟田口霑笛竹』初演年不明 ─ 「鞘は別に念の
入れやうは有りません紹色で、丸繰形見入れ白に成つてをり、
淵頭に赤銅七子で金の二疋の狂ひ獅子、目貫は横谷宗珉の一輪
牡丹に鍔は信家でございます。鮫は占城の結構なところ、柄糸
は煮紺三分に巻き揚げ立派な物でございます。」

*85 ぶちかしら (縁頭)つかがしらのこと。「ふち」「ぶち」
「ぶち」の清濁は不明。注八四参照。

*52 ばらをのぞうり 細かい緒を何本か合わせた鼻緒のぞうり。『好色一代男 三』―「仏神に詣でけるにも置綿、ばら緒の雪駄音高く」

*53 ろういろさや 蝋（呂）色鞘のことか。黒ろる塗りの鞘。「駿河細工の木地呂色」、今は絶えて見ねど、古き鏡台、針箱に黒うるし塗の安物あり、それを云へるものなり。（砂）

*54 ならびがおかのおしやう（双岡和尚）吉田兼好が京都市の双岡に住居したことを踏まえている。

*55 ひとりともし火のもとに…『徒然草 十三』―「ひとりともし火のもとに文をひろげ、見ぬ世の人を友とするは慰むるわさなれ」

*56 かたせからゑのしま （浜地）によれば「江ノ島は古来、江島弁財天女を祀る社」があり、江戸からの参詣客で賑わったといわれる。

*57 きめうな 明和頃に始まる通人用語ですばらしい、すてき。変わった、おもしろいなどの意。ここではおもしろいはなしの意。『絵本珍宝岬』明和頃―「きれども〜さあらぬ躰。さしもの盗人、がを折さてもきめうな。そなたはなんといふ人と」

*58 そくに 俗に。

*59 忠っぱら 注三一に同じ 勇み肌や伝法肌の人のこと。

*60 附合の席 連俳用語。連歌・連句で前句に付句を詠み合わせること。（俳文）

*61 めうたる （妙）注五七に同じ。奇特な人物程度の意。『扇子売』天明六頃―「両国へとんだかるわさが出た。壱本竹の曲は妙だ。」

*62 はんくわつう （半可通）通人ぶっているが、本当の通ではない意。「通り者風にしゃれちらし、くらまへ小田原町はもちろん、江戸八百八丁にてみな近付がほに、けいせいをも相応に買いこなすを半可と申します。」（砂）三笑亭可楽『十二支紫』天保三―「よしはら通ひのはんくわ通が、はいふきからおいらが出るやうなほらをふいてゆくぜ」

*63 五風（…十雨）五日ごとに一度風が吹き、十日ごとに一度雨が降る意。天候が順当なさま、転じて世の中が太平な事。『浮世風呂 前上』冒頭―「五日の風静なれば…十日の雨穏なれば…」

*64 ふじねずみ 藤色がかった鼠色。紫色を帯びた淡黒色。

*65 おらんだもじ 筆記体のオランダ文字のようすから左から右へくるくると巻きからみ合う字や模様をさしている。

*66 中がた 中型紙で型置きして染めたもの。大形・小紋の対。（前）

*67 すゝ竹 煤竹のような赤みを帯びた黒色。

*68 かんぜ水 能楽観世家の定式紋だったが四代目沢村宗十郎が「小間物屋弥七」の役で着てあたり、彼の人気も手伝って流行したといわれる。（文様）

*69 きんもうる 「オランダ語 moor でインドのモゴルより織り出した織物の称。絹糸の経に金糸の緯を織りこんだ特殊の織物。」（前）

(前)

*38 なっぽふづ〈七つ坊主〉 菊池貴一郎『絵本江戸風俗往来』明治三八 では七つ坊主の由来を次のように説明している。「三縁山広度院増上寺は…寺領一万五百四十石、実に徳川将軍家御祈願所なり…塔頭三十坊あり、所化寮満ち満ちたり。随って所化僧等日々の課業終わるや、日暮れ七ツ時…十人二十人ずつ組て市中所々へ托鉢に出づ。七ツ時の時鐘に出かけるにより、市中これ七ツ坊主と唱えたり。」

*39 らかん 羅漢台のこと。江戸時代における劇場客席の一つ。舞台左手奥に設けられた桟敷のような席。「画証によれば明和期に発したようで享和ごろには左側の一階桟敷と少々はなれて斜めに設けられていた。その名称は、客がここに並んだ様子が仏像の羅漢を並べたのに似ているところから起こったという。最下等席でここの見物を目高見物と呼んだ。」(演百)「舞台の向かって左方奥にあり、一段高い見物席。いわゆるロハ客台を入れるが、客は役者を背後から見ることになる。」(前)

*40 こい 「こえ〈声〉」の音訛。

*41 三句佐里 連歌における去りきらい「三句さり」をもじったもの。

*42 せきしうりう 石州流。片桐石州を開祖とする茶道、華道の流派。

*43 大雅堂 池大雅。

*44 墨跡感鬼 その墨痕鮮やかなること、鬼をも感ぜしむといふ程の意か。

*45 ふくろ戸 袋棚の戸。普通ふすま障子とする。同作者『身振姿』「先だっては二階の袋戸を大きにありがたふございます。…経師屋が張ってもあのよふにきれいには」

*46 ふとわのうちへけんかたばみ 太い輪の中にけんかたばみを配したもの。

*47 にちうとんす 『身振姿』に「すゝたけに釜しき梅ばちの中かたらハへたゝぬよふな一ト粒鹿の子帯ハ二ぢうどんすの二重まわりをむすばずにちよいとはさみ」と類似の文章があり、おそらく「にぢうどんす〈二重緞子〉」の意であろう。

*48 市松つなぎ 市松模様のこと。もともとは石畳とよばれた模様だが、俳優佐野川市松が小姓役の袴に用いたところ女性がこぞって小袖の模様にしたほど流行したという。

*49 ぱつち 「パッチ、股引ノ名、其意京坂ト江戸ト異ナルが、のち京坂下方を狭く作った。江戸には明和年中から始まったという。」(前)「初め絹の股引の筒の太くひろいものであったが、のち下方を狭く作った。…『パッチ、股引ノ物ヲ「パッチ」ト云…処アリ。…江戸ニテハ、縮緬及ビ絹ノ物ヲ「パッチ」ト云…江戸ノパッチハ、股引ハ、絹ト毛綿ニテ名ヲ異ニスルノミニ非ズ。又縫裁モ異ナリパッチハ背ノマチ上広ク下狭シ。股引ハ上下トモニ狭シ」(守)

*50 ゑまのきつねといふ色のたび 「コン」(=紺色)とも言えない、のしゃれか。

*51 くすべかわ 松葉の煙でなめし革の地を黒くふすべ、模様を白く残したもの。

450(29)

*24 不歳稲舟 『古今集 一〇九二』──「最上川上れば下る
いなふねのいなにはあらずこの月ばかり」──「稲舟の否にはあら
ずしばしばかり」から、条件付きの肯定を表す。「承知したが
しばらく待って欲しい」の意と「否にはあらず」で、作者が遅
筆を詫びた辞であろう。二世荻江露友の「稲舟」に関わるかと
思われるが詳細不明。談洲楼焉馬撰『無事志有意』寛政十──
「いけすかねへといへ共、余りたび重なれば、いな舟のいなに
はあらず」

*25 駑高 歩みののろい馬。「駑馬は伯楽に会わず…」

*26 麒麟 想像上の獣。雄を麒、雌を麟。「駑高も麒麟に立
帰」は「麒麟も老いぬれば駑馬に劣る」よりか。

*27 伯楽 『荘子 馬蹄』などに見える中国春秋時代にいた
馬を見分ける名人。転じて、よく馬の良否を見分ける者や馬牛
の病気をなおす人をいうが、ここでは馬に十念を授ける方丈を
指すか。

*28 新泉園 「神泉苑に降り立つ鷺に勅命を告げると鷺は地
に伏し、帝は御感のあまり鷺を五位に叙した」という能楽
『鷺』に基づいた命名か。（新泉園と神泉苑、五位鷺と悟意鷺丸
を掛ける）『鷺』の出典は『平家物語巻五』「朝敵ぞろへの事」、
『源平盛衰記巻一七』「蔵人取鷺事」等。

*29 悟意鷺丸（五位鷺丸）「新泉園と号す。通称紀平庄之助。
名は義雄。東都新橋畔に住す。五側判者。歌賞に高価の品を出

し狂歌界を富にせしは此人なり。文政十年二月歿す。」（狩野快
庵『狂歌人名辞書』昭和三）

*30 目のまい 「目のまえ（前）」の音訛。

*31 ねづみ木戸 無銭入場者を防ぐために狭く作られた劇場
の出入り口。鼠のように体を曲げて入るために、この名称が生
まれた。

*32 ちうツ腹（中腹）勇み肌の人。侠客。『浮世風呂』前
上」──「目に見えぬ鬼神を二の腕に彫りたる侠客も、

*33 りうきう 琉球使節団の参府は極めて稀であったことから、
「りうきうだもしれねへ」は「めったにないことだったかもし
れない」の意か。「どうせひにとことがよかつた」は床の間の琉
球表と遊女の床を掛けたか。

*34 てつほう見せ（鉄砲見世）切見世のこと。切見世の女
郎は梅毒（毒）を病んでいることが多く、毒を持つ河豚の異称
から鉄砲の名がある。

*35 かの白めん 「白面金毛九尾の狐」から鳥羽天皇の寵妃
玉藻前を指すか。文化四年六月市村座の「三国妖狐伝」が人気
をよんだ。文化六年には式亭三馬が合巻『玉藻前三国伝記』を
刊行している。

*36 ものまい 「ものまえ（物前）」の音訛。物日の前。掛取
りの決算をする日。

*37 なまづぼふ主（鯰坊主）「歌舞伎の役柄。歌舞伎十八番
の「暫」に出る鹿島入道の異称。」（演百）「顔面を紅と青で隈
取り、丸坊主のもみあげの所に、太白に長髭をつけた扮装」

と「翰を染め」を懸ける。近松門左衛門『鑓権三重帷子』享保
二初演「稽古に心染手綱掻い繰り」に拠るか。

*9 蹌々と —— 堂々として歩く。よろめく。

*10 風雅でもなく間雑でなく… —— 竹田出雲『仮名手本忠臣蔵
第九』寛延二初演 ——「風雅でもなく、しゃれでもなくしゃう
事なしの山科に由良助が侘住居」。談洲楼焉馬作『詞葉の花』
寛政九 ——「親父や番頭に知れては悪いから、世をしのぶかくれ
里。仕様事なしの山科屋へ尋ねて行こふ」。

*11 木幡の里 —— 京都府宇治市北部の木幡から京都市伏見区深
草にかけての旧称。『拾遺 一二四三』——「山しなのこはたの
里に馬はあれどかちよりぞ来る君を思へば」(柿本人麻呂)。

*12 章臺 —— 中国の漢の時代、長安にあった花柳街の名から、
にぎやかな街、遊郭のことを指す。

*13 楊柳を折留公子の白馬で —— 吉原は初期、馬で通うことも
あった。「寛文元年以前の吉原通いの乗り物は、船と馬がもっ
ぱら利用された。「白馬をもって上としたるも、この頃白き色
の流行なれば」とあり、吉原通いの貸し馬も白馬の方が料金が
高かった。」(中野栄三『遊女の生活』昭和四)

*14 長堤八丁 —— 与謝蕪村作『夜半楽——春風馬堤曲』安永六
「故郷春深し行々てまた行々 楊柳長堤道漸くくだれり」土手
八丁とは日本堤の異称。

*15 御嫌 —— (御見) 御見参の略) お目にかかることを主とし
て女性、特に遊女が使うことば。

*16 源三位 —— 源頼政、源三位入道。伝説では紫宸殿でヌエを
退治したという。

*17 馬曳向よ郭公 —— 芭蕉『奥の細道』那須原 ——「野を横に馬
曳き向けよほとゝぎす」

*18 管仲雪(に附馬を放つ) —— 韓非子説林にある「管仲と一
行は桓公に従って孤竹君を討伐した。行きは春であったが、帰
りは冬となった。迷って道がわからなくなったが管仲は「老馬
之智可用也」と老馬を放って先に行かせ、道を得た。」ことに
拠る。馬を放つと文中の附馬を掛ける。
式亭三馬『浮世風呂 前上』文化六 ——「鉄怒へ沈むと附馬が
うるせへはな」

*19 附馬 —— 遊郭などで客が勘定不足だったり、不払いだった
りした際、その勘定をとるために客に付いて行って不足額を受
け取る者。

*20 居續 —— 遊里で二晩以上遊興を続け、帰らないこと。
曼亭鬼武作『一雅話三笑』——「この頃、息子一刀屋といふ女
郎屋にて、居続けゆる、迎ひをやってもく帰らず。」

*21 耳小筥 —— 他にかこつけて悪口、あてこすりをいうこと。
西鶴作『好色一代男 三』天和二 ——「一口咄しにも、人の耳
こすりて」

*22 北鷺子 —— 三田北鷺。「畫家なり。北斎の門人にして、葛
飾氏を称す。江戸京橋に住す。抱亭と号し、狂歌摺物及び読本
類を畫く。」(澤田章編「日本画家大辞典」大正二)

*23 北風に(いななく) —— 魏武帝 苦寒行 ——「胡馬嘶北風、
越鳥巣南枝」(大漢和)

注

*1　虎渓の橋　「盧山記」叙山北、虎渓三笑の故事に基づく。晋の慧遠法師が盧山にいた時、訪ねてきた陶淵明、陸修静を送りながら話しに夢中になり、いつもは渡るのを避けてきた虎渓を過ぎて、虎の声で始めて気づき、三人で大笑したことによる。桜川慈悲成作『滑稽好色序』寛政十三—「土橋に三人笑ひしを虎渓の三笑とかいへり」。
　なお三笑亭可楽については暉峻康隆一九六五『舌耕文芸史（下）』（国文学研究三三）に以下の記述がある。「山口又五郎というひいき客が山生亭花楽という芸名はどうやら生花の師匠めくから改名したがよかろう。ついては中国の虎渓の三笑の故事に拠って、三笑亭可楽というのはどうだろうといわれ、江戸に帰ってから三笑亭可楽と改名したと三馬が可楽から聞いた話を「中興来由」に述べている。」

*2　中橋　前出暉峻康隆一九六五によれば、三笑亭可楽は当時中橋上槇町に住して、文化十一年頃までせんべい店を営んでいたことが知られる。

同作者『種がしま』文化八　奥付には「中橋　三笑亭可楽」とある。

*3　基緒の辞　広げてみせびらかすこと。

*4　武蔵鐙石流（に）『伊勢物語　第十三段』—「むさしあぶみさすがにかけてたのむには、とはぬもつらし、とふもうらし」「あぶみ」「さすが」とも『いさみにつき馬』題名にかける。

*5　百韻　連俳形式。連歌、俳諧における基本的な作品形態で一〇〇句を一巻とする。（俳文）

*6　金轡　「武蔵鐙さすがに」と同様、「つき馬」にかけた語。他の者を自分の自由にする金の力。「河竹黙阿弥『鼠小紋東君新形』安政三初演—「いくらぴんしゃん刎ねようとも、金轡で座敷を引かせ、今に手活の花となし」

*7　翰　ふで。もと、鳥の羽でつくったため。

*8　染手綱掻繰　いろいろに色を染めつけた馬の「染手綱」

注の凡例

注の参考文献名は（　）でくくった。ただし以下については略称を用いた。

（江戸学）＝西山松之助他『江戸学事典』昭和五九

（演百）＝河竹繁俊他『演劇百科大事典』昭和三五〜五八

（大江）＝大久保忠国・木下和子『江戸語辞典』平成三

（謎語）＝藤井乙男『謎語大辞典』明治四三

（砂）＝山中共古著　中野三敏校訂『砂払』（大正二〜十）昭和六二

（俳諧）＝伊地知鐵男他『俳諧大辞典』昭和三一

（俳文）＝尾形仂他『俳文学大辞典』平成七

（浜地）＝浜田義一郎『江戸文学地名辞典』昭和四八

（前）＝前田勇『江戸語大辞典』昭和四九

（三好）＝三好一光『江戸語事典』昭和四六

（守）＝喜多川守貞著　朝倉治彦他校訂『守貞謾稿』（天保六〜慶応三）平成四

（文様）＝視覚デザイン研究所『日本・中国の文様事典』平成一二

上記以外に、『大漢和辞典』他を随時参考した。引例の出典はその書名を挙げたものもあるが、始めに掲載したものに限った。

引例のうち、『一雅話三笑』『東都真衛』『十二支紫』『絵本珍宝艸』『扇子売』『落噺頭懸鎖』『臍煎茶呑噺』『雅興春の行衛』『滑稽好』『詞葉の花』『新作徳盛噺』『新作昔はなし』『種がしま』『百面相仕方はなし』『富久喜多留』『無事志有意』『身振噺寿賀多八景（早大本　身振姿）』『わらひ鯉』については武藤禎夫編『噺本大系』に、『伊勢物語』『浮世風呂』『西鶴集』『拾遺和歌集』『春色梅児誉美』『炭俵』『通言総籬』『徒然草』『東海道中膝栗毛』『莫切自根金生木』『蕪村集』『平家物語』については『日本古典文学大系』『新日本古典文学大系』に拠った。また、以下の作品の引例は（　）内に拠った。

『浮世床』『四十八癖』（新潮日本古典集成）、『八笑人』（滑稽文学全集）、『絵本江戸風俗往来』（東洋文庫）、『鼠小紋東君新形』（黙阿弥全集）、『鑓権三重帷子』（近松全集　十一）、『仮名手本忠臣蔵』（日本古典全書　竹田出雲集）、『粟田口霑笛竹』（円朝全集　三）

文化六年己巳春　發兌

書舎
東都

馬喰町一丁目　山城屋藤右衛門

横山町三丁目　山崎屋宗助

37オ - 奥付

かしておくんなせへと　ぞくぶつにいわれるものかよ　くつももつて*211　みやゝナ「馬　さよふでは御ざりましやうが　どふぞおたのみもふします。わたくしもけさからほふぐ〳〵あるきましておふきに（35オ）なんぎいたします「吉　なにゝしろまあきいて見てやるべェしづかにさつせへ　げへふんがわりいヤイ見るもんじやねへ　みんないりねへかこいつァ水をぶつかけるぞと《うちへはいりむく〳〵／馬といゝかねている》「主　吉さんいまのそふ〳〵しいのはなんでこさりやす「吉　ナニわつちらんともだちの孫のやらうがソノナニサ馬をつれてめへりやしたのさ（35ウ）「吉　イ子つき馬でごさりやすが　とふしてもたゞァその馬がはなれやせんのさ　それについておめへさんチツトおねがいが御ざりやす「十　イヤそれはたいへんだ　まごに馬がついたのならてうどよい所だ　ほうじやうをおたのみもふしてはなしてもらひなさるがいゝ　うちへ（36オ）またかけこみはしませんかね　これははなはだおおそれる

「吉　ナニうちへはいるこつちやァごさりやせんがァひとつ　ほうじやうさんにそふもふしてみやしやうモシほうじやうさん　いまおき〳〵なさるとをりのわけでごさりやすが　どふぞおねがいもふしやすチツトむりな御むしんでごさりやす「方　まこが馬（36ウ）をどふしたのだナ「吉　たんぼて　べらぼうにぶつたそふで御さりやす「方　それはおふかた　まごがわるいのだろう馬といふものはよくものをしつて　しうねんのふかいものだから　きつねなぞのついたのとはまたちがう「吉　ソリヤァおめへきつねとはおふちがへてごさりやす　どふぞはなしてやりてへ（37オ）もんでごさりやすが「方　イヤわしも人をたすけるは　やくめじやきつねのついたのなら十ねんでもさづければ*213　はなれるもんじや　どうも馬のついたのではそれは千部(せんぶ)*214でもさつけずば　はなれまい「吉　ナニそんなてをもひ*215　のじやごさりやせんたつた壱歩(いちぶ)さづければしきにはなれやす

こをつれてきたり》もしおめへさんの所に吉のやろう
はおりやせんかね「吉 だれだ孫じやァねへかべらぼ
うめへチットめかり*196をきかせてものをいやなこ
かァ*197かりそめにもへへけへの土場だァそこへき
て人を吉のやらうなぞとすじけへ*198により（32ウ）
出されちやァ うすげえぶんがわりい*199そして今じ
ぶんなんの用だ「孫 外のこつでもねへが夕部つりが
ねやへ権とげたやの政が中なをりで九ツすぎまでくら
つていた所が 内へけへるにァおそしそれからむやみ
にらしやうもん*200へぶつくらはした所が やらめ
へ くらつたいきをひで やみと*201いつきん や
なにか*202とつたもんだから なげしをさげて（33
オ）まだ四本たりねへときていらァ夫からけさ馬ァつ
れて来たといふでいりよ*203したところがちつとま
ちがへてたんぼておほきに馬をぶんなくつたァそうい
ふ所へたまくらやの源や米やの七が来てだん わり
をつけて*204マァこんた*205もりやうけんして壱〆
六百の銭をとりせへしたらよかろうから ふしやう*

206さつせへ てめへもまた四本ばかりなまのさんだ
んの出来ねへこと（33ウ）もあるめへから きれいに
こしれへてやるがいゝとわけがついたもんだから と
んなことをしてもあいつがはなれねへ それでてめへ
をさがしてきたんだァ四本さんだんしてくりやな「吉
ばかァいやな四本のなまができるくれへなら こゝの
うちへ来てへへけへをやつつけちやいねへ四本の事ァ
おほて四文もできねへ 「孫 これてめへだつてもさん
（34オ）だんのわりい時にやァおらんうち へ来てうか
ばねへふな〔船〕 ゆうれいをみたよふに 四百かせ
へ*207といふじやねへか そんならてめへこゝのう
ちでかりたつてもこのくれへなたてひき*208はして
もよさそふなもんじやァねへか「吉 立引だの横ひき
だのとゑんにちでうるけひき*209じやあるめへし
そん事ァしられへ そして手めへッちやなんにもしら
ねへが へ（34ウ）けへしのうちじやうしのことを
せへくぼたんといはァ そけへ*210もつていつて
ともだちか馬をつれてめいりやしたからなまを四ほん

す「十せんせへどうもあまりさつばつてはなはだど
ふもなんぶんおそれる テ「吉 水車（みづぐるま）のさると盃（さかづき）ははや
くまはられへのはいせへがねへ 「主 イヤホン二方丈（ほうぢやう）
（30才）御酒をめしあがらずばお茶を上ケませうかと
《さは〳〵とうす／出す》「方 これは御し
んぱいとノム 「主 もし ほふ丈にお目にかけるものが
御ざりますハェト《かたへからきりのはこにはいつ
て／いる牛のかうばこを出してみせる》「方 《とつて
／見て》ホヲこれはよいものが御手にいりました古ビ
あんばいと申シこくぼたん＊189はおもしろう御ざり
ますハェ「吉 とんだ事をいわァ おしやうさんろくに
目が見えねへそふだソリヤアモシうし（30ウ）で御ざ
ります「主《吉が袖を／ひゐて》これはしたりうしの
事をはいかいのほふではこくぼたんといふ「吉《きも
を／つぶして》ヘぇいつから名があらたまりやした子
「主 いつから名がかわつてたといふ事はなけれども
すべてはいかいのほふではまづ猿（さる）をよふこ鳥（とり）＊190と
つかふよよふなもので こちかぜをきやうたらう＊191と

いふ梅を好文木（こうぶんぼく）＊192あるひはまたこむそうを馬ひば
りなぞと（31才）いふよふなもので うしの事をこく
ぼたんといふもこれには深イわけのあることだテ「吉
なるほどこもそうを馬といふのはソレこもをぶつ
くるけへしたよだなと〜申シやすからマァ馬といふ
もまんざらむりなこともねへよふだが うしのことを
こくぼたんはといふはおかしいよふで御ざりうしの
いつァもしてんげへな＊193人にァしれやすめへ そし
て（31ウ）あのおもてを くるまをひねてあるくやつ
なんざァ なんぼうしをせうべへ＊194にしていてもそ
んな事アしりやすめへ それでもこの序をかいたさぎ
まるなんサァよもやしつておりやしやうね「主 これは
またずいぶんふうりうな人で そしてとをりもの＊195
だからそのくらいなことはしつているのさ「吉 わつ
ちがまつりを見にいつた時（32才）ア、こくぼたんが
だしをひゐて来たなぞといつたら きもをつぶしやせ
うと《はなしいる／おもてへいさみ壱人てつほうがし
のかへりと見えてしみつたれな／あやしいなりのおと

458(21)

やぶりしほど〳〵きすなれとよんでいる「吉　モシわつち
らァなんにもしらねへが（27ウ）こんなにおこりなす
つちやァながくはつゞきやすめへむかしからのたと
へにおこるへ〳〵久しからず*183と申す事がこざ
りやす《卜ちぐちまじりにちうの字をなら/べ*184
ているところへむくろん寺のほうじやう/としのころ
は八十五六まゆげもしらがまじりにあさぎ/のきれを
ゑりまきにして〳〵りずきん*185でわかたうぞうり
とりと/つれ門口から》「方丈　先生は御ざいしゆくか
な「吉《しやうじを/あけて見て》モシせんせいさん
ちのいけのかつぱといふまつかななりのぼふずがめへ
り（28才）やした。おふかた釜じめ*186だろうるす
だつてけへしやしやうかね「主　ナニおらんうちへはか
まじめはこないが《卜のぞひて/見て》これはむくろ
んじの方丈おさむいのによくおいでなさりましたサァ
まづこちらへ「方　サテ先生おふきにこぶさたいたしま
した　時に先達てあひねかひましたお画は出来いたし
たかナ「主　ェィさく日きぬをはらせました（28ウ）が

いづれ両三日のうちには出来いたしますまづチトお上
りなされまし「方　さよふなら御めんなさりましトう
へ江《あがりずきん/とつてホ、ヲ》これはどなたも
おはいかいでおたのしみなされますナァ「錦　これはお
いでなさりましと《かほをよくく見て》ほうぢやうに
は　モシどちらでかお出合ィもふしましたとそんじました
が「方　ハイさよふでこざりましたかなナニカハヤモウ
う（29才）ねんでこざりまして　目はわるしみ〳〵はと
をくなります　とんと人さまへはへません「錦
お玉が池て詩会のせつ*187ナ「方　ホウ引これはおふき
におみそれ申しました「錦　御もつとも〳〵時に方丈に
はハンニヤトウ{御酒}　はいかゞでこざります「方
ありかたう御ざりますが　まことに此せつは
菫酒不免山門入*188を「なァるほど御きん酒か
ね「招　もし（29ウ）五風さんわたしが久しいあとに
酒ばかり山門ゆるせ花の山といふ附ケが大ぶとをりや
したが　やつぱり愛らだね「五　さやうさ〳〵「吉　そり
やァい〳〵がおさかづきはチットおはやくおたのう申や

「五」いゝゝくまさか長半のけつは十五てんだ「招
さあゝゝもしゐんりよなしにおあがんなせへ「主も
しきん川さんろう石のはちにかきだいと鯉のまきつく
りはきみやうだね「招つけ合せがどうもいのちだ　黒
くわいのくらかけにさゝがしうどにうみそうめん　い
り酒にわさびせうゆは五分もすりね〜「錦　そして
（25才）おすいもがやきたいらぎにわらび　チョイト木
のめはいのちゝゝ「吉　もしとれもうまそうだがいれ
ものがしみつたれだね「主　ナニサどれもけつかうだ
ウ見へても弐百疋より安イものはないのさ「吉　それ
じやこいつも夕立にあつた山ぶししやァねへが　かい
かふり＊175だァわつちらんおやぢは五六年あとにく
らまへの天王（25ウ）ばし＊176でひゞやき＊177のち
やわんへ　すゞでもんをつけたのを三十六文でかつて
めいりやしたが　あいつらァほり出しものだね「主　そ
れはまた物がちがう「吉　まるッきりちがつた所が土
でござりやしやう「主　土は土さ「吉　それごらうじや
しいくらよくツても土だァこれから見りやァ一ッへ

つついの三百五十は（26才）かつこうのものだねへも
し「主　時にわたくしからまづはじめましやう「吉　コ
リャアモシだしつこかだれぞおごりかねこんな事アよ
くきめておかねへと　あとでかれこれがあつては　げえ
ぶんがわるうござりやす　此めへわつちがたい師さま
＊178からけへりに　町内のこゝろやすいものに山した
＊179であつたら　かしらしるこは（26ウ）とふだ気が
ねへかと申やすから　おごりだろうとおもつて十一ぱ
いくらつたら内へけへると八十八文ぜにをとりによこ
しやした　こつとらァ又八十八文ぢばらでくらうくれ
へなら　四文をこなから＊180に湯どうふ一ッがよつぽ
と気がきいていやさアそふいふもんだからけふら＊
181のもおごりてがありやァそおごりての（27才）ある
やうにたべるし　わりまへならわりめへのよふに　あと
でしよくしやうするまでもがまんしてたんとたべやさ
ア「主　ィンニャけふのはせうるさんの御ちそうだ「吉
せうるさんの御ちそうならはすのいゝにでもなされば
＊182いゝ「五　は（ママ）《まじめに／なつて》夢を

と＊167トやらかしたらどふごさりやしやう「主　夫て
はまた句がみじかい「吉　一ッくらいはとぼけたふり
でいれてもいゝじやうアごさりやせんか「吉　とふも
そふいふわけには又いかんテ「吉　せんのは長しこん
どはみぢかし　これがほんのながしみぢかしまゝなら
ぬトいふものだ　こんどはなんでかんがへたもんでご
ざりやしやうね「主　こんどは恋でいきなせへ（22ウ）
「吉　また長くやらかすのかね「主　こんどはまたみぢ
かくサ《よつほど／＼かんがへて》もしいゝのが出
来やした。こふいふのでござりやす「恋にさへ長いも
あればみぢかいもあるは八百屋のお七なりけりトハチ
トながすぎるかね「主　それは長イどころ□はないそれ
では狂哥だ「吉　狂哥ならそのわきへはきだめとつけ
たらよさそうなものだ「主　なんでも恋についた事を
かん（23オ）がへなせへ「吉　こひについた事ならコウ
やらかしちやァとふだろうね「はなずう／＼とこいふ
ねでめしトハもしいゝじやァ御さりやせんか「五　あり
がてへ／＼こいぶねでめしはぬきだ子ェ主人此間かさ

いと申ても恋になりますか＊168といったがやつぱり
こゝらだろう「十　いたしませう「ゆめをやぶりしほ
とゝぎすなれ「吉　もしおことばのちらだがほとゝぎ
すじや（23ウ）恋になりやすめへ「主　これはしたり
夢はずいぶん恋になる「吉　ゆめが恋になるェどふり
で山のいもがうなぎになりやす＊169ねト《いろ／＼
／＼はなして》いる所へおやぢ魚文よりかへり　しゆ
ぐ／＼肴をいだす「主　サァせうるさんおおあつらへのさか
なが参やした「錦　ホゥ　何かうまき物つくレモシこち
らの三ツ物＊170はなんでござりやすチョィトけんじた
ところが　まづなんきんの五すのはち＊171になる
（24オ）とだい＊172に大ながいものきんとんにだね
そのわきがこうはとのはちにもうそうのうま□に
わひのやはらかにだが　とちらのけんばんのどんぶり
とおぼしき物はなんでござりやす「招　角松露のふき
みそあい＊173さ「吉　此もしせうろといふやつァたん
とくうと口が松やにくさくなつてなんの事ァね／＼くま
坂長半の＊174けつゝ見たよふになり（24ウ）やす

「新作おとしはなし」翻刻ならびに注釈　（18）461

ういふわけじゃアねへ　「錦　しからばわたしが　「名所
のもみぢ見て行ずだ＊157　のとく　「執筆五　《ゑいそうへ
／うつす》　「吉　先生さん　すだとはなんの事でござり
やすね　「主　ずだとはあんぎやの事サ「吉　あんぎや
たァつりかねんなっからしゆもくをもって＊158出る
物じゃやござりやせんか
「吉　此あとはやつぱり秋かね　「主　あきはもうこれで
三句（20才）つゞいた「吉　まだモゥいつへェくれへは
秋ののびが出ませう　「主　なにサはいかいには　のひな
ぞといふははない。こんどはまたもみぢについたことを
かんがへなせへ　「吉　ヘェもみぢにせへつけばなんでも
よふござりやしやうね　「主　そうさ〳〵「吉　こいつァ
ぜひそふありそふなもんだ　唄にせへもみぢかことな
らなんでもよござると申やす　「主　モシ〳〵吉さんその
地口をいゝッこなしに　（20ウ）チトまじめにかんがへ
なせへ　「吉《しばらく／かんがへて》もしこういふ
なアどうでござりやせう　「鹿ぼたん大かめ枕かうじ町。
こいつァよふござりやせう　かうじ町のけだもの屋＊

159へいつて御ろうじやし鹿のそばにァ大かめがまく
らをしておりやす　そしておめへ鹿のことをもみぢ＊
160の御吸ものといふからいゝじやァどざりやせんか
「十　なるほど大かみ枕はありがたいそこが　（21オ）は
ゆかいだろう　どふもきみやうだなんぶん＊161　おそれ
る「主　しかしどうもそれでは句か長イ「吉　そんなら
天地でつめたらとうでござりやせう　「おもかげばかり道哲＊162がはか
がいたしやせる「吉　とうてつといふのはなんでこさりやすね「主　ソ
レ土手のとうてつサ「吉　ェ、なるほど高尾のお寺＊163
た子こいつはどうてつにおもしれへ　「主　いたし　（21
ウ）やせう　「出つ入つ恋のみなとの火なは箱＊164「吉
もし恋のみなととは　どこの事で御ざりやす　「主　どて
のどふてつのわきへ吉原かよひのふねが出たりはいつ
たりするから　そこで出つ入つ恋のみなとの火なはば
ことしたのさ　「吉　おことばちうだが　こうしちやァど
ふでござりやしやう　どうてつは高尾の上るりにある
からときわづ＊165よりもあたな＊166とみ　（22オ）も

462(17)

くいにめいりやした。ところがうをも北うらのうを*150油はちつとすけねが*151すいぶんうまう御ざりやしたァ（17オ）ところがその孫といふやろめへうぬがぜにの一本も出したもんだからこいつァべらぼうにあじがわりィトもふしやすからわつちがいふにや。そんなことをいふなてめへッちやわけをしらねへッはやッくつがうなぎだといふ物アどんなにいゝうをつかつてもはじまりの内アうまくねヘッまた。どんなにあじがわりッてもさんま（17ウ）のひものをくうよりやァよかろうツわつちやァ申やすにやァねヘコリヤァまたおめへさんがたのめへではぢかりなもふしぶんでこぜへやすけれどもうなきやと女郎といふものァつぼがよくなくつちやおもふよふにやめへりやせんその時わつちがやらかした句かナニサ気にいらぬあじもあろうにうなぎかなこいつはどうでごぜ（18オ）へます。「主おもしろいがおまへのはみな地口だそれも気にいらぬ風もあろうに柳かなといふ句がありやす「十しかし先生地口もさいがなくては出来やせん「吉さよふさおめへ地口とおりはアサいがなくつちや出来やせん「錦ときにびせいさん*152おもて*153は此間のをもちひてけふはうらのおつたてからやりやせう「主さよふさ〳〵（18ウ）もちでもなけなさるのかね「吉うらァおそういふわけではないさ「招執筆*154はマタ五風さんだろうね「主これはぜひ名筆の事なればね「十こゝはさしづめ五風さんサ「五　□紫やはきためを見るよふにだんぐそばからもちやけられもありがてへねトぶんだいに向ひゑいそう*155を一まいあけて「執筆窓をもる月をあかりにわら仕事。おちこち（19オ）きこゆ鴈のこゑ〳〵。まだ秋「吉なんだか唐人のゐんどうをわたすよふでねつからわつちにやァわかりやせん「主春秋は三句つゞく*156からこゝでおまへがなんぞ秋のきをいれて句作しよふといふものだ「吉すんなら一番わつちが秋のきをいれてくさくやつつけやせう。もしきぬかつきのいもをくつておならをしちやァどうでござりやせう「主何サ（19ウ）そ

つゝのいもを十二本まけてもらつて　ひとりめへ六本
づゝくいの　ちやはたゞといふもんだからどんとたべ
やした　それからはらもぜうぶになつたから梅若（14
ウ）さま*139をひやかそうとおもつて　みやのめへ江
しやがんでツィソレちゑもなくいもくらつたといふも
んだから　おならをぶつとひとつやらかしやしたスル
トそばにいるたほ*140やなにかが　べらぼふにわらひ
やがるから　わつちもすこしむつとしたけれどもそこ
がこつちがへ　へけいしだトいふしだから　おならがあるもんだから
こういふ句をやァつけやした　「梅若でぶつとへの（15
オ）出る山ぢかなサ　「主　それはおまへおきなの句だ
に梅かゝに*141のつと日の出る山路かなトいふがあ
りやす「吉　そんならもし　こふいふのはとうでござり
やす　去年のなつわつちらんうちで六七のかや*142の
中へ十一にんねやしたのさ　もちろん蚊屋もまんぞく
なかやならいゝが壱尺まはりくれへのあなが三ツ四ツ
あいていて蚊どころじやねへ　とんびやだてう*143が
すきに出はいりのできる（15ウ）かやだけれども　ほ

んの蚊おどしにつゝてねた所が蚊といふやつァ芝居の
でんぼう*144とおなじ事で穴せへありやァどけいで
も*145とび込といふやつだから夜ッひてねたりおき
たりばかりしていやした。それからわつちもこういふ
時か　ヘケヱ　だとおもつてコゥやらかしやした「お
きてみつ*146ねて見つかやのせまさかな「錦　いゝ
くせまさかなはありがてへ「招　加賀（16オ）の
千代尼がねてみつかやのひろさかなといつたやつだの
「十　ありがたいテどうもこゝがはいかいだらう「五
わかし千代尼はひとりねのさむしいしやうだてね「吉
つちがなァまたいたつてねぐるしいしやうだてね「招
ありがてへく「吉　此頃イ＼ノガ一ッ出来やした　わつ
ちらのきん所へうなぎ屋*147の新みせが一ッけん出
来やしたのさ。スルトまたその孫といふ（16ウ）やろ
うだ吉やうなぎやの見せひらき　どうがきやァ
くいにあゆびやな*148おれがところになま
があらァ　くいにあゆびやな
が一本*149あるといゝやすから　そいつァおもしれ
へッ一本ありやァあとはひちをきめてくるとふたりで

「十五　さよふさ〳〵　「吉　モシ天神だの一ツめだのとい
ふは　なんで御ざりやすね　「主　どちらもはいかいのそ
うしやうさ　一ッ目が湖中*132。　天神（12オ）が得器
*133　「吉　その得キとやらがい〳〵のかね　「主　なんでも
江戸ではマァとくきサノ「吉　ヘェなんても得器かァた
かたといふしやれわかね　「主　もしおまへは地口はきつ
い*134ものだが　はいかいはとういふものだの　「吉

とういふ物だといつた所がマァおはなし申されへけり
やァわかりやせんが　きよねんの三月からこととしかけ
て三ッほどこしらへやしたが　元のおこりからもふし
て見せう（12ウ）がこういふりくつさ　去年の三月
十五日べらぼふに日よりもよかつたが　わつちもチト
ねへつまらでうちにねていやしたのさ　「主　ねへつま
らトハ　「吉　やつぱりつまられへといふことでござ

すが　おめへさんがたのめへでつまられへとぞくぶつ
にいつてもおかしいからひねつて　ねへつまらともふ
したので御ぜへすがネそれからマァおき〳〵なせへやし
（13オ）
わつちらんほうのとうきりまちに　まごといふ

やろうがごぜへやすが　そいつがきてもふしやにや
なんだてめへ此ひよりのい〳〵にまつりのつけへた*
135牛をみるよふに　ねている事アへ　いまつからむ
かふじまのほうへいかねへかと申やすから　ふたりで
出かけた所がほぞは　チットすいてくる　けたァなし
二人ながら唐人のおいど〳〵いふものだからぐわん（13
ウ）にんぼうずの初山じやァねへが*136おさまりや
せん　「主　モシそのほぞがすいてけたがないといふは

「吉　はらがへつて銭がねへといふことさ　「主　なァる
ほどそしてそのとうじんのおいど〳〵いふは　「吉　か
らッけつといふ事サ　「大ぜい　なるほどからッけつはあ
りがてへ　どうもい〳〵へ　「十　なるほどまたべつせけ
へだ　なんぶんどうもそこらがはいかいだらう《ト又
おかしなこ〳〵で／きざがらせる》「吉　そのあとを（14
オ）　まあお聞なせへ　けいぶんわるいはなしたがふた

りのたはこいれをはてへて*137見た所が　四文銭がた
つた十一文あるといふやつさ　それからわつちが土手
でいもをやいている*138ばァさまァくどひて四文

よなしうじゃァねへよ　おまへのおこのみの百ゐんの
もよふしだ「吉　百いんと申やさァ向じまにゐんきよ
していたのじゃァごゞへせんかね「主　夫は白猿*124
だ　けふのはソレはいかいの百ゐんさ「主　へェわつち
らん（10オ）つらでおめへさんがたのなかまへへェツ
て*125　へへけへ*126を　やらかそふといふはモシよく
〳〵深ィ百ゐんじゃァだね「主　なるほどト《わらつて
／いる》「吉　どなたもモシわつちゃァ吉五郎と申やす
がぶてうほふものでござりやす。ヲッコロやすふ*127
おたのみもふしやす「錦　アィ〳〵サアごゑんりよなし
にこちらへおゐで「吉　モシふしつけながら　おめへさ
んはべらぼうに黄イロィこゑだ子今の内にしゞみのつ
ゆでも*128　あひなされば〳〵　わるくするとおッ（10
ウ）つけめまできいろくなりやすゼ「主　ナニおふだん
やみしやァあるめへし《トみな〳〵／わらふ》「錦　も
しさつきのおはなしのはぬしかへ
ぬしのすがたで　はいかいしうしんとはありがたい　誠
に此人而有此病だ*129「吉《むつと／して》もしな

んだこの人にやまひがあるゥェわつちゃァ口でもくそふ
ごゞりやすかね「主　これはしたり　あれはおめへをほ
めなさつたのだ「吉　ほめるにしちゃァわりいほめや
うだァ　まだはやいりくつが（11オ）やめへかあるな
らあるやうに　かげへひきまはしてサテきさまはやめ
へがあるならあるさ ネェそこでさんきれい*130 でもの
まつせへトカとうじにでもいかつせへとか　かげでい
人にやめへがあるト いつてくんなさる事ァありそふも
ねへもんだトおもひやす「招　モシ〳〵いまのはおめ
へをほめなすつたことばだから「吉　ェィそういふりく
つなら何にもわつ（11ウ）ちがむつとするわけもねへ
からその百いんとやらをおはじめなさりやし《此う
ち五風十雨はかほ／をみやつてないしやうでくす〳〵
笑つている》「主　時にてん｛点｝は一ッ目にしやせう
か天神*131 へやりやしやうか「錦《あんまりひねつ
た口をきい／て大きにしらけていたりしがまたさし
出ゝ》こりやァぜひ天神がよふこさりやせうね　ヘモシ

「治 そんじまぜん（ママ）「招 そんなら川口*106 はしつてゐ

るだらう 「治 そんじております。王子から二リ*107

ほどさきで御ざります 「招 これはしたり その川口じ

やァねへ やげんぼり*108 の川口よ 「治 あそこを川

口と申所か御ざりますかね 「主 ソレこのぢうてめへ

がむかいにいつたッけ 三みせんひきの可良*109 がと

なりよ 「治 あそこを川口と申するが（8ウ）かね。

どうりでそのこつちらに善光寺様が*110 何かござり

ます 「主 なにさあれはこんぴら*111 だ。とうも子ぞ

うがおらんから つかいがふじゆうでとんとこまりま

す。そんならてまへのしつてゐる横山町の魚文*112

へいつて来たがい↓ 「招 コゥおやちどんそんなら金を

二タ切*113 もつていつて文治になんぞくへる物をよ

こせといつて下せへ 《ト かみ入より金を／ほうり出

す》「治 むかふがりやうり茶屋*114 だから そんなこ

とを（9オ）いふは だめでござりまするだまつてお

つても くうものをよこしします 「招 それはそうだか

なんぞおつりき*115 なものをよこせといつて下せへ

「錦 おてへぎ*116 ながらはやくたのみます 「治 てへ

きでもハヤしやう事が御ざりませんとふせうぐに出て

ゆく。入かはつて 「イサミ のうてん吉 《せいは人なみより高

くうすあばたかありて目のぐり／＼とした色のあさぐ

ろい年は／三十二ト見へ丸ひたいのすりたてかみは

ぬひぢりみけんの所にきづかあるゆへ／あたなをのう

てん吉五郎といふなりはゆうきもめん*117 のひろ袖

*118 にやはらか／わたを入袖口はくろな↓こをふか

くかけ黒ィ糸おりの帯ヲ〆てはんしを四ッ／おりにし

てはじめの所をチョイトおつてふところへ入さいふの

ひもをゐりの（9ウ）外へ出してかけめくらじま*

119 の八寸だるみのも↓引両こくの亀や*120 で壱歩弐

朱一本くら／いか↓つたやつをはきねづみのはんぐつ

*121 にふじくらぞうり*122 でそろばんしぼり*123 の

てぬぐ／いをわしつかみにしてかど口／からおほきな

こゑで》「モシ先生さんおやどかね ト 《いきりなりに

／せうじをあけ》「主 ヲイ吉さんかサァお上り 「吉 お

とりこみならいつてさんじやせう 「主 ナニサ御ゑんり

部鶏舌楼＊92ときやした。それからけさ さんやの
八百松＊93が所へよつての みなをしのそのうちふね
をこしらへさせのいまむかふへ（6ウ）あがつた所さ
「主人 おもしろい〳〵「招 もし五風さん いつもきれ
いことだね かつらといゝ いせうつきといゝ なんで
もとうじの三津五郎といふものだ「五 ありがたへ わ
たしがみつ五郎はうへ江イヌトいふ字＊94かつきやす
がおめへはまた栄三＊95ト源のう＊96を梅花のあぶら
＊97であげものにしたよふだ「十 なるほど此あけも
のにはせかいちうの婦人かぜひのぼせる事だろうテ何
ぶんおそれると「主人 時にマァ酒といふつはもの＊98
をやとい（7オ）やせう「錦 それが何よりだね「十
おしやうがとうもまたのみたがるテ「錦 イェサならび
かおかのおやぶんも下戸ならぬとこそ＊99 おのこはよ
けれとほめておいたわな《トきいろな／こゝでいふ》
「招 時にこう【肴】はわたしが取りにやりやせう「主
人 これはかの古時鳥だね「十 ありがた山＊100といふ
こゝろかね。なる程そこがはいかいだ「招 御けらい

しゆは「主人 ハィおりますコレ治介や《トよばれてか
つてから／出るおやじを見れば年は／六十四五ト見え
松坂じま＊101のせんたくぬのこに白ィいわつきこく
らの帯＊102を〆／もつともはなは手ぬぐいのふるい
のでかみたはこもてまへできつてのむト（7ウ）いふ
たちにてたばこ入のかんのとれたのをまん中の所をこ
よりでいわへ／て＊103さげ。かみはこましほのよふ
なやつを油紙たくさんにつけてもとゆひ／もたんとまき
ついぞわらつた事もうそをついた事もない／すこし
みゝとをいおやじまじめなかほてみ主人の前へてをつ
き》「治 よばしつたかね「主人 何か招留さんが御やう
があるとおつしやる「治 せうりやうさま＊104をどふ
いたしますね「主 しやうりうさまじやネ／招留さ
んがおたのみなさりたい「治 なんの御用でござり
ますね「招 《すこし／大きいこゑで》コウおやぢどん
おめへ喜八をしつているか「治 喜八と申まするはね
づみのちをすいたがる（8オ）ものでござりませう
「招 ゐんにやよ そりやァいたちだ 大坂喜八＊105よ

468（11）

やうげんの山だのとこくう＊77 にによくこくわへ＊78な芝
居つうをいゝたがる人みなりの／よふすは御すいりや
うくださる／べしふたりそろつてげんくわんより》先
生御ざいあんかね「主人」これは両君子おそろいでい
ま金川さんとおうわさをいたしておつた所だ まづこ
ちらへ《遊《ちか目ゆへよくゝ見て》（5オ）イヨウこ
れは両君子の御出 ありがたい誠に有友従遠方
来 亦不楽「十雨 どうだ金川らうその後はとんとお
めにかゝらんの《五風 先生此間まき＊79 はおまへのお
かちだつけけい物＊80 のけつかうくわしはとゞきや
したか「錦 もしゝ あのけいは ふねい＊81 ちう取り
そこで主人あいしらず そく座錦川がたへときている
てね「十雨《うちへいきをひく／よふなこゑで》あり
がたいそこがはいかいだ「主人 これはめいわくなこ
とに（5ウ）あふものだ《トはなすおりしも／仲町＊
82 へんのつう人》「招留 年のころ《三十二三はをり小
袖／ともにとうさん帯は／あついたのとつかり形＊83
せいびのまへさげわきざしも長さ一尺七八寸つかはた

かの／へをでまかせさめもちやんぱ＊84 いふやつ目ぬ
きは利永のほつた月にほとゝぎす／ぶちかしら＊85は
安ちかゞ作にてゝつのこしのひくいやつにいろ画であ
じにさき／つばはしやくとうのはみ出しさやは花かい
らぎ＊86 にて身は井上しんかい／ちよつと見ても
三四十両くらいにふめるやつをさし しんしうそめの
茶のわた／をゐりまきにしてすましかほにかど口か
ら》未醒さんおやとかね《トせうじを／あけて》イヨ
ウこれはおそろいの風流士先生 どうでござりやす さ
だめしおはいかいの事だらう まつおもしろ山のほ
とゝぎす＊87 とふるくいたしやせう「十雨 ありがたい
其古ィ所が（6オ）はいかいだ 何んぶんおそれる
《ト扇の中ひらきを口へあてゝ／左りの手をうしろへ
ついている》「主人 招留さんけふはまたなんとおぼし
めして「招 ィヱさきのふ木村やトさがみやのゐんきよ
《隠居》にさそはれてみやうけん＊88 へ亀のがくを見
にめへりやしたら 町のてやい＊89 にあつて大おん寺
まへ＊90 の温泉場へひつぱられて そのおちが＊91 夕

しま＊56 のほふへまいりやした それゆへわたしも僕＊
のおやじばかりで おふきにつれ〳〵でござりやす
「錦 それはおさむしうござりやせう 時に今日はおは
いかいのおもよふしのやうにうけたまはつたが さよ
ふかね 「主人 さやうさ 一くわいいたすやくそくには
申やしたか みなまいればよふござりやすが 「錦 みな
まいるやうな□□□しで御ざりやした 「主人 けふはも
しきめうな＊57 □□□ （4オ） なしがござりやす そく＊58
此近所のいさみといはれる人で御ざりやす
にかの忠ツぱら＊59 といふやつでね これがはいかい
大しうしんで 今日附合の席＊60 を見たいと申て のち
にまいるはづてござりやす 「錦 ハテそれはめうたる＊
61 君子ネト 《きいろいこゑて／はなしている所へ／池
のはた邊のはんくわつう＊62 「五風＊63 今一人は 「十雨
トテとしのころ 廿八九色はきみ／わるく白クほそお
もてにてはなはだおそれるといふこふような口くせ有／
何をみてもはいかいだ〳〵といふ大のきざものつくり
ごゑてものをいゝじゆ／ばんのはんゑりばかりきにし

ているつうじんなりいしやう付は下ぎがふじ／ねずみ
のおらんだもじ＊64 あい着はすゝ竹
＊65 の中がた＊66
＊67 のこまかいかんぜ水＊68 上着
はきんもうる＊69 のわるくひかり羽をり黒なゝこ＊70
なれどもん所が／ （4ウ） すがぬい＊71 でかましき梅
ばち＊72 じゅばんもあさぎちりめんで両袖のひの一ト
つぶかのこ＊73 ／はよいがおしいかなくろびろうどの
はんくわつう江さしばつちしりはしおりみぢかいおたちで
ずきんをゐり／まきにしていやみたつふり女のほうからす
いた所は二分もなし五ふうと／いへるはんくわつうも
おなじとしかつこうせにかねもそうほうにたちまわる
が／わるいくせで人をおひやつては何かのわりまへを
おこなひたがるといふわるじ／やれものそのくせゑん
もない書画のくわい席＊74 なぞへ出てはよく六哥仙な
ぞの／より合がきなぞをさせたがり京傳や三馬＊75 な
ぞを見てはさきでしりもせぬにチョイトもくれいした
／一寸したことにもしやりん玉＊76 だのこゝが／き
り

はなし本

はをあらはして

おわらひくたされ　（挿絵1ウ・2オ）

まん中は六畳のざしき　おくか勝手でおもて座敷は四
じやうはん　庭は冬木のうへごみ松の一ト木をしんに
して地ざう形の石燈籠　いつたいにわのさびあんばい
せきしうりう＊42　の茶が〻りと見え　四じやうはんの
入リ口には大雅堂＊43　の墨跡感鬼＊44　といふかくをか
け床には大徳江月叟の一ぢく爐に古天明のあられ釜
をかぎにてつり　すみたなにはこはぎの茶わんにかき
つばたのかざり（2ウ）つけ　あるじは四十三四と見
え　尤ていはつしていまださめずといふこ〻にて名
を未醒とあらため画をわざにして　いつたいはいかい
ずきなり　ある日惣金おしのふくろ戸＊45　へ西感寺古
澗の草画の人物をゑがいているところへ　ほうゆうと
見えて里野錦川といへる医者《はをり小そとともにく
ろちりめん／のあかみはしつたやつはいり□□みへ／

てふとわのうちへけんかかたばみ＊46　にちうとんす＊47
の帯も市松つなき＊48　のものこれ□／のをしめもめん
うらのぱつち＊49　にゐまのきつねといふ色のたび＊50
をはきまへはなを／をくすべかわ＊51　ででたてなをした
一枚うらのばらをのぞうり＊52　わきざしはみぢかい上
下／きさみのろういろさや＊53　つかはちや糸でまかせ
さめも二のきれ身は十本からけて（3オ）十六文ぐら
いのやつほんのねこおどしくろちりめんのらんうづき
んきいろいこ〻でちかめなり両そでのはしの所をチョ
イトおつてちよく〻とあるきしゅんふうあんのかど
口から》　未醒さん御ざいしゅくかね「主人　これは
錦川大人そのごはとんとおめにか〻りやせんが　おせ
かいはとうでござりやす「錦川　何かもし　ならびがお
かのおしやう＊54　しやァ御ざりやせんが　ひとりとも
し火のもとに文をひろげて見ぬ世の人を友として＊55
たのしむのみさ「主人　よふござりやす　そこがふうり
うで「錦　トキニ御かないはいつれへ「主人　これはもん
じん〔門人〕（3ウ）にいざなはれて　かたせからゑの

「新作おとしはなし」翻刻ならびに注釈　　（8）471

かの
白めんか*35〇ィ、ェふくめん此ものまい*36の
せつないじやわいなァ
「おきやァかれ又しつほを
　　　　見せる気だな
（口絵7オ）

なんた
わりやァ
なまづ
ぼふ主*37か
「ウンニヤ
おらァ
なゝつ
ぼふづ*38た
「シテひやうしきは

「まく引にあづけた

「どうりでらかん*39のほうで
こい*40がかゝつた
（口絵7ウ）

新作おとしはなし
つき馬
いさみに
生るい三句佐里*41
　　　　三笑亭可楽著

今をさることいくとせかなん　いにしへ両国柳ばしの
かたほとりに春風庵未醒といふ雅人あり。住居のやう
す表二間半ほどの黒べいにして右に三尺のひらきあり
あくればすぐにとび石つたひ左右萩とかんちくの植込
にして　向ふにげんくわんよふの上り口九尺四枚の横
しげのせうじをたて（1オ）

春向ふ
きしの柳の
連理枝成

ありがたい

（口絵５ウ）

ヲヤ〳〵
しまの
　　さいふだ／と
おもつたら
　わらじだ
　　やつさ
しかしさいふと
　　　おもつたも
おおしをいれるものだ
　　　むりもねへやつはり

（口絵６オ）

唐人の
あひかたに
もろこし／とは
どうもいへねへが

たんすのからには
すこしおそれる
「シタカタベの女郎は
りうきう*33だもしれねへ
「ナゼ「ごうせひにとこがよかつた

（口絵６ウ）

ばかされた
てつほう見せ*34の
　　せうやどの
　　　ふみもこん〳〵
　　　　　　人もこん〳〵と

しやれては
　いたがさりな
　　からあまりと
　　　　いへば

うつくしひ
　　　あふかたそもじも

「新作おとしはなし」翻刻ならびに注釈　（6）473

曼ひと筋の

こゝろから　かゞの千代

いさみニ生るい

（口絵3ウ）

未醒

いさみの吉

その女

五風

（口絵4オ）

ある夕邊　北鵞子のもとに酒のみけるか　うまく酔たる折からの興にとて　あるしか筆とりてやう〳〵さま〳〵のたわれ（ママ）絵を畫く　おのれもかたはらにありつゝ只に見て過さむも興なしとて　その絵に例のむたを書つくれはあるしいよ〳〵興にいりて　ます〳〵筆とり畫くにそ　おのれも又畫くに随ひ賛しつひに五ひらに（序4ウ）あまれるを　ふみやのあるしあなかちにもとめて板にゑりものしつ　これはからうへをくたきて考たるにあらす　おりにふれてのたはれことなれは　そのつたなきはおの〳〵ゆるしたまへとまうす

三笑亭

可楽述　花押

（序5オ）

壱に一座のすゝめにて
二ににた山のやくわりも
三にさじきやど間迄も
四ツよつほと可（よい）〳〵と
五ひゐきれんから
六りやりに
七ツなんでも
八らしやれとおさし／づうけたる／上からは
九ツこゝな子だからも
十からかくごの我かしんていおやこ一升
わかるともさら〳〵いとわぬいも
ざしが今目のまい＊30で見たい〳〵と
りきむとねづみ木戸＊31のほうから
ちうツはら＊32が
イヨ大黒ばしら

しんさく落ばなしの序

虎渓の橋＊1にはあらぬ中橋＊2の近邊に掌を打て人をあはゝと笑す仁は誰曾不問と知れし三笑亭の主例の飛話を著述て是に基緒の辞＊3をか記となり

応需先艸稿を聴に（序1オ）肇詞より決句迄武蔵鐙石流＊4に輩同道百韻＊5を一部の鞭とし金轡＊6の

別世界に遊侠の放言を狹咬たり於茲予＊7を

染手綱掻操＊8て蹌々と＊9由良之介風雅てもなく間

雅等でなく＊10仕様事なしの山科の木幡の里＊11に

馬はあれと君を思へは章臺＊12（序1ウ）楊柳を折留

公子の白馬で＊13通へる長堤八丁＊14娼家の白雪の咲

たらは告よと云ひし文使来る音すなり馬に鞍置てい

よし御嫌＊15の源三位＊16浮れこゝろに乗だせは

　　　　　　　　　抱亭北鵞画

百なりや　　　　　　十雨

経へ馬曳向よ郭公＊17と（序2オ）焦翁が逃尻管仲

雪＊18に附馬＊19を放して居續＊20の尻馬を辯慶に

ぬぐはすたぐひ賽翁が馬中庸を走り東坡が兎馬

耳小筥＊21していばふ殊に北鵞子＊22北風に＊23不成

稲舟＊24（序2ウ）画をも加へ多禮ば駑高＊25も麒麟＊

26に立帰春夏かけて管見少女童子競馬の落たらば

顋解給へと御退屈の埒を明侍りぬ

伯楽＊27街背中の隠士

新泉園＊28主人悟意鷺丸＊29記

　　　　　　　　　　（序3オ）

凡 例

一、底本は早稲田大学中央図書館蔵本『新作おとしはなし』文化六年版（以下早大本。函架番号 ヘ一三・二九八四・一二）を用いた。略解題は凡例末尾に付した。

一、丁付けは表、裏を（1オ）（1ウ）のように示した。序、口絵、挿絵は（序1オ）（口絵2オ）のようにした。

一、翻刻に際しては、振り仮名や送り仮名なども、なるべく底本の様子を残すようにこころがけたが、一部は以下のように改変を加えた。

・いわゆる変体仮名は現行の仮名字体に改めた。かたかなも同様。ただし、助詞の「江」「子」を字母とする仮名はそのまま漢字で表記した。

・漢字の字体は原則として底本に従った。

・本文中の振り漢字は、該当する本文の下に〔 〕でくくって示した。

・合字は分解して現行の字体で示した。

・割書きの部分は《 》でくくった。

・底本の誤記と思われる箇所はその右側に「ママ」と記した。

・原本には稀に句点が付くが読みやすさの便をはかり半角スペースをあけた。

一、底本の汚損により、本文が不鮮明な箇所は□で表したが、東京国立博物館蔵本（以下東博本。函架番号 〇三〇・と五六一三）によって、□の右に補ったものもある。

一、本文については底本の改行位置を特に示さなかったが、割書き部分については、改行位置を「／」で表した。句読点等は私意に加えることをせず、底本のままにした。

一、口絵、挿絵そのものは割愛したが、そこに記された文字は改行や字配り等、なるべく底本の様子を再現するように努めた。

476(3)

作者の三笑亭可楽は江戸落語中興の功労者、三題噺の元祖といわれる人物で、来歴は、暉峻康隆一九六五『舌耕文芸史（下）』（国文学研究三二）に詳しい。彼はそれまで同好の士によって開かれていた咄の会のメンバーとは異なり、「寄席の看板をかかげた最初の職業的な江戸のはなし家」（前出六十三頁）である。「新作おとしはなし」は可楽三十三歳の作品で、地口を随所に用いた長咄である。

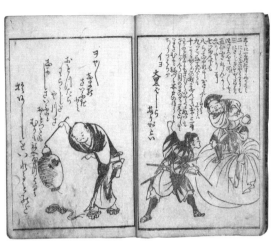

口絵5ウ-6オ

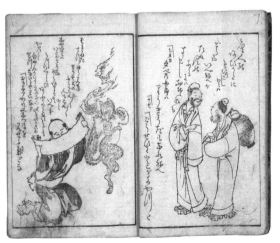

口絵6ウ-7オ

「新作おとしはなし」翻刻ならびに注釈　（2）477

付録
早稲田大学中央図書館蔵 「新作おとしはなし」 翻刻ならびに注釈

三笑亭可楽 「新作おとしはなし」 （文化六年） について

　板本（中本）一冊。文化六年刊。早稲田大学中央図書館蔵本本（早大本）、東京国立博物館所蔵本（東博本）ともに、題箋はなく、「しんさく落ばなしの序」と題する悟意鷺丸（狂歌師。新泉園、通称紀平庄之助）の序文がある。半丁八行取り、一行約十八字詰。序（三丁半）、自序（一丁）と、見開口絵一図・半丁口絵五図、見開挿絵一図、本文（三十七丁）より成る。

　内題は「新作おとしはなし　いさみに／つき馬　生るい三句佐里」。「文化六己巳春発兌　東都／書舎　馬喰町一丁目　山城屋藤右衛門／横山町三丁目　山崎屋宗助」の刊記が付く。

　早大本および徳川宗敬氏寄贈の東博本は両板本ともに手ずれははげしいが、虫損は比較的少ない。『国書総目録』所載の東洋文庫所蔵、文化五年版（函架番号　Ⅶ二Ｆｅ４）本の体裁は小本、内容は可楽作『種がしま』（文化八年頃刊）と同様のもので、「新作おとしはなし」とは別のものである。

478(1)

謝辞

　この一冊は早稲田大学大学院文学研究科に提出した博士学位請求論文（2017年1月18日・博士（文学）授与）に加筆・修正を加えたものである。

　本書が日の目を見ることができたのは、多くの方々のお力添えによるものと感謝を申し上げる。

　本書のテーマである江戸語から東京語の変容について興味を持つようになったのは、学部時代の秋永一枝先生との出会いがある。秋永先生には東京語とその奥に見える江戸語に対して、研究者としての視線を向けるよう教えていただいた。本書の原点はこの秋永先生との出会いとご指導による。

　博士論文の主査をご担当いただいた上野和昭先生とは学部生の時に秋永先生の東京語調査にお伴させて頂いて以来のご縁である。いったんは研究から離れていた者を再度呼んでくださった秋永先生への学恩とともに、これを受け継いで下さった上野先生に何よりもまずお礼を申し上げたい。格別、上野先生には綿密であることと大胆に論を展開することの重要性をご指導いただいた。これは博士論文を執筆するものにとって冥利に尽きることであった。副査の高梨信博先生、森山卓郎先生には、自身が気づかないような点にまで詳細にご指摘いただいたことは実に有難いことであった。

　院生時代に指導していただいた野村雅昭先生も副査に加わってくださった。博士論文を執筆するにあたっては構成が何よりも大切であると短くはあるが的確なことばをもってご教示いただいたことに格別の感謝を申し上げる。

　本書に収録された論文の執筆とその投稿に対する査読においても、さまざまな方からご助言をいただいた。特に大学院在学中に、東京大学からご出講くださった坂梨隆三先生からは表記と音声との関係

479

を明確に示されたが、これが「音声に裏打ちされた表記」を考える端緒となった。論を進めるにあたり、ゼミの先輩である田中ゆかり氏、そして共に机を並べた加藤大鶴氏、鄭炫赫氏の適切な意見と励ましにも改めてお礼を申し上げる。

　末尾ながら本書の刊行にあたり、懇切丁寧な助言を下さった森脇尊志氏をはじめ、ひつじ書房の方々にもあつくお礼を申し上げる。

　荒削り、浅慮な部分も多々あることと思う。ぜひともご指導、ご叱正を賜りたい。

参考文献

青木伶子（1956）「「へ」と「に」の消長」『国語学』24

青木伶子（1964）「口語文法の問題点―ニとヘ」森岡健二編『講座現代語』6
　明治書院

池上秋彦（1996）『国語史から見た近代語』東宛社（初出「江戸小咄について」
　『近代語研究（1963）武蔵野書院、「江戸語資料としての江戸小咄本」
　（1953）『桐朋女子学園紀要』3「咄本・洒落本等の国語資料としての価値」
　（1958）『桐朋女子学園紀要』6）

石垣謙二（1955）「助詞「へ」の通時的考察」『助詞の歴史的研究』岩波書店

今泉忠義（1950）『国語学概論』有精堂

内尾久美（1973）「助詞の変遷」鈴木一彦他編『品詞別日本文法講座』9 明治
　書院

江戸学事典編集委員会（1994）『江戸学事典』弘文堂

遠藤邦基（1989）『国語表現と音韻現象』新典社

大倉浩（1987）「天理本狂言六義の「ござある」」『静岡英和女学院短期大学紀
　要』19

岡雅彦（1974）「昨日は今日の物語成立考」『国語と国文学』51-7

小倉進平（1910）「ライマン氏の連濁論」『國學院雑誌』16-7、16-8

尾崎久弥編（1929）『絵入　日本小咄本』金竜堂書店

小高敏郎校注（1966）「鹿の巻筆」『江戸笑話集　日本古典文学大系 100』岩波
　書店

小田切良知（1943）「明和期江戸語について（一）」『国語と国文学』20-8

表章・後藤ゆうこ（1980）「世阿弥の平仮名書の用字法の特色（上）」『能楽研
　究』5 東京創元社

金田弘（1976）「サカイ考」『洞門抄物と国語研究』桜楓社

金田弘（1980）「漢籍国字解とその言語」『国語学』123

亀井孝（1936）「理由を表はす接続助詞『さかいに』」『方言』6-9

亀井孝（1980）「狂言のことば」『能楽全書』5（1942 成稿 1980 初版）東京創
　元社

川口敦子（2002）「キリシタン資料の「口語資料」と「文語資料」」『国語国文
　学』71-9

木越治（1989）「上田秋成自筆本『春雨物語』における仮名字母の用法につい
　て」金沢大学教養部論集 26-2

木越治（1992）「近世文学作品における字母の用法について」『国語文字史の研
　究』和泉書院

岸田武夫（1998）『国語音韻変化論』武蔵野書院

北原保雄（1967）「形容詞のウ音便―その分布から成立の過程をさぐる」『国語国文』36–8

金水敏（2003）『ヴァーチャル日本語―役割語の謎』岩波書店

金水敏（2004）「日本語の敬語の歴史と文法化」『言語』33–4

金水敏（2005）「日本語敬語の文法化と意味変化」『日本語の研究』1–3

金田一春彦（1976）「連濁の解」『Sophia Linguistica』Ⅱ

久保田篤（1994）「仮名草子整版本における仮名の用法（上）」『茨城大学人文学部紀要』27

久保田篤（1995a）「仮名草子整版本における仮名の用法（下）」『茨城大学人文学部紀要』28

久保田篤（1995b）「草双紙の用字法」『築島裕博士古稀記念国語学論集』汲古書院

久保田篤（1996）「浅井了意自筆版下本の仮名づかい」『山口明穂教授還暦記念国語学論集』明治書院

久保田篤（1997）「『浮世風呂』の平仮名の用字法」『成蹊国文』30

神戸和昭（2006a）「十返舎一九合巻の江戸語」飛田良文編『国語論究』12 明治書院

神戸和昭（2006b）「一九滑稽本における「ござる」の用法」『近代語研究』13 武蔵野書院

国立国語研究所（1953）「婦人雑誌の用語―現代語の語彙調査」『国立国語研究所報告』4　秀英出版

国立国語研究所（1964）「現代雑誌九十種の用語用字　第三分冊」『国立国語研究所報告』25 秀英出版

国立国語研究所（1964）『国立国語研究所資料集6　分類語彙表』秀英出版

国立国語研究所（1966–74）『日本言語地図』大蔵省印刷局

国立国語研究所（1995、97）『テレビ放送の語彙調査Ⅰ．Ⅱ』112、114秀英出版

国立国語研究所（2004）『国立国語研究所資料集14　分類語彙表　増補改訂版』大日本図書

小島俊夫（1965）「後期江戸語におけるハ行四段活用動詞の音便形について」『国語学』62

小島俊夫（1974）『後期江戸ことばの敬語体系』笠間書院

五所美子（1968）「式亭三馬の言語描写の一考察」『語文研究』26

児玉幸多監修（2002）「東京都の地名」『郷土歴史大事典』平凡社

此島正年（1966）『国語助詞の研究―助詞史の素描』桜楓社

小林賢次（1971）「「ござない」と「ござらぬ」について」『国文学言語と文芸』13

小林賢次（1996）「確定条件の表現形式の地理的分布と史的変遷」『日本語条件表現史の研究』ひつじ書房

小林隆（1992）「「へ」の消長についての方言地理学的一考察」『日本語学』11–6

小林千草（1973）「中世口語における原因・理由を表す条件句」『国語学』94

小林千草（1977）「近世上方語におけるサカイとその周辺」『近代語研究』5 武蔵野書院

小松寿雄（1971）「近代の敬語Ⅱ」辻村敏樹編『講座国語史　敬語史』5 大修館書店

小松寿雄（1977）「江戸語の形成」『国語学と国語史』明治書院

小松寿雄（1985）『江戸時代の国語　江戸語』東京堂出版

小松寿雄（1986）「江戸の仮名遣小考」『国語学論集　築島裕博士還暦記念』明治書院

小松寿雄（1987）「滑稽本の漢字」『漢字講座　近世の漢字とことば』7 明治書院

小松寿雄（2006）「江戸語研究の歴史」飛田良文編『国語論究』12　明治書院

小松英雄（1981）「日本語の音韻」『日本語の世界』7　中央公論社

今野真二（1995）「仮名文字遣いからみた『落葉集』—「は」「わ」の場合」『国文学研究』115

酒井憲二（1984）「中近世における一種の仮名遣いについて　上」『語文』60

酒井憲二（1985）「中近世における一種の仮名遣いについて　下」『語文』62

坂口至（1997）「『祝本狂言集』用語考」『国語国文学研究』32

坂梨隆三（1980）「曾根崎心中の『い・ひ・ゐ』について」『近代語研究』6 武蔵野書院

坂梨隆三（1985）「ふをムとよむこと」『人文科学科紀要』81

坂梨隆三（1987）『江戸時代の国語　上方語』東京堂出版

佐久間鼎（1940）『現代日本語法の研究』厚生館

桜井茂治（1966）「形容詞音便考」『國學院雑誌』66–10

迫野虔徳（2005）「仮名遣いの発生と展開」林史典編『朝倉日本語講座』2 朝倉書店

佐々木峻（1970）「大蔵流古狂言における待遇表現の比較研究」『広島大学文学部紀要』53

佐藤武義（1977）「近代の文法」佐藤喜代治他編『国語学研究事典』明治書院

佐藤武義（2006）「式亭三馬の言語観」飛田良文編『国語論究』12 明治書院

佐藤亨（1988）『咄本よりみたる近世初期言語の研究』桜楓社

佐藤亨（1990）『江戸時代語の研究』桜楓社

真田信治（1977）「基本語彙・基礎語彙」『岩波講座　日本語』9 岩波書店

島田勇雄（1990）「西鶴本のかなづかい」『西鶴本の基礎的研究』明治書院

清水康行（1988）「『牡丹燈籠』の漢字」『漢字講座　近代文学と漢字』9 明治書院

白木進（1974）「安原貞室著「かたこと」をよむ　上—内容の分類解明と著作意図の推究」『日本文研究』10 梅花学院大学

白木進編（1976）『かたこと』笠間書院

白木進・岡野信子（1979）『かたこと考』笠間書院

鈴木丹士郎編（1985）「近世語」『論集日本語研究』14 有精堂

鈴木棠三（1983）『寛永版本　醒睡笑』解説 笠間書院

諏訪春雄（1987）「出版文化と漢字」『漢字講座　近世の漢字とことば』7 明治書院

宋静江（1994）「歌舞伎脚本におけるハ行四段活用動詞の音便形について」『東北大学文学部日本語学科論集』4

竹浪聡（1987）「熟字訓」『漢字講座　漢字と日本語』3 明治書院

田島優（1998）『近代漢字表記語の研究』和泉書院

田中章夫（1957）「近代東京語命令表現の通時的考察」『国語と国文学』34–5

田中章夫（1965）「近代語成立過程にみられるいわゆる分析的傾向について」『近代語研究』1（初出『香川国文』（1959））

田中章夫（1983）『東京語―その成立と展開』明治書院

田中章夫（1993）「因果関係を示す接続の「デ」「ノデ」の位相『近代語研究』9

田中章夫（2001）『近代日本語の文法と表現』明治書院

玉村禎郎（1994）「『春色梅児誉美』における仮名の用字法」『国語文字史の研究』2 和泉書院

辻村敏樹（1968）『敬語の史的研究』東京堂出版

坪井美樹（2001）『日本語活用体系の歴史的変遷』笠間書院

鶴岡昭夫（1979）「近代口語文章における「へ」と「に」の地域差」『中田祝夫博士功績記念国語学論集』勉誠社

暉峻康隆（1965a）「近世後期舌耕文芸史　上」『国文学研究』31

暉峻康隆（1965b）「近世後期舌耕文芸史　下」『国文学研究』32

暉峻康隆（1978）『落語の年輪』講談社

土井忠生訳（1955）『日本大文典』（J・ロドリゲス原著 1604–1608）三省堂

土井忠生他編（1980）『邦訳日葡辞書』岩波書店

東条操（1931）「浪花方言解題」正宗敦夫編　日本古典全集『片言　物類称呼　浪花聞書　丹波通辞』（1978）所収

徳川宗賢（1979）『日本の方言地図』中央公論社

外山映次（1998）「ハ行四段活用動詞音便形について―洞門抄物の場合」『近代語研究』2 武蔵野書院

中込重明（2003）「柳の稲荷考」『国文学解釈と鑑賞　舌耕芸　落語誕生』68–4

長崎靖子（2006）「江戸語における「でございます」」日本女子大学大学院の会

中島隆（1997）「板本時代の〈写本〉とは何か」『國文学』42–11 学燈社

中田幸子（1999）「『醒睡笑』における形容詞連用形のウ音便化現象をめぐって」『早稲田大学教育学研究紀要』10

永野賢（1970）「『から』と『ので』とはどう違うか」『伝達論にもとづく日本語文法の研究』東京堂出版（初出 1952『国語と国文学』29）

中村通夫（1948）「東京語の性格」『東京語の性格』川田書房（初出 1942『現代日本語の研究』）

中村通夫（1957）「解説」『日本古典文学大系　浮世風呂』岩波書店

中村幸彦（1971）「近世語彙の資料について」『国語学』87

中村幸彦編（1994）「近世篇」『大東急記念文庫　善本叢刊』5 汲古書院

日本国語大辞典第二版編集委員会（2001）『日本国語大辞典第二版』小学館

延廣真治（1986）『落語はいかにして形成されたか』平凡社

野村雅昭（2001a）「明治落語速記の語彙構造」『早稲田日本語研究』9

野村雅昭（2001b）「明治期落語速記の表記」『日本語史研究の課題』武蔵野書院

蜂谷清人（1957）「国語史に於ける「狂言言葉」の位置」『文化』21–4 岩波書店

蜂谷清人（1971）「「天正狂言本」における語法の一考察—東国語的特徴に関する問題を中心に—」『共立女子大学紀要』46–5

蜂谷清人（1977）「咄本」項目　佐藤喜代治編『国語学研究事典』明治書院

蜂谷清人（1978）「室町末ハ行四段動詞連用形の音便—狂言・説経・幸若舞を中心に」『国語学研究』18

浜田義一郎　武藤禎夫編（1971）『日本小咄集成』筑摩書房

浜田啓介（1979）「板行の仮名字体 —その収斂傾向について」『国語学』118

林四郎（1974）『言語表現の構造』明治書院

林美一（1977）「浮世絵師十返舎一九（上）」『季刊江戸春秋』4 未刊江戸文学刊行会

原口裕（1969.a）「近代の文章に見える助詞「ヘ」」『北九州大学紀要』4

原口裕（1969.b）「「に」と「ヘ」の混用—近世初頭九州関係資料の場合」『福田良輔教授退官記念論文集』九州大学文学部国語国文学研究室　福田良輔教授退官記念事業会

原口裕（1971）「「ノデ」の定着」『静岡女子大学研究紀要』4

彦坂佳宣（1982）「洒落本の語彙」佐藤喜代治編『講座日本語の語彙　近世の語彙』5 明治書院

彦坂佳宣（1987）「洒落本の漢字」『漢字講座　近世の漢字とことば』7 明治書院

彦坂佳宣（2006）「十返舎一九滑稽本の江戸語」飛田良文編『国語論究』12 明治書院

飛田良文（1977）「和英語林集成」佐藤喜代治編『国語学研究事典』明治書院

飛田良文（1964）「和英語林集成におけるハ行四段活用動詞の音便形」『国語学』56

比留間尚（1957）「江戸話芸の成立」『国語と国文学』34–6　＊文中引用の「寛文見聞記」は岩本活東子『燕石十種』1909 刊より

福井久蔵撰（1965）「一歩」『國語学大系』巻 9.「かたこと」『國語学大系』巻 19.「菊池俗語考」『國語学大系』巻 20 白帝社（1938 厚生閣複製版）

保科孝一（1911）『日本口語法』同文館

前田勇（1974）『江戸語大辞典』講談社

前田桂子（2004）「噺本の歴史とその可能性」『日本語学』23–12 明治書院

松井定之（1941）「小咄の成立」『国語と国文学』18–3

松尾弘徳（2000）「天理図書館蔵『狂言六義』の原因・理由を表す条件句」『語文研究』89

松下大三郎（1930）『標準日本口語法』中文館書店

松村明（1957）『江戸語東京語の研究』東京堂

松村明（1970）『洋学資料と近代日本語の研究』東京堂出版

松本宙（1962）「キリシタンローマ字資料におけるマ行音バ行音交替現象の実態」『文芸研究』42

松本宙（1965）「マ行音バ行音交替現象の傾向」『国語学研究』5

三田村鳶魚（1976）「東海道中膝栗毛―解題―」『三田村鳶魚全集』第22巻
　　中央公論社

三原裕子（2001）「早稲田大学蔵本『新作　おとしはなし』翻刻ならびに注釈」
　　『国語学　研究と資料』24

三原裕子（2004）「後期咄本における「ます」の命令形「ませ」と「まし」の
　　交替現象」『早稲田日本語研究』12

三原裕子（2005）「後期咄本における漢字の使用傾向とその要因」『語文』121

三原裕子（2008）「後期咄本における助動詞「やす」について」『論集』IVアク
　　セント史資料研究会

三原裕子（2010）「三笑亭可楽の作品における「ござる」の分析」『論集』VIア
　　クセント史資料研究会

宮尾しげを編（1950）『江戸小咄全集　明和・安永編』江戸小咄全集刊行会

宮尾與男（1992）『元禄舌耕文芸の研究』笠間書院

宮尾與男（2003）「鹿野武左衛門」『国文学解釈と鑑賞　舌耕芸　落語誕生』
　　68-4

宮地幸一（1980）『ます源流考』桜楓社

宮地裕（1971）「現代の敬語」辻村敏樹編『講座国語史　敬語史』5大修館書
　　店

武藤禎夫（1965）「噺本概説」『江戸小咄辞典』東京堂出版

武藤禎夫（1996）『江戸小咄類話事典』東京堂出版

武藤禎夫　岡雅彦（1975-76）「解題」『噺本大系』2-8東京堂出版

武藤禎夫編（1976-79）「解題」『噺本大系』9-19東京堂出版

森岡健二（1980）「口語史における心学道話の位置」『国語学』123

森岡健二（1991）『近代語の成立―文体編』明治書院

森岡健二（2004）「汎共通語」『近代語研究』12武蔵野書院

矢島正浩（1986）「近松世話浄瑠璃における形容詞連用形のウ音便化について」
　　『国語学』147

矢野準（1980）「大田南畝の文字生活」『近代語研究』6武蔵野書院

矢野準（1987）「人情本の漢字」『漢字講座　近世の漢字とことば』7明治書院

矢野準（1990）「一九の文字生活」『近代語研究』8武蔵野書院

山崎久之（1963）『国語待遇表現体系の研究　近世編』武蔵野書院

山崎久之（1969）「んす・さんす・やんす」松村明編『古典語・現代語　助詞
　　助動詞詳説』学燈社

山田俊雄（1980）「雑俳書の表記を資料として考へられることの一例」『国語
　　学』123

山田俊雄（1983）「近世の常用漢字について」『言語生活』378筑摩書房

山田正紀（1936）『江戸言葉の研究―浮世風呂・浮世床の語法―』普通教育研
　　究会

山田孝雄（1936）『日本文法学概論』宝文館

湯澤幸吉郎（1954）『江戸言葉の研究』明治書院

吉井量人（1977）「近代東京語因果関係表現の通時的考察」『国語学』110

吉田澄夫（1935）「江戸語の時代区分」『方言』5-1

本研究と既発表論文との関係

序　章（書下ろし）

I

第1章　仮名の用法―装飾性から効率性へ

　「後期咄本における仮名の用法をめぐって」

『国文学研究』126（1–14）1998.10

第2章　漢字の用法―読み易さの工夫

　「後期咄本における漢字の使用傾向とその要因」

『語文』121（14–30）2005.3

第3章　振り仮名の使用―読解補助の域を超えて

　「後期咄本における振り仮名の使用について」

『国文学研究』148（179–191）2006.3

II

第4章　『鹿の巻筆』写本の資料性―個人を想定する写本・大衆を
　　　　想定する板本

　「『鹿の巻筆』写本の資料性と位置づけ」

『（アクセント史資料研究会）論集』Ⅲ（37–51）2007.9

第5章　語意識の薄れと付加による表記の変化―「侍」「禿」「灯」

　「後期咄本に見られる「ま」「は」「ば」行表記について」

『國語と國文学』平成13年10月号（44–56）2001.10

第6章　/i/を表す仮名遣いと作家の位相の違い―早稲田大学中央
　　　　図書館蔵本『笑話本集』をもとに

　「早稲田大学蔵本『笑話本集』のかなづかいの傾向」

『早稲田大学大学院文学研究科紀要』43（17–27）1998.2

Ⅲ

第7章　［相の類］の役割を担った［体の類］―「醜い」から「夏
　　　芝居の累といふもので」へ

「後期咄本に現れた語彙の傾向と特徴」

『（アクセント史資料研究会）論集』Ⅰ（85–103）2005.9

第8章　時間の表現を越える「日にち」の語彙―「明後日　御出」
　　　（書下ろし）

Ⅳ

第9章　ハ行四段動詞と形容詞のウ音便形―共通語へつながる江戸
　　　語のウ音便形

「後期咄本におけるウ音便形について」

『（アクセント史資料研究会）論集』Ⅹ（91–114）2015.2

第10章　格助詞「へ」と「に」の使用―座敷芸人の「に」・寄席
　　　芸人の「へ」

「格助詞「へ」と「に」の使用」

『（アクセント史資料研究会）論集』Ⅴ（69–82）2009.9

第11章　原因・理由を表す条件節―「によって」「ほどに」から
　　　「から」の使用へ

「後期咄本に現れる原因・理由を表す条件句」

『（アクセント史資料研究会）論集』ⅩⅠ（81–102）2016.2

Ⅴ

第12章　助動詞「やす」の衰退―丁寧語から限られた男性の語へ
「咄本における助動詞「やす」について」

『（アクセント史資料研究会）論集』Ⅳ（69–80）2008.9

第13章　「ませ」と「まし」の交替現象―「まし」の流行と「ま
　　　せ」への回帰

「後期咄本における「ます」の命令形「ませ」と「まし」の交替現象」

『早稲田日本語研究』12（37–48）2004.3

第14章　三笑亭可楽作品の「ござる」―古臭さ・尊大さを表すた
　　めに
　「三笑亭可楽の作品における「ござる」について」
　　　　　　　　　　『(アクセント史資料研究会) 論集』VI（81–100）2010.11
第15章　前期噺本の「ござる」―文意を決定する本動詞から代替
　　可能な補助動詞へ
　「江戸時代前期の噺本に現れた「ござる」」
　　　　　　　　　　『(アクセント史資料研究会) 論集』VIII（43–62）2012.12

終　章（書下ろし）

付章　三笑亭可楽作「新作おとしはなし」における江戸語
(早稲田大学中央図書館蔵「新作おとしはなし」翻刻ならびに注釈)
　「後期咄本資料として見た三笑亭可楽の作品―『新作おとしはなし』を中
　心に」　　　　　『(アクセント史資料研究会) 論集』IX（31–51）2013.12
「早稲田大学蔵本「新作おとしはなし」翻刻ならびに注釈」
　「早稲田大学蔵本「新作おとしはなし」翻刻ならびに注」
　　　　　　　　　　　　　『国語学研究と資料』24（1–36）2001.3

事項索引

A–Z

'A Handbook of Colloquial Japanese'
424
m・b両形併存 123
Yedo dialect 20

あ

朝顔の咲き分け 207
明後日　御出 398
天草版平家物語 227, 363
改まった場面 311
改まり意識 316, 429
改まり度・改まった 267, 361

い

言いさす 289, 399
いさみ 350
一拍語 69, 394
移動性動詞の方向 257
移動動作の目的 257
「イ」と「エ」が紛れる 113

う

ウ音便（形） 392, 418
ウ音便形の形容詞 344, 392
浮世風呂 123, 154, 179, 202, 229, 318,
338, 418
浮世風呂　二編 275
雨月物語 57

え

江戸語観 21
江戸言葉の研究 227
江戸訛（り） 19, 418
江戸弁 324

お

オチ 246, 357
落咄本 1
オトツイ類 201, 362
おとゝいこい 398
オトトイ類 201
親本 110
折り目正しい公用語 20
音訛形 418

か

開音、合音表記の混用 160
改題（継足）再板・改題継足本 27, 54,
151
訛音 89, 434
格式ばった言い方 390
過剰修正 5, 114
片言 120, 200
合致率 151
鹿の子餅 361
雅文笑話本 128, 241
カラ 279
漢字使用率 56
漢字読解能力 4, 83
漢字表記語 54, 80
漢字や仮名遣いの改変 102

関心の所在　397
神田川出水　204
関東・関西両方言対立　276
刊本　396
慣用句　398
慣用表現　399

き

聞く小咄　182
菊池俗語考　205
擬古文体　128, 339
帰着点　257
機能面　372
規範意識　152
規範（的・形）　136
規範的表記　136
客観的事象の陳述　399
旧式　390
狂言本　364
狂言田舎操　3, 337
"京へ筑紫に板東さ"　7, 259
キリシタン資料　277
金々先生栄花夢　57
「きんのう」「きにょう」「おとつひ」　200

く

くすぐり　422
口拍子　361

け

敬語の史的研究　338
経済効率　400
「けふり」「けむ」「けむり」　112
権威や重々しさ　358
言語形成期　176, 338
言語遊戯　400

こ

講義物　22

口語性　89
高座　90, 154
紺屋の明後日　106
公用語　19
合理化　47
ゴザナイ　391
語種　56, 178
ごぜえます、ごぜえす、ござんす　341
語頭　41
語頭に主用　65
語頭仮名　394
誤読　61, 109
誤読の可能性　89
誤読・誤読防止　41, 61
ことば咎め　109, 275
小本　中本　381, 409
固有名　193, 394
固有名からの脱却　184
誤用の継承　401
混種語　179

さ

サカイ（系）　278, 287
先一昨日　204
サゲ　184, 355
座敷咄　4, 55, 414

し

四あさつて　99, 175, 201, 267
シアサッテ→ヤノアサッテ　199
視覚的な楽しみ　4, 395
仕方噺　90
仕方噺の祖　266
鹿の巻筆　279, 368
識字能力　83, 381
地口　86
時事（際）　184, 204, 246, 355
「シヒャク（四百）」と「ヒシャク（柄杓）」
　　422
写本　99, 396
終助詞的役割　399

熟字訓　87, 395

春色梅児誉美　57

春色三題噺　57

使用語彙・理解語彙　251

上士　267, 411

正直噺大鑑　366

上士の家庭における使用語　329

使用の逆転　7

使用の優勢の交替　331

常用漢字表　付表　209

職業噺家　55, 154

女性使用率の高さ　307

女性による使用　309

女性の丁寧語の一典型　388

書物系　57

新興の語形（もの）　323, 387

シンゴザ　361

親疎関係　231

せ

醒睡笑　184, 227

そ

装飾性（的）　394

［相の類］　6, 56

属性　328

尊大さ　横柄さ　181, 339

た

待遇表現　424

代替可能な補助動詞　377

代替や語形の変化が許容される語　383

［体の類］　6, 56

視覚的美意識　47

多数派への類推　254

ち

チェンバレン　180, 424

地理的分布　277

つ

通言　86

て

程度副詞　392

丁寧さが要求される場面　312

出開帳　205

伝統的表記　125

と

同音異義語　276

東海道中膝栗毛　277, 329

東国語　228

東国的特徴　276

東西（対立・対比）　201, 251

頭注　100

（関東）土着　278

読解補助　68, 84

虎明本・虎清本・虎寛本　278

な

長話　182, 346

浪花聞書　133

に

日葡辞書　120, 227

日本永代蔵　57

日本言語地図　200

日本大文典　226, 364

ニョッテ（系）　278, 84, 201

の

ノデ　279, 287

は

咄の会　83, 175

事項索引　493

パロディー化　194, 17
汎共通語　23, 363

ひ

「ヒ」と「シ」　114
日にち　37, 267
表現技巧　328
表現的価値　389
品位（を）保持　242
品詞性　5, 56, 353

ふ

付記字・付記語　81
物類称呼　79, 133, 179, 275
振り仮名付記語　80
振り仮名付記字率　62
振り漢字　106
古くささ　野暮ったさ　339
「ふをむと読む」　119, 393
文意の決定　383
文人（武士）　54, 401, 414
分類語彙表　56, 80

へ

ベイ　418

ほ

幇間　54, 388
保守性　保守的　399
補助機能　4
補助的役割　373
補助動詞　338
本動詞　344, 368
本江戸　19, 368
本江戸と江戸訛　3
本義の記憶　19, 392
本来の機能　344, 370

ま

「ま」行音と「は」行音の交替現象　121
交ぜ書き　57

み

身振りばなし　187

む

無意識的な併用・意識的な併用　328

め

明治期落語速記　53, 190

や

役割語　29, 38
ヤノアサッテ→シアサッテ　199, 362, 363
やのあさつて　201
やんす・さんす・あんす　303

ゆ

遊子方言　276

よ

用の類　56
［用の類］　180
「読み癖」　5, 119, 393
読む小咄　182, 368

ら

欄外注　102

り

琉球使節団　205
両形併存　392

る

類型化　7, 249
類型化されたことば　29
類推　362, 401

れ

歴史的仮名遣い　151

わ

和英語林集成　123, 228
和字正濫鈔　120

人名索引

あ

安楽庵策伝　373

い

石川雅望　128, 267
石川流宣（流舟）　283, 375

え

遠藤春足　241

お

大田南畝　18, 338, 361, 401, 411

か

軽口耳祓　176

き

喜撰法師　60
京都所司代板倉重宗　373
曲亭馬琴　275, 413

け

契沖　120

こ

恋川春町　17
虎渓山人　212

越谷吾山　275
権田原大納言　60

さ

桜川慈悲成　18, 266
三笑亭可楽　11, 54, 267, 340
山東京伝　17, 279
彡甫先生　38
三遊亭円朝　304
三遊亭円遊　179

し

鹿野武左衛門　4, 266, 279
式亭三馬　6, 18, 55, 337, 418
志満山人　246
十返舎一九　18, 267, 277
振鷺亭主人　413

た

立川焉馬　17, 328, 401
立川銀馬　437

ち

チェンバレン　424

つ

蔦屋重三郎　17, 401

に

二世柳亭種彦　4, 99

は

林屋正蔵　12, 79, 248, 267, 339, 409
春廼家幾久　176, 328

ひ

百川堂灌河　128, 266
百亀（小松）　380

ふ

二葉亭四迷　304

へ

ヘボン　20
朋誠堂喜三二　18, 401, 413
卯雲（木室）　380, 411

み

三田村鳶魚　329

や

安原貞室　120
柳家小さん　216

ろ

ロドリゲス　6, 17, 225, 363

三原裕子（みはら　ゆうこ）

略歴
東京都新宿区で生育。1978 年早稲田大学第一文学部日本文学専攻卒業、早稲田大学文学研究科博士後期課程単位満了退学。2016 博士（文学）早稲田大学。現在、早稲田大学大学院、青山学院大学他で非常勤講師を勤める。

主な論文
『みんなの日本語事典』（分担執筆　2009 明治書院）、『日本語大事典』（分担執筆　2014 朝倉書店）、「後期咄本に現れた「ま」「は」「ば」行表記について」（2001-10『國語と國文学』）、「後期咄本における振り仮名の使用について」（2006『国文学研究』148 集）他。

ひつじ研究叢書〈言語編〉第159 巻
江戸語資料としての後期咄本の研究
Investigation of the Kouki-Hanashibon as Materials
for the Historical Study of the Edo Period Dialects
Mihara Yuko

発行　　2019 年 12 月 25 日　初版 1 刷
定価　　8800 円＋税
著者　　© 三原裕子
発行者　　松本功
ブックデザイン　　白井敬尚形成事務所
組版所・印刷　　三美印刷株式会社
製本所　　株式会社 星共社
発行所　　株式会社 ひつじ書房
〒112-0011　東京都文京区千石 2-1-2　大和ビル 2 階
Tel: 03-5319-4916　Fax: 03-5319-4917
郵便振替 00120-8-142852
toiawase@hituzi.co.jp　http://www.hituzi.co.jp/

ISBN978-4-89476-959-5

造本には充分注意しておりますが、落丁・乱丁などがございましたら、小社かお買上げ書店にておとりかえいたします。
ご意見、ご感想など、小社までお寄せ下されば幸いです。